일상의 모든 행동과 감정을
영어로 쓰고 말해보자!

퍼펙트
영어
Ishihara Mayumi
표현사전

JPLUS

머리말

　제가 영어일기를 쓰기 시작한 날은 1991년 9월 16일. 고등학교 졸업 후 유학차 미국에 첫발을 내딛었을 때입니다. 그날 이후 오늘까지 하루도 빠지지 않고 영어일기를 써오고 있습니다.

　지금은 일기를 영어학습에 적용하는 것이 얼마나 이점이 많은지 알지만, 처음부터 효과를 알고 시작한 것은 아닙니다. 미국에 가기 전날 선물 받은 "5년용 일기장"을 미국에 가져가서 '그래도 유학을 왔으니 영어로 써볼까' 하는 가벼운 마음으로 시작했습니다. 당시 저의 영어실력은 하고 싶은 말을 제대로 할 줄도 모르고, 상대의 말을 제대로 알아듣지 못하는 형편없는 것이었지만, 그럼에도 불구하고 영어 일기를 이만큼 오랫동안 써올 수 있었던 것은 "다른 사람한테 보여줄 것도 아닌데, 영어가 좀 틀리면 어때'라는 가벼운 마음때문이었는지도 모릅니다.

　당시 일기를 다시 읽어보면 문법 오류나 단어의 오용이 너무 많아 나도 모르게 웃음이 나옵니다. I'm tierd.(피곤해.) 와 같이 단 한 줄로 끝나는 날도 있었습니다. 하지만, 해를 거듭할수록 바른 영어로 쓸 수 있게 되면서 네이티브다운 표현이나 기분을 알맞게 표현한 문장도 가끔 나오는 변화를 보게 됩니다.

　영어일기는 실생활에 좋은 효과를 가져다 줍니다. 일기로 자주 쓰던 표현들이 자연스럽게 나오고, 친구와 수다를 떨다가도 틀린 표현을 스스로 알아채기도 합니다. TV에서 귀로 들었던 '멋진 표현'을 일기로 써본다거나, 인풋아웃풋(input, output) 쌍방향으로 영어 안테나가 민감해지는 것을 느낄 수 있습니다. 돌이켜 생각해보니 하루에 한 문장이라도 매일 반복하다 보면 분명 실력이 붙는 것을 확신할 수 있습니다.

5년용 일기장이 지금은 5권째로 들어갔는데, 제 주위에도 "영어일기력 몇 년이 되었다"라며 보고해 주시는 분들이 늘고 있습니다. 한편으로는 "아직 어떻게 쓰면 좋을지 모르는 표현이 많다, 항상 비슷한 문장이 되어버려 실력향상이 안된다"고 독학의 고충을 토로하시는 분들도 있습니다.

 그래서 일상적인 일기표현을 망라한 사전 같은 책이 있으면 그런 고민이 다소나마 해결되지 않을까 하여 이 책을 출판하게 되었습니다. 방대한 양의 표현과 더불어 영어일기에 도움이 되는 문법이나 구문, 많은 학습자들이 공통으로 잘 틀리는 포인트 등도 수록하였습니다. 영어일기를 쓸 때 도움이 되는 책으로 항상 책상 한 켠에 두고 보는 영어일기표현의 바이블과 같은 책이 되기를 기대합니다.

 갑자기 영어일기를 쓰는 것이 부담스럽다면 이 책의 표현을 따라 써보거나 일부를 영어로 쓰는 것도 좋은 방법입니다. 주저하지 말고 자신의 페이스대로 느긋하게 영어일기를 시작해 보세요. 무엇이든 즐기면서 해야 실력향상으로 이어집니다.
언젠가 지난 일기를 다시 보게 될 때 자신의 실력이 향상되었음을 실감하시리라 믿으며…

Ishihara Mayumi

1장 영어일기에 도움이 되는 문법

영어일기에 문법이 필요하다고 ?

영문을 작성할 때 꼭 알고 있어야 할 기본적인 문법을 꼼꼼하게 설명하였습니다. 영문법을 다시 한번 정리하고 싶을 때나 일기에 사용된 문장이 문법적으로 바른지 확인하고 싶을 때 열어봅시다.

이럴 때

▶ 문법을 다시 한번 정리하고 싶다!

▶ 영어일기를 쓰다보니 맞는 표현인지 헷갈린다.

2장 영어일기에서 자주 쓰는 표현

뻔한 표현이지만 떠오르지 않는 문장패턴

일상적으로 자주 쓰는 74개의 구문을 수록하고, 풍부한 예문과 해설을 통하여 각 구문의 사용법을 확실하게 이해할 수 있도록 했습니다. 다양한 구문을 익힘으로써 일기표현이 보다 풍부해집니다.

이럴 때

▶ 영어일기에서 자주 쓰는 구문을 알고 싶다!

▶ 일기에서 쓰는 영어표현을 좀 더 다양하게 알고 싶다!

이런 문장 꼭 틀리더라~

3 장 틀리기 쉬운 표현들

영문을 쓸 때 틀리기 쉬운 포인트를 다루었습니다. 자신이 쓴 문장이 맞는지 확인하고 싶다면 꼭 봐주세요. 또 헷갈리기 쉬운 항목들도 한번 훑어봐두면 바른 문장을 쓰는 요령을 익힐 수 있습니다.

이럴 때

▶ 문법적 오류를 줄이고 싶다!

▶ 바른 문장을 쓰는 요령을 알고 싶다!

따라만 써도 돼~

4 장 영어일기 표현집

다양한 일상의 이야깃거리들을 영어로 쓸 때 사용할 수 있는 표현이 수록되어 있습니다. 그대로 베껴쓰기만 해도 훌륭한 영어일기가 됩니다. 회화나 메일 등에서도 바로 사용할 수 있는 말이므로 늘 가까이에 두고 참고해주세요.

이럴 때

▶ 바로 일기를 쓰고 싶다!

▶ 자연스러운 영어표현을 익히고 싶다!

▶ 회화실력도 키우고 싶다!

자, 나도 오늘부터
영어일기를 시작해 볼까~~

퍼펙트 영어 표현사전

영어일기를 쓰기 전에

① 영문 작성 시 간단한 기본 법칙

✏ 문장 첫 시작은 대문자로.

영문 작성 시 가장 기본이 되는 것은 문장 첫글자는 대문자로 쓰는 것입니다. 또한 'I'(나는, 내가)는, 문장 중간에 오더라도 항상 대문자로 씁니다. 단어와 단어 사이는 읽기 쉽게 알파벳 한 글자 만큼 띄어쓰기를 해주세요.

> **예** 학교에 갔다.
> **I went to school.**

대문자로 시작 ↑   ↑ 단어와 단어 사이 띄어쓰기

✏ 쉼표, 마침표 붙이는 법

문장이 의미상 끊어지는 부분에는 콤마(,)를, 문장 끝에는 마침표(.)를 찍습니다. 콤마는 짧은 문장에서는 꼭 필요할 때를 제외하고는 쓰지 않습니다. 의문문은 문장 끝에 물음표(?)를, 강조하고 싶을 때는 느낌표(!)를 문장 끝에 붙이면 됩니다.

> **예** 몸이 안 좋아서 집에 있었다.
> **I was sick, so I stayed at home.**

의미상 끊어지는 부분에 콤마 ↑   ↑ 문장 끝에는 마침표

✏ 철자를 몰라도 신경 쓰지 않기!

영어일기를 쓰다보면 단어 철자에 자신이 없을 수도 있습니다. 그럴 때는 사전이나 스마트폰으로 검색하는 것도 좋지만, 너무 신경쓰지 말고 애매한 대로 써도 괜찮습니다. 가벼운 마음으로 접근하는 것이 오래 가는 방법이기도 합니다.

✏ 로마자로 써도 OK

영어로 어떻게 표현하면 좋을지 모르는 단어는 로마자로 써도 무방합니다. 또 고유명사나 전통습관, 행사, 음식 이름 등은 영어로 나타내기가 어려우므로 무리하게 영어로 할 필요가 없습니다.

> **예** 점심으로 국수를 먹었다.
> **I had gooksu for lunch.**

2 날짜와 시간 표기법

영어로 년월일을 쓸 때, 미국식 표기는 보통 「월 + 일 + 콤마(,) + 년」순으로 쓰고, 날짜와 요일만 쓸 때는 「요일 + 콤마(,) + 월 + 일」이 순서가 일반적입니다. 아래 표와 같이 '월'과 '요일'은 단축형으로 많이 씁니다.

영어로 시간을 나타낼 때는 24시간제(ex.13시)보다는 12시간제(ex.오후 1시)로 표시하는 것이 일반적인데, 오전 오후를 나타낼 때는 10 a.m.(오전 10시)나 2 p.m.(오후 2시)과 같이 「시각 + a.m./p.m.(오전/오후)」로 표기합니다. a.m.이나 p.m.은 am/A.M./AM과 같이 써도 상관없습니다. 단, 일기는 자신만 보면 되는 거니까 24시간제가 익숙하다면 억지로 12시간제로 쓰지 않아도 됩니다.

> 예시 2015 년 8 월 12 일 → **August 12, 2015** (또는 **Aug. 12, 2015**)
> 10 월 11 일 월요일 → **Monday, October 11** (또는 **Mon., Oct. 11** 등)
> 14 시 30 분 → **2:30 p.m.**

「월」 쓰는 법

1 월	January (Jan.)
2 월	February (Feb.)
3 월	March (Mar.)
4 월	April (Apr.)
5 월	May
6 월	June
7 월	July
8 월	August (Aug.)
9 월	September (Sep./Sept.)
10 월	October (Oct.)
11 월	November (Nov.)
12 월	December (Dec.)

「요일」 쓰는 법

월요일	Monday (Mon.)
화요일	Tuesday (Tue./Tues.)
수요일	Wednesday (Wed.)
목요일	Thursday (Thu./Thur.)
금요일	Friday (Fri.)
토요일	Saturday (Sat.)
일요일	Sunday (Sun.)

※ ( )는 단축형의 예입니다. 단축형은 끝에 마침표를 붙이는 것이 일반적입니다. 보통 5, 6, 7월은 단축형을 쓰지 않습니다.

③ **이렇게 써 보자.**

영어일기에 특별한 규칙이나 룰은 없습니다. 평소 쓰는 일기와 마찬가지로 그날 있었던 일이나 앞으로 할 일, 자신이 생각하거나 느낀 점 등을 쓰면 됩니다. 우선은, 한두 줄 짧은 일기부터 시작해 봅시다. 중요한 건 영어일기를 즐겁게 쓰는 것입니다.

아래 내용은 제가 쓴 일기 샘플입니다. 영어에 자신이 없다고 생각하시는 분들도 이정도라면 충분히 가능할 것입니다.

❶ Sunday, Sep.23
❷ sunny ☀

③ I bought a bag.
It was 70 percent off!
I was ④ soooo happy. :) ⑥

번역 가방을 샀다. 70%할인! 기분 짱!

❶ 날짜와 요일을 쓰세요.
❷ 글자나 그림으로 그날의 날씨를 표기해 두는 것도 좋습니다.
❸ 4장 「영어일기 표현집」도 참고하며 일기를 써봅니다.
❹ so를 soooo로 표기하는 식으로 의미를 강조하는 것도 한 방법입니다.
❺❻ 문자나 일러스트를 그리는 것도 GOOD。

일기장은 어떤 것을 써도 OK!

▲제가 애용하고 있는 「5년용 일기장」. 벌써 5권째 쓰고 있습니다.

영어일기를 쓰기 위해 일기장이나 노트는 어떤 것을 사용해도 상관없습니다. 각자 쓰기 좋은 것을 고르면 됩니다. 참고로 저는 5년간의 일기를 쓸 수 있는 "5년용 일기장"을 벌써 20년째 쓰고 있습니다. 한 페이지에 같은 날짜의 일기를 5년 동안 쓸 수 있는 형태인데, 과거 오늘은 무엇을 했는지 한눈에 볼 수 있어 무척 재미있습니다.

④ 딱히 쓸 말이 없을 때는?

'일기에 쓸 게 없어' 이렇게 생각하는 사람들은 대부분 일기에는 특별한 것을 써야 한다고 생각합니다. 하지만 그날의 날씨나 먹은 음식 등 사소한 일상을 쓰기만 해도 훌륭한 일기가 됩니다. 너무 긴장하지 말고 가볍게 시작하면 됩니다.

간단하게 쓸 수 있는 일기 주제로 가령 '식사일기' '건강일기' '육아일기'를 소개드립니다. 마음에 드는 레시피를 영어로 메모하는 '레시피일기' 등 아이디어는 무궁무진합니다. 자신이 즐겁게 쓸 수 있는 주제를 찾아 보세요.

📖 음식일기 매일 먹은 음식을 쓰는 일기! 영양 밸런스 체크에도 **GOOD!**

> I had some toast and coffee for breakfast.
> I went to a Chinese restaurant for lunch.
> I had curry with rice and some salad for supper.

번역 아침은 토스트랑 커피. 런치는 중식당에 갔다.
저녁은 카레 라이스랑 샐러드를 먹었다.

📖 건강일기 체중이나 체지방 등 건강에 관한 정보나 그날 한 운동 등을 기록하는 일기.

> Weight : 55kg (↑ 0.5kg)
> Waist : 72cm
> Pedometer : 6238 steps
>
> I had some cookies late at night.
> Oh NOOOOO!!!

번역
체중:55kg(↑0.5kg)
허리:72cm
도보수:6238보

야밤에 쿠키를 먹었다.
아. 안돼~~!!!

📖 육아일기 수유시간이나 어린이집에 마중 나갈 시간 등, 육아에 관한 것을 쓰는 일기.

> I took Minji to the preschool at 8:30 a.m.
> I picked her up around 5 p.m.
> She went to bed around 9:30 p.m.

번역 아침 8시 반에 민지를 어린이집에 데리고 갔다. 오후 5시쯤 데리러 갔다.
민지는 저녁 9시 반쯤 잠자리에 들었다.

표기에 대하여

- 이 책에서는 원칙적으로 미국 영어를 사용하고 있습니다. 또한, 뉘앙스를 살려 영어로 표현하기 위해 의역한 부분도 있습니다.

- 이 책에 실려 있는 표현은 자신의 상황에 맞게 명사의 단수·복수, 관사(a/an, the), 시제(현재·과거·미래 등),인칭 대명사(I, you, we, they, he/she), 고유명사 등을 적절하게 바꾸어 사용해 주세요.

  > **She is kind.** → **He is kind.**
  > (그녀는 친절하다.) (그는 친절하다.)

  > **I borrowed** some books. → **I borrowed** a book.
  > (책을 몇 권 빌렸다.)   (책을 한 권 빌렸다.)

- 숫자나 단위는 원래 철자대로 쓴 것도 있고 간략하게 숫자와 단위로 표기한 경우도 있습니다.

  > **three kilos** → **3kg**
  > **ten centimeters** → **10cm**
  > **20 degrees Celsius** → **20℃**

- 각 단어의 특징과 뉘앙스를 고려하여 영어와 시제(과거·현재·미래)가 꼭 일치하지 않는 경우도 있습니다.

  > 고개를 가눈다. → **He can now hold his head up.**

- '우리 아들은 ……' '딸아이가 ……'는 **My son**이나 **My daughter** 외에도 **He, She** 와 같이 인칭대명사로 표기하는 경우도 있습니다.

- **so**를 **soooo**로 표기하여 느낌을 강조하거나 마침표 대신 ♪☆♡ 와 같은 도형이나 기호를 사용하기도 하였습니다.

- 이 책에서는 보기 쉽게 하기 위해 마침표를 찍지 않고 생략한 경우도 있습니다.

- 외래어 표기를 그대로 쓰거나 실제 생활에 자주 쓰는 줄임말 등도 있습니다.

1장

영어일기에 도움이 되는 문법

영어 문장을 쓸 때 꼭 알아두었으면 하는 기본적인 문법을 알기 쉽게 설명하였습니다.
법칙을 알고 있으면 영어일기를 편하게 쓸 수 있답니다.

명사의 복수형

우리말은 오렌지가 하나든 열 개든 그냥 오렌지라고 하지만, 영어에서는 two oranges (오렌지 2 개)나 20 students (20명의 학생들)처럼 셀 수 있는 것이 두 개 이상 있을 때는 명사 끝에 -s, -es 등을 붙입니다.(복수형). 복수형으로 만드는 방법은 대부분 단어 끝에 -s 를 붙이지만, 그외에도 아래와 같이 여러 가지 패턴이 있습니다.

복수형 만드는 방법이 복잡해 보일 수도 있지만, 자꾸 접하다 보면 조금씩 익숙해질 겁니다. 또 사전을 찾으면 명사의 복수형도 함께 기재되어 있으므로 확인하고 싶을 때는 사전을 직접 찾아보는 것도 좋습니다.

■복수형 만드는 방법

● -s를 붙이는 패턴

대부분의 명사는 어미에 -s 를 붙입니다.

예시
book(책) → books
CD(CD) → CDs
month(달) → months
idea(생각) → ideas
orange(오렌지) → oranges
place(장소) → places

● -es를 붙이는 패턴

철자가 -s, -x, -ch, -sh 로 끝나는 명사와, -o 로 끝나는 명사 일부는 어미에 -es 를 붙입니다.

예시
bus(버스) → buses
box(상자) → boxes
watch(손목시계) → watches
dish(접시) → dishes
tomato(토마토) → tomatoes

● -y → -ies로 바뀌는 패턴

철자가 '자음+y'로 끝나는 명사는 -y 를 -i 로 바꾸고 es 를 붙입니다.

city(도시) → cities
country(나라) → countries
story(이야기) → stories
dictionary(사전) → dictionaries

● -f / -fe → -ves로 바뀌는 패턴

철자가 -f 또는 -fe 로 끝나는 명사는 어미를 -ves 로 바꿉니다.

leaf(잎) → leaves
half(반) → halves
knife(나이프) → knives
wife(아내) → wives

●불규칙한 패턴, 단수와 복수형이 같은 패턴

특수하게 불규칙하게 바뀌는 명사와, 단수형과 복수형이 같은 명사도 있습니다.

man(남자) → men
woman(여자) → women
child(아이) → children
foot(발) → feet
deer(사슴) → deer
fish(물고기) → fish

two oranges

2 관사

영어에서는 대부분의 경우 명사 앞에 관사를 붙입니다. 관사란 a / an, the 를 말합니다. a 는 a dog (개 한 마리)나 a pencil (연필 한 자루) 처럼 셀 수 있는 명사가 한 개일 때 명사 앞에 붙여서 사용합니다.

an은 a와 같은 역할을 하지만, an apple (한 개의 사과)의 apple 처럼 단어가 모음(아 어 오 우으 이에 가까운 음) 으로 시작할 때 사용합니다. hour는 [아우어]로 발음합니다. 이때 h 는 묵음이 됩니다. 이와 같이 자음으로 시작하지만, 실제 발음이 모음인 경우에는 an hour (한 시간)처럼 an을 씁니다.

a/an 과 the 의 구분

a와 an은 주로 '불특정한 것, 일반적인 것'에 대해 쓸 때 붙입니다. 반면 '특정한 것'에 대해 쓸 때는 the를 씁니다. 예를 들어, '(집 근처에 있는) 어떤 카페'라면 a café, '(어제 읽은) 그 책'이라면 the book 이 됩니다. the는 그 뒤에 붙는 명사가 하나(단수) 이든 두 개 이상(복수) 이든 상관없이 쓸 수 있습니다.

■ 관사의 기본 법칙

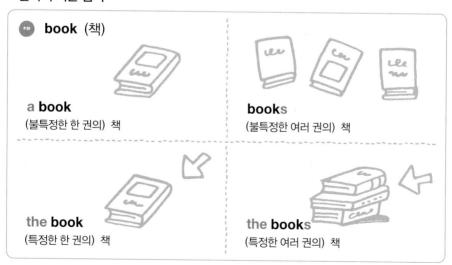

예 book (책)

a book
(불특정한 한 권의) 책

books
(불특정한 여러 권의) 책

the book
(특정한 한 권의) 책

the books
(특정한 여러 권의) 책

책을 한 권 샀다. 그 책은 마더 테레사에 관한 것이다.

I bought a book. The book is about Mother Teresa.

여기서는 '서점에 있는 많은
책 중에' 불특정한 한 권을
가리키고 있다.

앞에 나온 '서점에서 산' 그
책이라는 특정한 책을 가리
키고 있다.

나는 책을 좋아한다.

I like books.

일반적인 다양한 책을 가리키고 있으므로 복수형
으로 쓰고, 관사는 붙이지 않는다.

도서관에 (복수의) 책을 반납하고, 영어책 한 권을 빌렸다.

I returned the books to the library and borrowed
an English book.

(빌렸던) '그 책'을 반납한 것
이므로 the를 붙인다.

새로 빌린 것은 영어 책 중에 한 권
이므로 불특정한 책을 가리킨다.
English book은 모음으로 시작
하므로 관사는 **an**을 쓴다.

Tip a/an, the 는 이밖에도 다양한 용법이 있지만, 우선은 여
기서 소개한 기본 법칙을 잘 기억하고 익숙해지도록 합시다.
관사가 맞는지 틀렸는지 너무 집착하지 말고 즐겁게 영어일
기를 써나가길 바랍니다.

3 문법 전치사

영어 문장에서 '언제' '어디서' '누구와' 를 나타낼 때는 전치사를 씁니다. 전치사는 〈전치사 + 명사〉의 형태로 씁니다. 우선 영어일기를 쓸 때 자주 사용하는 전치사를 알아둡시다.

■ 장소를 나타내는 전치사

at ~ 【~에서(구체적인 장소)】	카페에서 그를 만났다. I met him at the café.
in ~ 【~ 에서(국가, 지명, 건물, 방 안 등)】	그는 LA에서 자랐다. He grew up in LA.
to ~ 【~에(도착점)】	세미는 밴쿠버로 갔다. Semi went to Vancouver.
for ~ 【~로(방향/목적지)】	홍콩에 갔다. I left for Hong Kong.
into ~ 【~안으로】	그녀는 탈의실 안으로 들어갔다. She went into the fitting room.
from ~ 【~로부터】	어제 부산에서 돌아왔다. I came back from Busan yesterday.
near ~ 【~근처에】	그 레스토랑은 역 근처에 있다. The restaurant is near the station.
by ~ 【~바로 옆에】	그는 입구 바로 옆에 서있었다. He was standing by the entrance.
in front of ~ 【~앞에 / 앞에서 (위치관계를 나타냄)】	시청 앞에서 차사고가 났다. There was a car accident in front of the City Hall.
behind ~ 【~뒤에 / 뒤에서 (위치관계를 나타냄)】	포치는 소파 뒤에 숨었다. Pochi hid himself behind the sofa.

■ 때를 나타내는 전치사

at ~ 【~에(시각/시간)】	오후 7시에 사무실을 나왔다. I left the office at 7 p.m.
on ~ 【~에(날짜/요일/특정일)】	페기는 3월 7일에 서울에 도착한다. Peggy arrives in Seoul on March 7.
in ~ 【~에(년/월/계절/오전/오후 등)】	7월에 싱가포르에 갈 예정이다. I'm going to go to Singapore in July.
from ~ 【~부터】	월요일부터 새 사무실에서 일한다. I'm going to work in the new office from Monday.
from ~ to ... 【~부터…까지】	내일은 아침 9시부터 저녁 7시까지 일해야 한다. I have to work from 9 a.m. to 7 p.m. tomorrow.
until ~ / till ~ 【~(종점)까지 쭉】	오늘 아침 4시까지 프리젠테이션 준비를 했다. I prepared for the presentation until 4:00 this morning.
by ~ 【~(기한)까지】	금요일까지 레포트를 제출해야 된다. I have to submit the report by Friday.
for ~ 【~동안(동작이나 상태가 계속되는 시간)】	오늘은 두 시간 동안 영어공부를 했다. I studied English for two hours today.
during ~ 【~동안(특정 시간)】	여름 방학 동안 태국에 머물렀다. I stayed in Thailand during the summer vacation.
in ~ 【지금부터 ~후에】	이틀 뒤면 미카를 만날 수 있다. I can see Mika in two days!
within ~ 【~이내에】	3일 안으로 결정하지 않으면 안된다. I have to make the decision within three days.
before ~ 【~전에】	내일은 저녁 8시 전에 집에 가고 싶다. I want to get back home before 8 p.m. tomorrow.
after ~ 【~후에】	우리는 업무 후에 술 마시러 갔다. We went for a drink after work.

■ 그밖의 전치사

with ~ 【~와 같이】	미나와 저녁을 먹었다. I had dinner with Mina.
for ~ 【~를 위해 / ~때문에 (목적 / 이유)】	그 프리젠테이션을 위해 열심히 작업했다. I worked hard for the presentation.
by ~ 【~로(교통 . 통신수단)】	버스로 숙모 집에 갔다. I went to my aunt's house by bus.
from ~ 【~로부터(기점)】	재호로부터 메일을 받았다. I got an e-mail from Jaeho.

■ 전치사가 필요 없는 어구

장소나 시간을 나타내는 말 중에는 전치사가 필요 없는 것도 있습니다. 아래에 자주 사용하는 어구를 정리했습니다. 이와 같은 말을 부사(부사구)라고 부릅니다.

【장소를 나타내는 말】

here 여기서, 여기로

there 거기에, 그곳에

home 집에서, 집으로

abroad / overseas
  해외에서, 해외로

언젠가 그곳에 가고 싶다.
I want to go there someday.

※here, there, home은 보다 분명한 뜻을 전달하기 위해 전치사와 같이 쓰기도 합니다.
ex. **It was hot in there.**
  (그곳은 더웠다.)

【때를 나타내는 말】

today 오늘

yesterday 어제

tomorrow 내일

tomorrow가 붙는 말
(tomorrow evening[내일 저녁] 등)

this가 붙는 말 (this morning[오늘 아침] 등)

that가 붙는 말
(that afternoon[그날 오후] 등)

last가 붙는 말 (last night[어젯밤] 등)

next가 붙는 말 (next year[작년] 등)

내일 쇼핑 가고 싶다.
I want to go shopping tomorrow.

동사의 어형 변화

문법 4

영어에서는 주어가 누구(무엇)인지, 단수인지 복수인지, 시제가 현재인지 과거인지 등에 따라 동사의 형태를 바꿔주어야 합니다. 가령 '제주도에 살고 있다'와 같이 현재를 나타낼 때, 주어 자리에 무엇이 오냐에 따라 동사 모양이 달라집니다. 중요한 것은 3인칭 단수일 때 동사의 변화규칙입니다. 아래 표를 참고하여 동사의 변화형을 기억하면 되는데 동사의 어미 모양에 따라 몇 가지 규칙이 있습니다.

I live in Seoul. (나는 서울에 산다.)

He lives in Seoul. (그는 서울에 산다.)

동사의 3인칭 단수일 때 동사의 현재형

주어가 he, she, it(3인칭 대명사)이거나 명사 단수형이고 시제가 현재일 때, 동사 어미에 -s 나-es 를 붙입니다.

■ 3인칭 단수 현재형 변화 규칙

동사	규칙	예
일반적인 동사	-s를 붙인다.	live(살다) → lives work(일하다) → works
어미가 -s, -x, -ch, -sh인 동사	-es를 붙인다.	pass(지나가다) → passes wash(씻다) → washes
어미가 〈자음+y〉인 동사	y를 i로 바꾸고 -es 를 붙인다.	try(시도하다) → tries study(공부하다) → studies
어미가 〈자음+o〉인 동사	-es를 붙인다.	go(가다) → goes echo(울리다) → echoes

과거형 만드는 법

과거를 표현할 때는 동사에 -d 또는 -ed 를 붙입니다. (물론 불규칙한 형태도 있습니다.) 동사의 과거형은 어떤 주어가 오더라도 형태가 바뀌지 않습니다. 가령 '5 킬로미터를 걸었다'라고 할 때, 1 인칭 주어인 '나는 5 킬로미터를 걸었다'나 3 인칭 주어인 '엄마는 5 킬로미터를 걸으셨다' 둘 다 동사 과거형은 똑같이 walked가 됩니다.

> **예** **I walked 5km.** (나는 5킬로미터를 걸었다.)
>
> **My mother walked 5km.** (엄마는 5킬로미터를 걸으셨다.)

과거형은 아래 도표와 같이 만들면 됩니다. 일기에서는 과거형을 쓸 일이 많으므로 평소 자주 사용하는 동사의 과거형을 기억해두면 편리합니다.

■ 과거형 만드는 규칙

동사	규칙	예
일반적인 동사	-ed를 붙인다.	**walk**(걷다) → **walked** **work**(일하다) → **worked**
어미가 -e로 끝나는 동사	-d를 붙인다.	**live**(살다) → **lived** **like**(좋아하다) → **liked**
어미가〈1모음+1자음〉인 동사	자음을 겹쳐 쓰고 -ed를 붙인다.	**stop**(멈추다) → **stopped** **plan**(계획하다) → **planned**
어미가〈자음+y〉인 동사	y를 i로 바꾸고 -ed를 붙인다.	**cry**(울다) → **cried** **study**(공부하다) → **studied**
그외 불규칙동사		**make**(만들다) → **made** **take**(가져오다) → **took** **see**(보다) → **saw** **write**(쓰다) → **wrote** **cut**(자르다, 썰다) → **cut** **put**(두다, 놓다) → **put**

과거분사형 만드는 법

과거분사형은 현재완료형 (p. 58 참조)이나 수동문 (p. 63 참조)에서 사용하는 동사의 형태입니다. 과거분사형은 과거형과 모양이 같은 것도 많지만, 동사에 따라 과거형과 완전히 다른 형태로 불규칙하게 바뀌는 것도 있습니다. ex. see–saw–seen (보다) write–wrote–written (쓰다) p. 38 ~45 '일기에서 쓸 수 있는 동사 변화형'이나 사전 등을 참고하여 자주 쓰는 동사의 과거분사형을 외워두면 편리합니다.

-ing형 만드는 법

동사에 -ing 를 붙이면 (-ing 형) '~하고 있다'는 뜻의 진행형을 만들 수도 있고, '~하기, ~하는 것'이라는 뜻을 나타내기도 합니다.

ex. Yunho is cooking. (윤호는 요리하고 있다.) / I like driving. (나는 운전하는 것을 좋아한다.)

■ -ing형 만드는 규칙

동사	규칙	예
아래에 해당하지 않는 동사	-ing를 붙인다.	play(놀다) → playing cook(요리하다) → cooking
어미가 〈자음+e〉인 동사	-e를 떼고 -ing를 붙인다.	make(만들다) → making drive(운전하다) → driving
어미가 〈1모음+1자음〉인 동사	자음을 겹쳐 쓰고 -ing를 붙인다.	run(달리다) → running get(얻다) → getting
어미가 -ie로 끝나는 동사	ie를 y로 바꾸고 -ing를 붙인다.	die(죽다) → dying tie(묶다) → tying lie(눕다) → lying

> Tip 동사변화형은 규칙도 복잡하고 예외도 많아서 외우기 어렵다고 생각할 수도 있습니다. 하지만, 초조해하지 말고 조금씩 암기하면 됩니다. 다음 페이지부터 나오는 '일기에서 쓸 수 있는 동사미니사전'을 참고하면서 일기를 계속 써나가다 보면 어느새 자연스럽게 머릿속에 정착될 겁니다.

■ 일기에서 쓸 수 있는 동사 변화형 익히기

일기에서 자주 쓰는 동사 변화형을 정리했습니다. 3인칭 주어일 때 동사 변화형이나 현재, 과거, 과거분사형이 헷갈릴 때 참고해 주세요. (아는 단어는 ✔ 표시)

	뜻	현재형
✔	다리미질을 하다	do the ironing
	~를 만나다	meet
	…에게 ~을 주다	give ... ~
	늦잠을 자다	sleep in
	~에게 사과하다	apologize to ~
	걷다	walk
	~라고 말하다	say
	집을 나서다	leave home
	~에 가다	go to ~
	진찰을 받다	see a doctor
	개를 데리고 산책하다	walk my dog
	~(노래를) 부르다	sing
	~를 때리다	beat
	운동하다	exercise
	영화를 보러 가다	go to the movies
	쇼핑하러 가다	go shopping
	일어나다	get up
	…에게 ~을 가르치다	teach ... ~
	이야기를 하다, 수다를 떨다	have a chat
	~라고 생각하다	think (that) ~
	헤엄치다	swim
	~ (차)에서 내리다	drop off ~
	외식하다	eat out
	~을 끝내다	finish
	~을 사다	buy
	~을 돌려주다	return
	~을 쓰다	write
	~을 빌리다	lend

※구동사의 변화형은 바뀐 동사부분만 표기하였습니다.

3인칭 주어일 때	과거형	과거분사형	-ing형
does	did	done	doing
meets	met	met	meeting
gives	gave	given	giving
sleeps	slept	slept	sleeping
apologizes	apologized	apologized	apologizing
walks	walked	walked	walking
says	said	said	saying
leaves	left	left	leaving
goes	went	gone	going
sees	saw	seen	seeing
walks	walked	walked	walking
sings	sang	sung	singing
beats	beat	beat, beaten	beating
exercises	exercised	exercised	exercising
goes	went	gone	going
goes	went	gone	going
gets	got	got, gotten	getting
teaches	taught	taught	teaching
has	had	had	having
thinks	thought	thought	thinking
swims	swam	swum	swimming
drops	dropped	dropped	dropping
eats	ate	eaten	eating
finishes	finished	finished	finishing
buys	bought	bought	buying
returns	returned	returned	returning
writes	wrote	written	writing
lends	lent	lent	lending

뜻	현재형
~를 이기다	win
머리카락을 자르다	get a haircut
~을 빌리다(무료)	borrow
~을 빌리다(유료)	rent
~을 듣다	listen to ~
~가 들리다	hear
귀가하다	get (back) home
~을 맘에 들어하다, 좋아하다	like
~을 입다	wear
오다	come
화장을 지우다	take off my makeup
화장을 하다	do my makeup
쓰레기를 내놓다	take out the garbage
야근하다(무수당)	work off the clock
~을 찾다	look for ~
접시를 닦다	do the dishes
~에 참가하다	take part in ~
야근하다	work overtime
~을 입어보다	try on
~을 수리하다	fix
출산하다	have a baby
~준비를 하다, 마련하다	prepare
조깅을 하다	jog
(집에서)밥을 먹다	dine in
식료품을 사러 가다	go grocery shopping
~(때)를 보내다	spend
~을 하다	do
빨래를 하다	do the laundry
~에 청소기를 돌리다	vacuum
~를 청소하다	clean

3인칭 주어일 때	과거형	과거분사형	-ing형
wins	won	won	winning
gets	got	got, gotten	getting
borrows	borrowed	borrowed	borrowing
rents	rented	rented	renting
listens	listened	listened	listening
hears	heard	heard	hearing
gets	got	got, gotten	getting
likes	liked	liked	liking
wears	wore	worn	wearing
comes	came	come	coming
takes	took	taken	taking
does	did	done	doing
takes	took	taken	taking
works	worked	worked	working
looks	looked	looked	looking
does	did	done	doing
takes	took	taken	taking
works	worked	worked	working
tries	tried	tried	trying
fixes	fixed	fixed	fixing
has	had	had	having
prepares	prepared	prepared	preparing
jogs	jogged	jogged	jogging
dines	dined	dined	dining
goes	went	gone	going
spends	spent	spent	spending
does	did	done	doing
does	did	done	doing
vacuums	vacuumed	vacuumed	vacuuming
cleans	cleaned	cleaned	cleaning

뜻	현재형
퇴원하다	get out of the hospital
체재하다, 머물다	stay
들르다	stop by
즐거운 시간을 갖다	have a good time
~을 고대하다	look forward to ~
~을 즐기다	enjoy
~을 묻다	ask
과식하다	overeat
~을 먹다	eat
…에 ~을 주문하다, 배달시키다	order ~ from …
~에 도착하다	get to ~
~을 만들다	make
~을 제출하다	hand in ~
~에게 편지를 쓰다	write
~를 돕다	help
~에게 전화를 하다	call
~이 되다	become
입원하다	go into the hospital
웹서핑을 하다	surf the Net
잠들다, 자다	sleep
자다, 잠자리에 들다	go to bed
술마시러 가다	go (out) for a drink
파마를 하다	get a perm
~을 시작하다	begin
달리다	run
과로하다	overwork
일하다	work
~와 이야기하다	talk with ~
~을 말하다, 전하다	tell
낮잠을 자다	take a nap

3인칭 주어일 때	과거형	과거분사형	-ing형
gets	got	got, gotten	getting
stays	stayed	stayed	staying
stops	stopped	stopped	stopping
has	had	had	having
looks	looked	looked	looking
enjoys	enjoyed	enjoyed	enjoying
asks	asked	asked	asking
overeats	overate	overeaten	overeating
eats	ate	eaten	eating
orders	ordered	ordered	ordering
gets	got	got, gotten	getting
makes	made	made	making
hands	handed	handed	handing
writes	wrote	written	writing
helps	helped	helped	helping
calls	called	called	calling
becomes	became	become	becoming
goes	went	gone	going
surfs	surfed	surfed	surfing
sleeps	slept	slept	sleeping
goes	went	gone	going
goes	went	gone	going
gets	got	got, gotten	getting
begins	began	begun	beginning
runs	ran	run	running
overworks	overworked	overworked	overworking
works	worked	worked	working
talks	talked	talked	talking
tells	told	told	telling
takes	took	taken	taking

뜻	현재형
~을 복습하다	review
목욕을 하다	take a bath
~을 공부하다	study
~에 답신하다	reply to ~
~에게 지다	lose to ~
~를 기다리다	wait for~
~를 배웅하다	see ~ off
~을 닦다	polish
~을 찾다, 발견하다	find
~을 보다	see
~를 (차로) 데리러 가다	pick up
~에게 메일을 보내다	e-mail
잠이 깨다	wake up
~를 돌보다	take care of ~
~을 신청하다	apply for ~
~을 가지고 가다/ 데리고 가다	take
~을 가지고 있다	have
~을 가지고 오다/ 데리고 오다	bring
~을 받다	get
~을 그만두다	quit
요가를 하다	practice yoga
(병이나 컨디션이) 좋아지다	get better
눕다	lie down
예습하다	prepare (for) my lesson
~을 읽다	read
~을 예약하다	book
음식을 만들다	cook
(~로) 여행을 떠나다	go on a trip (to ~)
~을 연습하다	practice
~로부터 연락을 받다	hear from ~

3인칭 주어일 때	과거형	과거분사형	-ing형
reviews	reviewed	reviewed	reviewing
takes	took	taken	taking
studies	studied	studied	studying
replies	replied	replied	replying
loses	lost	lost	losing
waits	waited	waited	waiting
sees	saw	seen	seeing
polishes	polished	polished	polishing
finds	found	found	finding
sees	saw	seen	seeing
picks	picked	picked	picking
e-mails	e-mailed	e-mailed	e-mailing
wakes	waked, woke	waked, woken	waking
takes	took	taken	taking
applies	applied	applied	applying
takes	took	taken	taking
has	had	had	having
brings	brought	brought	bringing
gets	got	got, gotten	getting
quits	quit	quit	quitting
practices	practiced	practiced	practicing
gets	got	got, gotten	getting
lies	lay	lain	lying
prepares	prepared	prepared	preparing
reads	read [레드]	read [레드]	reading
books	booked	booked	booking
cooks	cooked	cooked	cooking
goes	went	gone	going
practices	practiced	practiced	practicing
hears	heard	heard	hearing

문장을 자연스럽게 연결시켜 주는 말

일기라고 해서 문장을 단순하게 나열만 하게 되면 무미건조해지기 쉽습니다. 이럴 때 아래에서 소개하는 '연결 표현'을 사용하면 부드러운 문장을 만들 수 있습니다.

■ 문장을 부드럽게 연결해 주는 말

first	맨처음, 우선
at first	처음에는, 첫번째로, 제일 먼저
then	그리고나서
after that	그 다음
in the end	마지막으로, 결국, 마침내
but	하지만
and yet	그런데, 하지만, 그래도
still	그래도 역시, 아직도
on the other hand	다른 한편으로는
also	또한, 뿐만 아니라
besides	~외에, 게다가
actually	실제로는, 사실은
anyway	어쨌든, 아무튼
come to think of it	그러고 보니, 생각해보니
as I thought	생각한 대로, 역시
as A said	A가 말한 것처럼
surprisingly	놀랍게도
or	아니면, 안 그러면
if possible	가능하다면, 가능하면
I don't know why, but	이유는 잘 모르겠지만
as a result	결과로, 결과적으로

이렇게 쓰면 돼요!

I had a busy day today. First, I went to the
우선

dentist. Then, I visited my uncle in the hospital.
그 다음

After that, I went to a department store to
그러고 나서

look for a present for Miki. At first, I didn't
처음에는

know what to buy, but in the end I found a
마침내

pretty pearl necklace. It was a bit expensive.

Anyway, I hope she'll like it.
어쨌든

오늘은 바쁜 날이었다. 우선 치과에 갔다. 그 다음 입원중인 고모부 병문안을
갔다. 그러고 나서 백화점에 가서 미키에게 줄 선물을 찾았다. 처음에는 무엇
을 사면 좋을지 몰랐지만, 마침내 예쁜 진주 목걸이를 찾았다. 좀 비쌌다. 어
쨌든 맘에 들었으면 좋겠다.

6 현재를 쓰다 [현재형]

다음과 같은 내용을 쓸 때는 동사의 현재형을 사용합니다.

❶ 지금의 기분이나 상태

❷ 현재의 습관

❸ 속담

❶ 지금의 기분이나 상태

'지금의 기분이나 상태를 나타내는 문장'이란 다음과 같은 문장을 말합니다.

【지금의 기분을 나타내는 문장】

> **I want a car.** (차를 사고 싶다.)
>
> **I feel lonely.** (외롭다.)
>
> **I'm happy.** (기분좋다. / 행복하다.)

【지금의 상태를 나타내는 문장】

> **I know he's right.** (그가 옳다는 건 알고 있다.)
>
> **My son lives in London.** (아들이 런던에 살고 있다.)
>
> **It's cold today.** (오늘은 춥다.)

위의 예문에서 want (~을 원하다), feel (~라고 느끼다) 등은 '지금의 기분'을 나타내고 있습니다. 한편, know (~을 안다), live (살고 있다) 등은 '지금의 상태'입니다.
be 동사(am, are, is) 는 I'm happy. / It's cold today. 와 같이 '기분'을 나타낼 때나, '상태'를 설명할 때 양쪽 모두 자주 쓰입니다. I'm 은 I am, It's 는 It is 의 단축형입니다.

이렇게 쓰면 돼요!

My computer is slow. I want a new one.
컴퓨터 속도가 느려졌다. 새로 사고 싶다.

It's cold every day. I don't want to get out
of bed in the morning.
날마다 춥다. 아침에 침대에서 나가기 싫다.

❷ 현재의 습관

습관적으로 또는 반복적으로 일어나고 있는 사항에 대해 쓸 때에도 현재형을 씁니다.

Mika always dresses **beautifully.**
(미카는 항상 근사하게 차려입는다.)

Kanghee brings **her lunch to work** every day.
(강희는 매일 회사에 도시락을 싸온다.)

I don't eat **out so often.**
(나는 외식을 즐겨 하지 않는다.)

사람에 관한 것뿐만 아니라 사물에 관한 것(ex.The bus is usually on time. 그 버스는 보통 제시간에 온다) 도 습관적인 사항이라면 동사를 현재형으로 씁니다.
또한, 어느 정도의 빈도인지를 나타낼 때는 빈도를 나타내는 어구를 같이 쓰는 경우가 많습니다.

●빈도를 나타내는 어구

always 항상

often 자주

usually 보통, 대체로

sometimes 때때로

rarely 거의 (~하지 않다)

never 전혀 ~하지 않다

every day 매일

every other day 하루 걸러

every ~(요일) 매주 ~요일에

every year 매년

◉ 이렇게 쓰면 돼요!

Yujin takes English lessons every Sunday. She really is hardworking.

유진이는 매주 일요일에 영어수업을 듣는다. 그녀는 정말 열심히 공부한다.

Taehyun is always five minutes late. Why doesn't he get up a little early?

태현이는 항상 5분 늦게 온다. 왜 좀더 일찍 일어나지 않을까.

---

❸ 속담

속담이나 격언 등을 쓸 때에도 현재형을 씁니다. 또한, 문장 중간에 속담이나 격언을 인용할 때는 전체 문장이 과거형이라도 속담이나 격언에 나오는 동사는 과거형으로 바꾸지 않고 현재형 을 그대로 씁니다. 이때는 시제의 일치(p. 75 참조) 라는 규칙에 해당되지 않습니다.

예문 He said actions speak louder than words.

주가 되는 동사   속담 속의 동사

(과거형) ⟶ (현재형 그대로)   시제의 일치를 받지 않는다.

(그는 말보다 행동이 더 중요하다고 말했다.)

●영어 속담

Time is money. (시간은 돈이다.)

Birds of a feather flock together. (유유상종.)

*a feather =같은 종류   flock =모이다

When in Rome, do as the Romans do. (로마에 가면 로마의 법을 따르라.)

Two heads are better than one. (백지장도 맞들면 낫다.)

No pain, no gain. (고통 없이 얻는 것은 없다.)

*gain=얻는 것

Where there's smoke, there's fire. (아니땐 굴뚝에 연기날까.)

No news is good news. (무소식이 희소식.)

Even Homer sometimes nods. (원숭이도 나무에서 떨어질 때가 있다.)

*Homer = 호메로스 nod =꾸벅꾸벅 졸다(호머와 같은 위대한 현자도 졸 때가 있다)

A cheap purchase is money lost. (싼 게 비지떡.)

Failure teaches success. (실패는 성공의 어머니.)

Practice makes perfect. (연습이 완벽함을 만든다.)

The early bird catches the worm. (일찍 일어나는 새가 먹이를 먼저 먹는다.)   *worm=벌레

Slow and 〈but〉 steady wins the race. (급할수록 돌아가라. / 느려도 꾸준히 하면 이긴다.)

이렇게 쓰면 돼요!

I woke up around 5:00 and saw Hugh Jackman
on TV! As the saying goes, the early bird
catches the worm.

5시쯤 일어났더니 TV에 휴잭맨이 나왔다! 속담 대로 일찍 일어나는 새가 먹이를

먹는군.   *saying=속담

7 과거를 쓰다 [과거형]

다음과 같은 내용을 일기에 쓸 때는 동사를 과거형 (p. 36 참조)으로 만들어 줍니다. 그 날 '했던 일'이나 '있었던 일'을 자주 쓰는 일기에서는 사용빈도가 높은 시제입니다.

❶ 했던 일

> **I weeded my yard today.** (오늘 정원의 잡초를 뽑았다.)
>
> **I called my father.** (아버지께 전화를 드렸다.)

❷ 있었던 일

> **My mother sent me some apples.**
>
> (어머니께서 사과를 보내주셨다.)
>
> **There was a car accident near the office today.**
>
> (오늘 회사 근처에서 교통사고가 났다.)

❸ 과거 어느 시점의 감정

> **I was happy.** (기뻤다.)
>
> **It was a shame.** (아쉬웠다.)

❹ (하루를 돌아보며) 오늘의 날씨나 자신의 상태

> **It was really hot today.** (오늘은 너무 더웠다.)
>
> **I was very busy.** (너무 바빴다.)

이렇게 쓰면 돼요!

I had a job interview today. I was very nervous.

오늘, 취업 면접이 있었다. 엄청 긴장했다.

미래를 쓰다 [미래형 – be going to, will 등]

일기에는 예정이나 계획, 그것에 대한 기분 등, 미래의 일에 대해 쓰기도 합니다. 미래를 나타내는 형태는 몇 가지 패턴이 있는데 '실현 가능성이 어느 정도인지', '언제 결정했는지' 등에 따라 구분하여 사용합니다.

■ **미래의 일을 나타내는 패턴**

쓰고 싶은 것	영어로 표현하는 법
❶ 날짜나 시간이 정해져 있는 행사나 시간표 등 확정되어 있는 것	동사 현재형
❷ 이미 정해져 있거나, 상황상 그렇게 될 거라고 판단되는 일	**be going to**＋동사 원형 **be**＋동사 **-ing** 형
❸ 일기를 쓰면서 결정한 일	**～'ll**＋동사 원형
❹ 미래에 대한 강한 의지	**will**＋동사 원형 **be going to**＋동사 원형 **be**＋동사 **-ing** 형

※❷❸❹의 '동사 원형'이란 동사의 원래 형태입니다. be동사(is,am,are 등)의 원형은 be입니다. ❸의 '～'ll'은 will의 단축형입니다.

❶ 날짜와 시간이 정해져 있는 행사나 교통기관의 출발과 도착 시간

연간행사처럼 날짜와 시간이 정해져 있는 일이나, 교통기관의 출발과 도착 시간 등은 미래의 일이라도 현재형으로 표현합니다. 자신이 직접 정한 개인적인 예정이 아니라 공적인 행사나 회의, 이벤트 등을 표현할 때 자주 사용합니다.

> **The new term starts next Monday.**
> (다음주 월요일부터 신학기가 시작된다.)
>
> **My flight leaves at 9:10 tomorrow.**
> (내가 탈 비행기는 내일 아침 9시 10분에 출발한다.)

┌───┐
│ ● 미래의 일이라도 흔히 현재형으로 표현하는 동사   │
│   │
│ 【행사의 시작과 종료를 나타내는 동사】   │ 【교통기관의 출발과 도착을 나타내는 동사】   │
│   │   │
│ **start** 시작하다   │ **go** 가다   │
│   │   │
│ **begin** 시작하다   │ **come** 오다   │
│   │   │
│ **finish** 끝나다, 끝내다   │ **leave** 출발하다   │
│   │   │
│ **end** 끝나다   │ **depart** 출발하다, 이륙하다   │
│   │   │
│ **open** 시작하다, 개점하다   │ **arrive** 도착하다   │
│   │   │
│ **close** 끝나다, 폐점하다   │ **get** 도달하다, 도착하다   │
└───┘

이렇게 쓰면 돼요!

The winter sale starts tomorrow. I'm so excited!
내일부터 겨울 세일이 시작된다. 완전 신난다!

❷ 이미 정해져 있는 일

일시나 장소가 정해졌거나 앞으로 그렇게 할 예정 (ex. I'm going to write my New Year's greeting cards this weekend. =이번 주말에는 연하장을 써야지.)이나, 상황을 보고 판단해 볼 때 그렇게 될거라고 예상되는 사항 (ex. It's going to snow. 눈이 올 것 같다) 등은 〈be going to +동사 원형〉을 사용하여 표현합니다.

'언제, 어디서, 누구랑, 무엇을' 할지 구체적인 일정이 정해져 있는 개인적인 예정이나 계획 은 〈be + 동사-ing 형〉으로 나타낼 수도 있습니다 (ex. I'm writing my New Year's greeting cards this weekend. 이번 주말에는 연하장을 써야지). 또한, 상황이나 사람에 따 라 〈~'ll be +동사-ing 형〉으로, 이미 정해진 예정사항을 나타내기도 합니다.

이렇게 쓰면 돼요!

I'm going to visit my sister's family the day after tomorrow. What should I take?

모레 언니네로 놀러가려고 한다. 뭘 가져가지?

❸ 일기를 쓰면서 결정한 일

이미 결정된 예정과 달리 '~할까' '~해야지' 처럼, 그 자리에서 생각해서 결정한 일은 will 의 단축형을 사용하여 〈~'ll + 동사 원형〉으로 나타냅니다. 가령, 정원에 자란 잡초를 보고 I'll weed my yard tomorrow. (내일은 잡초를 뽑아야겠다.)고 생각하거나, 내일은 비가 온다는 일기예보를 듣고, I'll stay home tomorrow. (내일은 집에 있어야지.) 하고 결정했을 때 사용합니다.

〈be going to + 원형〉과 〈~'ll + 원형〉의 차이를 좀더 쉽게 이해하기 위해 다음 두 개의 예 문을 비교해 봅시다.

We're going to have Heewon's birthday party on Saturday.
(토요일에는 희원의 생일파티를 열 예정이다.)

Oh, tomorrow is Heewon's birthday! I'll give her a present.
(앗, 내일이 희원이 생일이네! 선물을 줘야겠다.)

My room is so messy. OK, I'll clean my room this Sunday.

방이 너무 더러워. 좋아, 이번주 일요일에는 방청소를 해야지.

*messy=지저분한

❹ '~해야지'와 같은 강한 의지

will 은 강한 의지를 나타낼 때 씁니다. 이때는 단축형 '~'ll'로 쓰지 않고 will 로 표기합니다. 가령 시험 불합격 통지를 받고 I will study harder to pass the exam next time. (더 열심히 해서 다음에는 꼭 합격하고 말거야.)라고 다짐하거나 I will absolutely invite you to my new house. (집들이에 꼭 초대할게요.) 하고 강한 의지를 나타낼 때 will 을 쓰는 것입니다. 자기자신에 대한 결심이나 다짐, 새해 포부 등을 일기에 쓸 때 활용해 봅시다.

강한 의지는 이밖에도 〈be going to +동사 원형〉이나 〈be +동사 -ing 형〉으로 나타낼 수도 있습니다. 이들 표현은 전부터 결정된 사항에 대해 '~해야지' 하고 마음속으로 다짐한 의지나 결심을 나타냅니다.

I failed the exam again. Next time I will absolutely pass it!

또 떨어졌다. 다음에는 꼭 합격할 거야!   *fail=~(시험 등)에 떨어지다

will의 그밖의 용법

will 은 강한 의지 외에도 다음과 같은 용법으로도 쓰입니다.

● '~하겠지' : 확신에 가까운 가능성이 높은 추측

> **She will probably be late.** (아마 그녀는 늦게 오겠지.)
>
> ※she will은 she'll로 써도 OK。

● '~하기 마련이다' : 습성이나 경향, 필연성

> **Accidents will happen.** (사고는 일어나기 마련이다.)

● '~무슨 일이 있어도 하려고 한다' '도저히 ~하려고 하지 않는다' : 강한 고집

> **My boss will go his own way.**
>
> (상사는 무슨 일이 있어도 자기가 생각한 대로 하려고 한다.)
>
> **My daughter won't listen to me.**
>
> (딸아이는 내 말을 들으려고 하지 않는다.) ※won't = will not의 단축형

● 의문문에서 권유 · 의뢰

> **Will you do me a favor?** (부탁할게 있는데요.)
>
> **Will you wait for me here?** (여기서 기다려 주시겠습니까?)

지금까지 일어난 일을 쓰다 [현재완료형]

현재완료형은 〈have/has +동사의 과거분사형〉으로 나타내며, 주로 다음 세 가지 용법으로 쓰입니다. (동사의 과거분사형에 대해서는 p. 37 참조). 또, I have 는 I've 와 같이 줄여서 쓰는 경우가 많습니다.

> ❶ **계속** '계속 ~하고 있다'
> ❷ **완료** '했다'
> ❸ **경험** '~한 적 있다'

❶ '계속' 용법

'…동안 쭉 ~하고 있다' '…부터 쭉 ~해오고 있다'라는 뜻으로, 과거 어느 시점부터 지금까지 계속하고 있는 상태를 나타낼 때는 〈have/has +동사의 과거분사형〉을 사용합니다. '…동안 쭉 ~하고 있지 않다' '…부터 쭉 ~하고 있지 않다'는 뜻의 부정문은 〈haven't/ hasn't +동사의 과거분사형〉으로 표현합니다. 또, be busy (바쁘다) 처럼 be 동사를 사용하는 문장은 〈have/has been ~〉이라고 합니다.

'계속'을 나타내는 현재완료형 문장에서는 〈for +기간〉은 '얼마 동안 그 상태에 있었는지'(ex. for five years 5 년간)를 나타내고, 〈since +기점〉은 '언제부터 그 상태에 있었는지' (ex. since yesterday 어제부터)를 나타내는 경우가 많습니다.

【for +기간】	【since+기점】
for three days 3일 동안	**since yesterday** 어제부터 쭉
for a week 1주일 동안	**since last Sunday** 지난 일요일부터 쭉
for a few months 수개월 동안	**since last week** 지난주부터 쭉
for ten years 10년간	**since this morning** 오늘아침부터 쭉
for a long time 오랫동안	**since I was in high school** 고등학교 때부터 쭉
for ages 오랜 기간	**since then** 그때부터 쭉
for years 몇 년간이나	

since와 ago는 같이 쓰지 않는다.

'4 일 전부터'라고 할 때 since four days ago (✕)라고 하기 쉬운데, since 와 ago 는 같이 쓰지 않습니다. 이 때는 for four days (4 일 동안)와 같이 쓰면 됩니다.

for 나 since 를 사용한 어구 외에도 all day (하루 종일) all afternoon (오후 내내)과 같이 시간적인 폭을 가지는 어구를 사용하기도 합니다.

이렇게 쓰면 돼요!

Miae has been absent from school for three days.
미애는 3일 내내 학교를 결석하고 있다.

Sooji and I have known each other for almost eight years.
수지랑 알게 된 지 거의 8년이나 된다.

It has been raining since last week...
지난주부터 비가 계속 내리고 있다 …….

It has been over 20 years since I started writing in my diary in English.
영어일기를 쓰기 시작한 지 20년이 넘었다. *write in one's diary=일기를 쓰다

❷ '완료' 용법

'완료'를 나타내는 현재완료형은 과거에 있었던 일을 이야기하면서, 그 결과가 지금까지 이어지고 있음을 나타냅니다. 과거형과의 구별을 어려워하는 사람이 많은데 현재완료형은 소위 과거와 현재를 연결하는 다리 역할을 한다고 생각하면 됩니다.

예를 들어, I lost my wallet. 는 '지갑을 잃어버렸다.'라는 과거의 일을 있는 그대로 쓴 문장으로, 그 지갑을 찾았는지 지금도 없는 상태인지 알 수가 없습니다. 하지만 이 문장을 현재완료형을 사용하여 I've lost my wallet. 이라고 하면, '지갑을 잃어버려서 지금도 그 상태가 계속되고 있다' → '빨리 찾아야 하는데, 큰일이다'라는 심적인 상태를 전달할 수 있습니다.

현재완료형이 '완료'를 나타낼 경우, 다음과 같은 부사와 같이 쓸 때가 많습니다.

● '완료'용법에서 자주 쓰는 부사

just 지금 막 ~했다, 방금 ~했다

already 이미, 벌써(~했다)

yet 〈부정문에서〉아직(~하지 않았다)

주의할 점은 '과거의 한 시점을 나타내는 어구를 쓸 때는 현재완료형을 쓸 수 없다는 것'입니다. ~ ago (~전에), yesterday (어제) 처럼 '과거의 한 시점을 나타내는 어구'가 붙으면 과거 있었던 일로 초점이 옮겨집니다. 현재완료형은 '(과거에 있었던 일로 인한 결과) 지금의 상황이나 기분이 어떤가'에 초점을 둔 표현이므로 두 표현을 같이 쓰게 되면 마찰이 생기는 것입니다.

가령, '오늘 아침에 지갑을 잃어버렸다.'는 I lost my wallet this morning. 처럼 과거형으로 표현합니다. this morning (오늘 아침)이라는 과거의 한 시점을 콕 찍어서 표현하는 어구를 쓰고 있기 때문에 현재완료형을 쓸 수 없습니다.

실제로는 현재완료형을 쓰는 것이 자연스러운 경우라도, 격의없이 과거형으로 쓰는 원어민도 있습니다. 현재완료형이 어렵게 여겨진다면 과거형으로 써도 상관없지만, 현재완료형으로 해야할 경우는 역시 현재완료형으로 표현하는 것이 바람직하다 할 수 있습니다.

이렇게 쓰면 돼요!

The plates that I ordered have arrived! I'm happy.
주문한 요리가 나왔다! 행복해.

I've just finished my report. Whew.
이제 막 보고서를 다 썼네. 휴~.

I haven't written my New Year's greeting cards
yet. What should I do?
아직 연하장을 못썼는데… 어떡하지?

❸ '경험' 용법

'~한 적이 있다'와 같이 지금까지의 경험을 나타낼 때도 〈have/has +동사의 과거분사형〉을 사용합니다. '한번도 ~한 적이 없다'라는 부정문은 never(한번도 ~하지 않다)를 사용하여 〈have/has never +동사의 과거분사형〉으로 표현합니다.

특히 '~에 간 적이 있다'와 같이 방문한 적이 있는 장소에 대해 쓸 때는 go(가다)의 과거분사형 gone 을 쓰지 않고, be 의 과거분사형 been 을 사용하여 〈have/has been to +장소〉로 표현한다는 점에 주의합시다.

또, '완료' 용법과 마찬가지로 '경험'을 나타내는 현재완료형에서도 과거의 한 시점을 나타내는 어구와 같이 쓸 수 없습니다. 가령, '그는 어렸을 때 미국에 간 적이 있다.'고 할 때, He has been to America when he was a child. (×)라고 하면 틀린 표현입니다. when he was a child(그가 어렸을 때)와 같은 '과거의 한 시점'을 나타내는 어구를 사용할 경우에는 He went to America when he was a child. 처럼 과거형으로 쓰면 됩니다.

이밖에도 16 years ago(16 년 전에), in 2009(2009년도에), in my college days(대학 때) 등의 어구도 현재완료형과 같이 사용할 수 없습니다. 단, before(이전에)는 넓은 범위의 과거를 나타내기 때문에, 현재완료형과 같이 써도 무방합니다. 다음 페이지의 예문으로 확인해 봅시다.

그는 어렸을 때 미국에 간 적이 있다.

✗ He has been to America when he was a child.

○ He went to America when he was a child.

그는 전에 미국에 간 적이 있다.

○ He has been to America before.

'경험'을 나타내는 현재완료형은 다음과 같은 어구와 같이 쓸 수 있습니다.

● '경험' 용법에서 자주 쓰이는 어구

【문장끝에 오는 어구】

once 한번

twice 두 번

a few times 여러 번

many times 수차례

before 이전에

【have나 has 바로 다음에 오는 어구】

never 한번도 ~하지 않다

이렇게 쓰면 돼요!

Rick has lived in Paris, London and New York. Lucky him!

릭은 파리와 런던, 뉴욕에서 산 적이 있다. 릭은 좋겠다!

Yumi has been to Disneyland many times, but I've never been there.

유미는 몇 번이나 디즈니랜드에 가봤지만, 난 한 번도 안 가봤다.

수동문을 쓰다 [수동형]

'~당하다' '~되다'라는 뜻의 수동형을 표현하고 싶을 때는 〈be +동사의 과거분사형〉을 씁니다. (과거분사형에 대해서는 p. 37 참조). 가령, This sweater is made in France. (이 스웨터는 프랑스에서 만들어졌다.[=프랑스제다])와 같이 쓰면 됩니다 (made 는 make 의 과거분사형). 부정문은 be 동사 뒤에 not 을 붙입니다. 과거를 표현할 때는 be 동사를 과거형으로 바꿉니다.

또, '이 스웨터는 프랑스제다.'라고 할 때는 '누가 스웨터를 만들었는지'는 중요하지 않으므로 그 부분은 굳이 밝히지 않습니다. 수동문에서 '누가 했는지'를 명확하게 밝힐 때는, 〈by +인물〉을 뒤에 붙이면 됩니다. The cake was made by Yumi. (이 케이크는 유미가 만든 것이다.)

수동문에는 다양한 패턴이 있는데 다음 유형들을 익혀두면 편리합니다.

완료형 수동문은 〈have[has/had] +been +동사의 과거분사형〉으로 나타냅니다.

ex. My bike has just been repaired. (자전거가 이제 막 수리되었다.)

진행형 수동문은 〈be +being +동사의 과거분사형〉로 나타냅니다.

ex. The wall is being painted. (벽에 페인트를 칠하는 중이다.)

조동사를 포함하는 수동문은 〈조동사+be +동사의 과거분사형〉이 됩니다.

ex. This novel can be read in many languages. (이 소설은 다양한 언어로 읽을 수 있다.)

이렇게 쓰면 돼요!

These cookies are made from bizi. They're nice!
이 쿠키는 비지로 만들어졌다. 맛있다!

I was invited to Sinji's birthday party!
신지 생일 파티에 초대받았다!

문법 11 조동사의 사용법

조동사는 동사와 함께 쓰여 의미를 보충하는 말입니다. 주의할 것은 조동사는 반드시 동사 앞에 써야 하며, 조동사 뒤에 오는 동사는 원형을 쓰는 것입니다.
조동사가 있는 문장과 없는 문장의 뜻을 비교해 봅시다.

> **I ski.** (스키를 탄다.)
> **I can ski.** (난 스키를 탈 줄 안다.)
>
> **I do my homework.** (숙제를 한다.)
> **I should do my homework.** (숙제를 해야겠다.)
>
> **He has a cold.** (그는 감기에 걸렸다.)
> **He may have a cold.** (그는 감기에 걸렸을지도 모른다.)

● 외워두면 좋은 조동사

will   ~이겠지, ~일 거야, ~해야지[미래의 추측, 의지]

can   ~할 수 있어, ~일 수 있다, (부정문에서)~일 리가 없다[가능이나 가능성]

may / might   ~지도 모른다, ~해도 좋다[가능성이나 허가]

should   ~하는 게 좋겠다, 아마 ~일 거다, 당연히 ~일 거다[약한 의무나 제안, 추정]

must   ~해야 된다, 분명히 ~일 거다[필요성이나 추측]

 이렇게 쓰면 돼요!

Taesu can speak English fluently.

    태수는 영어를 유창하게 할 수 있다.

Yuri should be on the airplane now.

    유리는 지금쯤 비행기 안에 있겠지.

My car may〈might〉 break soon.

    조만간 차가 고장 날지도 모르겠다.

I must leave home at 6:00 tomorrow morning.
I should go to bed early tonight.

    내일은 아침 6시에 집을 나서야 한다. 오늘밤에는 일찍 자야겠다.

조동사는 두 개 연속해서 쓸 수 없다

조동사는 will can (×) 처럼 두 개를 연속해서 쓸 수 없습니다. 두 개 이상의 조동사의 뉘앙스를 표현하고 싶을 때는 다음과 같이 사용합니다.

'(미래) ~할 수 있겠지'

✖ will can ~

◯ will be able to ~

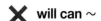 I'll **be able to move into my new house next month.**

(다음달에는 새집으로 이사할 수 있겠지.)

'~해야 될지도 몰라'

✖ may must ~

◯ may have to ~

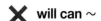 He **may have to change jobs.**

(그는 직장을 옮겨야 할지도 모른다.)

과거에 대한 추측이나 확신을 나타낼 때

조동사를 사용하여 과거에 있었던 일에 대해 추측이나 확신을 나타낼 때는 〈조동사 have +동사의 과거분사형〉의 형태로 사용합니다 (과거분사형에 대해서는 p. 37 참조). 이때 could have는 could've, should have는 should've, must have는 must've와 같이 단축형으로 사용하는 경우도 많습니다.

● 과거에 대한 추측을 나타내는 조동사

can have / could have ~했을지도 모른다[추측]

should have ~했을 터[당연, 확신]
~했으면 좋았을텐데, ~할 걸[후회]

may have / might have (아마) ~했었나봐, ~했을 거야[추측]

must have (분명) ~했음이 틀림없다[확신]

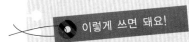

이렇게 쓰면 돼요!

The coat I bought last week is now 30% off. I
should have waited for a week.

지난주에 산 코트가 지금 30% 할인하고 있다. 일주일만 기다릴 걸.

Sinji was kind of quiet today. He might have been
tired.

신지가 오늘은 왠지 조용했다. 피곤했었나 보다.

66

문법 12 부정사의 사용법

부정사란, to 와 동사 원형을 합친 형태를 말합니다. 흔히 to 부정사라고 부르는데, 쓰임이 아주 많은 표현입니다. 여기서는 일기에서 자주 쓰는 부정사의 용법을 알아봅시다.

① 동작의 목적을 나타낸다

가령, I went to the library.(도서관에 갔다)라는 문장이 있습니다. 이것만으로도 문장은 성립하지만, 책을 대출하러 갔는지, 반환하러 갔는지 또는 공부하러 갔는지 등, 그 목적이 분명히 나타나 있지 않습니다. 무엇을 하러 갔는지 동사의 목적을 나타낼 때 〈to +동사 원형〉을 사용하여 다음과 같이 표현할 수 있습니다. 이때 to 부정사의 뜻은 '~ 하러, 하기 위해'입니다.

#41 **I went to the library to borrow some books.**
(책을 대출하러 도서관에 갔다.)

I went to the library to return the books.
(책을 반납하러 도서관에 갔다.)

I went to the library to study English.
(영어공부하러 도서관에 갔다.)

이렇게 쓰면 돼요!

I went to the beauty salon to get a perm.
파마를 하러 미용실에 갔다.

I went to a department store to buy a present for my mother.
엄마 선물을 사려고 백화점에 갔다.

67

❷ 명사에 설명을 더해준다

우선, I have some books.(책이 몇 권 있다.)라는 문장을 한번 봅시다. 대부분 책이라고 하면 '읽기 위한 책'을 상상하는 것이 보통입니다. 하지만, 작가한테는 '써야 할 책'을 가리킬 수 있고, 사람에 따라서는 '버릴 책'이나 '선물할 책'을 가리킬지도 모릅니다.

이럴 때, 명사 바로 뒤에 〈to + 동사 원형〉을 써서 명사에 설명을 덧붙일 수 있습니다. 그 명사가 어떤 명사인지를 알기 쉽게 설명해주는 간단한 방법입니다.

다음 예문을 읽어 봅시다.

> 예시 **I have some** books to write. (써야 할 책이 몇 권 있다.)
>
> **I have some** books to throw away. (버릴 책이 몇 권 있다.)
>
> **I have some** books to give **Yumi.** (유미에게 줄 책이 몇 권 있다.)

> 이렇게 쓰면 돼요!
>
> I have a lot of things to do. (Sigh)
> 할 일이 너무 많아. 휴...
>
> I have friends to rely on. I'm grateful.
> 나한테는 의지가 되는 친구들이 있다. 참 감사하다.

❸ 감정의 원인을 나타낸다

I was happy.(기뻤다.)나 I was sad.(슬펐다.) 등과 같은 감정을 나타내는 문장에 〈to + 동사 원형〉을 이어서 쓰면, '~해서 기뻤다' '~해서 슬펐다'와 같이 그런 감정이 생긴 원인이나 이유를 나타낼 수 있습니다. 이때 to 부정사의 대표적인 뜻은 '~해서'입니다.

> 예시 **I was** happy to hear **from Mike.** (마이크한테 연락이 와서 기뻤다.)
>
> **I was** sad to lose **my favorite pen.**
> (내가 좋아하는 펜을 잃어 버려서 속상했다.)

단, 이들 부정사는 자신의 행동에 대해 설명할 때 사용합니다. 다른 사람의 행동의 대해 자신이 어떻게 느꼈는지를 말할 때는 I'm happy (that) he passed the exam. (그가 시험에 합격해서 기쁘다.) 처럼, 〈(that) +주어+ 동사〉를 사용합니다.

이렇게 쓰면 돼요!

I was excited to watch Korean Series.
코리안 시리즈를 보며 흥분했다.

I was delighted to meet a lot of great people.
멋진 사람들을 많이 만나게 되어 굉장히 좋았다.

❹ '~하기 (쉽다 / 어렵다)'

형용사 뒤에 부정사를 두면, '~하기에' '~한다는 점에서'라는 뜻을 나타낼 수 있습니다. 예를 들어 easy 는 '쉬운, 간단한, 편한'이라는 뜻이지만, 여기에 〈to +동사 원형〉을 이어서 쓰면 '어떤 점에서' 쉬운지를 명확하게 나타낼 수 있습니다.

Professor Kim's class is easy. (김 교수님의 수업은 쉽다.)

Professor Kim's class is easy to understand.
(김 교수님의 수업은 이해하기 쉽다.)

● '~하기'의 뜻으로 쓰이는 to부정사와 함께 자주 쓰는 형용사

easy 쉬운	**safe** 안전한	**necessary** 필요힌
important 중요한	**dangerous** 위험한	**pleasant** 즐거운
difficult 어려운	**comfortable** 편안한	**fun** 즐거운
hard 어려운, 힘든	**convenient** 편리한	※fun은 명사지만, 부정사와 같이 쓸 때가 많습니다.
tough 어려운, 힘든	**impossible** 불가능한	

또, 〈It's +형용사〉에 〈to +동사 원형〉이 오면, '~하는 것은 …다'라는 뜻을 나타냅니다.
이때 to 이하 내용이 의미상의 주어입니다.

 **It's important to practice every day.** (매일 연습하는 것은 힘들다.)

It's not so hard to play the guitar.
(기타를 연주하는 것은 그렇게 어렵지 않다.)

이렇게 쓰면 돼요!

He doesn't smile. He's hard to please.
그는 웃지를 않는다. 그를 기쁘게 하는 것은 어렵다. [=까칠한 것 같아]

Hana is friendly, flexible and easy to deal with.
하나는 상냥하고, 유연하고 대하기가 쉽다. [=잘 어울리는 성격이다]

It's important to fix the furniture to the wall
and ceiling.
가구를 벽과 천정에 고정하는 것이 중요하다.

❺ '(다른 사람에게) ~하도록 (말했다)'의 뜻을 나타낸다

'(다른 사람에게) ~하도록 말했다 〈들었다〉'나 '(다른 사람에게) ~하도록 부탁했다 〈부탁받았다〉' 등과 같이 말할 때도 〈to + 동사 원형〉을 사용합니다. 다음 소개하는 구문은 일기에서 자주 사용하므로 꼭 기억해 둡시다.

● '(다른 사람에게) ~하도록 (말했다 / 들었다)' 구문

A told me (not) to ~
A가 나한테 ~하라고(하지 마라고) 말했다
= A한테 ~하라고(하지 마라고) 들었다

I was told (not) to ~
나는 ~하라고(하지 마라고) 지시를 받았다

A asked me (not) to ~
A가 나한테 ~해 달라고(하지 말아 달라고) 부탁했다
= A한테 ~해 달라고(하지 말아 달라고) 부탁받았다

I was asked (not) to ~
나는 ~해 달라는 (하지 말아 달라는) 부탁을 받았다

※ '~하지 않도록'은 **not to** ~로 표현합니다.

🔴 **이렇게 쓰면 돼요!**

My boss told me to go to Indonesia next week.
우리 팀장님이 다음주에 인도네시아에 가라고 하셨다.

I was asked to translate the document by this Friday.
이번 주 금요일까지 자료를 번역해 달라는 부탁을 받았다.

He told me not to call him anymore. Why?
그가 이제 더 이상 전화하지 말라고 했다. 왜 그럴까?

13 관계대명사의 사용법

관계대명사란 한마디로 말하면 '명사를 자세히 설명할 때 붙이는 접착제'로 who, which, that 등이 있습니다.

가령, 명사를 꾸며줄 때는 형용사를 앞에 붙이면 간단하게 묘사하거나 설명할 수 있습니다. book(책)이라면, thick book (두꺼운 책), expensive book (고가의 책)과 같은 식입니다. 하지만, '친구가 추천해 준 책'이나 '무라카미 하루키가 쓴 책'과 같이 설명이 길어지면 형용사만으로는 표현을 할 수가 없습니다. 이럴 때 사용할 수 있는 것이 관계대명사입니다.

> **a book** which 〈that〉 **John recommended**
> (존이 추천해준 책)
>
> **a book** which 〈that〉 **was written by Haruki Murakami**
> (무라카미 하루키에 의해 쓰여진 책)

위의 예에서 보면 〈명사＋관계대명사＋설명〉의 순서로 되어 있습니다. 여기서 설명하고자 하는 명사는 book(책)입니다. 명사가 '사물'일 때는 관계대명사 which나 that을 사용합니다 (보통 that 을 많이 씁니다). 명사가 '사람'일 때는 who 나 that 을 사용합니다.

'책'은 사물에 해당하므로 book 뒤에 관계대명사 which(또는 that)을 붙입니다. 그 다음 '존이 추천해 주었다(John recommended)'는 내용을 이어서 쓰면 됩니다. 즉, a book which 〈that〉 John recommended(존이 추천해 준 책)과 같이 됩니다.

'무라카미 하루키에 의해 쓰여진 책'도 book 뒤에 관계대명사 which(또는 that)를 붙이는 것까지는 똑같습니다. '무라카미 하루키에 의해 쓰여진 책'은 수동형 (be ＋동사의 과거분사형 / p. 63) 으로 표현합니다. '〜에 의해'는 by 〜 이므로 was written by Haruki Murakami 가 되겠지요. 이것을 which(또는 that) 뒤에 그대로 붙이면 OK. 즉, a book which 〈that〉 was written by Haruki Murakami 가 됩니다. 수동형이 어려우면 시점을 바꾸어, a book which 〈that〉 Haruki Murakami wrote (무라카미 하루키가 쓴 책)로 하는 것도 한 방법입니다.

관계대명사 뒤에 이어지는것

관계대명사 뒤에는 〈주어＋동사〉가 오는 경우와 〈동사〉가 오는 경우가 있습니다. 우선 다음 예문을 살펴봅시다.

■ 관계대명사 뒤에 〈주어＋동사〉가 올 때

the friend who I met in Montreal   (내가 몬트리올에서 만난 친구)

the teacher who I respect   (내가 존경하는 선생님)

the PC which my sister gave me   (언니가 나한테 준 PC)

the digital camera which I bought yesterday   (내가 어제 산 디지털카메라)

■ 관계대명사 뒤에 〈동사〉가 올 때

the friend who lives in Montreal   (몬트리올에 살고 있는 친구)

the teacher who taught me English   (영어를 가르쳐주신 선생님)

the PC which was made in China   (중국산 PC)

the digital camera which takes great pictures   (좋은 사진을 찍을 수 있는 디카)

이와 같이 '사람이 ～하는 …(명사)'의 뜻일 때는 〈명사＋관계대명사〉 뒤에 〈주어＋동사〉를 붙입니다.
'～하고 있는 …(명사)'나 '～되는 …(명사)'의 뜻일 때는 〈명사＋관계대명사〉 뒤에 〈동사〉를 붙입니다.

관계대명사를 생략하는 경우

관계대명사 뒤에 〈주어＋동사〉가 올 경우, 관계대명사를 생략할 수 있습니다. 격의 없는 영어에서는 관계대명사를 생략하는 것이 일반적입니다.

 '존이 추천한 책'

a book which 〈that〉 John recommended

= a book John recommended

'무라카미 하루키가 쓴 책'

a book which 〈that〉 Haruki Murakami wrote

= a book Haruki Murakami wrote

관계대명사를 사용한 문장

그럼, 관계대명사가 들어간 어구를 문장에 직접 활용해 봅시다. 가령, '존이 추천해 준 책이 아주 좋았다.'는 The book (which/that) John recommended was very good. 라고 표현하면 됩니다. The book John recommended가 '존이 추천해 준 그 책'이라는 뜻으로 한 덩어리로 정리되어 있는 것을 볼 수 있습니다.

'무라카미 하루키에 의해 쓰여진 책을 읽었다'라면, I read a book which ⟨that⟩ was written by Haruki Murakami. 가 됩니다. 여기서도 a book which ⟨that⟩ was written by Haruki Murakami 가 한 덩어리로 정리되어 있습니다.

이렇게 쓰면 돼요!

The hairdryer (which/that) I bought last year **already broke.**

작년에 산 헤어드라이기가 벌써 고장났다.

I've found the watch (which/that) I lost. **I'm very happy.**

잃어버린 시계를 찾았다. 너무 기쁘다.

A newcomer who graduated from B University **came to my section.**

B대 출신의 신입이 우리 부서에 들어왔다.

14 시제의 일치

문법

시제의 일치란 ?

문장을 쓰다보면 하나의 문장 안에 두 개 이상의 동사가 나올 때가 있습니다. 가령, I thought (that) she was older. (그녀가 나이가 더 많은 줄 알았다.)와 같은 문장에는 thought 와 was(be 동사) 라는 두 개의 동사가 나란히 들어가 있습니다. 이럴 경우에는, 문장의 주가 되는 동사가 과거형이면 that 뒤에 오는 동사 (조동사)도 과거형이나 과거완료형으로 한다는 규칙이 있습니다. 즉, 여기서는 thought 는 think 의 과거형이므로, that 이하의 동사도 is가 아닌 was(과거형)가 된 것입니다. 이런 규칙을 시제의 일치라고 합니다.

좀더 구체적으로 살펴봅시다. '태수는 피곤하다고 말했다'라는 문장을 쓸 때 Taesoo said that ~(태수는~라고 말했다)에 he is tired(피곤하다)를 붙이면 된다고 생각하기 쉬운데, 이 경우는 문장의 주가 되는 동사가 과거형(said)이기 때문에, 여기에 맞추어 that 이하 동사도 과거형을 써야 합니다. Taesoo said (that) he was tired. 가 올바른 표현입니다.

하나 더 예를 들어보겠습니다. '그는 미국에 간 적이 있다고 말했다'라는 문장을 영어로 써봅시다. He told me that ~ (그는 ~라고 말했다)에 he has been to America (그는 미국에 간 적 있다)를 붙이면 되겠지요? 이 문장에서는 주가 되는 동사가 told 입니다. told 가 과거형이므로 that 이하의 동사 has been(현재완료형)은 had been(과거완료형)으로 바꾸어, He told me (that) he had been to America. 와 같이 표현해야 합니다.

정리하면, 문장의 주가 되는 동사가 과거형일 때, that 이하의 문장이 현재형으로 나타낼수 있는 내용이 오면 동사를 과거형으로 바꾸고, 과거형이나 현재완료형으로 나타내는 내용이라면 동사를 과거완료형(had+동사의 과거분사형)으로 하는 것입니다.

문장의 주가 되는 동사가 heard(~라고 들었다)나 said(~라고 말했다) 등의 경우에는 격의없는 영어에서는 시제의 일치를 무시하는 원어민도 많이 있습니다. 아직 익숙하지 않다면너무 엄격하게 다루지 않아도 괜찮겠습니다.

'알렉스가 봄에 한국에 온다고 들었다'

▲ I heard (that) Alex is coming to Korea this spring.

◯ I heard (that) Alex was coming to Korea this spring.

'마리는 해보겠다고 말했다'

△ **Mari said (that) she will try it.**

○ **Mari said (that) she would try it.** ※would는 will의 과거형

'그는 아들로부터 소식을 들었다고 말했다'

△ **He said (that) he heard from his son.**

○ **He said (that) he had heard from his son.**

단, 주가 되는 동사가 현재형일 경우에는 that 이하의 동사는 시제의 일치가 적용되지 않습니다.

● **I think (that) she is older.** (나는 그녀가 연상인줄 알았다.)

I know (that) he loved her. (나는 그가 그녀를 사랑했다는 걸 안다.)

시제의 일치 예외

속담, 자연현상 등 불변의 진리, 현재까지 바뀌지 않는 사실이나 습관, 역사상의 사실 등은 주가 되는 동사의 시제와 일치시키지 않습니다.

ex. He said the earth goes around the sun. (그는 지구가 태양의 주위를 돈다고 말했다.)

 이렇게 쓰면 돼요!

Seyeon told me (that) she was pregnant.
세연이가 임신했다고 말했다.

Aeri said (that) she could come to my birthday party.
애리는 내 생일에 올 수 있다고 했다.

2장

영어일기에서 자주 쓰는 구문

일상적인 영어표현에서 자주 쓰는 74개의 구문을 수록하였습니다.
좀더 다양하고 풍부한 표현을 영어일기에 쓸 수 있습니다.

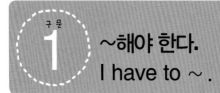

강제 · 필요 · 의무

구문 1

~해야 한다.
I have to ~ .

이렇게 사용해요

I have to ~(동사 원형)은 '~해야 한다'라는 뜻의 구문입니다. 특히 주위로부터 지시나 그렇게 해 주길 바라는 말을 들었거나, 또는 상황상 판단해 볼 때 '~하지 않으면 안 돼' '~할 수밖에 없다'라는 '외부로부터의 강제성'이 들어 있는 표현입니다. '귀찮지만' '썩 내키지 않지만'과 같은 뉘앙스가 들어 있습니다.

가령, '빨리 숙제하거라'라고 부모님이 야단을 치면 I have to do my homework. (숙제를 해야 된다.)라고 쓸 때나, 의사선생님한테 '이대로 두면 비만이 될 수도 있습니다.'라고 주의를 듣고, I have to go on a diet. (다이어트를 해야 해.) 라고 쓸 때 딱 맞는 표현입니다.

규칙으로 정해져 있어서 그렇게 하지 않으면 안 될 때도 have to ~를 사용합니다. I have to go back to my dorm by 11:00.(11 시까지는 기숙사에 들어가야 한다.)와 같은 식입니다.

부정문은 I don't have to ~ (~하지 않아도 된다), 과거형은 I had to ~ (~하지 않으면 안 되었다)나 I didn't have to ~ (~하지 않아도 괜찮았다, ~할 필요가 없었다)로 표현합니다.

1 I have to **get up early tomorrow.**
내일은 일찍 일어나야 된다 .

2 I have to **make a haircut appointment.**
미용실을 예약해야 된다.
※haircut 대신 perm(파마)나 hair coloring(염색), hair dye(흰머리 염색) 등을 바꾸어 쓰면 된다.

3 I have to **finish my graduation thesis by the 10th.**
10일까지 졸업논문을 끝내야 한다.

4 I had to **work overtime again today.**
오늘도 야근을 해야 했다.

5 I had to **reply to 80 e-mails.**
80통이나 되는 이메일에 답장을 보내야 했다.

6 I don't have to **make lunch for Hana tomorrow.**
내일은 하나 도시락을 안 싸줘도 된다.

7 I didn't have to **go to school today.**
오늘은 학교에 갈 필요가 없었다.

포인트

■ have to ~는 '외부로부터의 강제'를 나타낸다.

■ 부정형은 I don't have to ~로, '~하지 않아도 된다'는 뜻.

■ 과거형은 I had to ~, I didn't have to ~로 표현한다.

2 ~하지 않으면 안 된다.
I must ~.

이렇게 사용해요

I must ~(동사 원형)은, 화자가 주체적으로 생각해서 '~해야 된다, 무슨 일이 있어 ~하지 않으면 안 된다' 하고 느꼈을 때 사용하는 구문입니다. 매우 강한 강제의 뉘앙스가 있기 때문에 We must solve our environmental problems.(우리는 환경문제를 해결하지 않으면 안 된다)와 같이, 연설이나 논문 등에서 자주 사용합니다. 따라서 '장보러 가야 돼' 라든지 '강아지에게 먹이를 줘야 돼' 와 같은 예문에서 must를 쓰면, 약간 과장된 느낌을 주게 됩니다.

부정문은 I mustn't ~로 표현하는데, 이 때는 '~하면 안 돼'라는 뜻으로 금지의 뜻으로 바뀝니다. (mustn't 는 [머슨트]로 발음). '~하지 않아도 된다'가 아니므로 주의가 필요합니다. '~하지 않아도 된다'고 표현하고 싶을 때는, 구문1 에 나온 have to 를 사용하여 I don't have to ~(동사 원형)로 씁니다.

must 는 과거형이 따로 없기 때문에 '~하지 않으면 안 되었다'고 할 때는 I had to ~(동사 원형)로 대신합니다.

이렇게 쓰면 돼요

1 **I must help Miho find her dog.**
미호가 강아지 찾는 걸 도와줘야 된다.

2 **I must find a job.**
일자리를 알아봐야 된다.

3 **I must think about my future seriously.**
진로에 대해 진지하게 생각해야 한다.

4 **I mustn't spend so much time playing games.**
게임만 하며 시간을 낭비하면 안 된다.

구문 3

~해야 해.
I need to ~.

이렇게 사용해요

I need to ~(동사 원형)는 '~해야 된다, ~할 필요가 있다'는 뜻의 구문입니다. have to 와 같은 '강제'의 뜻은 없고, '필요성'이나 '의무'를 나타냅니다.
부정문은 I don't need to ~로, '~하지 않아도 된다, ~할 필요는 없다'라는 뜻입니다. 과거에 있었던 일은 I needed to ~ (~해야 했었다), I didn't need to ~ (~하지 않아도 됐었다, ~할 필요가 없었다)와 같이 표현합니다.

이렇게 쓰면 돼요

① **I need to pick up my clothes from the cleaners.**
세탁소에 옷을 찾으러 가야 된다.

② **I need to cut my bangs.**
앞머리를 잘라야겠어.

③ **I need to explain it to her tomorrow.**
내일 그녀에게 그것에 관해 설명해야 된다.

④ **I needed to cancel my dental appointment.**
치과 예약을 취소하지 않으면 안 되었다.

⑤ **I didn't need to work overtime today.**
오늘은 야근할 필요가 없었다.

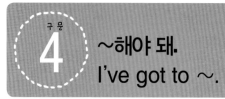

필요 · 의무

구문 4

~해야 돼.
I've got to ~.

이렇게 사용해요

I've got to ~(동사 원형)도 '~해야 돼'라는 뜻의 구문입니다. I've는 I have 의 단축형. I've got to ~는 구문3 에 나온 I need to ~보다 훨씬 캐주얼한 어감을 주는 표현입니다. 감정적으로 절박한 뉘앙스를 풍기기 때문에 '매일 아침 6 시 반에 버스를 타야 된다'와 같은 습관적인 일에는 잘 쓰지 않습니다.

이 표현은 회화에서도 자주 쓰고, 일기나 친한 사이끼리 메일에서도 쓰는 등 주로 구어체에서 자주 쓰입니다. 또한 I've gotta ~(동사 원형)로 쓰기도 합니다. gotta는 [가타] 와 같이 발음합니다.

부정문이나 과거를 나타내는 문장에서는 have to 를 대신 씁니다. 부정문은 I don't have to ~ (~하지 않아도 된다), 과거는 I had to ~ (~하지 않으면 안 되었다), I didn't have to ~ (~하지 않았어도 됐었다, ~할 필요가 없었다)로 나타냅니다.

이렇게 쓰면 돼요

1 **I've got to return the books.**
책을 돌려줘야 돼.

2 **I've got to go on a diet.**
다이어트 해야 돼.

3 **I've got to wash the bath towels.**
목욕타월을 빨아야 돼.

4 **I've got to call my grandchildren tomorrow.**
내일 손자들한테 전화해야 돼.

5 **I've got to go to the office early tomorrow.**
내일은 일찍 회사에 나가봐야 돼.

6 **I've got to put together a report.**
보고서를 정리해야 돼.

7 **I just remembered that I've got to apply for the TOEIC!**
TOEIC신청해야 되는데, 지금 생각났다!

포인트

■ I've got to ~는 '~해야 돼'라는 뜻의 캐주얼한 표현.
■ I've got to ~에는 절박한 뉘앙스가 들어 있다.
■ 격의 없이 I've gotta ~(동사 원형)로 표현하기도 한다.

구문 5

~하는 게 좋겠지.
I should ~.

이렇게 사용해요

should를 '~해야 한다'는 뜻으로 기억하는 사람이 많은 것 같습니다. 하지만 사실 should는 그정도로 강한 뉘앙스가 아닙니다. I should ~(동사 원형)처럼 주어가 I일 때는 '~하는 게 좋겠지, ~해야겠지' 처럼 자신의 판단에 근거한 약한 의무를 나타냅니다. Maybe I should ~ (~하는 게 좋겠지, ~할까, ~하는 게 좋을지도 몰라)와 같은 형태도 자주 사용합니다.

You should ~ 나 He should ~ 처럼 주어를 다른 사람으로 하면 '당신은〈그는〉 ~하는 게 좋을 텐데요'의 뜻으로 부드러운 제안을 나타냅니다. 단, 상대와의 관계나 상황, 어투에 따라 '~해야 돼!'라는 충고나 비난을 나타내기도 합니다.

부정문은 I shouldn't ~(~하지 않는 게 낫겠다)로 표현합니다.

이렇게 쓰면 돼요

1 I should **eat more vegetables.**
야채를 좀 더 많이 먹는 게 좋겠어.

2 I should **see a doctor tomorrow.**
내일 병원에 가는 게 좋겠지.

3 I should **buy a good English-Korean dictionary.**
좋은 영한 사전을 사야겠어.

4 Maybe I should **send her a thank-you letter.**
그녀에게 감사 편지를 쓰는 게 좋겠어.

5 Maybe he should **quit his job.**
그는 일을 그만두는 편이 나을 것 같은데…

6 I shouldn't **hold a grudge against him.**
그에게 나쁜 감정을 가지는 건 좋지 않아.
※hold a grudge against ~는 '~에게 나쁜 감정을 갖다(원한을 품다)'는 뜻.

7 I shouldn't **worry too much.**
너무 걱정하지 않는 게 낫겠지.

8 We shouldn't **see each other anymore.**
우리 이제 그만 만나는 게 좋겠어.

포인트

■ I should ~는 자신의 판단에 근거한 약한 의무를 나타낸다.
■ 주어를 다른 사람으로 하면 일반적으로 부드러운 제안을 나타낸다.
■ Maybe I should ~ 형태도 자주 쓴다.

구문 6

~하는 게 좋을 거 같다.
I'd better ~.

I'd better 는 I had better 의 단축형입니다. 격의 없는 자리에서는 had(='d)를 생략하여 I better 라고 말하기도 합니다.

had better 를 '~하는 편이 좋다'로 암기하는 사람들이 상당히 많은 것 같은데, 이런 부드러운 느낌이 드는 경우는 주어가 I 나 We 일 때뿐입니다. I'd 〈We'd〉 better ~(동사 원형)으로 '~하는 게 좋을 것 같다, 해야 겠다'와 같은 뜻이 됩니다.

하지만, You'd〈He'd〉 better ~ 처럼 다른 사람을 주어로 하게 되면 '꼭 ~해야 한다, ~하세요'의 뜻으로 매우 강한 명령조의 표현이 됩니다. 경우에 따라서는, '~하는 편이 몸에 좋아, ~하지 않으면 나중에 어떻게 되도 몰라'라는 협박에 가까운 느낌을 주기도 하므로, had better 는 자기자신 외에는 쓰지 않는 것이 좋다고 기억하는 것이 좋습니다. 다른 사람에게 had better 를 쓸 수 있는 경우는 교사가 학생들에게, 부모가 자식에게, 상사가 부하직원에게 말할 때와 같이 상하관계가 분명할 때 뿐입니다. 입장을 가리지 못하고 잘못 사용하면 오해를 살 수도 있으므로 주의가 필요합니다. 좋은 뜻으로 충고하거나 정보를 알려줄 목적으로 말한다 해도 듣는 사람은 매우 불쾌할 수도 있기 때문입니다.

부정문은 I'd better not ~이다. 뜻은 '~하지 않는 게 좋다'입니다. (I 또는 We 이외의 주어가 올 때는 '~하지 말아요, ~하면 나중에 잘못돼도 몰라요'에 가까운 뉘앙스).

이렇게 쓰면 돼요

1 **I'd better think twice.**
잘 생각하는 게 좋을 거 같다.
※think twice는 '잘 생각하다'의 뜻.

2 **I'd better stay home this weekend.**
이번 주는 집에 있는 게 좋겠다.

3 **I'd better stay away from him.**
그 사람과는 거리를 두는 게 좋겠다.

4 **I'd better start working on the project now.**
이제 슬슬 프로젝트를 시작해야지.

5 **I'd better report it to the police.**
경찰에 신고하는 게 좋을 것 같다.
※report는 '~(경찰 등)에 신고하다'의 뜻.

6 **I'd better not sell the stock now.**
지금은 그 주식을 팔지 않는 게 좋겠지.

7 **I'd better not say anything.**
아무 말도 하지 않는 게 낫겠다.

포인트

■ I'd 〈We'd〉 better ~는 '~하는 게 좋을 것 같다'의 뜻.
■ 다른 사람을 주어로 쓰면 강한 명령조가 되므로 주의.
■ 부정문은 I'd better not ~.

7 구문

~할 것이다. (예정)
I'm going to ~.

be going to ~를 이용한 I'm going to ~(동사 원형)는, 이전부터 정해져 있는 예정 사항을 나타냅니다. 이미 날짜나 시간, 장소 등이 정해져 있는 경우는 물론이고, 상세한 것은 정해져 있지 않지만 어느 정도 그렇게 할 계획이 있는 경우에 쓸 수 있습니다. 회화에서는 going to 부분을 gonna[가너]로 단축하여 I'm gonna ~와 같이 말하기도 합니다.

상황상 '(이런 상태라면) ~하겠지, ~해지겠지' 하고 추측할 때도 be going to ~를 사용합니다. 가령, 응원하고 있는 스포츠 팀이 계속 이겨서 이대로 가면 우승할 것 같은 상황에서, They're going to win the championship.(그들이 우승할 것 같다.) 처럼 사용합니다.

또, be going to ~는 이미 정해진 사항에 대해 사용하기 때문에 '~해야지, ~할 거야' 하고 마음 속으로 결심한 강한 의지를 나타낼 때도 사용합니다.

부정문은 I'm not going to ~로, '~할 생각은 없다, ~할 계획이 없다'라는 뜻. 그렇게 할 의지가 없음을 명확하게 나타내는 표현입니다. 과거형은 I was going to ~로, '~할 작정이었다 (하지만, 실제로는 하지 않았다, 할 수 없었다)'라는 뜻입니다.

1 I'm going to **have a BBQ this Sunday.**
일요일에 바비큐를 할 거다.

2 I'm going to **have a baby soon.**
얼마 안 있으면 아기가 태어난다.

3 My sister's family is going to **come see us this summer.**
이번 여름에 여동생 가족이 놀러 온다.

4 I'm going to **buy a house this year!**
올해는 집을 사야지!

5 I'm not going to **change jobs.**
직장을 바꿀 생각은 없다.

6 I was going to **clean my room this afternoon, but I didn't.**
오후에 방 청소를 하려고 했는데, 못했다.

7 I was going to **buy a black coat, but I bought a brown one instead.**
검정색 코트를 사려고 했는데, 갈색으로 샀다.

포인트

■ I'm going to ~는 예전부터 하기로 결정된 사항을 나타낸다.

■ 상황상 '(이대로 가면) ~하겠지'와 같은 경우나, '~해야지' 하고 마음속으로 결심한 강한 의지를 나타낼 때도 쓸 수 있다.

■ 부정문은 I'm not going to ~, 과거형은 I was going to ~로 나타낸다.

~할 것이다. (예정)
I'm -ing.

이렇게 사용해요

'어? 〈be 동사＋동사의 -ing 형〉은 현재진행형 아닌가?' 하고 생각한 사람도 있을지도 모르겠습니다. 맞습니다. 형태는 현재진행형과 똑같습니다. 하지만, 여기에 '미래의 때'를 나타내는 어구를 붙이면, 그렇게 하기로 확실하게 결정된 미래의 예정을 나타냅니다. 뉘앙스는 I'm going to ~와 거의 다르지 않지만, 그 일이 실행될 확률은 I'm -ing 쪽이 좀더 높다고 할 수 있습니다. 또한, I'm going to ~는 날짜와 시간이 정해져 있지 않은 사항에도 쓸 수 있지만, I'm -ing 은 언제, 누구와, 어디서와 같은 상세한 내용이 정해져 있다는 것을 전제로 한 표현입니다. 따라서 '언제', 즉 '미래의 때'를 나타내는 말이 이어지는 것이 기본입니다.

부정문은 I'm not -ing, 과거의 일은 I was going to ~로 표현합니다.

이렇게 쓰면 돼요

1 **I'm having dinner with Reo tomorrow night.**
내일 저녁은 레오와 함께.

2 **I'm helping my sister move tomorrow.**
내일은 여동생 이사 돕기.

3 **Yumi and I are going to the movies this Saturday.**
토요일은 유미랑 영화를 보러 갈 예정이다.

4 **I'm not going to the party this Sunday.**
이번주 일요일 파티는 안 갈 거다.

구문 9

~할까 생각 중이다.
I'm thinking about⟨of⟩ -ing.

이렇게 사용해요

아직 결정한 건 아니지만, 그렇게 할까 하고 생각하고 있는 사항은 I'm thinking about ~ (동사의 -ing형)으로 나타냅니다. about 대신에 of 를 써서, I'm thinking of ~(동사의 -ing 형)로 해도 좋습니다. 두 표현의 차이라면, about 는 면밀하게 생각하고 있는 경우에, of 는 막연히 생각하고 있는 경우에 사용하는 것입니다. I'm thinking about ~는 '~할까 생각 중이다', I'm thinking of ~는 '~해볼까'라는 뉘앙스로 기억해 두면 됩니다. 상황에 따라서는 '~하는 것을 검토 중'이거나 '~할까 말까 망설이고 있다'라는 뜻도 됩니다.

부정문은 I'm not thinking about ⟨of⟩ -ing로 , 과거의 일은 I was thinking about ⟨of⟩ -ing로 나타냅니다.

이렇게 쓰면 돼요

1 I'm thinking about learning **Chinese.**
중국어를 배울까 생각 중이다.

2 I'm thinking of getting **an iPhone.**
아이폰을 살까.

3 I'm not thinking about going **to school in America.**
미국에 유학갈 생각은 없다.

4 I was thinking about renting **an apartment, but decided to buy a house.**
아파트 렌트를 생각 중이었는데, 결국 집을 사기로 했다.

미래 · 예정이나 계획

구문 10 ~할 계획이다.
I'm making plans to ~.

이렇게 사용해요

실행을 목표로 하여 계획 단계에 있는 사항은 I'm making plans to ~(동사 원형)로 나타냅니다. 구문9 에서 다룬 I'm thinking about ⟨of⟩ -ing (~할까 생각 중이다)보다도, 계획이 구체적으로 세워져 있을 경우에 사용합니다. 따라서 '~할 계획을 세우고 있다' 는 뜻 외에 '~할 작정이다'라는 뉘앙스로 사용할 수도 있습니다.

'~을 계획하고 있다'고 할 때는 I'm planning ~(명사)로 표현합니다. I'm planning a birthday party for her. (그녀의 생일 파티를 계획하고 있다.)와 같이 사용합니다.

이렇게 쓰면 돼요

1. I'm making plans to **go to Canada this winter.**
이번 겨울에 캐나다에 갈 계획을 세우고 있다.

2. I'm making plans to **buy an apartment next year.**
내년에 아파트를 분양받을 계획이다.

3. We're making plans to **remodel our kitchen this spring.**
올 봄에 주방을 리모델링할 계획을 갖고 있다.

4. I'm making plans to **have my teeth straightened.**
치열 교정을 받을 작정이다.

5. She's making plans to **open a café.**
그녀는 카페를 차릴 계획을 세우고 있다.

92

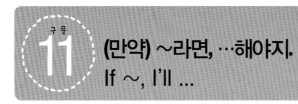

조건 미래

(만약) ~라면, …해야지.
If ~, I'll ...

이렇게 사용해요

실현될 가능성이 있는 사항에 대해 '(만약) ~라면 …해야지'라고 쓰고 싶을 때는 If ~, I'll ... 을 사용합니다. ~에는 '만약 ~라면'이라는 뜻의 조건문이 들어갑니다. ~에 들어가는 문장은 미래의 일이라도 현재형으로 나타냅니다.

뒷부분에 오는 I'll ... 에는 실제로 앞문장의 일이 일어났을 때의 행동을 동사 원형으로 나타냅니다. 상황에 따라서는, I'll ~대신 I should ~(~하는 게 좋겠지)나 I <u>may</u> 〈might〉 ~(~할지도 모른다) 으로 쓸 수도 있습니다.

이렇게 쓰면 돼요

1 **If the price goes down, I'll buy it.**
가격이 떨어지면 사야지.

2 **If she goes to the BBQ, I'll go, too.**
그녀가 바비큐 파티에 가면, 나도 가야지.

3 **If I don't hear from him by tomorrow night, I'll call him.**
내일 저녁까지 그에게서 연락이 안 오면, 내가 전화해야지.

4 **If the typhoon is coming to this area, I shouldn't go out.**
이 지역에 태풍이 다가오고 있다면, 외출은 삼가하는 것이 좋겠다.

5 **If he says sorry from the bottom of his heart, I may forgive him.**
그가 진심으로 사과한다면, 용서해줄 수도 있다.

93

12
구문

이제 곧 ~다.
~ is coming up soon.

이렇게 사용해요

다가오는 기념일이나 이벤트 등에 대해, '이제 곧 ~다'라고 할 때는 ~(명사) is coming up soon 으로 나타냅니다. ~에는 생일이나 결혼식, 시험 등을 나타내는 명사가 들어갑니다. 이 come up 은 '(일어날 일이나 시기가) 다가온다'라는 뜻으로, 보통 진행형(be 동사 +coming up)으로 나타냅니다. soon 은 생략할 수 있습니다.

구체적으로 언제인지를 밝히고 싶을 때는, soon 대신 this weekend (이번 주말), in three days (3 일 후에) 등으로 바꾸면 됩니다.

이렇게 쓰면 돼요

1 **Valentine's Day** is coming up soon.
이제 곧 밸런타인데이다.

2 **The election** is coming up soon.
좀 있으면 선거다.

3 **The mid-terms** are coming up.
중간 고사가 다가오고 있다.

4 **My 60th birthday** is coming up **in five days.**
5일 후면 환갑을 맞이한다.

5 **My son's graduation ceremony** is coming up **next week.**
다음 주는 아들 졸업식이다.

이제 곧 ~다(얼마 안 남았다).
~ is just around the corner.

이렇게 사용해요

구문12에 나온 ~ is coming up soon (이제 곧 ~다)와 마찬가지로, ~(명사) is just around the corner 도 얼마 안 있으면 맞이할 기념일이나 이벤트를 나타낼 때 사용합니다. around the corner를 직역하면 '(바로 다음) 모퉁이 근처에'라는 뜻으로, '~이 바로 근처까지 와있다'라는 뉘앙스입니다. just 대신 right 을 넣기도 하는데, 둘 다 기념일이나 이벤트 등이 임박했음을 강조하는 표현입니다. 이 구문은 in three days(3일 후)나 next month (다음 달)과 같은 구체적인 '때'를 나타내는 말과 같이 쓸 수 없습니다.

이벤트 뿐만 아니라 Success is just around the corner.(성공이 바로 눈 앞에 있다.)나 Happiness is just around the corner.(행복은 다음 모퉁이만 돌아가면 있어. 고생끝에 행복이라고 이제 고생 다했네.) 와 같은 표현에도 쓸 수 있습니다.

이렇게 쓰면 돼요

① **The TOEIC test** is just around the corner.
얼마 안 있으면 토익 시험이다.

② **My son's wedding** is right around the corner.
이제 곧 아들 결혼식이다.

③ **The Olympics** are just around the corner.
얼마 안 있으면 올림픽이다.

④ **My daughter's violin recital** is right around the corner.
얼마 안 있으면 딸 바이올린 독주회다.

구문 14

…까지 앞으로 ~일
~more day(s) before ...

예정이나 이벤트, 기념일 등에 대해 '…까지, 앞으로 ~일'이라고 쓰고 싶을 때는, ~(숫자) more day(s) before ...(명사) 형태를 사용합니다. 이것은 '…까지, 앞으로 ~일 남았다'라는 뜻의 There is / are ~ more day(s) before ... 에서 There is / are 가 생략된 형태입니다. '…' 에는 이벤트나 일어날 일을 나타내는 어구를 쓰고, '~'부분에는 그때까지 남은 날짜 수를 넣습니다. 이벤트는 명사구로 넣어도 되고, 오른쪽 페이지의 예문 **7** 처럼 〈주어+동사〉 형태로 넣을 수도 있습니다. 또, 기다려지고 기대되는 일뿐만 아니라, 긴장되는 사항에 대해서도 쓸 수 있습니다.

~ more days (앞으로 ~일, 이제 ~일)를 more ~ days(×) 로 하지 않도록 주의합시다. '앞으로 하루'일 때는 one more day 처럼 day 를 단수형으로 바꿉니다. '앞으로 2 주일'이나 '앞으로 한 달'과 같은 경우에는 day(s) 를 week(s) 나 month(s) 로 바꾸어 two more weeks 나 one more month 처럼 말하면 됩니다.

이렇게 쓰면 돼요

1 **Four** more days before **my graduation.**
졸업까지 앞으로 4일.

2 **Ten** more days before **our ninth wedding anniversary.**
결혼 9주년까지, 앞으로 10일.

3 **Two** more days before **the complete medical checkup.**
종합건강검진까지, 앞으로 2일.
※checkup은 '검사, 건강검진'의 뜻.

4 **Three** more days before **the College Scholastic aptitude test.**
수능까지, 앞으로 3일.

5 **Two** more weeks before **the oral exam.**
면접시험까지, 앞으로 2주일.
※oral은 '구두상의'라는뜻.

6 **One** more week before **the test result announcement.**
시험 결과 발표까지, 앞으로 일주일.

7 **Five** more days before **I can see him!**
그를 만날 수 있는 날까지, 앞으로 5일!

포인트

■ ~ more day(s) before ... ~에는 숫자, ...에는 이벤트를 나타내는 말을 넣는다.

■ days 대신 weeks, months로 해도 OK.

■ more ~ days(×)로 하지 않도록 주의.

15 구문

옛날에는 자주 ~했었지.
I used to ~.

과거를 회상하며 '옛날에는 자주 ~하곤 했지'라고 쓸 때는 I used to ~(동사 원형), '옛날에는 ~였는데'라고 쓸 때는 I used to be ~(형용사 또는 명사)로 나타냅니다. 이 구문은 지금은 그렇지 않다는 것을 암시하고 있기 때문에, 뒤에 but I don't do it anymore (하지만 지금은 하지는 않는다)나, but now I'm not (지금은 아니다)와 같은 내용의 문장을 이어 쓸 필요가 없습니다.

'옛날에는 ~하지 않았었는데 ...'라고 부정문을 써야 할 때는, I didn't use to ~라고 합니다. never (절대 ~하지 않다)를 사용하여, I never used to ~(예전에는 절대 ~하지 않았었는데)라고 하면 좀더 강조된 의미를 나타낼 수 있습니다.

한 가지 더, used to는 [유스트]로 발음합니다. 밑줄 친 부분은 '즈'가 아니라 '스'에 가까운 음이므로 주의해 주세요.

이렇게 쓰면 돼요

1 I used to **stay up all night.**
옛날에는 철야도 자주 했었지.

2 I used to **play the guitar.**
옛날에는 자주 기타를 치곤 했는데.

3 I used to **be popular.**
옛날에는 인기 있었는데.

4 I didn't use to **cook.**
옛날에는 요리를 하지 않았는데.

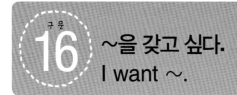

구 문 16
~을 갖고 싶다.
I want ~.

이렇게 사용해요

갖고 싶은 물건이 있을 때는 I want ~(명사)로 표현합니다. ~에는 a dog (강아지 〈한 마리〉)나 an electronic dictionary (전자 사전〈1 대〉), some nice coffee cups (예쁜 커피잔 〈여러 개〉) 처럼 명사를 넣습니다.

주어를 다른 사람으로 하게 되면, '…는 ~을 갖고 싶어한다, …는 ~를 갖고 싶다고 하더라'라는 뜻이 됩니다.

'~가 너무 갖고 싶다' '~가 갖고 싶어 죽겠다' 라고 강조할 때는 want 앞에 really (굉장히, 진짜로)를 넣어서 I really want ~처럼 표현하면 됩니다. 부정문은 I don't want ~로 나타냅니다.

이렇게 쓰면 돼요

1 I want **a digital single-lens reflex camera.**
DSLR 카메라를 갖고 싶다.

2 I want **enough time to get a good night's sleep.**
잠 좀 실컷 자 봤으면…

3 I **really** want **a girlfriend.**
진짜로 여자 친구가 있었으면…

4 I don't want **a boyfriend for a while.**
당분간 남자 친구는 만들고 싶지 않다.

5 My son wants **a unicycle for his birthday.**
아들녀석이 생일 선물로 외발 자전거를 사달라고 한다.

~하고 싶다 / ~해 보고 싶다
I want to ~.

'~하고 싶다, ~해 보고 싶다'는 뜻의 희망이나 바람을 쓸 때는 I want to ~(동사 원형)로 나타냅니다. '정말 ~해 보고 싶다'라고 강조할 때는 want to 앞에 really(정말로, 너무)를 넣습니다. 격의 없는 회화나 문장에서는 want to 를 wanna[워너] 라고 할 때도 있습니다. '~하고 싶지 않은데' '~하기 싫은데'라고 쓸 때는 I don't want to ~로 나타내면 됩니다.

1 I want to **lose weight.**
살을 빼고 싶다.

2 I want to **be taller.**
좀 더 키가 컸으면.

3 I want to **get a driver's license.**
운전 면허를 따고 싶다.

4 I want to **visit Egypt someday.**
언젠가 이집트에 가보고 싶다.

5 I don't want to **give a presentation.**
PT하는 거 싫은데.

6 I didn't want to **break up with him.**
그와 헤어지고 싶지 않았다.

※break up with~은 '~(연인)과 헤어지다'라는 뜻.

~할 수 있으면 좋겠다
I want to be able to ~.

이렇게 사용해요

'~(지금 못하는 것을) 앞으로 잘할 수 있었으면 좋겠다'라고 할 때는 I want to be able to ~(동사 원형)으로 나타냅니다.

be able to는 can과 같은 의미로 '~할 수 있다'라는 뜻입니다. want to 뒤에 can 을 이어서 want to can ~(✕)으로는 쓸 수 없으므로, want to be able to ~로 표현합니다.

이전에 할 수 없었던 것을 할 수 있게 되었을 때(능력의 변화) 는, Now I'm able to ~ (동사 원형)이나 Now I can ~(동사 원형)으로 나타냅니다.

이렇게 쓰면 돼요

1 I want to be able to **speak English well.**
영어를 잘할 수 있게 되면 좋겠다.

2 I want to be able to **put on a Hanbok on my own.**
혼자서 한복을 입을 수 있게 되면 좋겠다.

3 I want to be able to **watch movies without subtitles.**
자막 없이 영화를 볼 수 있게 되면 좋겠다.

4 Now I'm able to **use Excel.**
이제 엑셀을 사용할 수 있게 되었다.

5 Now I can **finally read Pinyin.**
이제 병음을 읽을 수 있게 되었다.

※Pinyin(병음)은 중국어 발음을 가리킨다.

구문 19

희망 · 바람

(~이) …하면 좋겠다.
I want ~ to ...

이렇게 사용해요

구문17 에서 익힌 I want to ~ (~하고 싶다)는 자신의 희망사항에 대해 말하는 표현이지만, '~이 …하면 좋겠다, 해 주면 좋겠다'와 같이 다른 사람에게 바라는 희망이나 바람을 표현할 때는 I want ~ (사람) to ...(동사 원형)으로 나타냅니다. '~'에는 그렇게 해주길 바라는 사람을, '…'에는 바라는 행동을 넣습니다. 이 구문은 사람뿐만 아니라, I want the summer to end soon.(빨리 여름이 끝났으면 좋겠다) 처럼, '사물'이나 '상황'에 대해서도 사용할 수 있습니다.

부정문인 '~이 …하지 않았으면 좋겠다'는 I don't want ~ to ... 로 표현합니다.

이렇게 쓰면 돼요

1
I want my parents to stay healthy.
부모님이 늘 건강하셨으면 좋겠다.

2
I want my wife to always be presentable.
아내가 항상 단정하게 입었으면 좋겠다.
※presentable은 '(남보기에)흉하지 않은, 단정한'이라는 뜻.

3
I want my husband to help with the housework sometimes.
가끔은 남편이 집안일을 도와줬으면 좋겠다.

4
I don't want Minho to quit his job.
난 민호가 일을 그만두지 않았으면 좋겠다.

5
I didn't want it to happen.
그렇게 되지 않았으면 했는데…

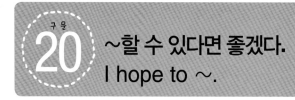

구문 **20** ~할 수 있다면 좋겠다.
I hope to ~.

희망 · 바람

구문17 에 나온 I want to ~ (~하고 싶다)와 마찬가지로, I hope to ~ (동사 원형)도 희망이나 바람을 나타냅니다. '~할 수 있다면 좋겠다'라는 뜻으로, 어느 정도 실현 가능성이 있는 사항에 대해 기대를 담아 희망이나 바람을 나타낼 때 사용합니다. 한편, 불가능한 일이나, 실현 가능성이 매우 낮은 희망 사항의 경우는 구문 22 에 나오는 I wish ~ (~하면 좋은데)를 참조하면 됩니다.

1 I hope to **get an interpreter job.**
통역 회사에 취업하면 좋겠다.

2 I hope to **get promoted.**
승진되면 좋겠다.

3 I hope to **move to Australia someday.**
언젠가 호주로 이주할 수 있다면 좋겠다.

4 I hope to **meet someone nice this year.**
올해는 멋진 사람을 만날 수 있으면 좋겠다.

5 I hope to **have a Labrador.**
언젠가 래브라도를 키울 수 있으면 좋겠다.

6 I hope to **win a lot of money in the lottery.**
복권에서 거금에 당첨되면 좋겠다.

구문 21

~하면 좋겠다.
I hope ~.

이렇게 사용해요

구문20 의 I hope to ~ (~할 수 있다면 좋겠다)는 자신이 그렇게 할 수 있으면 좋겠다고 생각하는 것을 쓸 때 사용하지만, I hope ~(문장)는 '다른 사람이나 어떤 일이 그렇게 되면 좋겠다' 는 바람을 나타냅니다. I hope I can ~(동사 원형)형을 사용하면, I hope to ~ 와 마찬가지로, '(내가)~할 수 있으면 좋겠다'라는 자기자신의 희망을 나타냅니다.

hope 뒤에는 that 가 생략되어 있습니다. 일기나 격의 없는 회화에서는 주어 I 를 생략하고, Hope로 문장을 시작하기도 합니다. 또, I hope to ~와 마찬가지로, 이 구문도 실현 가능성이 있는 희망에 대해 기대를 담아서 사용합니다.

미래에 대한 내용을 쓸 때는, I hope 뒤에 들어가는 문장을 미래로 표현하면 됩니다. 단, 구어에서는 현재형으로 쓰기도 합니다.

'내일은 따뜻해졌으면 좋겠다'

I hope **it'll be** warm tomorrow.

I hope **it's** warm tomorrow.

1 I hope **he's happy.**
그가 행복했으면 좋겠다.

2 I hope **she's having a good time.**
그녀가 (지금쯤) 즐거운 시간을 보내고 있었으면 좋겠다.

3 I hope **she will like⟨likes⟩ the present.**
그녀가 선물을 마음에 들어 했으면 좋겠다.

4 I hope **it won't⟨doesn't⟩ rain tonight.**
오늘 밤에 비가 안 왔으면 좋겠다.
※won't는 will not의 단축형.

5 Hope **he can get the ticket.**
그가 티켓을 구할 수 있기를.

6 I hope **she will come back⟨comes back⟩ safe and sound.**
그녀가 무사히 돌아오기를.
※safe and sound는 '무사히'라는 뜻.

7 I hope I can **finish the report by the deadline.**
마감일까지 레포트를 끝낼 수 있으면 좋겠다.

포인트

■ I hope ~(문장)은 '~하면 좋겠다'라는 뜻.
■ '다른 사람이나 어떤 일이 그렇게 되면 좋겠다'라는 바람을 나타낸다.
■ 실현 가능성이 있는 희망에 대한 기대가 담긴 표현.

22 ~였으면 좋겠는데.
I wish ~.

이렇게 사용해요

구문20 의 I hope to ~ (~할 수 있다면 좋겠다)나 구문21 의 I hope ~ (~하면 좋겠다)가 실현 가능성이 있고, 기대를 담은 표현인데 비해, I wish ~(과거문)는 실현 가능성이 거의 없거나 매우 낮은 희망에 대해, 절반은 포기한다는 기분이 담겨 있는 구문입니다. '(실제로는 그렇지 않지만) ~했으면 좋겠는데'라는 현실에 반하는 희망이나, '(절대로 무리인 줄 알지만) ~였으면 좋겠는데' '(아마 그렇게 되지는 않겠지만) 그렇게 되면 좋겠다'라는 막연한 희망 등을 나타냅니다. wish 뒤에는 that가 생략되어 있습니다.

현재나 미래 모두 I wish ~에서 '~' 부분에 과거문이 들어가는 점에 주의해야 합니다. 가령, '(실제로는 갈 수 없지만) 그 콘서트에 갈 수 있으면 좋겠다'는 I can go to the concert (콘서트에 갈 수 있다)를 과거형으로 만든 다음 I wish 뒤에 붙여 I wish I <u>could go</u> to the concert. 라고 표현하면 됩니다. 실제로는 결혼한 사람이 '독신이었으면 좋겠다'라고 바람을 나타낼 때는 I wish I <u>was</u> single. 이나 I wish I <u>wasn't</u> married. 와 같이 표현합니다.

문법적으로는 I wish I <u>were</u> single. 이나 I wish I <u>weren't</u> married. 처럼 주어에 상관없이 be 동사는 were 로 하는 것이 맞지만, 지금은 주어가 I, he, she, it 일 때는 was 를 사용하는 것이 일반적입니다.

또, 과거를 회상하며 '(실제로는 그렇지 않았지만, 그 때) ~했더라면 좋았을텐데'라고 할 때는 I wish ~(과거완료문)으로 표현합니다. 과거완료문은 〈had +동사의 과거분사형〉으로 나타냅니다.

1
I wish I had **a big brother.**
오빠가 있었으면 좋았는데.

2
I wish I made **more money.**
좀더 많이 벌었으면.

3
I wish he didn't have **a girlfriend.**
그에게 여자친구가 없었다면.

4
I wish I was⟨were⟩ **ten years younger.**
내가 10년만 젊었다면.

5
I wish I didn't have **to work on New Year's Eve.**
12월 31일은 회사가 쉬었으면 좋겠는데.

6
I wish I could go **back to my college days.**
대학시절로 돌아갈 수 있다면.

7
I wish I could win **300 million won in the lottery.**
복권으로 3억원에 당첨됐으면.

8
I wish I had studied **much harder in my school days.**
학창시절에 좀더 열심히 공부했더라면.

포인트

- I wish ~(과거문)은 실현 가능성이 거의 없거나 매우 희박한 희망에 대해 절반은 포기한다는 기분을 나타낸다.
- I wish ~ 뒤에는 현재나 미래 모두 과거문이 들어간다.

23

~하고 싶은 기분이다.
I feel like -ing.

이렇게 사용해요

'~하고 싶은 기분이다(~하고 싶다)'라고 쓰고 싶을 때는, I feel like ~(동사의 -ing형)으로 나타냅니다. 구문17 의 희망, 바람을 나타내는 I want to ~ (~하고 싶다)와 같은 느낌으로 사용할 수 있는 표현입니다.

'~하고 싶은 기분이었다(~하고 싶었다)' 하고 과거의 기분에 대해 쓸 때는 feel 을 과거형인 felt 로 바꾸어 I felt like -ing 로 하면 됩니다.

부정문은 I don't feel like -ing (~할 기분이 아니다)나 I didn't feel like ~ing(~할 기분이 아니었다)와 같이 표현합니다.

이렇게 쓰면 돼요

1 I feel like having **some fun.**
뭔가 재밌는 놀이를 하고 싶다 .

2 I feel like eating **chocolate ice cream.**
초콜릿 맛 아이스크림이 먹고 싶다.

3 I don't feel like seeing **friends.**
친구들을 만날 기분이 아니다.

4 I felt like drinking.
술을 마시고 싶었다.

5 I didn't feel like doing **anything today.**
오늘은 아무것도 하고 싶지 않았다.

즐거움 · 기대

구문 24

~(하는 것이) 기다려진다.
I'm looking forward to ~.

이렇게 사용해요

즐거움으로 기다려지는 일은 I'm looking forward to ~(명사 또는 동사의 -ing형)을 사용합니다. '~이 기다려진다'고 할 때는 '~' 부분에 명사를, '~하는 것이 기다려진다'라면 '~' 부분에 동사의 -ing 형을 넣습니다.

to 뒤에 동사 원형을 넣는 표현이 많아서인지, I'm looking forward to 뒤에도 동사 원형을 쓰는 실수를 많이 하는데, 이 구문의 to 는 'to 부정사'가 아니라, '전치사 to'입니다. 따라서 to 뒤에는 '~하는 것'이라는 뜻을 나타내는 동사의 -ing형(동명사)이 들어가야 합니다.

'이탈리아에 가는 것이 기다려진다'
⭕ I'm looking forward to going to Italy.
❌ I'm looking forward to go to Italy.

한껏 기대하는 기분을 강조할 때는 I'm really looking forward to ~ 로 하거나 I'm very much looking forward to ~ 와 같이 표현하면 됩니다.

이렇게 쓰면 돼요

1 I'm looking forward to **my payday.**
월급날이 기다려진다.

2 I'm **really** looking forward to **my daughter's homecoming.**
딸의 귀향을 학수고대하고 있다.

3 I'm looking forward to **going out with her this Sunday.**
이번 일요일에 그녀와의 데이트, 무척 기다려진다.

즐거움 · 기대

구문 25 ~가 너무 기다려진다.
I can't wait ~.

이렇게 사용해요

몹시 기다려진다고 할 때 I can't wait ~를 사용하여 나타낼 수 있습니다. 직역하면 '~을 기다릴 수가 없다'인데, '~가 너무 기다려진다, ~가 즐거움이다, 빨리 ~하고 싶다'는 뜻이 됩니다.

'어떤 일이나 이벤트가 너무 기다려진다'라고 할 때는, I can't wait 뒤에 for ~(명사)를 붙이고, '빨리 ~하고 싶다'라고 할 때는 I can't wait 뒤에 to ~(동사 원형)을 붙입니다. 또, I can't wait for A to ~라고 하면 'A 가 ~하기를 손꼽아 기다린다'라는 기분을 나타낼 수 있습니다.

- I can't wait for ~(명사) '~가 너무 기다려진다'
- I can't wait to ~(동사 원형) '빨리 ~하고 싶다'
- I can't wait for A to ~(동사 원형) 'A가 ~하기를 손꼽아 기다린다'

이 구문은 hardly(좀처럼 ~않다, ~하기 어렵다)를 사용하여, 다음과 같이 표현할 수도 있습니다. 직역하면 '~을 좀처럼 기다릴 수가 없다'라는 뜻입니다.

- I can hardly wait for ~(명사) '~가 너무 기다려진다'
- I can hardly wait to ~(동사 원형) '빨리 ~히고 싶다'

hardly 는 '좀처럼 ~않다'라는 부정의 뜻이 이미 포함되어 있기 때문에, can't 가 아니라 can을 사용합니다. I can't hardly ~ (×)로 하지 않도록 주의하세요.

이렇게 쓰면 돼요

1 I can't wait for **my bonus.**
보너스가 너무 기다려진다.

2 I can't wait for **the New Year's holidays.**
연말연시 휴가를 손꼽아 기다리고 있다 .

3 I can't wait to **drive my new car.**
빨리 새 차를 타고 싶다.

4 I can't wait to **receive my order.**
빨리 주문한 상품이 도착하면 좋겠다.

5 I can't wait for **spring** to **come.**
빨리 봄이 오면 좋겠다.

6 I can't wait for **my grandchildren** to **come see me.**
손자들이 놀러 오기를 손꼽아 기다리고 있다.

7 I can hardly wait for **our wedding ceremony.**
결혼식이 너무 기대된다 .

8 I can hardly wait to **go out in the outfit I bought the other day.**
요전에 새로 산 옷을 입고 빨리 외출하고 싶다.

포인트

■ I can't wait for ~(명사) = '~가 몹시 기다려져'.
■ I can't wait to ~(동사 원형) = '빨리 ~하고 싶어'.
■ I can hardly wait for/to ~로 표현할 수도 있다.

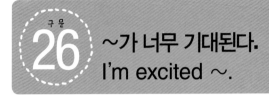

구문 26

~가 너무 기대된다.
I'm excited ~.

이렇게 사용해요

기뻐서 두근거리는 마음이나 흥분, 설렘 등을 나타낼 때는 I'm excited ~로 표현합니다. 직역하면 '두근거린다, 흥분된다'라는 뜻인데, '~을 기다릴 수 없어 (흥분돼)', '~가 너무 기다려져(두근거려)'라는 뉘앙스가 들어 있다고 기억해두면, 일기 쓸 때 도움이 됩니다. 이 구문은 다음과 같은 형태로 사용합니다.

- I'm excited to ~ (동사 원형) '~하는 게 너무 신나'
- I'm excited about ~ (명사) '~가 너무 기다려져'
- I'm excited (that) ~ (문장) '~가 너무 기대돼'

excited 앞에 so 나 really, very 등을 넣으면 '엄청 기대된다, 너무 설렌다' 는 기분을 강조할 수 있습니다.

또, excited 대신에 thrilled (흥분되는)를 사용할 수도 있습니다. 이 때도 I'm thrilled to ~ (동사 원형) / I'm thrilled about ~ (명사) / I'm thrilled (that) ~ (문장)의 형태로 표현합니다.

이렇게 쓰면 돼요

1 I'm excited to **visit Mont Saint-Michel.**
몽생미셸 방문이 너무 기대된다.

2 I'm excited to **meet Peggy tomorrow!**
내일 페기를 만나다니 너무 신나!

3 I'm excited about **her homemade cooking.**
그녀가 손수 만든 요리가 너무 기대돼.

4 I'm so excited about **tomorrow's game.**
내일 시합이 너무 기대된다.

5 I'm so excited about **the announcement of the winning lottery numbers.**
복권 당첨 발표가 너무 기다려진다.

6 I'm excited **my house will be completed this summer.**
올 여름에 완공될 집이 너무 기대된다.

7 I'm so excited **I'm going to be a grandma this April.**
4월에 할머니가 되다니(손주가 태어나다니) 너무 설렌다.

8 I'm very excited **Foo Fighters is coming to Korea.**
푸 파이터스가 한국에 오다니 너무 기대된다.

포인트

■ I'm excited ~는 '너무 기다려져서 흥분되고 두근거리는 상태'
■ excited 뒤에는 〈to+동사 원형〉, 〈about+명사〉, 〈(that)+문장〉이 온다.

구문 27 ~해서 다행이다.
I was glad ~.

어떤 상황이나 결과 등에 대해 '(그 때)좋았다, 기뻤다'는 느낌이나 감정을 쓸 때는 I was glad ~로 나타냅니다. I was glad ~는 '안심했다'라는 뉘앙스가 담긴 표현입니다. 이 구문은 다음과 같은 형태로 사용합니다.

● I was glad to ~(동사 원형) '~해서 기뻤다'
● I was glad (that) ~(문장) '~라는 게 기뻤다'

'(지금) 다행이다, 기쁘다' 라고 느낄 때는 I'm glad ~와 같이 현재형으로 나타내고, '정말 다행이다, 너무 기뻤다'와 같이 강조할 때는 glad 앞에 so 나 very, really 등을 넣으면 됩니다.

1 I was glad to **finally meet him.**
마침내 그를 만날 수 있어 기뻤다.

2 I was glad **it didn't rain.**
비가 오지 않아서 다행이었다.

3 I was **so** glad **my husband got promoted.**
남편이 승진해서 너무 기뻤다.

4 I'm glad **we're both in the same class.**
우리 둘이 같은 반이어서 다행이다.

114

~에 안도했다.
I was relieved ~.

이렇게 사용해요

'걱정했는데 안심이다'를 표현할 때는 I was relieved ~로 나타냅니다. 구문27 에 나온 I was glad ~(~해서 다행이다)에서도 '걱정했었는데 안심했다'라는 뉘앙스가 들어 있지만, I was relieved ~가 그런 기분을 좀더 명확하게 나타내줍니다.

- I was relieved at ~(명사) '~에 안도했다'
- I was relieved to ~(동사 원형) '~해서 안도했다'
- I was relieved (that) ~(문장) '~라는 것에 안도했다'

'(지금) 안도하고 있는, 안심하고 있는' 경우는 I'm relieved ~와 같이 현재형으로 나타내고, '정말 덜컥했는데, 안심했다' 하고 강조할 때는 relieved 앞에 so 나 very, really 를 넣습니다.

이렇게 쓰면 돼요

1 I was relieved at **the success of his operation.**
수술이 성공해서 얼마나 다행인지.

2 I was relieved to **hear he had arrived safe and sound.**
그가 무사히 도착했다는 말을 듣고 안도했다.
※safe and sound는 '무사히'라는 뜻.

3 I was relieved to **learn I barely passed it.**
어떻게든 합격했다는 것을 알고 안도했다.
※barely는 '겨우 ~하다'라는 뜻.

4 I'm **really relieved my daughter decided to get married.**
딸이 결혼하기로 결정해서 이제 안심이다.

구문 **29**

기쁨 · 만족

~해서 다행이다 . / ~에 만족한다.
I'm happy⟨satisfied⟩ ~.

이렇게 사용해요

결과 등에 대해 '(지금) 만족한다, 기쁘다'라고 쓸 때는 I'm happy ~또는 I'm satisfied ~
를 사용합니다. 이 구문은 다음과 같이 사용합니다.

● I'm happy⟨satisfied⟩ with ~ (명사) '~에 만족한다'
● I'm happy⟨satisfied⟩ to ~ (동사 원형) '~해서 기쁘다, ~해서 만족한다'
● I'm happy⟨satisfied⟩ (that) ~ (문장) '~라는 사실에 만족한다'

'상당히 만족하고 있다, 아주 기쁘다'라고 강조하고 싶을 때는 happy 나 satisfied 앞에 so
나 very, really 등을 넣습니다.
부정문 I'm not happy⟨satisfied⟩ ~는 '~에 만족하지 못하겠다, ~에 납득이 되지 않는
다'라는 뜻으로 불만을 나타냅니다.

이렇게 쓰면 돼요

1 I'm happy⟨satisfied⟩ with **my score.**
내 성적에 만족한다.

2 I'm **really** happy⟨satisfied⟩ with **my pay.**
급료에 만족한다.(불만이 없다)

3 I'm not happy⟨satisfied⟩ to **just stay home all day.**
하루 종일 그냥 집에 있는 게 너무 싫다.

4 I'm **very** happy⟨satisfied⟩ **my sons grew up to be fine**
young men.
우리 아들들이 훌륭한 청년으로 성장해서 너무 기쁘다.

116

기쁨

구문 30

~ 덕분에 좋은 하루였다.
~ made my day.

이렇게 사용해요

~ made my day 를 직역하면 '~가 나의 날을 만들어 주었다'인데, 이 말은 '~덕분에 좋은 하루였다'라는 뜻입니다. 경축일이나 크리스마스 등의 이벤트처럼, 달력에 '나의 날'이라고 기록하고 싶어질 만큼 특별한 하루를 만들어 주었다, 즉 그만큼 멋진 하루를 보내게 되어 기쁘다라는 뉘앙스가 들어 있습니다. 선물을 받거나 좋은 소식을 듣게 되거나 해서 무심코 미소가 번질 때 쓰면 딱입니다.

~ made my day 에서 '~'부분에 '사람'을 넣으면 '~(누구누구) 덕분에 좋은 하루를 보냈다'라는 뜻이고, '사물·사건'을 넣으면 '~가 멋진 하루를 만들어 주었다, ~로 인해 너무 기뻤다'라는 뜻이 됩니다.

이렇게 쓰면 돼요

1. **He** made my day.
그 덕분에 좋은 하루였다.

2. **My children** made my day.
아이들 덕분에 멋진 하루를 보냈다.

3. **Her smile** made my day.
그녀의 미소가 멋진 하루를 만들어 주었다.

4. **His kindness** made my day.
그의 친절 덕택에 즐거운 하루가 되었다.

5. **Her consideration** made my day.
그녀의 배려가 너무 기뻤다.

31 구문

엄청 ~하다! / 얼마나 ~한지!
How ~!

이렇게 사용해요

'엄청 ~하다!' '얼마나 ~한지!'라는 뜻의 놀라움이나 감탄을 나타낼 때는 How ~! 를 사용합니다.

How 바로 뒤에는 형용사가 들어갑니다. 누구에 관한 것인지, 무엇에 관한 것이지를 구체적으로 나타내기 위해 〈How +형용사〉 뒤에 〈주어+be 동사〉가 이어지는 경우도 있습니다. (예문 ❹와 ❺). 또 다음 예문 ❻과 같이 〈How +부사〉 뒤에 〈주어+동사〉가 이어지는 경우도 있습니다.

이렇게 쓰면 돼요

❶ **How lucky!**
행운이야!

❷ **How weird!**
너무 이상해~!(기묘하네!)

❸ **How selfish!**
너무 이기적인데!

❹ **How delicious the curry was!**
카레가 얼마나 맛있던지!

❺ **How unfriendly he is!**
그는 얼마나 무뚝뚝한지!

❻ **How fast he spoke!**
그는 말이 얼마나 빠르던지!

구문
32 엄청 ~하다! / 얼마나 ~한지!
What ~!

이렇게 사용해요

'굉장히 ~하다!' '얼마나 ~한지!'라는 뜻의 놀라움이나 감탄을 나타낼 때, What ~! 으로도 표현할 수 있습니다.

구문31 의 How ~! 의 경우, How 뒤에 형용사 (또는 부사)가 들어가지만, What ~! 일 때는 '~'부분에 항상 명사 또는 〈형용사+명사〉가 들어갑니다. 셀 수 있는 명사의 경우는 〈What a/an ~!〉, 복수는 〈What -s!〉로 표현합니다. 또, 누구에 관한 것인지, 무엇에 관한 것이지 구체적으로 나타내기 위해 〈주어+동사〉를 붙이기도 합니다. (예문⑤).

이렇게 쓰면 돼요

① **What a surprise!**
깜짝이야!

② **What a coincidence!**
이런 우연이!

③ **What a shame!**
너무 안타깝다 / 매우 유감!

④ **What cute puppies!**
강아지들이 너무 귀여워!

⑤ **What a beautiful house she lives in!**
그녀가 얼마나 근사한 집에 사는지!

구문 33

놀라움

~에 놀랐다.
I was surprised ~.

이렇게 사용해요

깜짝 놀란 일은 I was surprised ~로 나타냅니다. 이 구문은 다음과 같이 사용합니다.

- I was surprised at〈by〉~(명사) '~에 놀랐다'
- I was surprised to ~(동사 원형) '~해서 놀랐다'
- I was surprised (that) ~(문장) '~라는 것에 놀랐다'

'(지금)놀라고 있는' 경우에는 I'm surprised ~ 와 같이 현재형으로 나타냅니다. '너무 놀랐다, 엄청 놀랐다' 하고 강조할 때는, surprised 앞에 so 나 really, very 등을 넣습니다.

이렇게 쓰면 돼요

1
I was surprised at〈by〉 the rent of the apartment.
그 아파트 집세에 놀랐다.

2
I was surprised at〈by〉 his selfishness.
그의 이기심에 놀랐다.

3
I was surprised to get a call from my ex-girlfriend.
전 여자친구로부터 전화가 와서 깜짝 놀랐다.

4
I was really surprised to hear that she broke her leg.
그녀가 다리가 골절되었다는 말을 듣고 너무 놀랐다.

5
I'm surprised she has five children.
그녀에게 아이가 다섯이나 있다는 사실에 깜짝 놀랐다.

구문 34

~에 실망했다.
I was disappointed ~.

이렇게 사용해요

실망한 일이나 안타깝게 생각되는 일은 I was disappointed ~로 나타냅니다. 이 구문은 다음과 같이 사용합니다.

- I was disappointed with⟨at⟩ ~(명사)   '~에 실망했다'
- I was disappointed in ~(사람)   '~(사람)한테 실망했다'
- I was disappointed to ~(동사 원형)   '~해서 실망스러웠다'
- I was disappointed (that) ~(문장)   '~라는 사실에 실망했다'

'(지금) 실망하고 있는' 경우는 I'm disappointed ~처럼 현재형으로 나타냅니다. '크게 실망했다'고 강조할 때는 disappointed 앞에 so 나 really, very 등을 넣습니다.

이렇게 쓰면 돼요

1 **I was disappointed with⟨at⟩ the ending of the drama.**
그 드라마의 결말에 실망했다.

2 **I was really disappointed in the new mayor.**
새 시장한테 정말 실망했다.

3 **I was disappointed to hear she didn't pass⟨hadn't passed⟩ the exam.**
그녀가 시험에 불합격했다니 너무 실망스러웠다.

4 **I'm disappointed I didn't get any chocolate for Valentine's Day.**
밸런타인데이 초콜릿을 하나도 못 받아서 실망이다.

35 ~에 화가 났다 / ~에 짜증이 났다.
I was upset ~.

이렇게 사용해요

I was upset ~는 '(무언가에 대해 실망해서)화가 났다, 안절부절못했다, 자제력을 잃고 흐트러졌다, 동요했다'와 같은 뉘앙스가 들어 있는 표현입니다. 이 구문은 다음과 같이 사용합니다.

● I was upset about ~(명사) '~에 화가 났다'
● I was upset to ~(동사 원형) '~해서 화가 났다'
● I was upset (that) ~(문장) '~라는 사실에 화가 났다'

'(지금) 화가 나 있는' 경우에는 I'm upset ~와 같이 현재형을 씁니다. '엄청 ~' 하고 강조할 때는 upset 앞에 so 나 really, very 등을 넣습니다.

이렇게 쓰면 돼요

1 I was upset about **his attitude.**
그의 태도에 화가 났다.

2 My children were upset to **transfer to another school.**
전학을 하게 되어, 아이들이 동요했다.

3 I was **really** upset **nobody believed me.**
아무도 나를 믿어주지 않아서 정말 화가 치밀었다.

4 I'm **always** upset about **the way my boss makes decisions.**
상사의 결정 방식에 항상 짜증이 난다.

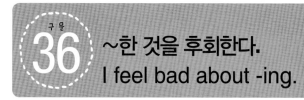

후회

구문 36 ~한 것을 후회한다.
I feel bad about -ing.

이렇게 사용해요

자신이 한 행동에 대한 후회의 기분을 나타낼 때는 I feel bad about ~(동사의 -ing 형)으로 나타냅니다. 직역하면 '~한 것을 나쁘다고 느끼고 있다'라는 뜻으로, '~한 일을 후회하고 있다, 미안하게 생각하고 있다'는 뜻으로 쓰입니다. 반대로, '~하지 않은 것을 후회하고 있다, 미안하게 생각하고 있다'라고 쓰고 싶을 때는 동사의 -ing형 앞에 not을 넣어, I feel bad about not -ing로 표현합니다.

과거의 기분을 회상하며 '~한 일을 (그때) 후회했었다'고 쓸 때는 feel의 과거형 felt를 사용하여, I felt bad about -ing로 나타냅니다.

'아주 많이 ~' 하고 후회의 기분을 강조할 때는 feel 앞에 really를 넣습니다. 후회하고 있는 행동을 이미 앞에서 말했다면 I feel bad about it. 과 같이 덧붙여 써도 됩니다.

이렇게 쓰면 돼요

1 I feel bad about **being late.**
지각한 것을 미안하게 생각하고 있다.

2 I **really** feel bad about **taking it out on my wife.**
아내에게 분풀이 한 것을 너무 후회하고 있다.
※take it out on ~은 '~에게 분풀이를 하다'는 뜻.

3 I **really** feel bad about not **inviting her.**
그녀를 초대하지 않은 것은 진심으로 미안하게 생각하다.

4 I felt bad about **lying to him.**
그에게 거짓말한 것을 후회했다.

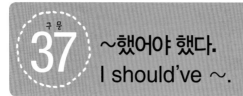

37 ~했어야 했다.
I should've ~.

후회

하지 않은 일에 대한 후회의 기분은 I should've ~(동사의 과거분사형)으로 표현할 수 있습니다. '~했어야 했다'라는 뜻으로, should've 는 should have 의 단축형입니다.
반대로, 해버린 일에 대한 후회의 기분은 I shouldn't have ~(동사의 과거분사형)으로 나타냅니다. '~하는 게 아니었다'라는 뜻으로, shouldn't 는 should not 의 단축형입니다.

1 I should've **made a reservation.**
(교통이나 호텔 등) 예약을 했어야 했는데.
※미용실이나 치과 등의 예약은, an appointment라고 한다.

2 I should've **waited one more day.**
하루 더 기다렸어야 했는데.

3 I should've **gone to bed early last night.**
어젯밤에 일찍 잤어야 되는데.

4 I shouldn't have **bought it.**
그것을 사는 게 아니었는데.

5 I shouldn't have **gone out on such a cold day.**
이렇게 추운 날에는 외출하는게 아니었다.

6 I shouldn't have **drunk that much in front of her.**
그녀 앞에서 그렇게 많이 마시는 게 아니었는데.

감사

38 ~에게 …에 관한 일로 감사하고 있다.
I thank ~ for ...

이렇게 사용해요

'감사하다'는 흔히 Thank you. 를 쓰는데, thank 는 원래 '~에게 감사하고 있다'라는 뜻입니다 (과거형은 thanked). thank 뒤에 〈사람+for+명사〉를 이어서 쓰면 '누군가에게 ~에 관한 일로 감사하고 있다', thank 뒤에 〈사람+for +동사의 -ing 형〉을 이어 쓰면 '누군가가 ~해 주어서 감사하고 있다'라는 뜻을 나타낼 수 있습니다.
'진심으로 감사하고 있다' 하고 강조할 때는 thank 앞에 really 를 넣습니다.

이렇게 쓰면 돼요

1 I thank **him** for **his kindness.**
그의 친절에 감사하고 있다.

2 I thank **her** for **her consideration.**
그녀의 배려에 감사하고 있다.

3 I **really** thank **them** for **their advice.**
그들의 조언에 진심으로 감사하고 있다.

4 I thank **them** for **giving me this opportunity.**
이런 기회를 주신 그분들에게 감사하고 있다.

5 I thank **her** for **helping me with the project.**
그녀가 프로젝트를 도와줘서 감사하고 있다.

6 I thanked **her** for **her help.**
그녀의 도움에 감사했다.

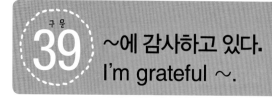

39
구문

~에 감사하고 있다.
I'm grateful ~.

감사의 기분은 구문38 의 I thank ~ for ...(~에게 …에 관한 일로 감사하고 있다) 외에도
I'm grateful ~로 나타낼 수 있습니다. 감사의 기분을 강조하고 싶을 때는 grateful 앞에
so 나 really 를 넣으면 됩니다. 이 구문은 다음과 같이 사용합니다.

● I'm grateful to ~(사람) for ...(명사)　'…에 관한 일로 감사하고 있다'
　　　　　　　　　　　　　　　　　　　　　　　　※to ~(사람)을 생략하기도 합니다.
● I'm grateful to ~(사람) for ...(동사의 -ing 형)　'…해 주어서 ~에게 감사하고 있다'
● I'm grateful (that) ~(문장)　　~인 것에 감사한다' '~여서 나는 행복한 사람이다'

1 **I'm grateful to them for all their support.**
그들의 지원에 감사한다.

2 **I'm grateful to her for telling me the truth.**
사실을 말해줘서 그녀에게 감사하고 있다.

3 **I'm so grateful to my wife for taking care of me while I was in the hospital.**
입원해 있는 동안 아내가 돌봐준 것에 진심으로 감사하고 있다.

4 **I'm really grateful I have hardworking subordinates.**
열심히 일하는 직원들이 있으니 난 정말 복이 많은 사람이다.

구문
40

~을 감사하게 생각한다.
I'm thankful ~.

감사

이렇게 사용해요

행운이나 은혜, 운명 등에 대해 막연하게 '고맙게 생각한다'라고 쓸 때는 I'm thankful ~ 을 사용합니다. 감사의 기분을 강조할 때는 thankful 앞에 so 나 really 를 넣습니다. 이 구문은 다음과 같이 사용합니다.

● I'm thankful for ~(명사) '~을 고맙게 생각하다'
● I'm thankful to ~(사람) '~에게 감사하다'
● I'm thankful to ~(동사 원형) '~할 수 있음을 감사히 여기다'
● I'm thankful (that) ~(문장) '~라는 것을 감사히 여기다'

이렇게 쓰면 돼요

1 I'm thankful for **my good health.**
건강한 것을 감사하게 생각한다 .

2 I'm **so** thankful for **a good harvest.**
풍작을 이룬 것에 정말 감사하다 .

3 I'm **really** thankful to **all the people who support me.**
나를 지지해 주는 모든 사람들에게 진심으로 감사한다.

4 I'm thankful to **be friends with her.**
그녀와 친구라는 사실이 감사하다.

5 I'm thankful **nothing bad happened today.**
오늘도 무사히 지낼 수 있어서 감사하다.

127

41 ~라고 생각한다.
I think ~. / I'm sure ~. 외

이렇게 사용해요

아래 구문은 모두 '~라고 생각한다'라는 뜻으로 쓰이는 구문들입니다. 확신의 정도나 근거 유무에 따라 구별하여 사용하면 됩니다. 아래 '~'부분에는 생각하고 있는 내용을 문장 형태로 넣으면 되고, '~' 앞에는 that 가 생략되어 있습니다.

- **I think ~**   '~라고 생각해'의 가장 일반적인 말.

- **I'm sure ~ / I bet ~**   '분명히 ~일 거야, 확실하다'하고 자신있을 때. '~일 거야'.

- **I believe ~**   어느 정도 확신이 있을 때. '~라고 생각해'.

- **I assume ~**   확증은 없지만, 사실과 추측으로 그럴 거라고 생각될 때.
  '(당연히) ~라고 생각해'.

- **I guess ~**   주어진 정보로부터 유추하거나 알아맞힐 때. '~일 걸'.
  격의없이 **I suppose ~** 대신 사용하기도 한다.

- **I suppose ~**   확신은 없지만, 가정하여 '(아마)~일 거야, 아무래도 ~인 것 같아'.

- **I feel ~**   막연하게 '~라고 생각한다/ 느껴진다, ~한 느낌이 든다'.

- **I have a feeling ~**   '~한 느낌이 든다, ~한 예감이 드다'

이렇게 쓰면 돼요

1 I don't think **he is cut out for the job.**
그는 그 일이랑 안 맞는 것 같다.
※cut out for ~는 '(선천적으로)~와 맞다(적합하다)'라는 뜻. 보통 부정문에서 사용한다. I don't think 용법은 p. 210을 참조.

2 I'm sure **he will pass the exam.**
그는 분명 시험에 합격할 거라고 생각한다.

3 I believe **she's telling the truth.**
그녀가 사실을 말하고 있다고 생각한다.

4 I assume **he is under great stress.**
아마 그는 스트레스가 엄청 쌓였을 거야.

5 I guess **she's not so interested in sports.**
그녀는 스포츠에 별로 흥미가 없는 것 같다.

6 I suppose **it's going to snow.**
눈이 올 것 같다.

7 I feel **he's avoiding me.**
그는 나를 피하는 것 같다.

8 I have a feeling **something nice will happen.**
뭔가 좋은 일이 일어날 것 같은 예감이 든다.

포인트

■ '~라고 생각해'를 나타내는 표현은 여러 가지로 확신의 정도에 따라 구분해서 사용한다.
■ 가장 일반적인 표현은 I think ~.
■ 어느 구문이나 '~'에는 생각하고 있는 내용을 문장으로 넣는다.

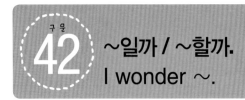

42 ~일까 / ~할까. I wonder ~.

이렇게 사용해요

'~일까/ ~할까' 하고 스스로에게 물어보는 가벼운 의문이나 생각은 I wonder ~를 사용하면 됩니다.

'내일은 맑을까' '그사람들 피곤했겠지'와 같이 yes/no 로 답할 수 있는 의문문은 I wonder if ~ (문장)와 같이 나타냅니다.

의문스럽게 생각하고 있는 내용이 이유나 시간, 장소일 때는 I wonder why ~ (왜 ~일까), I wonder when ~ (언제 ~할까), I wonder where ~ (어디서 ~할까)처럼 〈I wonder +의문사+문장〉으로 나타냅니다.

마찬가지로, '누구한테 ~할까'는 I wonder who ~, '무엇을 ~할까'는 I wonder what ~로 나타냅니다. 오른쪽 페이지에 있는 ❼과 ❾ 예문 처럼 궁금하게 여기는 부분(who 나 what)이 주어가 되기도 합니다. 정리하면 다음과 같습니다.

- I wonder if ~ (문장) '~일까'
- I wonder why ~ (문장) '왜 ~일까'
- I wonder when ~ (문장) '언제 ~할까'
- I wonder where ~ (문장) '어디서 ~할까'
- I wonder who ~ (문장) '누구한테(누구와, 누구를)~할까'
- I wonder who ~ (동사) '누가 ~할까'
- I wonder what ~ (문장) '무엇을 ~할까'
- I wonder what ~ (동사) '무엇이 ~할까'
- I wonder ~ (how 로 시작하는 의문사 + 문장) '얼마나 ~할까'

이렇게 쓰면 돼요

1 I wonder if **it'll be sunny tomorrow.**
내일은 날씨가 맑을까.

2 I wonder if **they were tired.**
그 사람들 피곤했겠지.

3 I wonder why **she always acts like that.**
그녀는 왜 항상 그런 태도일까.

4 I wonder when **I'll get a raise.**
언제쯤에나 승진할까.

5 I wonder where **he's from.**
그 사람은 어디 출신일까.

6 I wonder who **he's seeing.**
그 사람은 누구랑 만나는 걸까.
※see는 '~와 사귀다, 교제하다'라는 뜻.

7 I wonder who **told her that.**
누가 그녀에게 그걸 말해줬을까.

8 I wonder what **I should get him for his birthday.**
그의 생일에 뭘 사 주면 좋을까.

9 I wonder what **would be the best way to solve this problem.**
이 문제를 해결할 최선의 방법은 뭘까.

10 I wonder how old **he is.**
그는 몇 살일까.

43 구문 ~하는 게 좋을까. I might as well ~.

이렇게 사용해요

'썩 내키진 않지만 그렇게 하는 게 좋을까', '그냥 ~해도 나쁘지 않겠지' 하고 자신의 기분을 완곡하게 표현할 때는 I might as well ~(동사 원형)을 사용합니다. might 대신 may를 쓰기도 합니다.

이렇게 쓰면 돼요

1 I might as well **go with them.**
(내키지 않지만) 그 사람들과 같이 가볼까.

2 I might as well **take charge of our high school reunion.**
(힘들 거 같지만) 고등학교 동창회 간사를 해볼까.
※take charge of ~는 '~을 맡다'라는 뜻.

3 I might as well **ask for his opinion.**
그의 의견을 물어보는 것이 낫겠지.

4 I might as well **save my breath.**
(말해도 소용없으니) 아무 소리 안 하는 게 낫겠지.
※save one's breath는 '침묵하다, 쓸데없는 말을 안 하다'라는 뜻.

5 I might as well **let her study abroad.**
(걱정되긴 하지만) 딸아이를 유학보내는 것도 나쁘지 않을 듯.

6 I might as well **sell my car and use car sharing.**
(내 차도 좋지만) 차를 팔고 카쉐어링을 이용하는 게 나을까.
※car sharing 교통체증과 주차장 부족 해소 등을 목적으로 한대의 차를 여러 명이 공동으로 사용하는 것.

구문 **44**

~라는 걸 알았다(느꼈다)
I found it ~.

생각 · 감상

이렇게 사용해요

'~라고 느꼈다', '그것은 ~였다' 하고 감상을 쓸 때는 I found it ~(형용사 또는 명사)로 나타냅니다. 이 found 는 find(~라고 느끼다/ 알게 되다)의 과거형입니다.
it 대신에 다른 대명사(him, her 등)나 구체적인 명사를 넣을 수 있고 I found (that) ~(문장) 형태도 쓸 수 있습니다.

이렇게 쓰면 돼요

1 I found it **interesting.**
그것이 흥미롭게 느껴졌다.

2 I found it **a little expensive.**
좀 비싸게 느껴졌다.

3 I found the class **a lot of fun.**
그 수업은 아주 재미있었다.

4 I found him **friendly.**
그는 싹싹한 사람이었다.

5 I found it **impossible to live with him.**
그와 함께 지내는 건 무리라는 걸 알았다.

6 I found **she was a sensible woman.**
그녀는 말이 통하는 사람이었다.

133

구문 45
A는 생각한 만큼 ~지 않았다.
A wasn't as ~ as I thought.

이렇게 사용해요

예상이나 기대, 예측했던 것과 비교하여 '생각했던 것만큼 ~지 않았다'라고 감상을 쓸
때는 A wasn't as ~(형용사) as I thought 로 나타냅니다. wasn't 는 was not 의 단축형이고,
not as ~ as ... 는 '…만큼 ~지 않다'라는 뜻으로, 여기서는 '…'에 I thought (생각했던)를
넣어, '생각했던 만큼 ~지 않았다'로 표현한 것입니다.
I thought 는 I expected (기대했던)으로 바꾸어, A wasn't as ~ as I expected 라고 표현할
수도 있습니다.

이렇게 쓰면 돼요

1 **The movie** wasn't as **good** as I thought.
그 영화는 생각했던 것만큼 좋진 않았다.

2 **Okinawa** wasn't as **hot** as I thought.
오키나와는 생각만큼 덥지 않았다.

3 **The amusement park** wasn't as **large** as I thought.
그 놀이공원은 생각만큼 크지 않았다.

4 **The restaurant** wasn't as **expensive** as I thought.
그 레스토랑은 생각만큼 비싸지 않았다.

5 **The party** wasn't as **formal** as I thought.
그 파티는 생각만큼 딱딱하지 않았다.

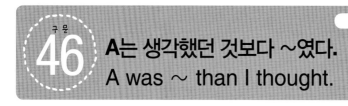

구문
46
A는 생각했던 것보다 ~였다.
A was ~ than I thought.

이렇게 사용해요

상상이나 기대, 예측과 비교하여 '생각보다 ~였다'고 감상을 쓸 때는 A was ~(형용사의
비교급) than I thought 로 나타냅니다. 〈형용사의 비교급+than ...〉은 '…보다 (더) ~다'
라는 뜻으로, 여기서는 '…'에 I thought 를 넣어 '생각보다 ~였다'라는 뜻을 나타냅니다.
I thought를 I expected(기대했던)로 바꾸어, A was ~ than I expected 라고 할 수도 있습
니다. 또, A was <u>much</u> ~ than I thought 라고 하면 '생각보다 훨씬 ~였다'라는 뜻으로 강
조를 나타냅니다. A was very ~ than I thought (×)라고는 하지 않으므로 주의하세요.

이렇게 쓰면 돼요

1 **Her new house** was **larger** than I thought.
그녀의 새집은 생각보다 컸다.

2 **The exhibition** was **more crowded** than I thought.
전람회는 생각보다 붐볐다.

3 **Their prices** were **lower** than I thought.
그 가게의 가격은 생각보다 쌌다.

4 **His new book** was **less interesting** than I thought.
그의 신간은 생각보다 재미없었다.

5 **Finland** was **much colder** than I thought.
핀란드는 생각보다 훨씬 추웠다.

47 분명히 ~임에 틀림없다.
must be ~ / must ~

현재 또는 미래의 일에 대해 확고한 증거는 없지만, 아마 틀림없을 거야라고 확신할 수 있는 것은 must be ~ (명사, 형용사, 동사의 -ing 형) 또는 must ~ (동사 원형)로 나타낼 수 있습니다. 여기서 쓰인 must 는 '분명히 ~일 거다, ~임에 틀림없다'라는 뜻으로 강한 추측을 나타냅니다. '~'에 동사 원형이 들어가는 패턴에서는 보통 know 나 love 등과 같이 태도를 나타내는 동사가 들어갑니다. 부정문 '~지 않을 리가 없다, ~일 리가 없다'는, 각각 can't be ~ /can't ~ 로 나타냅니다. must 의 부정형인 mustn't 는 '~해서는 안 된다'라는 금지의 뜻이므로 주의해서 사용해야 합니다.

1 **They must be brothers.**
그들은 분명 형제일 거야.

2 **He must be stressed.**
그는 분명 스트레스 받았을 거야.

3 **He must know me.**
그는 (분명히) 나를 알고 있을 것이다.

4 **She must still love him.**
그녀는 분명히 아직도 그를 사랑하고 있을 거야.

5 **It can't be true.**
사실일 리가 없다(그럴 리가 없다).

단정 · 추량

48 분명히 ~였겠다.
must've been ~ / must've ~

이렇게 사용해요

과거에 대하여, 확고한 증거는 없지만, '아마 틀림없을 거야' 하고 확신할 수 있는 것은 must've been ~ (명사, 형용사) 또는 must've ~(동사의 과거분사형)로 나타냅니다. '분명히 ~였을 거야, 분명히 ~였겠다'라는 뜻입니다. must've 는 must have 의 단축형으로, [머스터브]와 같이 발음합니다.

또한, '분명 ~아니었을 거다, ~였을 리가 없다'는 can't have been ~/ can't have ~로 나타냅니다. can't 를 couldn't 로 해도 같은 뜻입니다.

이렇게 쓰면 돼요

1 **He must've been a teacher before.**
그는 (분명) 예전에 교사였을 것이다.

2 **Her necklace must've been expensive.**
그녀가 착용한 목걸이는 분명 고가일 것이다.

3 **He must've graduated from a prestigious university.**
그는 명문대 출신임에 틀림없다.
※prestigious는 '권위 있는'이라는 뜻.

4 **They must've broken up.**
그들은 분명 헤어졌을 것이다.

5 **It can't have been a real diamond for that price.**
그 가격으로는 진품 다이아몬드였다고 보기 어렵다.

137

구문 49

(어쩌면) ~지도 몰라.
might ~

현재 또는 미래의 일에 대해, 자신은 없지만 그럴 가능성이 있다고 추측할 때는, might ~(동사 원형)로 나타냅니다.

이 might 는 '(어쩌면) ~일지도 모른다'라는 뜻입니다. might 는 may(…지도 모른다)의 과거형이지만, 과거의 뜻을 나타내는 것은 아니며 might 와 may 어느 쪽을 써도 뜻은 비슷합니다. 부정문은 might not ~ 또는 may not ~으로 나타냅니다.

1 **It might snow tomorrow.**
내일은 눈이 올지도 모르겠다.

2 **My daughter might give me some chocolate on Valentine's Day.**
딸아이가 밸런타인데이에 초콜릿을 줄지도 모르겠다.

3 **There might be a better way.**
더 좋은 방법이 있을지도 모른다.

4 **He might not like me.**
그가 나를 좋아하지 않을지도 몰라.

5 **I might not be able to get a seat if I don't hurry.**
서두르지 않으면 자리를 못 잡을지도 몰라.

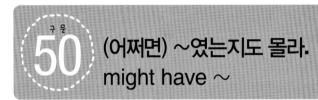

추량

50 (어쩌면) ~였는지도 몰라.
might have ~

이렇게 사용해요

과거에 대해, 그럴 가능성이 있었는지도 모른다고 추측할 때는 might have ~(동사의 과거분사형)로 나타냅니다. '(어쩌면) ~였는지도 모른다'라는 뜻입니다. 구문49 의 might ~와 마찬가지로, might 대신에 may 를 써도 됩니다.
'(어쩌면)~가 아니었는지도 몰라'라는 뜻의 부정문은 might not have ~나 may not have ~로 나타냅니다.

이렇게 쓰면 돼요

1 **I might have insulted her.**
그녀에게 상처를 줬을지도 모르겠다.
※insult는 '~을 모욕하다'라는 뜻.

2 **He might have known everything.**
그는 전부 알고 있었는지도 모른다.

3 **She might have been at the concert, too.**
그녀도 그 콘서트에 갔었는지 몰라.

4 **He might have spent a lot of time on that.**
그는 그것 때문에 엄청난 시간을 썼을지도 모른다.

5 **Something might have happened to her.**
그녀에게 무슨 일이 생긴 건지도 몰라.

6 **He might not have said that.**
그가 그렇게 말하지 않았을지도 모른다.

139

구문 51
마치 ~같았다.
It was like ~.

보고 들은 것이나 어떤 일에 대해, '마치 ~같았다' 하고 비유를 들어 인상이나 감상을 쓸 때는 It was like ~(명사 또는 동사의 -ing 형)를 쓰면 편리합니다. 여기서 like는 '~같은'이라는 뜻입니다. '~'에 명사를 넣으면 '마치 ~같았다', '~'에 동사의 -ing 형을 넣으면 '마치 ~하고 있는 것 같았다'가 됩니다. like 앞에 just를 넣어 It was just like ~로 하면 '마치 ~같았다'는 의미가 됩니다.

1 It was like **a dream.**
마치 꿈만 같았다.

2 It was **just like a movie.**
정말 영화 같았다.

3 It was like **a maze.**
마치 미로 같았다.
※maze는 '미로'.

4 It was like **listening to foreign music.**
마치 외국 음악을 듣는 것 같았다.

5 It was like **being in New York.**
마치 뉴욕에 있는 것 같았다.

6 It was like **relaxing in my own living room.**
마치 우리집 거실에서 있는 것처럼 편안했다.

전문

~에 의하면,
According to ~,

이렇게 사용해요

According to ~는 들었던 내용을 전할 때 정보원을 명확하게 밝힐 때 사용하는 구문입니다. 보통 문장 맨앞에 옵니다. '~'에는 일기예보나 신문기사, 문헌, TV, 라디오, 조사 결과, 사람 이름 등과 같은 정보의 출처가 들어갑니다. '~에 의하면 …인 거 같다, ~가 … 라고 말했다'라는 뉘앙스가 들어 있습니다.

이렇게 쓰면 돼요

1 According to **the weather forecast, it'll be cloudy tomorrow.**
일기예보에 의하면, 내일은 흐릴 것 같다.

2 According to **her, grapefruit is good for burning body fat.**
그녀가 말하는데, 자몽이 지방 연소에 좋다고 한다.

3 According to **statistics, business picks up at this time every year.**
통계에 따르면, 해마다 이맘때쯤 경기가 좋아지는 것 같다.
※statistics는 '통계'.

4 According to **the salesperson, it's the best-selling item at their shop.**
점원의 말에 의하면, 그 매장에서는 그게 가장 많이 팔린다고 한다.

5 According to **Shelly, David is making plans to open a restaurant.**
셸리 말에 의하면, 데이비드가 레스토랑을 오픈할 예정이라고 한다.

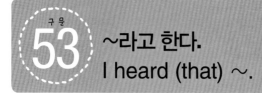

53 ~라고 한다.
I heard (that) ~.

전해 들은 소식을 쓸 때는 I heard (that) ~을 사용합니다. 구문52 의 According to ~ (~에 의하면)가 정보원을 명확하게 밝히는 것이라면, 이 구문은 들은 내용만 나타냅니다. heard는 hear (~을 듣다, ~듣게 되다)의 과거형으로, '~'에는 들은 내용을 문장으로 넣습니다. 이때 that 은 생략할 수 있습니다.

문법적으로는 I heard ~가 과거이므로, that 이하도 과거문으로 시제를 일치시킵니다(시제의 일치에 대해서는 p. 75 참조). 즉, it will be ~나 she has ~와 같은 문장이 이어질 경우에는 it would be ~나 she had ~와 같이 과거형으로 만들어 주어야 합니다. 단, 실제로는 시제의 일치를 무시하는 원어민도 많이 있긴 합니다. I heard ~를 I hear ~와 같이 현재형으로 나타내기도 하는데, 이때는 시제의 일치를 적용하지 않습니다.

① **I heard their sweets were⟨are⟩ really good.**
그 집 사탕은 진짜 맛있다고 한다.

② **I heard his son entered A University.**
그의 아들이 A대학에 들어갔다고 한다.

③ **I heard there would⟨will⟩ be a convenience store across the street.**
도로 건너편에 편의점이 생긴다고 한다.

④ **I heard the amount of cedar pollen in the air this spring was⟨is⟩ expected to be the highest ever.**
올봄 삼나무 꽃가루 양이 사상 최고가 될 거라고 한다.

전문

54 ~라는 소문이다.
Rumor has it that ~.

이렇게 사용해요

Rumor has it that ~(문장)은 구문53 의 I heard (that) ~ (~라고 한다)와 마찬가지로, 들은 소식에 대해 쓸 때 사용합니다. '~라는 소문이 있다, ~라고 소문으로 들었다, 소문에 의하면 ~라고 한다'라는 뉘앙스가 들어 있습니다. There's a rumor that ~나 The rumor is that ~으로 쓸 수도 있습니다.

이렇게 쓰면 돼요

1 Rumor has it that **the store will be closed.**
그 가게는 문을 닫는다는 소문이 있다.

2 Rumor has it that **Youngsoo is moving to Jejudo.**
소문에 의하면, 영수가 제주도로 이사간다고 한다.

3 Rumor has it that **Minseon became a professor.**
민선이가 교수가 됐다는 소문을 들었다.

4 Rumor has it that **Yucheon built a mansion.**
유천이가 저택을 지었다는 소문을 들었다.
※mansion은 '대저택'.

5 Rumor has it that **Ms. Sin is in the hospital.**
신 선생님이 입원하셨다는 소문이 있다.

6 Rumor has it that **Daniel is getting married in September.**
다니엘이 9월에 결혼할 거라고 소문으로 들었다.

구문

55 ~하기로 했다.
I've decided to ~.

'~하기로 했다'라는 결단은 I've decided to ~ (동사 원형)로 나타냅니다. I decided to ~
와 같이 과거형으로 나타내도 상관없습니다.
반대로 '~하지 않기로 했다'는, not 의 위치에 주의할 필요가 있습니다. I've decided <u>not</u> to
~(동사 원형) 처럼 not 을 to 앞에 놓습니다.
둘 다 on second thought (여러 생각 끝에, 다시 생각해 보니)나 in the end (결국, 최종적
으로는, 뭐니뭐니해도 역시) 등의 구문을 덧붙여도 좋습니다.

1 I've decided to **tell her how I feel.**
그녀에게 내가 느낀 것을 말하기로 했다.

2 I've decided to **take over my father's business.**
아버지의 사업을 이어받기로 했다.

3 I've decided to **drive to Busan.**
자동차로 부산에 가기로 결정했다.

4 On second thought, I've decided to **accept the transfer to Tokyo.**
여러 생각 끝에, 도쿄 부임을 받아들이기로 했다.

5 In the end, I've decided not to **quit my job.**
결국, 일을 그만두지 않기로 했다.

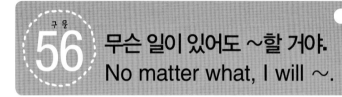

무슨 일이 있어도 ~할 거야.
No matter what, I will ~.

이렇게 사용해요

'무슨 일이 있어도 ~할 거야'라는 강한 의지는 No matter what, I will ~ (동사 원형)로 나타냅니다. No matter what 은 No matter what happens (무슨 일이 있어도, 어떤 일이 있어도) 에서 happens 가 생략된 형태입니다.

'무슨 일이 있어도 ~하지 않을 거야'는 No matter what, I will not ~(동사 원형)로 나타냅니다. No matter what, I will <u>never</u> ~(동사 원형) 처럼 not 을 never 로 하면 '무슨 일이 있어도 <u>절대로</u> ~하지 않을 거야'라는 뜻으로, 강한 의지를 더욱 강조하는 표현입니다.

이렇게 쓰면 돼요

1 No matter what, I will **stand by him!**
무슨 일이 있어도 난 그 사람 편이야!

2 No matter what, I will **love her forever.**
무슨 일이 있어도 그녀를 평생 사랑하리라.

3 No matter what, I will **become a lawyer.**
무슨 일이 있어도 변호사가 되고 말거야.

4 No matter what, I will **lose 10kg!**
무슨 일이 있어도 10킬로그램을 빼야지!

5 No matter what, I will never **lose to him!**
무슨 일이 있어도 저놈한테는 절대로 지지 않겠어!

구문 57 ~하기 위해, ~하러 (in order) to ~

'초밥을 먹으러 신촌에 갔다'에서 '초밥을 먹으러'에 해당하는 부분은 '~하러, 하기 위해'라는 뜻의 목적을 나타낸다. 목적을 나타낼 때는 to ~(동사 원형) 또는 in order to ~(동사 원형)를 사용하는데, to ~보다는 in order to ~가 '~하기 위해서'라는 뜻이 좀더 강조된 표현이고, 약간 격식을 갖춘 느낌을 준다.

1 **I went to Sinchon to eat sushi.**
초밥을 먹으러 신촌에 갔다.

2 **I went to Denver to see Peggy.**
페기를 만나려고 덴버에 갔다.

3 **I went to the library to return the books.**
책을 반납하러 도서관에 갔다.

4 **My boyfriend called me to say he loves me.**
좋아한다고 말하려고, 남자친구가 전화를 했다.

5 **I stopped by the gas station to check the air pressure of the tires.**
타이어의 공기압을 체크하기 위해, 주유소에 들렀다.

6 **I sold my car in order to save money.**
돈을 모으려고 차를 팔았다.

구문 58 ~때문에, ~로 인해
because of ~ / due to ~

이렇게 사용해요

'우천으로 시합이 연기되었다'처럼 '~때문에, ~로 인해'와 같은 원인이나 이유는 because of ~ (명사) 또는 due to ~(명사)로 나타냅니다.

둘 다 같은 뜻이지만, because of ~가 좀더 구어체적인 뉘앙스로, 어떤 상황에서나 쓸 수 있는 반면, due to ~는 교통기관의 지연 이유나 회의에 출석하지 못한 이유 등, 보다 공식적인 상황을 나타낼 때 사용합니다.

이렇게 쓰면 돼요

1 **The game was postponed** because of **the rain.**
우천으로 시합이 연기되었다.

2 **I was late** because of **him.**
걔 때문에 지각해 버렸다.

3 **We lost the match** because of **me.**
나 때문에 시합에 졌다.

4 **The train stopped for about 30 minutes** due to **the earthquake.**
지진으로 인해, 전철이 30분 정도 운행이 지연되었다.

5 **I couldn't attend the meeting** due to **other commitments.**
선약이 있었기 때문에, 회의에 출석할 수 없었다.

※commitment는 '(깰 수 없는) 약속'.

구문 59

~해서
because ~ / as ~ / since ~

이렇게 사용해요

'피곤해서, 하루 종일 집에 있었다'와 같이 '~해서'와 같이 이유를 나타낼 때는 because ~ (문장), as ~(문장), since ~(문장)로 나타냅니다.

because ~는 이유를 강조한 표현입니다. 문장 후반부에 오는 것이 일반적인데, 결과를 나타내는 문장 바로 뒤에 because ~를 붙입니다(예문 ❶~❸ 참조). because ~ 앞에 콤마는 넣지 않아도 됩니다.

단, 회화에서 이유를 묻는 의문문에 답할 때는 Because로 시작하는 것이 일반적입니다. (ex. Why are you mad at him?

as ~, since ~도 이유를 나타내는 표현인데, 이 표현들은 문장의 앞에 오는 것이 일반적입니다 (예문 ❹~❼ 참조). As ~, Since ~, 와 같이 이유를 설명한 다음 콤마를 찍고서 결과를 넣습니다.

as ~(~하기 때문에, ~로 인하여)는 약간 공식적인 울림을 주는 말이고, since 는 어느 상황에서나 쓸 수 있는 표현으로 특히 미국 영어에서 자주 사용됩니다.

이렇게 쓰면 돼요

① **I stayed home all day because it was too hot.**
너무 더워서 하루 종일 집에 있었다.

② **I broke up with him because he cheated on me.**
남자친구가 바람을 피워서 헤어졌다.
※cheat on ~은 '~를 배반하고 바람을 피우다'의 뜻.

③ **I did all the household chores today because it was my wife's birthday.**
아내 생일이어서, 오늘은 집안일을 모조리 내가 했다.
※do the household chores는 '집안일을 하다'라는 뜻. chore는 [쵸어]로 발음.

④ **As the plane was delayed, I missed the meeting.**
비행기가 연착하여 회의에 참석할 수 없었다.

⑤ **As the party was canceled, we had some free time.**
파티가 취소되어 자유시간이 생겼다.

⑥ **Since I was full, I gave my dessert to Julia.**
배가 불러서, 내 디저트를 줄리아에게 줬다.

⑦ **Since it was expensive, I decided not to buy it.**
비싸서 안 사기로 했다.

포인트

- '이유'는 because ~(문장), as ~(문장), since ~(문장)으로 나타낸다.
- because ~는 결과를 나타내는 문장 다음에 이어 쓰는 것이 일반적.
- as ~, since ~는 문장 맨앞에 오는 경우가 많다.

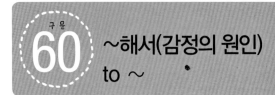

구문 60 ~해서(감정의 원인)
to ~

이렇게 사용해요

'<u>만나서</u> 반가워요'처럼 '~해서(기뻤다, 놀랐다, 실망했다 등)'의 뜻으로 감정의 원인을 나타낼 때는 to ~(동사 원형)로 나타냅니다.

이렇게 쓰면 돼요

1 **I was happy to meet her.**
그녀를 만나서 반가웠다.

2 **I was sad to lose the key ring Suji gave me.**
수지가 준 키홀더를 잃어 버려서 속상했다.

3 **I was surprised to hear his mother went to New York by herself.**
그의 어머니 혼자서 뉴욕에 가셨다고 해서 놀랐다.

4 **I was disappointed to hear they lost the game.**
그들이 시합에 졌다는 말을 듣고 실망했다.

5 **I was so excited to shake hands with Maria Sharapova.**
마리아 샤라포바와 악수를 해서 너무 신났다.

6 **I was upset to learn he quit his job.**
그가 회사를 그만두었다는 말을 들으니 심란했다.

바쁘다

구문 61

~로 바쁘다.
I'm busy ~.

이렇게 사용해요

바쁜 이유에 대해 쓸 때는 I'm busy ~를 사용하여 다음과 같이 표현합니다.

● I'm busy with ~(명사) '~로 바쁘다'
● I'm busy ~(동사의 -ing 형) '~하느라 바쁘다, 바쁘게 ~하고 있다'

하루를 돌아보며, '~로(~하느라) 바빴다'라고 일기에 쓴다면, I was busy with ~ 또는 I was busy ~ing 과 같이 과거형로 나타냅니다. '요즘 ~로(~하느라) 바쁘다' 처럼, 줄곧 바쁘다는 것을 강조할 때는 현재완료형을 사용하여 I've been busy with ~ 또는 I've been busy -ing 로 나타내면 됩니다.

이렇게 쓰면 돼요

1 I'm busy with **the housework.**
집안일로 바쁘다.

2 I'm **very** busy with **my club activities.**
클럽 활동으로 너무 바쁘다.

3 I was busy with **the report all day today.**
오늘은 온종일, 보고서 때문에 바빴다.

4 I've been busy **packing my suitcase.**
요즘 여행 짐 꾸리느라 바쁘다.

5 We've been **really busy preparing for our wedding.**
요즘 결혼식 준비로 엄청 바쁘다.

구문 62

~때문에 바쁘다.
~ keeps me busy.

이렇게 사용해요

~(명사) keeps me busy 는 바쁜 이유가 주어인 구문입니다. 일기는 I 가 주어인 경우가 거의 대부분이므로 문장이 자칫 단조로워지기 쉽습니다. 이럴 때 이런 구문을 사용해보는 것도 좋습니다.

이때 ~(명사) 자리에는, '사람'이나 '사물' 모두 올 수 있으며, 사람이 올 때는 '~때문에 바쁘다, ~를 돌보느라 바쁘다', 사물인 경우는 '~로 바쁘다'라는 뉘앙스가 들어 있습니다.

~에 들어가는 명사가 복수형일 경우에는 ~ keep me busy 로 s 를 빼야 합니다.

일시적으로 바쁜 거라면 ~ is〈are〉 keeping me busy 와 같이 현재진행형으로 쓰고, '~로 바빴었다' 하고 과거에 대해 쓸 때는 ~ kept me busy 와 같이 keep 을 과거형 (kept)으로 바꿉니다.

이렇게 쓰면 돼요

1. **My job** keeps me busy.
   업무로 바쁘다.

2. **Housework** keeps me busy **every day.**
   매일 집안일로 바쁘다.

3. **My grandchildren** keep me busy.
   손자들 돌보느라 바쁘다.

4. **My farm work** is keeping me **very** busy.
   농사일로 너무 바쁘다.

5. **PTA meetings** kept me busy **last year.**
   작년에는 **PTA**모임으로 바빴다.

152

불가능

너무 …해서 ~할 수 없었다.
A was too ... to ~.

'A가 너무 …해서 ~할 수 없었다'라고 쓸 때는 A was too ...(형용사) to ~(동사 원형)를 사용합니다. 직역하면 'A 는 ~하기에는 너무 …하다'로, 결과적으로 '~할 수 없었다'라는 부정의 뜻을 나타냅니다.

또, to ~ 앞에 〈for +사람〉을 넣으면 '(사람)에게 A 는 너무 …해서, ~할 수 없었다'라는 뜻을 나타냅니다. (예문 ❺참조).

1 **I was too tired to cook tonight.**
오늘 저녁은 너무 피곤해서 밥을 못했다.

2 **We were too busy to see each other last month.**
지난 달에는, 서로 너무 바빠서 볼 수가 없었다.

3 **I was too sleepy to go walking this morning.**
오늘 아침에는 너무 졸려서 산책을 못갔다.

4 **The chair was too dirty to sit on.**
그 의자는 너무 더러워서 앉을 수가 없었다.

5 **The jeans were too tight for me to wear.**
그 청바지는 나한테 너무 꽉 끼어서 입을 수가 없었다.

구문 64

~할 수 없었다.
I couldn't ~.

'~할 수 없었다'라는 표현은 I couldn't ~(동사 원형)로 나타냅니다. couldn't 는 could not 의 단축형, could는 can(~할 수 있다)의 과거형입니다.

'마음속으로 하려고 작정하고 있거나, 그렇게 하고 싶었는데 할 수 없었다'고 할 때는 I was going to ~, but I couldn't. (~할 생각이었지만, 할 수 없었다)나 I wanted to ~, but I couldn't. (~하고 싶었지만, 할 수 없었다)로 나타냅니다. 둘 다 couldn't 뒤에는 do it 이 생략되어 있습니다.

1 I couldn't **get the ticket.**
티켓을 구할 수가 없었다.

2 I couldn't **sing very well.**
노래를 잘 못 불렀다.

3 I couldn't **explain it well.**
설명을 잘 못했다.

4 We couldn't **get in the art museum because it was closed.**
문이 닫혀 있어서 미술관 안에 들어갈 수가 없었다.

5 I was going to **answer all the questions,** but I couldn't.
문제를 다 풀려고 했는데, 못 풀었다.

6 I wanted to **see the polar bears, but** I couldn't.
북극곰을 보고 싶었지만, 볼 수 없었다.

불가능

구문 65 ~할 여유가 없다.
I can't afford ~.

이렇게 사용해요

'(시간적, 금전적으로) ~할 여유가 없다'고 쓰고 싶을 때는 I can't afford ~로 나타냅니다.
'~'에는, 명사 또는 〈to + 동사 원형〉이 들어갑니다. '~'에 명사가 들어가더라도 해석은
문맥에 따라 동사를 보충한 형태로 생각하면 자연스럽습니다. 가령, I can't afford a new
car. 는 직역하면 '새 차 여유가 없다'지만, '새 차를 살 여유가 없다'와 같이 '~을 사다'라
는 말을 보충하면 이해하기 쉽습니다.

또, 상황에 따라서는 '~은 용서받을 수 없다, 허용되지 않는다, 안 된다'나 '~할 수 없다'
라는 뉘앙스로도 쓰입니다 (예문❹❺). to 앞에 not 을 넣어 I can't afford not to ~ (동사
원형)로 하면, '~하지 않을 수 없다'라는 뜻이 됩니다.

이렇게 쓰면 돼요

1 **I can't afford a new PC.**
PC를 새로 살 여유가 없다.

2 **I can't afford to buy a house.**
집을 살 여유가 없다.

3 **I can't afford time to travel.**
여행 갈 시간이 없다.

4 **I can't afford to fail on this project.**
이번 프로젝트에 실패가 있어서는 안 된다.

5 **I couldn't afford not to accept the conditions.**
그 조건을 받아들이지 않을 수 없었다.

※accept는 '~을 받아들이다'

155

구문 66 ~는 …을 잘한다.
~ is good at ...

이렇게 사용해요

다른 사람의 취미나 특기 등에 대해 '~는 …을 잘한다, ~는 …가 특기다'라고 쓸 때는 ~ (사람) is good at ... (명사 또는 동사의 -ing 형)로 나타냅니다.

'…을 굉장히 잘한다, 꽤 잘한다' 하고 강조할 때는 ~ is really good at ... 나 ~ is great at ... 라고 하면 됩니다.

반대로 '~는 …을 잘 못한다'는 ~ isn't so good at ... 로 나타낼 수 있습니다. so 는 very 로 바꿔도 상관없습니다. 또, ~is poor at ... 로 하면, '~는 …을 못한다'라는 뜻으로 직접 적인 표현이 됩니다.

이렇게 쓰면 돼요

1 **Jongwon is good at cooking.**
종원은 요리를 잘한다.

2 **Minji is really good at drawing.**
민지는 정말 그림을 잘 그린다.

3 **Taehee is good at all sports.**
태희는 스포츠에 만능이다.

4 **Myungjoo is great at impressions of celebrities.**
명주는 연예인 흉내를 정말 잘 낸다.

5 **I'm not so good at singing noraebang.**
노래방에서 노래 부르는 것을 잘 못한다.

67 ~하기 쉬웠다.
It was easy to ~.

이렇게 사용해요

'~하기 쉬웠다, ~하기가 용이했다'라고 쓸 때는 It was easy to ~(동사 원형)로 나타냅니다. 반대로 '~하기 어려웠다, ~하는 게 힘들었다'는 It was hard to ~(동사 원형)로 나타냅니다.

일기를 쓰면서 그렇게 느꼈다면, It's easy 〈hard〉 to ~처럼 현재형으로 나타냅니다. It 부분에는, 구체적인 명사나 사람이 올 수도 있습니다.

이렇게 쓰면 돼요

1 **It was easy to use.**
사용하기가 쉬웠다.

2 **It was easy to understand.**
알기 쉬웠다.

3 **It was easy to remember.**
기억하기 쉬웠다.

4 **Michelle's English is easy to understand.**
미쉘의 영어는 알아듣기가 쉽다.

5 **Mike is easy to talk to.**
마이크는 말 걸기가 쉽다.

6 **His house was hard to find.**
그의 집은 찾기가 어려웠다.

구문 68

…만에 ~했다.
I ~ for the first time in ...

이렇게 사용해요

오랜만에 한 일에 대해 쓸 때는 I ~ for the first time in ... 라고 합니다. '~'에는 동사의 과 거형을, '...'에는 얼마나 오랜만인지 그 기간을 넣습니다.

for the first time 는 '처음으로'라는 뜻입니다. 이 구문에서 알 수 있듯이, 영어에서는 '~ 만에'를 for the first time in ... (…기간 동안 처음으로)와 같이 표현합니다. '2년만에'는 for the first time in two years(2년동안 처음으로)와 같은 방식입니다. '오랜만에'라고 할 때는, '오랜 기간동안 처음으로'라는 의미이므로, for the first time in ages 라고 합니다. ages 는 <u>an</u> age 나 a long time 이라고 해도 무방합니다.

앞으로 할 일에 대해서 '…만에 ~한다'라고 쓸 때는, I'm going to ~ (동사 원형) for the first time in ... / I'm -ing for the first time in ... 과 같이 나타내면 됩니다.

이렇게 쓰면 돼요

1 **I did my laundry** for the first time in **three days.**
3일 만에 빨래를 했다.

2 **I had Gobchang** for the first time in **two months.**
두 달 만에 곱창을 먹었다.

3 My husband and I **ate out** for the first time in **a month.**
남편이랑 한 달 만에 외식했다.

4 **I took my children to Disneyland** for the first time in **five years.**
아이들을 5년 만에 디즈니랜드에 데리고 갔다.

5 **I listened to Shania Twain's CD** for the first time in **ages.**
오랜만에 샤니아 트웨인의 CD를 들었다.

6 My co-workers and I **went bowling** for the first time in **a few years.**
동료들과 몇 년 만에 볼링을 치러 갔다.

7 I'm meeting **Diane this weekend** for the first time in **ten years.**
이번 주말에, 10년 만에 다이앤을 만난다.

포인트

■ '…(기간) 만에'는 for the first time in ...로 나타낸다.
■ '...'에는 two years(2년), five months(5개월) 등이 들어간다.
■ '오랜만에'는 for the first time in ages로 나타낸다.

구문 69 시간의 경과

…한 지 ～(기간이 얼마나) 된다.
It's been ～ since ...

이렇게 사용해요

과거를 돌아보며, '(그때부터) ～시간이 이만큼 지났구나'하고 그리워하거나 시간이 너무
빨리 지나가는 것에 대한 감상을 일기에 쓸 때는 It's been ～ since ... 로 나타냅니다.

It's been ～ 은 It has been 의 단축형으로, '～'에는 시간이 얼마나 지났는지를 알 수 있는
어구를 넣으면 '기간이 얼마나 된다, ～시간이 지났다'라는 뜻을 나타냅니다.

since ... 는 '… (한) 이후 쭉'이라는 뜻입니다. '...'에는 보통 과거문이 들어가지만,
graduation (졸업)과 같이 명사가 들어가기도 합니다. (오른쪽 페이지 예문⑥참조).

'…한 지, 내일로～ (기간)이 된다'는, It'll be ～ tomorrow since ... 라고 하면 됩니다.

이렇게 쓰면 돼요

1 It's been **three years** since **we started seeing each other.**
우리가 사귄 지 3년이 된다.

2 It's been **30 years** since **we got married.**
결혼한 지 30년이 된다.

3 It's been **a year** since **I quit smoking.**
금연한 지 1년 되었다.

4 It's been **almost 15 years** since **we moved here.**
이곳에 이사온 지 15년 가까이 된다.

5 It's been **only eight months** since **I started working for this company.**
이 회사에서 일한 지 8개월밖에 안 된다.

6 It's **already** been **40 years** since **graduation.**
졸업한 지 벌써 40년이나 된다.

7 It'll be **five years** tomorrow since **I opened my restaurant.**
레스토랑을 연 지, 내일로 5년이 된다.

포인트

■ It's been ~에서 '~'에는 얼마나 시간이 지났는지를 나타내는 어구를 넣는다.
■ since 뒤에는 과거문이 온다.
■ since 뒤에 명사를 붙여도 된다.

요 ~(기간) …못했구나.
It's been ~ since I last …

구문69 의 It's been ~ since … (…한 지 ~(기간) 된다)는 어떤 일이나 행동을 한 날을 기점으로 하여 그 때부터 시간이 얼마나 지났는지 돌아보는 구문인 반면에, It's been ~ since I last … 는 마지막으로 그 행동을 한 시점부터 지금까지 되돌아보고, '한동안 …하지 않았구나'라고 쓸 때 사용하는 표현입니다. '…'에는 행동을 동사의 과거형으로 넣고, '~'에는 그 일을 하지 않은 기간을 넣으면 됩니다. since I last … 는 직역하면 '마지막으로 …하고 나서'라는 뜻으로, 구문 전체가 '마지막으로 …하고 나서 ~(만큼의) 기간이 지나다', 즉 '요 ~ (기간) …을 못하고 있네'라는 뉘앙스를 나타냅니다.
'내가 마지막으로 …한 지, 어제로 ~(기간)이 된다'는 It'll be ~ tomorrow since I last … 라고 쓰면 됩니다.

1 It's been **a few years** since I last **went to the movies.**
요 2~3년 영화를 보러 못 갔구나.

2 It's been **three weeks** since I last **aired my futon.**
요 3주 동안 이불을 말리지 못했네.

3 It's been **several years** since my wife and I last **went on a trip.**
요 몇 년 동안 아내랑 여행을 못 갔네.
※개인에 따라 감각의 차이가 있겠지만, several years는 보통 7~8년 정도를 가리킨다.

4 It'll be **three months** tomorrow since we last **met.**
우리가 마지막으로 만난 지 내일로 3개월이 된다.

구문 71

~(하는 걸) 잊어 버렸다.
I forgot to ~. / I forgot about ~.

이렇게 사용해요

'하려고 생각했는데 잊어 버리고 하지 못했다'고 쓸 때는 I forgot to ~(동사 원형)로 나타 냅니다. forgot to ~는 '~(하는 걸) 잊어 버렸다, 깜빡하고 잊어 버렸다'라는 뜻입니다. 하지만 I forgot -ing 로 하면, '(실제로는 그 일을 했는데도) ~한 사실을 잊어버렸다'라는 뜻이 되므로 주의해야 합니다. 예를 들어, I forgot to buy a present for her. 는 '그녀에게 줄 선물 사는 걸 잊어 버렸다'지만, I forgot buying a present for her. 는 '그녀에게 줄 선물 을 산 사실을 잊어 버렸다'라는 뜻이 됩니다.

I forgot about ~(명사 또는 동사의 -ing 형)으로 하면, '(깜빡하고) ~를 잊고 있었다'라는 뜻입니다. I <u>totally</u> forgot about ~나 I <u>completely</u> forgot about ~라고 하면, '~(인 사실) 을 <u>까맣게</u> 잊어 버렸다'라는 뜻으로, 완전히 잊고 있었음을 강조하는 표현입니다.

이렇게 쓰면 돼요

1 I forgot to **say thank you to Siyoung.**
시영에게 고맙다고 말한다는 걸 깜빡하고 잊어 버렸다.

2 I forgot to **take my suit to the cleaners.**
수트를 세탁소에 맡긴다는 걸 깜빡했다.

3 I forgot to **return the pen to Keonho again.**
건호한테 펜을 돌려줘야 하는데 또 깜빡 잊어 버렸다.

4 I forgot about **the three-day weekend!**
3일 연휴라는 걸 잊고 있었다니!

5 I totally forgot about **babysitting for my niece on Friday.**
금요일에 조카딸 봐주기로 한 걸, 까맣게 잊고 있었네.

72 구문

~하지 않을 수가 없었다.
I couldn't help -ing.

이렇게 사용해요

help는 원래 '도와주다' '거들다'라는 뜻이지만, I couldn't help ~(동사의 -ing형) 형태로 쓰면, '~하지 않을 수가 없었다, 그만 ~해버렸다, 나도 모르게 ~해버렸다'라는 뜻이 됩니다.

같은 의미의 좀더 격의 없는 표현으로 I couldn't help but ~(동사 원형)가 있습니다.

이렇게 쓰면 돼요

1 **I couldn't help worrying about her.**
그녀를 걱정 안 할 수가 없다.

2 **I couldn't help telling him about it.**
나도 모르게 그 사람한테 얘기를 해버렸다.

3 **I couldn't help complaining.**
그만 불평을 늘어놓게 되었다.

4 **I couldn't help boasting that I shook hands with Dohoon.**
도훈과 악수한 걸 자랑하지 않을 수 없었다.

5 **I couldn't help but cry when I saw her photo.**
그녀의 사진을 보자, 나도 모르게 울음이 터졌다.

73 결국 ~해 버렸다.
I ended up -ing.

이렇게 사용해요

의사나 예정에 반하여 '결국 ~해 버렸다'라고 쓸 때는 I ended up ~(동사의 -ing 형)로 나타냅니다. 이 구문은 '그럴 생각은 없었는데, 유혹을 이기지 못하고, (결국) ~해 버렸다' '그럴 작정은 아니었는데, 정신을 차려보니 ~하고 있었다' '그렇고 하고 싶지 않았는데, ~하게 생겼다'와 같은 뉘앙스가 들어 있습니다.

반대로 '결국 ~하지 못했다, 결국 ~하지 못한 채 끝났다'는 I ended up <u>not</u> -ing를 사용합니다. not 의 위치에 주의하세요.

이렇게 쓰면 돼요

1
I ended up eating too much.
결국 과식을 해 버렸다.

2
I ended up speaking Korean at the international party.
국제교류 파티에서 결국 한국어로 말했다.

3
I was going to just take a nap but I ended up sleeping until morning.
잠깐 눈 좀 붙인다는 게 아침까지 자고 말았다.

4
I ended up buying the pot set.
결국, 그 냄비 세트를 사고 말았다.

5
I ended up not eating bibimbap in Jeonju.
결국, 전주에서 비빔밥을 먹어보지 못했다.

구문 74

겨우 ~에 익숙해졌다.
I've finally gotten used to ~.

지금까지 잘할 수 없었던 일을 '익숙해져서 잘할 수 있게 되었을 때'나 새로운 환경에 '겨우 익숙해졌을 때'는 I've finally gotten used to ~(명사 또는 동사의 -ing 형)로 나타냅니다. I've 는 I have 의 단축형. '~'에 명사를 넣으면 '겨우 ~에 익숙해졌다', 동사의-ing 형을 넣으면 '겨우 ~하는 일에 익숙해졌다'라는 뜻입니다. I finally got used to ~와 같이 과거형을 써도 무방합니다.

'~에 익숙해지고 있다, ~에 익숙해졌다'라고 쓰고 싶다면 I'm getting used to ~. 라고 합니다. 부정문은 I haven't gotten used to ~ yet. 라고 하면 됩니다.

1 I've finally gotten used to **my new job.**
새 업무에 겨우 익숙해졌다.

2 I've finally gotten used to **speaking English.**
영어로 말하는 게 겨우 익숙해졌다.

3 I've finally gotten used to **commuting by train.**
전철 통근이 이제 겨우 익숙해졌다.

4 I'm getting used to **living alone.**
혼자 지내는 데 익숙해졌다.

5 I haven't gotten used to **British English yet.**
아직 영국 영어가 익숙하지 않다.

3 ^장

틀리기 쉬운 포인트

영어일기를 쓸 때 틀리기 쉬운 포인트를 뽑았습니다.
틀린 부분을 바로 잡아주고 그 이유에 대해 알기 쉽게 설명하였습니다.
좀더 다양하고 풍부한 표현을 영어일기에 쓸 수 있습니다.

먹은 음식을 표현할 때

예 오늘은 카레라이스였다.

✗ Today was curry and rice.

○ I had curry and rice today.

' = '가 성립하는지 여부가 포인트

'오늘은 카레라이스였다.'를 영어로 표현하면 Today was curry and rice. 로 하기 쉬운데, 이것은 올바른 영어가 아닙니다. today(오늘)와 curry and rice(카레라이스)는 동등한 관계가 아니기 때문이죠.

아래 예문처럼 두 개가 동등한 관계일 때 be 동사(과거형은 was, were)로 이어질 수 있습니다. 각각 today = my birthday, today = my payday, today's dinner = curry and rice 라는 관계가 성립됩니다.

- Today **was** my birthday. (오늘은 내 생일이었다.)
- Today **was** my payday. (오늘은 월급날이었다.)
- Today's dinner **was** curry and rice. (오늘 저녁식사는 카레라이스였다.)

'~을 먹었다'는 I had ~를 사용

더 자연스러운 영어 문장으로 표현하고 싶다면 I had curry and rice today.(오늘 카레라이스를 먹었다.) 라고 합니다. have(과거형은 had)는 eat(~을 먹다) 나 drink(~을 마시다) 와 같은 의미로도 자주 사용됩니다. eat 의 과거형 ate 를 사용해서 I ate curry and rice today. 라고 해도 됩니다.

참고로 레스토랑 등에서 주문할 때 '나는 커피.'를 직역해서 영어로 I'm coffee.(✗) 라고 하면 안 됩니다. 이렇게 말하면 I = coffee 라는 관계가 성립되니, 이 경우에는 I'll have coffee.(커피 주세요.) 라고 해야 합니다.

2 날씨를 표현할 때

예 오늘 비가 왔다.

✗ It was rain today.

○ It rained today.

날씨는 동사와 형용사로 표현

날씨를 표현할 때는 우리말로는 '비'나 '눈' 등의 명사를 사용해서 '오늘은 비' '내일은 눈'
과 같이 표현하기도 합니다. 그러나 영어에서는 rain(비가 오다), snow(눈이 내리다)와 같
은 동사를 사용합니다.
'오늘은 비'라면 '오늘은 비가 왔다'라고 풀어서 It rained today. 라고 표현합니다.
여기서 it은 날씨를 나타내는 it입니다.
내일 날씨나 일기를 쓸 때는 시제를 현재로 바꾸어 다음과 같이 표현합니다.

● It's going to snow tomorrow. (내일은 눈이 올 것 같다.)
● It's raining now. (지금 비가 오고 있다.)
● It's snowing now. (지금 눈이 오고 있다.)

또 rainy(비가 오는)나 snowy(눈이 오는)와 같은 형용사를 사용하여 다음과 같이 표현하
기도 합니다.

● It was rainy today. (오늘은 비가 왔다.)
● It's going to be snowy tomorrow. (내일은 눈이 올 것 같다.)

포인트 3 '～는(은) 친절하다'라고 표현할 때

예 그는 친절하다.

✕ He is kindness.

○ He is kind.

kindness는 '친절한 마음'이라는 뜻

사전에서 '친절' 을 찾아보면 kindness 라고 나와 있는 경우가 많아서인지 '그는 친절하다'를 He is kindness. 라고 하는 경우가 많습니다. 그러나 kindness 는 '친절한 마음, 친절한 행위'를 뜻하는 명사입니다. 사람의 성격이나 행동에 대해서 '친절하다'라고 표현할 때는 형용사 kind 를 사용해서 He is kind. 라고 해야 합니다.

kindness는 아래 예문과 같이 '친절한 마음' 그 자체에 대해서 얘기할 때 사용합니다. kind 와의 차이를 확인하세요.

● Thank you for your kindness. (친절하게 대해 주셔서 감사합니다.)
● I'll never forget your kindness. (당신의 친절함은 결코 잊지 못할 겁니다.)
● He just did it out of kindness. (그는 친절한 마음으로 그렇게 했을 뿐이다.)

sickness는 '병' 그 자체

마찬가지로 '아들이 아픕니다.'는 My son is sickness.(✕)가 아니라 My son is sick. 라고 표현해야 합니다. sickness는 '병' 그 자체를 나타내는 명사이므로 My son is sickness.(✕) 라고 하면 '아들은 병 그 자체'라는 뜻이 됩니다. 병에 걸렸거나 속이 안 좋을 때는 sick(병에 걸렸다, 속이 안 좋다)를 사용해서 표현합니다.

'엄청 ~ , 아주 ~ , 참 ~ , 너무 ~'를 표현할 때

> **예** 김 과장은 엄청 화를 냈다.
>
> ✗ Mr. Kim was angry very much.
>
> ○ Mr. Kim was very angry.

very는 형용사를, very much는 동사를 수식

very 와 very much 를 혼동하는 사람이 많습니다. He was angry very much.(×) 나 I very like it.(×) 와 같은 문장을 종종 봅니다. 그러나 두 문장 모두 잘못된 표현입니다.

very는 형용사를 수식하지만 very much는 동사를 수식합니다. 〈very + 형용사〉 와 〈동사+very much〉 를 의식하며 아래의 올바른 예문을 확인해 봅시다.

- He was very <u>angry</u>. (그는 엄청 화를 냈다.)
- It's very <u>cold</u> today. (오늘은 참 춥다.)
- She's very <u>pretty</u>. (그녀는 너무 귀엽다.)

- I <u>like</u> it very much. (그것이 참 마음에 든다.)
- I <u>enjoyed</u> it very much. (엄청 즐거웠다.)
- I <u>regret</u> it very much. (그 일을 너무 후회하고 있다.)

'실망했다'를 표현할 때

> **예** 나는 실망했다.
>
> ✗ I was disappointing.
>   ↓
> ○ I was disappointed.

-ed/-ing형의 형용사를 구분해서 사용한다

I was disappointed. 는 실망했다는 기분을 나타내는 표현이지만 I was disappointing. 은 '다른 사람을 실망시켰다'는 의미가 됩니다.

disappointed 는 '실망했다', disappointing 은 '실망시키다'라는 뜻의 형용사입니다. 얼핏 보기에 형태가 닮아서 혼동하기 쉽습니다.

disappointed는 동사 disappoint(~을 실망시키다)의 과거분사입니다. 과거분사는 수동의 의미를 나타내므로 disappointed 는 '실망시킴을 당했다' 즉, '실망했다'라는 의미가 됩니다. 한편 disappoint 의 -ing 형태인 disappointing 의 경우에는 '실망시키다, 기대에 못 미치다'라는 의미가 됩니다.

- ● The movie disappointed me. (그 영화는 나를 실망시켰다.)
   ※이 **disappointed**는 동사 **disappoint**(~을 실망시키다)의 과거형.
- ● I was disappointed with the movie.
   (나는 그 영화에 실망시킴을 당했다=실망했다)
- ● The movie was disappointing.
   (그 영화는 기대에 못 미쳤다.)
- ● It was a disappointing movie.
   (그것은 기대에 못 미치는 영화였다.)

감정을 나타낼 때의 **-ed형**

이처럼 -ed 형, -ing 형을 모두 가지는 형용사는 disappointed/disappointing 외에도 여러 가지가 있습니다(아래 표를 참조). 어떻게 구분해서 사용해야 할지 모를 때는 '-ed형은 사람의 감정이나 기분을 나타내고 -ing형은 사람을 그러한 기분으로 만든다'라는 점을 알아두면 좋습니다.

다음 예문을 비교해 봅시다.

- My children were tired. (아이들은 지쳐 있었다.)
- The trip was tiring. (그 여행은 피곤한 것이었다.)

- I was surprised by his letter. (그의 편지에 놀랐다.)
- The results were surprising. (그 결과는 놀라운 것이었다.)

- I'm so excited about going to Italy. (이탈리아에 가는 것 때문에 설레었다.)
- His stories are always exciting. (그의 이야기는 항상 재미있다.)

-ed/-ing 형을 모두 가지는 형용사

-ed 형 (사람이) ～했다, ～해서	-ing 형 (사람이나 일이) ～한, ～시키는
amazed 놀랐다	amazing 경이적인, 놀랄만한
bored 지루했다	boring 지루한
confused 혼란스러웠다, 갈팡질팡했다	confusing 혼란시키는, 갈팡질팡하게 만드는
disappointed 실망했다	disappointing 실망시키는
embarrased 부끄럽다	embarrassing 부끄럽게 하는
excited 설레었다	exciting 설레게 하는
interested 흥미를 가지고 있다	interesting 흥미롭게 하는
shocked 충격을 받다	shocking 충격을 주는
surprised 놀랐다	surprising 놀라게 하는
tired 피곤했다	tiring 피곤하게 하는, 귀찮게 하는
touched 감동했다	touching 감동을 주는

173

6 '~의 …'를 표현할 때

> **예** 부산의 친척을 만나러 갔다.
>
> ✗ I visited Busan's relatives.
>
> ○ I visited my relatives in Busan.

'부산의'는 전치사 in을 사용해서 표현한다

'A 의 B'라고 할 때는 Hana's pen 와 같이 A's B 형태로 표현할 수 있습니다. 그러나 이것은 A 가 사람이나 동물인 경우로 A가 B 를 소유하고 있다는 의미가 됩니다.

- my uncle's house (삼촌의 집)
- the cat's tail (그 고양이의 꼬리)

'부산의 친척'을 Busan's relatives 라고 하면 '부산이라는 도시가 친척을 소유하고 있다'라는 의미가 되므로 's 를 사용해서는 안 됩니다.

'부산의 친척'처럼 '~(장소)에 있다'나 '~(기관 등) 에 소속되어 있다'라는 의미의 '~ 의'는 in 이나 at 등의 전치사를 사용합니다. 그러므로 위의 예의 경우에는 my relatives in Busan 이라고 표현해야 합니다. 전치사 사용법은 p32 에서 확인하세요.

- a clock on the wall (벽(의) 시계)
- a student at G University (G대학의 학생)
- a roof of my house (우리 집(의) 지붕)

단, A 에 today 나 next week 와 같이 '때'를 나타내는 어구가 들어갈 경우에는 A's B 를 사용하기도 합니다.

- today's paper (오늘 신문)
- next week's game (다음 주 시합)

'나와 A씨'를 주어로 할 때

예 나와 유미와 진수는 볼링을 쳤다.

✗ I, Yumi and Jinsoo went bowling.
↓
○ Yumi, Jinsoo and I went bowling.

'나(I)'는 주어의 제일 마지막에 온다

'A 와 나', '나와 A', '나와 A 와 B'와 같이 자신을 포함하는 여러 명이 주어일 경우, 영어에서는 자신(I) 를 제일 마지막에 둔다는 규칙이 있습니다. 예를 들면 '나와 유미와 진수'라면 '유미와 진수와 나'와 같이 순서를 바꿔서 Yumi, Jinsu and I 라고 해야 하죠. and 는 I 앞에만 넣습니다. 마찬가지로 '나와 그'가 주어라면 영어로는 he and I 가 됩니다.

참고로 '오후에 유미와 테니스를 쳤다'라는 문장은 I played tennis with Yumi this afternoon. 이라고 표현하지만 아래의 예문처럼 주어를 Yumi and I 로 해서 표현할 수도 있습니다.

● I played tennis with Yumi this afternoon. (오후에 유미와 테니스를 쳤다.)
→ Yumi and I played tennis this afternoon.

상당히 친밀한 관계에서는 Me and my brother played tennis today. (오늘 동생과 테니스를 쳤다.) 처럼 I 가 아니라 me 를 주어로 사용하고 me 를 첫머리에 가져오는 식으로 표현하기도 합니다. 그러나 여러분들은 ~ and I 라는 기본 표현으로 알아두시기 바랍니다.

'일이 있다'를 표현할 때

예 내일은 일이 있다.

✗ I have a job tomorrow.

↓

○ I need to work tomorrow.

'일이 있다'는 work로 표현한다

'일이 있다'는 I have a job. 이라고 표현하고 싶어지지만 사실 이 문장은 '나는 직업이 있다'라는 뉘앙스를 풍깁니다. '내일 일이 있다'라는 표현을 영어권에서는 '내일은 일해야 한다'라고 생각합니다. '일하다'는 work나 go to work(회사에 가다, 일하러 가다)로 표현하고, '~해야 한다'는 need to ~ (동사 원형) 나 have to ~(동사 원형)으로 표현하면 됩니다.

- I need to work tomorrow. (내일은 일해야 한다.)
- I have to go to work tomorrow. (내일은 일하러 가야 한다.)

job은 '일, 직업'이라는 뜻의 명사로, '일하다'라는 동사적인 의미는 없습니다. 이 점에 주의하세요.

명사 work와 job의 사용법

work 에는 '일, 직업'이라는 명사적인 의미도 있습니다. 그래서 job 과 어떻게 구분해서 사용해야 하는지 고민이 되기도 합니다. 명사 work 와 job, 어느 쪽을 사용해도 상관없는 경우도 많지만, work는 셀 수 없는 명사, job은 셀 수 있는 명사라는 점이 큰 차이입니다. 그러므로 동일한 상황을 나타내더라도 work에는 a, an을 붙일 수 없지만 job에는 a, an 을 붙여야 합니다(문맥에 따라서는 the가 오기도 합니다).
그러면 다음 페이지에서 예문을 살펴봅시다.

● 일자리를 찾고 있다.

   I'm looking for work. / I'm looking for a job.

● 일자리를 찾았다.

   I got work. / I got a job.

● 실업자 상태다.

   I'm out of work. / I'm out of a job.

● 일 때문에 바쁘다.

   I'm busy with work. / I'm busy with the job.

tough(힘들다), easy(편하다) 등의 형용사를 사용하여 표현할 때도 work에는 a, an을 붙이지 않지만, job에는 a, an이 필요합니다.

● 힘든 일

   tough work / a tough job

● 편안한 일

   easy work / an easy job

● 보람 있는 일

   challenging work / a challenging job

● 보수가 좋은 일

   high-paying work / a high-paying job

'노동'이나 '작업'과 같은 의미에 중점을 둘 경우에는 work를 주로 사용합니다.

● 오늘은 해야 할 일이 많다.

   I had a lot of work to do today.

● 할 일이 많이 쌓여 있다.

   I have a lot of unfinished work.

● 아직 일이 끝나지 않았다.

   I haven't finished my work yet.

9 '부엌을 청소했다'를 표현할 때

> **예** 부엌을 청소했다.
>
> ✗ I cleaned *a* kitchen.
>
> ↳
>
> ○ I cleaned the kitchen.

a는 여러 개 있는 것 중 하나를 가리킨다

I cleaned a kitchen. 은 문법적으로는 틀리지 않았습니다. 그러나 a kitchen 이라고 하면 듣거나 읽는 사람은 '부엌이 두 개 이상 있는 큰 집에 살고 있구나.'라고 상상합니다. a가 여러 개 중에서 불특정한 한 개를 가리키기 때문입니다.

그러므로 부엌이나 차고 등 통상적으로 집에 한 개만 있는 것에는 the를 사용합니다. '우리 집의'라는 기분을 담아서 I cleaned my kitchen. 이라고 할 수도 있습니다.

단, take a bath(목욕하다)나 go to bed(자다) 는 예외입니다. 이러한 예외적 표현들은 통째로 외워두는 것이 좋습니다.

참고로 I fed a hamster.(햄스터에게 먹이를 줬다.) 이 문장의 경우도 '그 외에도 많이 있는데, 한 마리한테만 먹이를 주었다'는 뉘앙스를 줄 수 있기 때문에 햄스터를 한 마리만 키우고 있고, 그 햄스터에 먹이를 줬다면 I fed my hamster. 와 같이 표현해야 합니다.

a/an 이나 the, my 등을 어떻게 구분해서 사용해야 할지 어려울 지도 모르지만 조금씩 영어 감각에 익숙해지도록 노력합시다.

'점심을 먹었다'를 표현할 때

> **예** 이탈리안 레스토랑에서 점심을 먹었다.
>
> ✖ I had a lunch at an Italian restaurant.
>
> ⭕ I had lunch at an Italian restaurant.

have lunch에는 a/an이나 the가 붙지 않는다

lunch(점심 식사)나 breakfast(아침 식사), supper/dinner(저녁 식사), brunch(브런치) 는 모두 식사를 나타내는 단어입니다. 일반적으로 이 단어들에는 a/an이나 the(관사)를 붙이지 않습니다. 가령 '점심을 먹었다'는 had lunch로 표현합니다. 또 for breakfast(아침 식사로) 나 go out for dinner(저녁 식사하러 나갔다) 와 같은 표현도 마찬가지로 a/an, the 가 붙지 않습니다.

- I had a sandwich for breakfast. (아침 식사로 샌드위치를 먹었다.)
- I went out for dinner at 7:30. (7시 30분에 저녁 식사하러 나갔다.)

예문처럼 I had a lunch ~(✖)는 잘못된 문장입니다. 〈have + 식사〉〈for + 식사〉〈go out for + 식사〉는 일기에서 자주 사용하므로 이대로 외워두면 편리합니다.

식사에 a/an 이나 the가 붙는 경우

단, '어떤 식사였는지'를 구체적으로 표현할 경우나 '그 때 그 식사'와 같이 특정 지을 경우에는 식사를 나타내는 단어 앞에 a/an, the를 붙입니다.

- I had a big breakfast this morning. (오늘 아침을 든든하게 먹었다.)
- I had a light lunch. (점심을 가볍게 먹었다.)
- It was an expensive dinner. (고급스러운 저녁 식사였다.)
- I had the lunch Yumi made. (유미가 만들어 준 점심을 먹었다.)
- The dinner we had at Rouge was excellent. (루즈에서 먹은 그 저녁식사는 근사했다.)

179

교통수단을 표현할 때

> **예** 오늘은 자가용으로 출근했다.
>
> ✘ I went to work by my car today.
>
> ○ I went to work by car today.

교통수단은 〈by+명사의 단수형〉

자동차나 전차, 버스, 비행기, 자전거와 같은 교통수단이나 메일과 편지, 팩스, 전화와 같은 통신 수단은 〈by+ 명사의 단수형〉으로 표현합니다. 이때 명사 앞에 a/an, the, my 등은 붙이지 않습니다. 즉 '자동차로'라면 by a car(×)나 by my car(×)가 아니라 by car 입니다. 자동차를 구체적인 물체가 아니라 수단으로 의식하므로 관사나 대명사(의 소유격)가 붙지 않습니다. '내 차로'를 by my car(×)로 하기 쉽지만 이것은 틀린 영어입니다.

교통수단과 통신수단을 나타내는 관용구			
by car	자동차로	by air	항공편으로
by train	전철로	by mail	우편으로
by bus	버스로	by e-mail	이메일로
by plane	비행기로	by fax	팩스로
by bike	자전거로	by phone	전화로

'내 차로'라고 쓰고 싶을 때는

'(다른 차가 아니라) 내 차로'라고 일부러 구체적으로 쓰고 싶을 때는 어떻게 표현하면 좋을까요? 이 경우에는 전치사 by 가 아니라 in 을 사용해서 I went to work in my car. 라고 합니다. 마찬가지로 '2 대의 차로'라고 할 때는 in two cars 라고 합니다.

또 전철이나 자전거에 대해서 구체적으로 표현할 때는 on 을 사용합니다. '9 시 10 분발 전철로'라면 on the 9:10 train, '여동생 자전거로'라고 표현할 때는 on my sister's bike 라고 합니다.

그런데 '걸어서'는 어떻게 표현할까요? 이 경우에는 on 을 사용해서 on foot 이라고 합니다. by walk(×) 라고 하지 않는 점에 유의합시다.

이동수단을 동사로 표현할 수도 있다

그 외 〈by+ 교통수단〉을 이용하지 않고 drive(~을 운전하다)나 ride(~을 타다)처럼 이동 수단을 동사로 표현하는 방법도 있으며 일상적으로는 자주 사용됩니다. '도보'의 경우에는 동사 walk(걷다)를 사용합니다.

- I went to work by car today. (오늘은 자동차로 출근했다.)
  = I drove (my car) to work today.[drove는 drive(~을 운전하다)의 과거형]

- I went to the airport by train. (전철로 공항까지 갔다.)
  = I took a train to the airport. [took는 take(~을 타다)의 과거형]

- I go to school by bike. (자전거로 통학한다.)
  = I ride my bike to school.
  = I bike to school. [이 bike는 '자전거로 가다'라는 의미의 동사]

- I went to the station on foot. (역까지 걸어서 갔다.)
  = I walked to the station.

12 바지와 안경을 셀 때

예 청바지를 두 개 샀다.

✗ I bought two jeans.

◯ I bought two pairs of jeans.

쌍은 pair of ~로 센다

한국어로는 청바지를 '한 장, 두 장…'이라고 세기 때문에 영어로도 one jeans(×), two jeanses(×) 로 하지 않을까 생각하기 쉽지만, jeans처럼 좌우가 한 쌍인 것은 pair of ~ 를 이용해서 세어야 합니다. 청바지 한 장이라면 a pair of jeans 혹은 one pair of jeans, 두 장이라면 two pairs of jeans로 pair를 복수형으로 합니다. 그 외에도 장갑이나 양말처럼 쌍으로 사용하는 물건이나 바지, 안경처럼 좌우가 쌍인 물건은 pair of ~ 를 사용해서 셉니다(아래 표를 참조).

조심해야 할 것은 이 명사들은 늘 복수형이 된다는 점입니다. 좌우가 한 쌍이므로 장갑 1쌍, 양말 한 켤레라도 a/one pair of gloves, a/one pair of socks 처럼 복수형으로 나타냅니다. 두 쌍, 세 쌍이라면 two pairs of gloves, three pairs of gloves 처럼 pair 도 복수형으로 합니다.

참고로 장갑이나 양말 등의 '한쪽'은 a glove 나 a sock처럼 단수형으로 나타냅니다. '장갑 한쪽을 잃어버렸다'라면 I lost a glove. 나 I lost one of my gloves. 등으로 표현합니다.

---

pair of ~를 사용하는 명사

pants	바지	gloves	장갑
socks	양말	mittens	벙어리장갑
shoes	신발	glasses	안경
heels	하이힐	sunglasses	선글라스
boots	부츠	chopsticks	젓가락

'쇼핑을 갔다'고 표현할 때

예 오후에 쇼핑을 갔다.

✕ I went to shopping this afternoon.

↓

◯ I went shopping this afternoon.

'~하러 가다'는 go -ing

'쇼핑'은 shopping, '~하러 갔다'는 went to ~. 그러므로 '오후에 쇼핑하러 갔다'는 went to shopping this afternoon.(✕) 로 할 가능성이 있습니다. 그러나 이것은 틀린 표현입니다. '쇼핑하러 가다'는 go shopping 이라고 표현하며 to 는 필요 없습니다. 전체적으로 I went shopping this afternoon. 으로 하는 것이 맞습니다. go -ing 는 '~하러 가다'라는 표현입니다.

그 외에도 go -ing 로 나타내는 표현에는 다음과 같은 것이 있습니다.

go -ing(~하러 가다)의 예			
go swimming	수영하러 가다	go hiking	하이킹 가다
go fishing	낚시하러 가다	go bowling	볼링하러 가다
go jogging	조깅하러 가다	go camping	캠핑하러 가다
go skiing	스키 타러 가다	go horseback riding	승마하러 가다
go ice-skating	스케이트 타러 가다		

이러한 표현에 장소가 동반될 때는 in, at, on 등을 사용합니다.

● go shopping in Myungdong (명동에 쇼핑하러 가다)
● go shopping at the mall (쇼핑몰에 쇼핑하러 가다)
● go fishing in the river (강으로 낚시하러 가다)
● go ice-skating on the lake (호수에 스케이트 타러 가다)

183

포인트 14 '그곳에 갔다'를 표현할 때

예 그곳에 또 가고 싶다.

✗ I want to go to there again.
　　　　　　　　↓
○ I want to go there again.

there와 here에는 to가 필요없다

'～에 가다'를 'go to ～'로 외우고 있는 사람이 많은데, 이 경우 '～'에는 Busan(부산)이나 Jejudo(제주도) 와 같은 지명, my sister's house(여동생 집) 이나 the temple(그 절) 등 명사가 들어갑니다.

이와 마찬가지로 '그곳에 가다'라고 할 때에도 go to there(×)처럼 to를 넣기 쉬운데 there 는 '그곳으로, 그곳에'라는 의미로 단어 속에 이미 '～로, ～에'라는 의미가 포함되어 있습니다. 그래서 to 를 붙일 필요가 없으며 go there로 하는 것이 맞습니다. here(여기로, 여기에) 도 마찬가지로 come to here(×)가 아니라 come here로 표현합니다.

'수지가 이곳에 왔다'

✗ Suji came to here.
○ Suji came here.

come home과 go home에도 주의

come home(집에 돌아오다), go home(집에 돌아가다) 의 home 은 '집으로, 집에'라는 의미입니다. there 나 here 와 마찬가지로 home에도 '～로, ～에'라는 의미가 포함되어 있습니다. 그러므로 come to home(×)이나 go to home(×)은 잘못된 표현입니다. come home/ go home은 세트로 외웁시다.

참고로 come home(집에 돌아오다)와 go home(집에 돌아가다)을 어떻게 구분해서 사용할까요? 집에서 일기를 쓸 때는 '집에 돌아오다' 로 생각해서 come home을 사용합니다. 한편 사무실이나 체재 호텔 등 밖에서 일기를 쓸 때는 '집으로 돌아가다' 라고 생각해서 go home 을 사용합니다.

[집에 있을 때]
- I came home late today. (오늘은 귀가가 늦었다.)
- My husband hasn't come home yet. (남편이 아직 돌아오지 않았다.)

[밖에 있을 때]
- I'm going home tomorrow. (내일 집에 돌아간다.)
- I wish I could go home early. (아~, 빨리 집에 돌아갈 수 있으면 좋으련만.)

abroad나 overseas도 to가 필요 없다

'외국으로, 외국에서'를 나타내는 abroad 나 overseas 에도 to 나 in 등의 전치사는 필요 없습니다. 가령 I want to study abroad.(유학가고 싶다.), I want to live overseas.(외국에서 살고 싶다.) 라는 식입니다.

단, foreign country는 '외국'이라는 의미로 '~로, ~에'라는 의미는 포함되어 있지 않습니다. 따라서 이 경우에는 I want to go to a foreign country.(외국에 가 보고 싶다.)처럼 to 를 사용해서 표현합니다.

또 '남의 집'에 갈 때도 go to Suji's home(수지 집에 가다)나 go to my parents' home(부모님 댁에 가다'처럼 to를 넣어서 표현합니다.

'~와 결혼하다'를 표현할 때

> **예** 원준이 나영과 결혼했다!
>
> ✗ Wonjun married with Nayoung!
>
> ○ Wonjun married Nayoung!

'~와 결혼하다'는 marry ~

'~와 결혼하다'라고 쓸 때는 marry with ~(✗) 라고 하는 사람이 상당히 많습니다. '~와' 를 with ~로 바꿔 쓸 수 있다고 생각하지만 이것은 잘못된 생각입니다. marry는 '~와 결 혼하다'라는 의미로 이미 '~와'를 포함하고 있으므로 직후에는 '결혼할 상대'가 오면 됩 니다. 즉 '원준이 나영과 결혼했다'라면 Wonjun married Nayoung. 이라고 합니다.

- I want to marry him. (그와 결혼하고 싶다.)
- Will you marry me? (나와 결혼해 주시겠습니까?)
- My sister married a doctor. (언니는 의사와 결혼했다.)

'결혼하다'는 get married

'언제' '어디서' 결혼하다(했다) 라고 구체적으로 기술할 때는 get married(결혼하다)라는 표현을 씁니다.

- They got married yesterday. (그들은 어제 결혼했다.)
- They got married in Tahiti. (그들은 타히티에서 결혼했다.)
- When did you get married? (언제 결혼했어?)

'누구와' 결혼했는지를 표현할 때는 get married to ~(사람) 으로 합니다. 예를 들면 My sister got married to her high school sweetheart today. (누나는 고등학교 시절에 좋아했 던 사람과 오늘 결혼했다) 라고 표현합니다.

결혼에 관한 다양한 표현

결혼에 관련된 표현은 이밖에도 많이 있습니다. be married는 '기혼이다'라는 상태를 표현합니다. marriage는 '결혼, 결혼생활'이라는 의미의 명사입니다.

- ● She's married. (그녀는 결혼했다. =기혼자다.)
- ● She was married until last year.
  (그녀는 작년까지 기혼이었다. =지금은 이혼해서 독신이다.)
- ● She's married with three children. (그녀는 결혼해서 아이가 셋 있다.)
- ● We've been married for two years. (결혼한 지 2년이 된다.)

- ● We have a happy marriage. (결혼해서 즐겁게 살고 있다.)
- ● Their marriage didn't last long. (그들의 결혼은 오래가지 못했다.)

참고로 '결혼했다'를 marriaged(×)라고 표현하는 경우를 자주 볼 수 있는데, marriage는 '결혼'이라는 의미의 명사며 동사가 아니므로 -d 를 붙여서 과거형으로 만들 수 없습니다.

'~일 후'를 표현할 때

> **예** 이틀 후에 대성이 놀러 온다.
>
> ✗ Daesung is visiting us ~~after~~ two days.
>
> ○ Daesung is visiting us **in** two days.

'지금부터 ~후'는 **in**으로 표현한다

'이틀 후'는 after two days(×)로 표현할 것 같지만 미래의 일에 대해서 기술할 때는 '~후'에는 after 가 아니라 in 을 사용합니다. 이 in ~은 '지금부터 ~후에'라는 의미입니다. '이틀 후에 대성이 놀러 온다'는 미래의 일이므로 Daesung is visiting us in two days. 처럼 in으로 표현합니다. 다음 문장을 살펴봅시다.

- The job interview is coming up in a week. (1주일 후에 채용 면접이 있다.)
- I can see him in two hours! (두 시간 후에 그를 만날 수 있다!)

한편 after ~는 어떤 특정 시기를 기준으로 해서 '그로부터 ~ 후에'라는 경우에 사용합니다.

- I proposed to her six months after I met her.
  (만나서 반년 후에 그녀에게 프로포즈했다.)
- Two days after the job interview, I got a call from the company.
  (채용 면접을 본 이틀 후 그 회사에서 전화가 왔다.)

위의 두 예문은 모두 '그녀와 만난 날' '채용 면접의 날'이라는 특정 시기를 기준으로 해서 '그로부터 ~ 후'를 표현하고 있습니다. in과 after의 이미지가 그려집니까?

'~을(를) 가르치다'를 표현할 때

> **예** 수진이 메일 주소를 가르쳐 줬다.
>
> ✗ Soojin **taught** me her e-mail address.
>   ↓
> ◯ Soojin **gave** me her e-mail address.

'가르치다'를 표현하는 다양한 동사

한국에서는 학문이나 기술 등의 전문적인 내용부터 메일 주소나 전화번호, 가게 이름 등 정보까지 다양한 장면에서 '알려 주다'라는 의미의 '가르치다'를 사용합니다. 그러나 영어 에서는 각각의 상황에서 사용하는 단어가 달라집니다.

teach 는 학교에서 공부를 가르치거나 기술이나 지식을 익히거나 도리나 교훈 등을 깨닫 게 해줄 때 사용합니다.

메일 주소, 가게나 사람이름과 같은 정보를 가르쳐 줄 때는 give 를 사용합니다. 예문은 '정보를 전달하다'는 의미의 '가르쳐 주다'이므로 Sujin gave me her e-mail address. 라고 gave(give 의 과거형) 으로 표현하는 것이 올바릅니다.

구두로 전달되었다면 tell(과거형은 told) 를 사용해서 Sujin told me her e-mail address. 라고 할 수도 있습니다. 한편 그림을 그리거나 실제로 보여 주며 가르쳐 줄 때는 show 를 사용합니다. 가령 도구의 사용법 등이 몰라서 사용방법을 직접 실연을 통해 배웠다면 He showed me how to use it.(그것의 사용법을 그가 가르쳐 주었다= 직접 보여 줬다) 가 됩니다.

tell 과 show 의 차이를 좀 더 확인해 봅시다. '그 여성이 역까지 가는 길을 가르쳐 줬다'라 고 할 때, The woman told me the way to the station. 은 구두로 가르쳐 준 것이고, The woman showed me the way to the station. 의 경우에는 실제로 목적지까지 안내를 해주 거나 종이에 지도를 그려 주었다는 뜻입니다.

'~까지 …한다'를 표현할 때

예 10시까지 사무실에 가야 한다.

✗ I need to be at the office <u>until</u> 10:00.

○ I need to be at the office <u>by</u> 10:00.

by는 '~까지', until은 '~까지 계속'

by와 until의 사용법을 혼동하는 사람이 많습니다. 의미가 다른 단어이므로 확실하게 알아두도록 합시다. by ~는 '~까지 동작을 완료할 것'을, until ~은 '~까지 어떤 상태가 계속되는 것'을 표현합니다.

그러므로 위의 예처럼 I need to be at the office until 10:00. 라고 하면 '<u>10시까지 계속</u> 사무실에 있어야 한다.'라는 의미가 됩니다. '<u>10시까지</u> 사무실에 가야 한다.'고 표현할 때는 by ~를 사용합니다.

● I need to be at the office by 10:00.
  (10시까지 사무실에 가야 한다.)
  =10시까지 be at the office '사무실에 있다'라는 행위를 완료한다.

● I need to be at the office until 10:00.
  (10시까지 계속 사무실에 있어야 한다.)
  =10시까지 계속 be at the office '사무실에 있다'라는 상태가 계속된다.

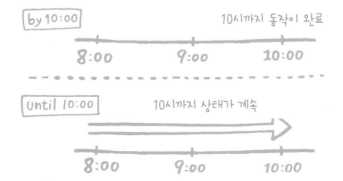

by, until과 함께 사용되는 동사

동사 중에는 일반적으로 by와 함께 사용되는 동사, until과 함께 사용하는 동사가 있습니다. 통상적으로 by는 finish(~를 끝내다) 등 '동작의 완료'를 나타내는 동사와 함께 사용되며 until은 sleep(자고 있다) 등 '계속되는 동작과 상태'를 나타내는 동사와 함께 사용됩니다.

by와 함께 사용되는 동사의 예		until과 함께 사용되는 동사의 예	
finish	~을 끝내다	sleep	자다, 졸다
return	~을 되돌리다	stay	머물다
get to work	출근하다	continue	~을 계속하다, 계속되다
leave	~을 출발하다	wait	기다리다
let ~ (사람) know	~에게 알리다		

- I need to finish my homework by 3:00.
  (3시까지 숙제를 끝내야 한다.)
- I stayed at the hotel until October 5.
  (10월 5일까지 그 호텔에 체재했다.)

'~전에', '~까지'와 관련된 표현 알아두기

'~전에', '~까지'와 관련해서 다음 사항을 알아둡시다.

먼저 '아버지가 집에 돌아오시기 전에'처럼 '~ 전에', '~ 까지'의 내용에 '주어와 동사'가 올 경우에는 by 를 사용하지 않습니다. 이 경우에는 before 혹은 by the time 을 사용해서 I made dinner before〈by the time〉 my father came home.(아버지가 집에 돌아오시기 전에 저녁식사를 만들었다.)처럼 표현합니다. until은 '~ 까지'의 내용에 〈주어+ 동사〉가 이어질 경우에 사용합니다. 예를 들면 I slept until my husband came back home.(남편이 집에 돌아올 때까지 잤다.) 와 같은 표현입니다.

unil과 동일한 의미의 단어로 till이 있습니다. 'until 은 약간 격식차리는 느낌이 들고 till 은 가벼운 느낌'이 든다는 네이티브도 있지만 기본적으로는 어느 쪽을 사용하든 상관없습니다.

'~ (이)므로'와 이유를 표현할 때

> **예** 배가 고파서 와플을 먹었다.
>
> ✗ I was hungry because I ate waffles.
> ⬇
> ○ I ate waffles because I was hungry.

이유는 because '뒤'에 온다

'~이므로…'처럼 이유와 결론을 말할 때는 다음과 같이 표현합니다.

❶ 결론을 표현하는 문장 + because + 이유를 표현하는 문장
❷ 이유를 표현하는 문장 + so + 결론을 표현하는 문장

because 뒤에는 이유를 표현하는 문장이, so 뒤에는 결론을 표현하는 문장이 옵니다. 위의 예문을 살펴보면 I was hungry(배가 고프다)가 이유, I ate a taiyaki(붕어빵을 먹었다)가 결론인 문장입니다. 이 두 문장을 올바르게 연결하면 다음과 같이 됩니다.

❶ I ate waffles because I was hungry.
❷ I was hungry, so I ate waffles.

because에 결론 문장을 연결시키거나 so에 이유 문장을 연결시키면 이상한 문장이 됩니다. 가령 I was hungry because I ate waffles.(×)나 I ate waffles, so I was hungry.(×)로 하면 '와플을 먹었으므로 배가 고프다'라는 뜻이 되어 버립니다.
Because I was hungry, I ate waffles. 처럼 〈because + 이유 문장〉을 첫머리에 가져와도 상관없지만 문장 뒤쪽에 두는 것이 일반적입니다.

'즐거웠다'를 표현할 때

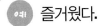 즐거웠다.

✗ I enjoyed.
↓
○ I enjoyed it.

enjoy 뒤에는 목적어를 넣는다

'즐거웠다'를 I enjoyed.(✗)라고 표현하는 사람이 있는데 이것은 잘못된 표현입니다. enjoy 는 '~을 즐기다'는 의미의 동사이므로 바로 뒤에 '~을'에 해당하는 목적어가 와야 합니다.

'즐거웠다'라는 말에는 '무엇을 즐겼는지'라는 내용이 들어 있지 않습니다. 그래도 역시 enjoyed 뒤에는 '~을'에 해당하는 목적어를 넣는 것이 영어의 규칙입니다. I went skiing(스키를 타러 갔다 왔다) 등의 문장에 '즐거웠다'라는 내용이 이어질 경우에는 스키(skiing)을 대명사 it로 바꾸어 I enjoyed it.으로 하면 됩니다. I enjoyed myself. 처럼 myself(자기 자신)가 와도 좋습니다. enjoy oneself 로 '즐거운 시간을 보내다, 즐기다'라는 의미가 됩니다.

참고로 레스토랑에서 점원이 손님에게 요리를 낼 때 Enjoy!(즐기세요!) 만 말하기도 합니다. 이것은 enjoy your meal!(식사를 즐기시기 바랍니다!)의 your meal을 생략한 것으로 예외적인 사용법입니다. 보통은 'enjoy 뒤에는 목적어가 필요하다'라고 알아둡시다.

그 외에도 like(~를 좋아하다), love(~를 사랑하다), hate(~를 싫어하다) 도 바로 뒤에 목적어를 필요로 하는 동사입니다. 대화에서 Do you like it?(이거 좋아해?) 라는 질문을 받았다면 Yes, I like(✗)처럼 목적어 없이 대답하는 경우가 종종 보이는데, 이 경우에는 Yes, I do. 또는 Yes, I like it. 이 올바른 표현입니다. 이 동사를 사용할 때는 특히 주의하시기 바랍니다.

21 '~ 을(를) 빌렸다'를 표현할 때

> **예** 도서관에서 소설책을 빌렸다.
>
> ✗ I rented a novel from the library.
>   ↓
> ○ I borrowed a novel from the library.

유료냐, 무료냐에 따라 구분해서 사용한다

'~을 빌리다'라는 의미의 단어에는 borrow 와 rent 의 두 가지가 있습니다. 둘의 차이는 무료인지 유료인지의 차이입니다. 친구나 가족, 도서관 등에서 책이나 물건을 빌릴 때는 borrow([무료로] ~을 빌리다)를 이용합니다. borrow A from B 로 'B에게 A를 빌리다'는 의미입니다.

rent는 '[유료로] 빌리다'의 경우에 사용합니다. 가령 DVD나 스키 등을 가게에서 빌리거나 주택이나 맨션 등을 집세를 내고 빌리는 경우에 사용합니다. 사용 형태는 rent A from B 로 'B에게 A를 빌리다'가 됩니다.

참고로 borrow 는 '빌려서 가져간다'는 것을 전제로 할 경우에 사용하는 단어입니다. 펜이나 사전 등을 바로 그 자리에서 잠깐 빌릴 때나 유선전화나 화장실 등 설치장소에서 이동이 불가능한 것을 빌릴 때는 use 를 사용합니다.

'~을 (무료로) 빌려 주다'는 lend 또는 lend out ~을 사용합니다. lend 는 〈lend + 물건 + to + 사람〉 혹은 〈lend + 사람 + 물건〉으로 '... 에게 ~을 빌려 주다', lend out ~은 '~을 대출하다'라는 의미입니다. 또, '~을 (유료로) 빌려 주다'는 rent out ~으로 표현합니다.

- I borrowed a book from the library. (도서관에서 책을 1권 [무료로] 빌렸다.)
- I rented a car for two weeks. (자동차를 2주간 [유료로] 빌렸다.)
- Can I use the bathroom? (화장실을 사용해도 되겠습니까?)
- I don't want to lend out my computer.
  (내 컴퓨터를 [무료로] 빌려 주기 싫은데…)
- I planning to rent out my apartment while I work overseas.
  (해외에서 근무하는 동안 아파트를 [유료로] 임대할 생각이다.)

borrow
(무료로 빌리다)

rent
(유료로 빌리다)

use
(무료로 빌려서 그 자리에서 사용하다)

‘~을(를) 들었다’를 표현할 때

> **예** 전철에서 음악을 들었다.
>
> ✗ I listened music on the train.
>
>   ↓
>
> ○ I listened to music on the train.

‘~을 듣다’는 listen to ~

listen 은 '(주의해서) 듣다, 귀를 기울이다'라는 의미입니다. '라디오를 듣다', '그의 말에 귀를 기울이다' 등 '무엇을' 듣는지, '무엇에' 귀를 기울이는지는 listen to ~(~을 듣다) 로 표현합니다. '라디오를 듣다'라면 listen to the radio, '그의 말에 귀를 기울이다'라면 listen to his words 입니다. 위의 예 '전철에서 음악을 들었다'도 I listened to music on the train. 으로 to 가 필요합니다.

listen to ~와 hear의 차이

listen to ~와 hear은 양쪽 모두 '~ 을 듣다'지만 listen to ~는 스스로 의식적으로 듣거나 귀를 기울이는 경우에, hear은 자신의 의지와 상관없이 자연스럽게 들리는 경우에 사용합니다. 대부분의 경우, hear은 '~ 가 들린다'라는 뉘앙스로 사용됩니다. 그러므로 hear은 소문을 듣거나 소음이 들릴 때 자주 사용합니다. 관련 예문을 살펴봅시다.

● I enjoyed listening to his jokes.
  (그의 농담을 재밌게 들었다.)
● I heard someone knocking on my door.
  (누군가가 문을 노크하는 소리가 들렸다.)

23 '~이(가) 기대된다!'를 표현할 때

예 (상품을 주문하고) 도착하는 게 기대된다!

✗ I'm looking forward to receive it!

↓

○ I'm looking forward to receiving it!

look forward to의 뒤에는 동사 -ing형태

'to 부정사'라는 말을 많이 들어봤을 겁니다. to 부정사란 〈to+ 동사 원형〉의 형태를 말하며 다음과 같이 다양한 문장에서 사용됩니다.

● I was glad to meet him. (그를 만나서 기뻤다.)
● I have no time to watch TV. (TV를 볼 시간이 없다.)
● I bought a sewing machine to make clothes. (옷을 만들려고 재봉틀을 샀다.)

이처럼 to 부정사의 경우에는 to 뒤에 동사 원형이 옵니다. 그러므로 '~(하는 것) 을 기대하다'는 의미인 look forward to ~에도 동사 원형을 넣는 사람이 많지만 이것은 잘못된 표현입니다. look forward to ~의 to는 부정사의 to가 아니라 전치사 to입니다.

그러므로 look forward to ~ 뒤에는 명사 또는 동사의 -ing 형태가 옵니다. 이 경우의 동사 -ing 형은 '~하는 것'이라는 뜻의 동명사로 명사와 같은 역할을 합니다. 위의 예에서는 동사 receive(~을 받다)의 -ing형을 사용해서 I'm looking forward to receiving it.로 하는 것이 올바른 표현입니다.

참고로 '~(하는 것)에 익숙해져 있다'는 의미의 be used to ~에도 주의해야 합니다. 이 to 도 역시 to 부정사가 아니라 전치사입니다. to 뒤에는 명사 또는 동사의 -ing형을 넣어서 다음과 같이 표현합니다.

'대도시에서 운전하는 것에 익숙하다'
✗ I'm used to drive in the big city.
○ I'm used to driving in the big city.

24 '~을(를) 차로 마중나가다'를 표현할 때

예 업무 후에 그녀를 차로 마중 나갔다.

✗ I picked up her after work.
↓
○ I picked her up after work.

대명사를 넣는 위치에 주의

pick up 은 '~을(를) 차로 마중하러 간다'는 의미입니다. '누구를' 마중하러 가는 지 명확히 해야 합니다. 이때 주의해야 하는 것이 '누구를'을 넣는 위치입니다. her(그녀를), him(그를), me(나를) 와 같은 대명사는 pick 과 up 사이에 넣습니다. 즉 'pick + 대명사 + up'의 형태가 됩니다.

'누구를'에 my girlfriend 와 같은 명사나 Alice 등 이름이 올 때는 pick ~ up 또는 pick up ~ 어느 쪽이든 상관없습니다. 즉 '여자 친구를 차로 마중간다'라면 pick my girlfriend up 과 pick up my girlfriend 어느 쪽이든 상관없습니다.

올바른 표현과 잘못된 표현을 정리하면 다음과 같습니다.

'그녀를 차로 마중 나간다'
✗ pick up her
○ pick her up

'여자친구를 차로 마중 나간다'
○ pick up my girlfriend
○ pick my girlfriend up

'앨리스를 차로 마중 나간다'
○ pick up Alice
○ pick Alice up

대명사 위치에 주의해야 하는 표현

pick up 외에 대명사의 위치에 주의해야 하는 표현은 다음과 같습니다.

● drop off (〈차에서〉 ~를 내려 주다)
'그를(아들을) 역에서 내려 줬다'
  ✗ I dropped off him at the station
  ○ I dropped him off at the station.
  ○ I dropped off my son at the station.
  ○ I dropped my son off at the station.

● turn on (~〈TV 등〉의 전원을 켜다)
'그것을(TV를) 켰다'
  ✗ I turned on it.
  ○ I turned it on.
  ○ I turned on the TV.
  ○ I turned the TV on.

● look up (~〈단어나 전화번호 등〉을 찾아보다)
'그것을(그 단어를) 사전에서 찾아봤다'
  ✗ I looked up it in my dictionary.
  ○ I looked it up in my dictionary.
  ○ I looked up the word in my dictionary.
  ○ I looked the word up in my dictionary.

● put off (~을 연기하다)
'비가 와서 그것을(야구 시합을) 연기할 수밖에 없었다'
  ✗ We had to put off it because of the rain.
  ○ We had to put it off because of the rain.
  ○ We had to put off the baseball game because of the rain.
  ○ We had to put the baseball game off because of the rain.

대명사의 위치에 주의해야 할 표현을 다음 페이지에서 표로 정리했습니다.

대명사의 위치에 주의해야 할 표현

carry out	~을 실행하다	turn down	~(온도나 볼륨 등)을 내리다
drop off	(차에서) ~을 내려 주다	turn up	~(온도나 볼륨 등)을 올리다
figure out	~을 이해하다	turn off	~(TV 등)의 전원을 끄다
look up	~ (단어 등)을 찾다	turn on	~(TV 등)의 전원을 켜다
pick up	~을 차로 마중 나가다		
put away	~을 정리하다		
put off	~을 연기하다		
put on	~을 입다		
take off	~을 벗다		

포인트 25 '~하는 편이 좋다'를 표현할 때

예 그가 의사의 진찰을 받는 편이 좋다고 생각한다.

✗ I think he **had better** see a doctor.

○ I think he **should** see a doctor.

had better는 '~하시오'

had better ~(동사 원형) 는 '~ 하는 편이 좋다'라는 의미로 알고 있는 사람이 많습니다. 그러나 이것을 절대적으로 신뢰해서 had better를 사용하면 무례한 표현이 되므로 주의가 필요합니다.

had better(='d better)는 '~ 해야 한다'는 강한 뉘앙스를 가지고 있으며 '~ 하시오'라는 가벼운 명령에 사용합니다. 상황에 따라서는 '반드시 ~하시오(= 말하는 대로 안 하면 큰일나요)'는 경고에 가깝게 들릴 수 있습니다.

I had better go now.(슬슬 가야 해.) 처럼 나(I) 또는 나를 포함한 복수(We)에 대해서 사용할 경우에는 문제가 없지만 You had better take a train. 처럼 사람에 대해서 had better을 사용하면 '전철로 가시오'라는 명령조로 들립니다. 그 자리에 없는 제삼자에 대해서 얘기할 때도 마찬가지입니다.

한편 should를 '~ 해야 한다'로 알고 있지만 꼭 그런 것은 아닙니다. should는 '~ 하는 편이 좋지 않을까'라는 부드러운 제안이나 약한 의무감을 표현할 때도 많이 사용되며 had better 보다 훨씬 온화한 느낌이 듭니다.

● You should **go to bed early tonight.**
(오늘 저녁에는 빨리는 자는 편이 좋지 않을까?)

● I should **be more careful next time.** (다음에는 좀 더 조심해야지.)

위의 예문에서 should 대신 had better로 표현하면 무례한 표현이 됩니다. 따라서 had better 대신 should를 사용하여 I think he should see a doctor.로 해야 합니다.

26 '~하는 것을 그만뒀다'를 표현할 때

> **예** 아버지는 술 마시는 것을 그만뒀다.
>
> ✗ My father stopped to drink.
>   ↓
> ○ My father stopped drinking.

'~하는 것을 그만두다'는 stop -ing

stop(~을 그만두다) 뒤에 동사가 올 때는 stop to ~(동사 원형) 인지 stop ~(동사의 -ing 형) 인지에 따라 의미가 달라집니다.

stop to ~는 '~하기 위해서 멈춰 서다, 멈춰 서서 ~을 하다'는 의미입니다. stop -ing 는 '~하는 것을 그만두다'는 뜻입니다. 즉 전자는 '어떤 행위를 지금부터 하기 위해서 멈춰 서다', 후자는 '지금까지 하던 행위를 그만두다'가 되므로 의미가 크게 달라집니다.

My father stopped to drink. 로 하면 '아버지는 술을 마시기 위해 멈춰 섰다.'라는 의미가 되어 버립니다. '아버지는 술 마시는 것을 그만뒀다'라고 하고 싶다면 My father stopped drinking. 이라고 하는 것이 올바른 표현입니다.

그 외에도 to ~가 오는 경우와 -ing가 오는 경우에 따라 의미가 크게 달라지는 동사로는 다음과 같은 것이 있습니다.

● forget
    forget to ~ '~하는 것을 잊다'
    forget -ing '~한 것을 잊다'
● remember
    remember to ~ '~하는 것을 기억하다'
    remember -ing '~한 것을 기억하고 있다'
● regret
    regret to ~ '~하는 것을 안타깝게 생각하다, 안타깝게 생각하면서 ~하다'
    regret -ing '~한 것을 후회하고 있다'

걸린 시간을 표현할 때

예 이 스웨터를 짜는 데 2주일이나 걸렸다.

✗ I took two weeks to knit this sweater.
↓
○ It took two weeks to knit this sweater.

걸린 시간은 **It took ~**으로 표현한다

무언가를 하는데 걸린 시간은 주어를 it으로 해서 It took ~(시간) to ...(동사 원형) 으로 표현합니다. '...하는 것에 ~의 시간이 걸렸다'라는 의미가 됩니다. '이 스웨터를 뜨는데 2주일 걸렸다'라면 '~'에 two weeks(2 주일), '...'에 knit this sweater(이 스웨터를 뜨다)를 넣어서 It took two weeks to kint this sweater. 로 표현합니다.

I took two weeks to knit this sweater. 처럼 주어를 I 로 하면 '이 스웨터를 뜨는데 2 주일 걸렸다'는 뜻으로 의도적으로 시간을 많이 투자했다는 뉘앙스가 됩니다. 문법적으로는 틀리지 않지만 위의 예문의 뉘앙스와는 약간 다릅니다.

참고로 took 직후에 '사람'을 나타내는 말을 넣으면 '다른 사람의 경우는 차치하고 〈사람〉이 ...하는데 ~의 시간이 걸렸다'라는 의미가 됩니다.

● It took me **two weeks** to knit this sweater.

　　([다른 사람의 경우는 차치하고] 내가 그 스웨터를 짜는 데 2주일 걸렸다.)

_{포인트} 28 '~ 하지 않기로 결정했다'를 표현할 때

> **예** 차를 바꾸지 않기로 결정했다.
>
> ✗ I didn't decide to change my car.
>   ↓
> ○ I decided not to change my car.

'~하지 않기로 했다'는 not의 위치에 주의

'~ 했다'라는 문장을 '~ 하지 않았다'라고 부정문으로 바꿀 때는 보통 다음과 같이 일반 동사를 <didn't + 동사 원형> 으로 표현합니다.

● I studied for the exam. (시험을 위해 공부했다 .)[긍정문]
→ I didn't study for the exam. (시험을 위해 공부하지 않았다 .)[부정문]

그런데 '~ 하기로 결정했다'는 의미의 decided to ~(동사 원형) 을 사용해서 '~ 하지 않기로 결정했다고 표현할 때는 not 이 들어가는 위치에 주의해야 합니다.

가령 '차를 바꾸기로 결정했다'는 I decided to change my car. 입니다. 그러면 '차를 바꾸지 않기로 결정했다'라고 할 때는 어떻게 표현하면 좋을까요? didn't 를 사용해서 I <u>didn't decide to change my car.</u>(✗) 로 하면 '차를 바꿀지 말지 결정하지 않았다'는 의미가 됩니다. didn't 라는 부정 표현이 decide(결정하다) 라는 동사에 걸려서 '결정하지 않았다'는 의미가 되기 때문입니다.

여기에서는 '결정하지 않았다'가 아니라 '차를 <u>바꾸지 않기로 결정했다</u>'이므로 부정하는 것은 decide 가 아니라 to change my car 입니다. 그러므로 not 을 to change my car 앞에 놓습니다. 전체적으로 I decided <u>not to</u> change my car. 가 됩니다. I 는 I've 로 해도 됩니다.

204 로 해도 됩니다.

이렇듯 '~ 하지 않기로 결정했다'는 decided <u>not</u> to ~처럼 to 앞에 not 을 넣는다는 점을 기억합시다.

● I decided to change **my car.** (차를 바꾸기로 결정했다.)
  → I decided <u>not</u> to change **my car.** (차를 바꾸지 <u>않기로</u> 결정했다.)
  → I <u>didn't</u> decide to change **my car.** (차를 바꿀지 말지 <u>결정하지 않았다.</u>)

not의 위치에 주의해야 하는 표현

중심이 되는 동사(여기에서는 decide)를 부정하는 것이 아니라 그에 부속되는 부분(여기에서는 to change my car)에 not을 붙여서 부정하는 표현에는 이 외에도 몇 가지가 더 있습니다. not의 위치에 주의하면서 각각의 문장의 의미를 비교해 봅시다.

● try to ~ '~하고자 노력한다'
  I'm trying not to **eat too much.** (과식하지 않으려고 노력하고 있다.)
  I'm not trying to **eat too much.** (과식하려고 하는 것은 아니다.)

● tell ...(사람) to ~ '… 에게 ~하도록 말한다'
  I told him not to **push himself too hard.** (그에게 너무 <u>무리하지 말라고</u> 말했다.)
  I didn't tell him to **push himself too hard.** (그에게 무리하라고 말하지 않았다.)

● ask ...(사람) to ~ '… 에게 ~하도록 부탁한다'
  I asked her not to **leave the door open.**
  (그녀에게 <u>문을 열어 두지 않도록</u> 부탁했다.)
  I didn't ask her to **leave the door open.**
  (그녀에게 문을 열어 두라고 <u>부탁하지 않았다.</u>)

포인트 29 '아무도 ~하지 않았다'를 표현할 때

> **예** 아무도 그 소문을 믿지 않았다.
>
> ✘ Everyone didn't believe that rumor.
>   ↓
> ○ No one believed that rumor.

'아무도 ~않는다'는 no one ~으로 표현

'모두 그 소문을 믿지 않았다'를 영어로 할 때 '모두'를 나타내는 everyone과 '믿지 않았다'를 나타내는 didn't believe를 사용해서 Everyone didn't believe that rumor.로 표현하기 쉽습니다. 하지만 자연스러운 영어 표현은 아닙니다. '모두 ~ 않는다'를 영어로 표현할 때는 no one(아무도 ~ 않는다) 를 주어로 해서 뒤에는 긍정의 동사가 옵니다. 그러므로 위의 예문은 No one believed that rumor.로 표현하는 것이 자연스럽습니다. no one 은 회화체에서는 nobody로 하기도 합니다.

no one 은 he 나 she 와 마찬가지로 단수로 취급합니다. 그러므로 be 동사의 경우에는 is / was 를 사용하여 일반동사의 현재형에는 -s 나 -es를 붙입니다. 또한 no one은 주어만이 아니라 목적어도 됩니다.

● No one **knows** her phone number. (아무도 그녀의 전화번호를 모른다.)
● No one **was** surprised. (아무도 놀라지 않았다.)
● Nobody **knows** how old he is. (그가 몇 살인지 아무도 모른다.)
● He helped no one. (그는 아무도 구하지 않았다.)

'아무것도 ~않다'는 **nothing**을 사용한다

사람의 경우에는 no one이나 nobody를 사용하지만 사물이나 상황의 경우에는 nothing을 사용합니다.

- Nothing can stop me. (그 무엇도 나를 멈추게 할 수 없다.)
- I bought nothing. (아무것도 사지 않았다.)
- I had nothing to do today. (오늘은 아무것도 할 일이 없었다.)

또 no one이나 nothing을 사용하지 않고 동사를 부정형으로 해서 '아무도 ~않는다', '아무것도 ~않다'를 표현할 수도 있습니다. 그런 경우에는 no one 을 not anyone 으로, nothing을 not anything으로 합니다. no one이나 nothing이 not anyone, not anything보다 의미가 강합니다.

- '오늘은 아무도 만나고 싶지 않은 기분이다.'

    I feel like seeing no one today.

    → I don't feel like seeing anyone today.

- '그는 아무 말도 하지 않았다.'

    He said nothing.

    → He didn't say anything.

30 '자주 ～한다'를 표현할 때

> **예** 민수 씨는 실수를 자주 하는 군.
>
> ✗ Minsu makes often mistakes.
>
> ○ Minsu often makes mistakes.

빈도를 표현하는 부사는 위치에 주의

often(자주, 빈번하게), sometimes(가끔) 와 같이 빈도를 나타내는 부사는 일반 동사 앞, be 동사 뒤, 조동사(can 등) 뒤에 오는 것이 일반적입니다. 위의 예의 경우, often 은 일반 동사 makes 앞에 옵니다(단, 의미를 강조하기 위해서 문장 첫머리나 문장 제일 끝에 오는 등 예외적인 용법도 있습니다).

다음 예문으로 부사가 들어가는 위치를 확인합시다.

- She sometimes calls me. (그녀는 가끔 전화를 준다.) [일반 동사 앞]
- He is always busy. (그는 늘 바쁘다.) [be 동사 뒤]
- I can never go home without working overtime. [조동사 뒤]
  (잔업하지 않고 집에 가는 날이 아예 없다.)

빈도를 나타내는 부사의 뉘앙스 차이

빈도를 나타내는 부사에는 다음과 같은 것이 있습니다. 아래로 갈수록 빈도가 적어집니다(문맥이나 개인에 따라 느끼는 정도에는 다소 차이가 있습니다).

always	항상
almost always	거의 항상
usually	대체로, 늘
often	자주, 빈번하게
sometimes	가끔, 종종
occasionally	가끔〈sometimes보다 빈도가 적다〉
rarely / seldom	좀처럼 ~ 않는다
almost never	거의 ~ 않는다
never	전혀 ~ 않는다

어디까지나 필자의 감각이지만 상기의 부사를 사용해서 '요리를 하는 빈도'를 표현하면 다음과 같습니다.

- I always cook. (매일 요리한다.)
- I almost always cook. (거의 매일 요리한다.)
- I usually cook. (한 달에 24일 이상 요리한다.)
- I often cook. (한 달에 20일 이상 요리한다.)
- I sometimes cook. (한 달에 3~7일 요리한다.)
- I occasionally cook. (한 달에 1~2일 요리한다.)
- I rarely cook. / I seldom cook. (몇 달에 한 번 정도만 요리한다.)
- I almost never cook. (몇 년에 한 번 정도만 요리한다.)
- I never cook. (전혀 요리를 하지 않는다.)

'~이(가) 아니라고 생각한다'를 표현할 때

예 민수가 영화를 좋아하지 않는다고 생각한다.

△ I think Minsu doesn't like movies.
↓
○ I don't think Minsu likes movies.

부정은 I don't think ~ 가 일반적

자신의 의견을 말할 때 흔히 '~ 라고 생각한다', '~ 가 아니라고 생각한다'라는 표현을 자주 사용하는데, 영어로 〈I think + 부정문〉으로 하는 것은 거의 드문 일로 통상적으로 〈I don't think + 긍정문〉처럼 표현합니다. 즉 '~아니라고 생각한다'는 'I don't think ~ (~라고 생각하지 않는다)'로 표현하는 것이 일반적입니다. '용태는 영화를 좋아하지 않는다고 생각한다'라면 I don't think에 Yongtae likes movies(용태는 영화를 좋아한다)를 붙여서 I don't think Yongtae likes movies. 라고 표현합니다. I think Yongtae doesn't like movies. 는 문법적으로는 맞지만 I don't think ~로 표현하는 편이 더 자연스러운 영어 표현이므로 기억해 둡시다.

- I don't think it will rain tomorrow.
  (내일은 비가 내리지 않을 거라고 생각한다.[=비가 내릴 거라고 생각하지 않는다.])
- I don't think he's in charge of this project.
  (그가 이 프로젝트의 책임자가 아니라고 생각한다.[=책임자라고 생각하지 않는다.])
- I didn't think she was telling the truth.
  (그녀가 진실을 말하고 있지 않다고 생각했다.[=진실을 말하고 있다고는 생각하지 않았다.])

4장

영어일기 표현집

평소 생활에 대해 영어로 쓸 때 쓸 수 있는 유용한 표현을 수록하였습니다.
그대로 베껴쓰기만 해도 훌륭한 영어일기가 됩니다.

1 날씨 · 계절

날씨

날씨를 나타내는 말

맑은	**sunny**	무지개	**rainbow**
쾌청한	clear	바람이 강한	windy
흐린	**cloudy**	산들바람이 부는	**breezy**
비가 오는	rainy	상쾌한 바람	nice breeze
가랑비	**light rain**	따뜻한	**warm**
호우	heavy rain	더운	hot
소나기	**light shower**	쌀쌀한	**chilly**
눈이 오는	snowy	서늘한	cool
대설	**heavy snow**	추운	**cold**
가루눈	powder snow	건조한	dry
안개 낀	**foggy**	축축한	**humid**
싸라기눈, 우박	hail	후텁지근한	muggy [머기ー]
천둥	**thunder**	찌는 듯이 더운	**boiling hot**
번개	lightning	얼어붙을 듯이 추운	freezing cold
태풍	**typhoon**		
토네이도	tornado		

 맑음

날씨가 좋았다.	**The weather was nice today.**
정말 날씨가 좋았다.	**It was a really nice day today.**
구름 한 점 없는 파란 하늘이었다.	**There wasn't a single cloud in the clear, blue sky.**
바람 한 점 없는 날이었다.	**It was a calm day.**

* calm[카암]＝바람이 없는

상쾌한 날씨였다.	The weather was refreshing.
3일 만에 갰다.	It was the first clear day in three days.
태풍이 지나고 맑은 가을 날씨였다.	After the typhoon passed, it was a nice autumn day.
내일은 날씨가 맑으면 좋겠다.。	I hope the weather is nice tomorrow.

흐림

흐렸다.	It was cloudy today.
하루 종일 흐렸다.	It was cloudy all day.
구름이 많은 하루였다.	It was an overcast day.

* overcast = 구름이 많은

| 흐린 날씨가 계속되네. | It has been cloudy for several days now. |
| 하늘에 구름이 가득하다. | The sky was full of clouds. |

* full of ~ = ~로 가득한

| 오후부터 흐렸다. | It got cloudy in the afternoon. |

비

오늘은 비가 왔다.	It was rainy today.
오늘도 비가 왔다.	It was rainy again today.
나흘이나 비가 계속 오고 있다.	It has been raining for four days.
초저녁부터 비가 내리기 시작했다.	It started raining early in the evening.
아침에 약한 소나기가 왔다.	There was a light shower in the morning.
오후에 갑자기 비가 많이 왔다.	It poured in the afternoon.

* pour = (비가)갑자기 많이 내리다

| 점점 비가 강해졌다. | The rain got heavier and heavier. |

* '약해지고 있다'라면, got lighter and lighter

| 밖에 가랑비가 오고 있다. | It's drizzling outside. |

* drizzle = 가랑비가 내리다

금방이라도 비가 올 것 같다.	It looks like it's going to rain any time now.
오후에 비가 그쳤다.	It stopped raining in the afternoon.
비가 빨리 그쳤으면 좋겠다.	I hope it stops raining soon.
요즘 비가 계속 내려서 우울하다.	It has been raining a lot lately, and I'm feeling down.
비가 와서 외출하지 않았다.	It rained, so I decided not to go out.
나는 비를 몰고 다니는 사람인가?	Am I a rain bringer?

* rain bringer＝비를 몰고 다니는 사람

우산을 안 가지고 나오면 꼭 비가 온다.	It only rains on days when I don't bring my umbrella.
발이 젖었다.	My feet were soaking wet.

* soaking wet＝젖다

흠뻑 젖었다.	My whole body was wet.

눈·진눈깨비

눈이 왔다.	It snowed.
눈이 오기 시작했다.	It's starting to snow.
진눈깨비가 내렸다.	It sleeted.

* sleet＝진눈깨비가 내리다

가루눈이었다.	It was powder snow.
함박눈이었다.	The snowflakes were really big.

* snowflake＝눈송이

첫눈이 내렸다.	We had the first snow of the season.
올해의 첫눈은 예년보다 10일 늦었다.	The first snow of the year was ten days later than normal.
눈이 내릴 것 같은 추위다.	It's cold enough to snow.
일어났더니 눈이 쌓여 있었다.	When I woke up, there was snow on the ground.
눈이 다 녹아 버렸다. 어떡해!	All the snow melted. Too bad!

* '다행이다 (안심이다)'는 Phew!

눈이 금방 녹아 버렸다.	The snow melted right away.
집 앞의 눈을 치웠다.	I cleared away the snow in front of my house.
두 번이나 미끄러져서 넘어졌다.	I slipped and fell twice.
	* slip = 미끄러지다 fall = 넘어지다. 과거형은 fell
눈 때문에 열차 시간이 지연되었다.	The snow messed up the train schedule.
	* mess up ~ = ~을 엉망으로 만들다

바람

상쾌한 바람이었다.	The breeze felt nice.
산들바람이 부는 상쾌한 날이었다.	It was a nice breezy day.
바람이 찼다.	The wind was cold.
	* '따뜻했다'는 warm
바람이 세차게 불었다.	It was a gusty day.
	* gusty = (비바람이)세다
엄청난 바람에 날아가 버릴 것 같았다.	I was almost blown away by the strong wind.
	* blown = blow(~을 날려보내다)의 과거분사형
강풍으로 우산이 부러졌다.	The strong wind broke my umbrella.
내 우산은 강풍에 아무 소용 없었다.	My umbrella was useless in the strong wind.
	* useless = 쓸모가 없다
봄바람이 불었다.	We had our first spring gale of the year.
	* gale = 강풍

호우 · 태풍

집에 가던 중에 소나기를 만났다.	I got caught in a shower on my way home.
	* shower = 소나기
천둥을 동반한 태풍이었다.	It was a violent thunderstorm.
	* violent = 맹렬한
초저녁 무렵 폭우가 내렸다.	The cloudburst came early in the evening.
	* cloudburst = 갑작스런 폭우
태풍이 가까이 온 것 같다.	I hear there's a typhoon coming.
태풍의 영향으로 비가 많이 내렸다.	It rained heavily because of the typhoon.

올해는 태풍이 잦을 거라고 한다.	**They say there will be a lot of typhoons this year.**
스콜같았다.	**It was like a squall.**
양동이로 퍼붓는 것 같았다.	**It was like a bucket of water had been turned over.**
	<div align="right">* turn over ~ = ~을 뒤집다</div>

⏰ 번개 · 우박

번개가 쳤다.	**I could hear the thunder.**
번개가 쳐서 무서웠다.	**The thunder scared me.**
	<div align="right">* scare = ~을 무서워하다</div>
집 근처에서 번개가 쳤다.	**The lightning hit in my neighborhood.**
엄청난 소리였다.	**The sound was incredible.**
	<div align="right">* incredible = 믿을 수 없는</div>
멀리서 번개가 번쩍였다.	**I could see the lightning in the distance.**
콰콰콰쾅!	**Flash and boom!** <div align="right">* boom = (번개 등의)소리</div>
오후에 우박이 떨어졌다.	**It hailed in the afternoon.**
	<div align="right">* hail = 우박이 떨어지다</div>

☕ 덥다

더웠다.	**It was hot.**
엄청나게 더웠다.	**It was boiling hot.**
찌는 듯이 더운 하루였다.	**It was really hot and humid.**
	<div align="right">* humid = 습한</div>
더워서 죽을 것 같았다.	**It's so hot that I feel like I'm going to die.**
올 여름 더위에 졌다.	**This summer heat makes me sick.**
최근 매일 타들어갈 것처럼 덥다.	**It's burning hot almost every day.**
	<div align="right">* burning = 탈 것 같은</div>
어젯밤에는 찜통더위로 잠을 못 잤다.	**It was too muggy to sleep last night.**
	<div align="right">* muggy = 후텁지근한</div>

더워서 밖으로 한발자국도 나가고 싶지 않았다.	It was so hot that I didn't want to take a step outside.
일주일 연속 엄청 덥다.	It has been extremely hot for a week.
어제 저녁도 열대야였다.	It was a hot and humid night again yesterday.
38도까지 올랐다.	The temperature went up to 38℃.
에어컨 없이는 지낼 수 없다.	I would die without an air-conditioner.
선풍기로 버텨 보자.	I'll try to get by with an electric fan.

* get by = 그럭저럭 살다

춥다

추웠다.	It was cold.
얼어붙을 것 같은 추위였다.	It was freezing cold.
추워서 죽을 것 같다.	I'm freezing to death.
이 추위가 언제까지 계속될까?	I wonder how long it's going to be this cold.
약간 쌀쌀했다.	It was a little chilly.
해가 지자마자 추워졌다.	As soon as the sun went down, it got cold.
아침저녁으로 꽤 추워졌다.	It's pretty cold in the morning and at night.
영하로 떨어졌다.	The temperature went down to below zero.
손에 감각이 없다.	My hands were numb.

* numb = 감각이 없는

손발이 차갑다.	My hands and feet were cold.
고타쓰에서 나올 수가 없어.	It's hard to get out of the kotatsu.
1회용 손난로는 필수품이다.	Hand warmers are a must-have.

* 일회용 손난로는 hot packs이라고도 한다.

따뜻하다

따뜻한 하루였다.　　　　　　　　　It was a warm day.

따뜻해졌다.　　　　　　　　　　　It's starting to get warm.

오늘은 따뜻했다.　　　　　　　　It was nice and warm today.

봄날같이 따뜻한 날이었다.　　　　We had an Indian summer today.

*Indian summer＝봄날같이 따뜻한

3월치고는 따뜻했다.　　　　　　It was warm for March.

선선하다

선선했다.　　　　　　　　　　　It was cool.

점점 선선해진다.　　　　　　　　It's getting cooler.

꽤 선선해졌다.　　　　　　　　It has cooled down considerably.

*considerably＝꽤

저녁이 되니 선선해졌다.　　　　It cooled down early in the evening.

8월치고는 선선해졌다.　　　　It was cool for August.

습하다 · 건조하다

오늘은 습했다.　　　　　　　　It was humid today.

공기가 건조했다.　　　　　　　The air was dry.

공기가 건조해서 목이 아프다.　　I've got a sore throat because of
the dry air.　*sore＝아프다　throat＝목

공기가 건조해서 입술이 텄다.　　I got chapped lips because of the
dry air.　*chapped＝(피부 등이)갈라진, 살이 튼

피부가 건조하다.　　　　　　　My skin is dry.

일기예보

일기예보가 맞았다.　　　　　　The weather forecast was right.

일기예보가 안 맞았다!　　　　　The weather forecast was wrong.

내일의 일기예보는 맑은 후 흐림이다.　It'll be clear, then cloudy tomorrow.

218

강수 확률은 60%다.	There's a 60% chance of rain.
	* chance = 가능성
우산을 가지고 가는 게 좋을 것 같다.	I'd better take an umbrella with me.
오늘 최고 기온은 33도였다.	Today's high was 33℃.
오늘 최저 기온은 –1도였다.	Today's low was -1℃.
내일은 추워진다고 한다.	They say it's going to be cold tomorrow.
	* '더 추워진다'는 colder로 표현
내일은 따뜻해진다고 한다.	They say it's going to be warm tomorrow.
	* '더 따뜻해진다'는 warmer로 표현
내일부터 많이 더워진다고 한다.	They say it's going to be hotter from tomorrow.
내일은 비가 올 것 같다.	It looks like it's going to rain tomorrow.
주말에는 해가 날까?	I wonder if it'll be sunny on the weekend.
이번 주말에는 비가 안 오면 좋겠다.	I hope it doesn't rain this weekend.

 기상

올해는 이상 기후다.	The weather is really strange this year.
역시 지구 온난화가 진행되고 있나 보군.	Maybe it's because global warming is getting worse.
10년만의 한파라는 군.	This is the first cold wave in ten years, I hear.
	* cold wave = 한파

계 절

 봄

벚꽃이 절반 정도 폈다.	The cherry trees were at half bloom.
	* bloom = 개화

다음 주쯤 만개할 것 같다.	I think they'll probably be in full bloom next week.

* in full bloom = 만개

벚꽃이 만개했다!	The cherry trees were in full bloom!
꽃 구경하기 좋은 날이었다.	It was a perfect day to see the cherry blossoms.
봄의 신록이 좋다.	I like the fresh green leaves in spring.
오늘은 황사가 심했다.	There was a lot of yellow sand today.

여름

벌써 장마인가?	I wonder if the rainy season has already started.
올해 장마는 무지 길군.	The rainy season this year is really long.
빨리 장마가 끝났으면 좋겠다.	I hope the rainy season is over soon.

* over = 지나서

곧 여름이다.	Summer is just around the corner.
덥지만 역시 여름이 좋아.	It's really hot, but I still like summer.
일사병 조심해야지.	I need to be careful not to get heat stroke.

* heat stroke = 일사병

올 여름은 선선하다.	This summer is unusually cool.

가을

벌써 가을이다.	It's already fall.
가을 바람이 상쾌하다.	The autumn breeze feels nice.
아직 늦더위가 기승을 부린다.	The lingering summer heat is still severe.

* lingering = 오래 끌다 severe = 심하다

곳곳이 단풍으로 물들었다.	We can see the autumn colored leaves everywhere.

벌레 소리가 들린다.	I can hear the insects.
식욕의 계절, 가을. 나도 모르게 과식하게 된다.	I have a big appetite in the fall. I can't help overeating. * appetite = 식욕 can't help -ing = 나도 모르게 ～해버리 다, 하지 않을 수가 없다
가을에는 뭐든지 맛있다.	Everything tastes great in the fall.
독서의 계절, 가을.	Autumn is the season for reading.
스포츠의 계절, 가을.	Autumn is the season for sports.
예술의 계절, 가을.	Autumn is the season to enjoy the arts.
오늘은 운동회하기 좋은 날이었다.	It was a perfect day for a sports festival. * sports festival = field day

 겨울

처마에 고드름이 생겼다.	There were icicles hanging off the eaves. * icicle = 고드름 eaves = 처마
서리를 밟았더니 사각사각 소리가 났다.	When I stepped on the frost, I could hear it crackling. * frost = 서리 crackle = 사각사각 소리가 나다
손에 동상을 입었다.	I got chilblains on my hands. * chilblains = 동상. 중증일 경우는 frostbite
눈사람을 만들었다.	I made a snowman.
눈으로 집을 만들었다.	I made a snow house.
동심으로 돌아가서 눈싸움을 했다.	I was in a snowball fight, and felt like a kid again.
올 겨울은 따뜻하다.	This winter is unusually warm.

하늘과 천체

 해가 길다 · 해가 짧다

해가 짧아졌다.	The days are getting shorter.
해가 꽤 길어졌다.	The days are much longer now.

집을 나오니 밖은 여전히 캄캄했다.	It was dark when I left my house.
아침 5시에는 벌써 환하다.	It's already light outside at 5:00.
저녁 7시가 되어도 여전히 환했다.	It was still light outside at 7:00.

 구름

뭉게구름이 아름답게 떠 있었다.	The sky was beautiful with light fleecy clouds. * fleecy = 폭신폭신한
큰 소나기구름이 보였다.	I saw big thunderheads. * thunderhead = 소나기 구름
구름이 일직선으로 늘어났다.	The clouds were stretched out in a line. * stretched out = 늘어나서
비행운이 보였다.	I saw a contrail. * contrail = 비행운
구름이 엄청난 속도로 흘러갔다.	The clouds were moving so fast.

 태양

태양이 눈부셨다.	The sun was really bright.
아침 해가 예뻤다.	The rising sun was beautiful. * 「석양」이라면 rising sun을 sunset로
저녁 해가 엄청 크게 보였다.	The sunset looked enormous. * enormous = 큰, 거대한
오늘은 일식이었다.	There was a solar eclipse today. * solar eclipse = 일식
내일은 25년만의 금환일식이다.	Tomorrow will be the first annular eclipse in 25 years. * annular = 환상의
악천후로 개기일식을 볼 수 없었다.	We couldn't see the total solar eclipse because of the bad weather.

 달

달이 예뻤다.	The moon was beautiful.
달이 흐릿하게 보였다.	The moon looked hazy. * hazy = 흐릿한
초승달이었다.	It was a crescent moon. * crescent moon = 초승달. 「반달」은 half moon, 「보름달」은 full moon
오늘은 월식이었다.	There was a lunar eclipse today. * lunar eclipse = 월식

| 개기월식을 봤다. | We saw a total lunar eclipse. |
| | * 부분월식 = partial lunar eclipse |

 별

별자리를 나타내는 말			
양자리	**Aries**	궁수자리	**Sagittarius**
황소자리	Taurus	염소자리	Capricorn
쌍둥이자리	**Gemini**	물병자리	**Aquarius**
게자리	Cancer	물고기자리	Pisces
사자자리	**Leo**	오리온자리	**Orion**
처녀자리	Virgo	카시오페아자리	Cassiopeia
천칭자리	**Libra**	큰곰자리	**Ursa Major**
전갈자리	Scorpio	작은곰자리	Ursa Minor

별이 예뻤다.	The stars were beautiful.
유성을 봤다.	I saw a shooting star.
	* 유성 = falling star라고도 한다.
눈 깜짝 할 사이에 사라졌다.	It was gone in no time.
서둘러서 소원을 빌었다.	I hurried to make a wish.
소원을 다 말하기 전에 사라져 버렸다.	It disappeared before I could make a wish.
은하수가 보였다.	I was able to see the Milky Way.
오리온자리가 확실하게 보였다.	I saw the Orion really clearly.
사자자리의 유성군을 봤다.	I saw the Leonids meteor shower.
	* Leonids meteor shower = 사자자리 유성군
겨울 밤 하늘은 아름다워.	The winter night sky is beautiful.

 무지개

| 비가 그친 후에 무지개가 보였다. | When the rain stopped, I saw a rainbow. |
| 오랜만에 무지개를 봤다. | It's been a long time since I last saw a rainbow. |

날씨 · 계절에 대해
영어일기를 써 보자

 따뜻한 날씨

It was nice and warm today. I couldn't help nodding off while watching TV.

해석

오늘은 맑고 따뜻했다. TV 를 보면서 나도 모르게 꾸벅꾸벅 졸았다.

포인트 '오늘은 맑고 따뜻했다'는 nice and warm today 로, '나도 모르게 ~해 버리다'는 can't help -ing(~하지 않을 수 없다)로 표현하면 됩니다. nod off 는 '꾸벅꾸벅 졸다', while -ing는 '~하면서'라는 의미.

 또 비다!

It has been raining for five days now. My laundry won't dry and I feel blue. I hope it's sunny tomorrow.

해석

닷새 연속 비가 왔다. 빨래는 좀처럼 마르지 않고 기분은 우울하다. 내일은 맑았으면 좋겠다.

포인트 It has been -ing는 현재완료진행형으로 '계속 ~의 상태가 이어지고 있다'는 뜻입니다. My laundry won't dry 의 won't 는 will not 의 단축형으로 '아무리 해도 ~하지 않는다, 하려고 하지 않는다'라는 의미. I hope it's ... 는 I hope it'll be ... 로 해도 괜찮습니다.

 덥다!

Today's high was 37.6℃. It was unbelievably hot. This month's electricity bill will probably go through the roof. (Sigh)

해석

오늘은 최고 기온이 37.6 도다. 믿을 수 없을 정도로 더웠다. 이번달 전기요금이 꽤 나오겠군(휴~).

포인트 '오늘의 최고 기온'은 **today's high**, '오늘의 최저 기온'은 **today's low**. '믿을 수 없을 정도로 덥다'를 **unbelievably hot** 이라고 표현했지만 **really hot**(진짜 덥다)라는 표현도 좋습니다. **go through the roof**는 '(가격 등이) 꽤 높아진다'라는 의미.

 강풍으로 ...

It was really windy today. The headwind pushed against my bike and messed up my hair before I got to school. It was terrible!

해석

오늘은 바람이 너무 심했다. 맞바람으로 자전거는 앞으로 가지 않고 학교에 도착하기 전에 머리카락은 엉망진창이 되어 버렸고. 정말 최악이다!

포인트 '맞바람'은 **headwind**, '뒷바람'은 **tailwind**입니다. '맞바람으로 자전거가 앞으로 가지 않는다'는 의역해서 The headwind pushed against my bike(맞바람이 내 자전거를 밀었다)로 표현했습니다. **mess up** ~은 '~을 엉망진창으로 만들다'의 의미.

225

2 컨디션

컨디션에 대해

 컨디션이 좋다

오늘은 컨디션이 좋았다.	I felt great today.
최근에 컨디션이 좋다.	I've been in good shape lately.

* in good shape＝컨디션이 좋은 in bad shape＝컨디션이 안 좋은

점점 컨디션이 좋아졌다.	My health is getting better.
몸이 가뿐하다.	My body feels light.
할아버지는 오늘 컨디션이 좋아 보였다.	Grandpa looked well today.
진수는 에너지가 넘쳤다	Jinsu was full of energy.

📖 컨디션이 나쁘다

오늘은 컨디션이 그다지 좋지 않았다.	I didn't feel so good today.
최근에 컨디션이 안 좋다.	I haven't been feeling very good lately.
하루 종일 몸이 안 좋아서 누워 있었다.	I was sick in bed all day.
한기가 든다.	I have the chills.

* chill＝한기

마리는 아파 보였다.	Mari looked sick.
오늘은 꾀병을 부렸다.	I faked being sick today.

* fake＝~인 척하다

몸이 예전만 못하다.	I'm not as strong as I used to be.

226

병명에 관한 단어

감기	cold
독감	flu
두통	headache
복통	stomachache
치통	toothache
생리통	cramps
홍역	measles
수두	chicken pox
볼거리	mumps
천식	asthma
~의 알레르기	allergic to ~
꽃가루 알레르기	allergic to pollen
고혈압(증)	hypertension
저혈압(증)	hypotension
빈혈	anemia

중이염	otitis media
외이염	external otitis
결막염	conjunctivitis
백내장	cataract
녹내장	glaucoma
폐렴	pneumonia
당뇨병	diabetes
뇌졸중	stroke
암	cancer
심장 발작	heart attack
위궤양	stomach ulcers
우울증	depression
갱년기 장애	climacteric disorder

신체 부위에 관한 단어

머리	head
머리카락	hair
이마	forehead
얼굴	face
눈썹	eyebrow
속눈썹	eyelash
눈꺼풀	eyelid
눈	eye
코	nose
귀	ear
볼	cheek
입	mouth
입술	lip
혀	tongue [텅]
수염	facial hair
콧수염	mustache [머스태쉬]
턱수염	beard [비어드]
턱	chin
목	neck
흉부	chest

가슴, 유방	breast
어깨	shoulder
팔	arm
팔꿈치	elbow
손	hand
엄지	thumb [썸]
검지	index finger
중지	middle finger
약지	ring finger
새끼손가락	little finger / pinkie
발가락	toe
손톱	nail
등	back
허리	lower back
배	stomach
배꼽	bellybutton / navel
엉덩이(전체)	buttocks / butt
다리	leg
무릎	knee [니이]
발	foot

감기

감기 기운이 있다.	I have a slight cold.
감기 걸린 것 같다.	I think I have a cold.
감기에 걸렸다.	I have a cold.
감기가 심하다.	I have a bad cold.
회사에서 옮은 것 같다.	I might have caught it at work.
감기가 오래 간다.	I have a persistent cold.

* persistent = 좀처럼 낫지 않는

감기가 나았다.	I got over my cold.

* get over ~ = (~이)회복되다

최근에 감기가 유행이다.	There's a cold going around these days.
감기에 걸리지 않도록 해야지.	I need to be careful not to catch a cold.
외출할 때는 마스크를 해야겠다.	I'm going to wear a mask when going out.
손 씻기와 입 헹굼을 잊지 말아야겠다.	I need to remember to wash my hands and gargle.

* gargle = 입을 헹구다

올해는 목감기가 유행이라고 한다.	I hear this year's cold affects the throat.

* affect = ~에 영향을 미치다

올해 감기가 오래간다고 한다.	I hear this year's cold is persistent.

* persistent = 좀처럼 좋아지지 않는, 영속적인

 독감

최근에 독감이 유행하고 있다.	A lot of people have been coming down with the flu lately.

* come down with~ = 병에 걸리다
flu = 인플루엔자

올해는 홍콩A형이 유행이라고 한다.	I heard the type-A Hong Kong flu is going around this year.

* go around = (병 등이)퍼지다

독감 예방 접종을 했다.	I got a flu shot.

* shot = 주사

독감에 걸렸을지도 모른다.	I might be coming down with the flu.
독감에 걸렸다.	I have the flu.

두통

아침부터 계속 머리가 아프다.	I've had a headache since this morning.
하루종일 머리가 아팠다.	I've had a headache all day.
머리가 무거웠다.	My head felt heavy.
머리가 욱신거렸다.	My head was throbbing.
	* throb = 욱신거리는
머리가 지끈거린다.	I have a pounding headache.
	* pounding = (머리가)지끈거리는
두통이 심하다.	I have a bad headache.
지금도 여전히 머리가 아프다.	My head is still aching.
	* ache = 아프다
요즘 편두통이 계속되고 있다.	I've been having migraines.
	* migraine = 편두통
두통약을 먹었다.	I took medicine for headache.
약을 먹고 나서 잠시 후에 두통이 나았다.	Some time after I took the medicine, the headache was gone.

발열

열이 있는 것 같다.	I feel a little feverish. * feverish = 열이 있는
고열이 났다.	I had a high fever. * 미열 = slight fever
열이 38도다.	I had a fever of 38℃.
	* 38℃가까운 열 = a fever of almost 38℃
이마에 보냉제를 붙였다.	I put an ice pack on my forehead.
고열로 가위에 눌렸다.	The fever made me delirious.
	* delirious = (열 등으로)가위에 눌리다
열이 전혀 내리지 않는다.	My fever won't go down.
열이 내렸다.	My fever is going down.

복통

갑자기 배가 아프다.	I suddenly got a stomachache.
저녁 식사 후에 배가 아프다.	I got a stomachache after dinner.
과식해서 배가 아프다.	I got a stomachache from eating too much.
배를 찌르는 듯한 통증을 느꼈다.	I felt a sharp pain in my stomach.
위가 쿡쿡 찌른다.	I had a dull pain in my stomach.

* dull = 둔한

노로 바이러스에 감염되었다.	I caught the norovirus.
식중독에 걸렸다.	I got sick from food poisoning.

* food poisoning = 식중독

위장약을 먹었다.	I took medicine for stomachache.

설사

설사를 한다.	I have the runs.

* have the runs = 설사를 하다

하루 종일 배에서 소리가 났다.	My stomach has been rumbling all day.

* rumble = (배에서)소리가 나다

설사다.	My stool was watery.

* stool = 대변

몇 번이나 화장실로 갔다.	I dashed to the toilet a hundred times.

* a hundred times = 몇 번이나

지사제를 먹었다.	I took medicine for diarrhea.

변비

변비다.	I'm constipated.

* constipated = 변비로

요즘 변비가 심하다.	I get constipated a lot these days.
3일이나 변을 못 봤다.	I've been constipated for three days now.
배가 빵빵해진 느낌이다.	My stomach feels tight.

| 화장실에서 20분이나 용을 썼는데도 실패했다. | I sat on the toilet for 20 minutes, but nothing happened. |
| 변비약을 먹었다. | I took medicine for constipation. |

구토

| 토할 것 같았다. | I felt like throwing up. |

*throw up = 토하다

| 토할 뻔했다. | I was about to throw up. |

*be about to~ = 그야말로 ~할 뻔 하다

| 토할 것 같은 것을 참았다. | I tried not to throw up. |
| 토했다. | I threw up. |

*threw = throw의 과거형

| 먹은 것을 전부 토했다. | I threw up everything I ate. |

속쓰림 · 체증

| 체했다.(속이 메슥거렸다.) | I had an upset stomach. |

*upset = (위)상태가 이상한

| 속이 거북했다. | My stomach felt heavy. |
| 속이 쓰렸다. | I had heartburn. |

*heartburn = 속쓰림

| 기름진 음식을 너무 많이 먹은 것 같다. | I think I ate too much greasy food. |

*greasy = 기름진

| 소화불량인 것 같다. | I think I have indigestion. |

*indigestion = 소화불량

숙취

| 숙취가 심하다. | I had a terrible hangover. |

*hangover = 숙취

| 숙취 때문에 머리가 아팠다. | I had a headache because of my hangover. |

생리 · 생리통

| 생리중이다. | I'm on my period. |

*period = 생리

| 오늘은 2일째라서 힘들었다. | I was on the second day of my period, so it was rough. |

*rough = 괴롭다, 힘들다

생리로 하루 종일 졸렸다.	I was sleepy all day because of my period.
생리통이 심하다.	I have really bad cramps.
	* cramps = 생리통
생리통 약을 먹었다.	I took medicine for cramps.
생리가 끝났다.	My period is over.
생리 불순이 걱정이다.	I'm worried about my menstrual irregularity.
	* menstrual = 생리의 irregularity = 불순
예정보다 생리가 빨랐다.	My period came early.
	* 「늦었다」는 early를 late로
생리가 1주일이나 늦었다.	My period is a week late.
월경전 증후군이 심하다.	I have bad PMS.
	* PMS = premenstrual syndrome(월경전 증후군)

🗓 식욕

식욕이 없다.	I don't have an appetite.
	* appetite = 식욕
요즘 식욕이 없다.	I don't have much of an appetite these days.
오늘은 식욕이 없었다.	I didn't have an appetite today.
아무 것도 먹고 싶시 않았다.	I didn't feel like eating anything.
식욕이 생겼다.	I worked up an appetite.
최근에 식욕이 왕성하다.	I have a big appetite these days.

🔒 빈혈 · 현기증

최근에 빈혈기가 있다.	I've been feeling anemic recently.
	* anemic = 빈혈의
빈혈로 쓰러졌다.	I fainted from anemia.
	* faint = 기절하다 anemia = 빈혈
머리가 멍했다.	My head felt fuzzy.
어지러웠다.	I felt dizzy.
일어서자 현기증이 났다.	I got dizzy when I stood up.

| 철분을 좀더 섭취해야 해. | I need to get more iron. |

* iron = 철분

피로

| 왠지 몸이 늘어진다. | I feel kind of sluggish. |

* sluggish = 활기가 없는, 축 처지는

하루 종일 몸이 축 처져 있다.	I felt sluggish all day.
몸이 무거웠다.	My body felt heavy.
피로가 쌓인 것 같다.	I think my fatigue is building up.

* fatigue = 피로

| 너무 피곤해서 일어날 수 없었다. | I was too tired to get up. |

수면 부족

| 최근에 수면 부족이다. | I haven't been getting enough sleep lately. |
| 수면 부족으로 약간 어지러웠다. | The lack of sleep made me light-headed. |

* light-headed = 약간 어지러운

| 수면 부족으로 집중할 수 없었다. | I couldn't concentrate because I didn't get enough sleep. |

* concentrate = 집중하다

요즘 잠들기가 어렵다.	I've been having a hard time falling asleep.
한밤중에 몇 번이나 깬다.	I keep waking up in the middle of the night.
지난밤에는 3시간밖에 못 잤다.	I only slept for three hours last night.

꽃가루 알레르기 · 알레르기

| 드디어 꽃가루 알레르기의 계절이 돌아왔다. | The hay fever season has already begun. |

* hay[헤이] fever = 꽃가루 알레르기

꽃가루 알레르기인가?	I might have hay fever.
결국 올해 꽃가루 알레르기에 걸렸다.	Hay fever finally caught up with me this year.
꽃가루 알레르기로 힘들다.	Hay fever is awful.

233

오늘은 꽃가루가 많아서 힘들었다.	I had a hard time today because of all of the pollen.
	* pollen = 꽃가루
오늘은 꽃가루가 적어서 편했다.	It was easier today because there wasn't much pollen.
올해는 꽃가루가 꽤 많을 것 같다.	The pollen count is expected to be quite high this year.
	* pollen count = 꽃가루 양.「적다」는 high를 low로
올해는 작년보다 꽃가루가 많을 것 같다.	The pollen count is expected to be higher this year than last year.
올해의 꽃가루는 예년과 비슷할 것 같다.	The pollen count is going to be the usual amount.
눈이 가렵다.	My eyes were itchy.
	* itchy = 가렵다
눈이 가렵고 눈물이 났다.	My eyes were itchy and teary.
	* teary = 눈물의
코와 귀도 간질간질하다.	My nose and ears are itchy.
재채기가 멈추지 않았다.	I kept sneezing.
꽃가루 때문에 피부가 거칠어졌다.	My skin is rough because of pollen.
	* rough = 거친, 거칠거칠한
외출 시에는 마스크가 필수품이다.	I always wear a mask outside.
삼나무 꽃가루 알레르기나.	I'm allergic to cedar pollen.
	* allergic to ～ = ～에 대한 알레르기의 cedar = 삼나무
집먼지 알레르기다.	I'm allergic to house dust.
고양이 알레르기다.	I have a cat allergy.
	* allergy = 알레르기

 눈 질환

왼쪽 눈이 아프다.	My left eye hurts.
아침에 일어나니 눈꺼풀이 부어 있었다.	When I woke up this morning, my eyelids were swollen.
	* swollen = 부은
다래끼가 생겼다.	I have a sty on my eye.
	* sty[스타이] = 다래끼

하루 종일 안대를 하고 있었다.	I wore an eye patch all day.
눈이 건조하다.	My eyes are dry.
시력이 나빠지고 있다.	My eyesight is getting worse.

* eyesight = 시력

| 눈이 침침해진다. | My eyesight has been getting cloudy. |
| 먼 곳에 있는 것이 잘 안 보인다. | I'm near-sighted. |

* near-sighted = 근시의

| 가까운 곳에 있는 것이 잘 안 보인다. | I'm far-sighted. |

* far-sighted = 원시의

작은 글자가 잘 안 보이게 되었다.	I'm having a hard time reading small letters these days.
노안이 온 건지도 모르겠다.	Maybe I'm getting far-sighted with age.
경미한 난시다.	I have slight astigmatism.

* astigmatism = 난시

| 콘택트렌즈를 하면 눈이 아프다. | My eyes hurt when I wear contact lenses. |

* comtact lenses는 contacts라고도 쓴다.

| 집에서는 안경을 써야겠다. | I'll wear my glasses in the house. |
| 라식 수술을 받아볼까? | I'm thinking about getting LASIK surgery done. |

* surgery = 수술

귀 질환

| 귀가 잘 안 들린다. | I'm finding it hard to hear. |
| 귀가 간지럽다. | My ears are itchy. |

* itchy = 가려운

| 중이염에 걸렸다. | I got an inner-ear infection. |

* infection = 전염, 감염. 「중이염」은 otitis media도 OK.

| 외이염에 걸렸다. | I got external otitis. |

* external otitis = 외이염

| 이명이 들린다. | My ears are ringing. |

코 질환

| 코가 막혔다. | I have a stuffy nose. |

* stuffy = 막힌

| 콧물이 난다. | I have a runny nose. |

콧물이 멈추지 않는다.	**My nose won't stop running.**
코가 간질간질하다.	**My nose is itchy.**
만성 비염이다.	**I have chronic nasal inflammation.**
	<small>* chronic = 만성적인 nasal inflammation = 비염</small>
코피가 났다.	**I got a nosebleed.**

📖 구강 질환

이가 아프다.	**I have a toothache.**
	<small>* toothache = 치통</small>
사랑니가 아프다.	**My wisdom tooth hurts.**
	<small>* 사랑니가 여러 개라면 tooth를 teeth로</small>
사랑니를 뽑았다.	**I had a wisdom tooth pulled.**
이가 쑤신다.	**I have a throbbing toothache.**
	<small>* throb = 콕콕 쑤시다</small>
큰일이다, 충치인 것 같다.	**Oh, no. I think I have a cavity.**
	<small>* cavity = 충치</small>
충치가 생겼다.	**I have a cavity.**
치과 치료를 받는 게 좋을까?	**Maybe I should get it fixed.**
이가 하나 흔들거린다.	**One of my teeth is loose.**
	<small>* 어금니는 molars</small>
치석을 제거해야겠다.	**I need to have the tartar removed from my teeth.**
	<small>* tartar = 치석</small>
입 냄새가 신경 쓰인다.	**I'm worried about bad breath.**
칫솔질을 했더니 잇몸에서 피가 났다.	**My gums bled when I brushed my teeth.**
	<small>* gum = 잇몸 bled = bleed(피가 나다)의 과거형</small>
치주병일지도 모르겠다.	**I think I have gum disease.**
구내염이 생겼다.	**I have a mouth ulcer.**
	<small>* mouth ulcer = 구내염</small>
구내염으로 아프다.	**My mouth ulcer hurts.**
치조농루가 생겼다.	**I got pyorrhea.**
	<small>* pyorrhea = 치조농루</small>
이에 채워 넣었다.(충치를 때웠다.)	**I got a filling.**

이에 채워 넣은 것이 빠졌다.	**My filling fell out.**
치열이 나쁜 것이 신경 쓰인다.	**I don't like my crooked teeth.**

* crooked = 구부러진, 비뚤어진

☞ 기관지 질환

목이 아프다.	**I have a sore throat.**

* sore = 아픈

침을 삼키면 목이 아프다.	**My throat hurts when I swallow.**
기침이 심하다.	**I have a bad cough.**

* cough = 기침

밤중에 계속 기침을 했다.	**I was coughing all night.**

* cough = 기침을 하다

목이 칼칼하다.	**My throat is scratchy.**

* scratchy = (목이) 칼칼하다

가래가 생긴다.	**My throat is full of phlegm.**

* phlegm = 가래

📔 목과 어깨 질환

목이 돌아가지 않는다.	**My neck is really stiff.**

* stiff = 굳은

잠을 잘못 잤다.	**I got a crick in my neck while sleeping.**

* crick = 근육 경련

목을 왼쪽으로 돌리면 아프다.	**It hurts when I move my head to the left.**
목뼈가 손상되고 말았다.	**I have whiplash.**

* whiplash[위플래쉬] = 목뼈 손상

어깨 결림이 심하다.	**My shoulders are stiff.**

* 목에 가까운 곳이라면 My neck is stiff.

어깨 통증으로 오른팔을 들 수 없다.	**I can't move my right arm because of the pain in my shoulder.**

🔓 피부 트러블 · 벌레 물림

여드름이 생겼다.	**I got pimples.**

* pimple = 여드름

등에 뾰루지가 생겼다.	**I got a rash on my back.**

* rash = 뾰루지

아들에게 땀띠가 생겼다.	**My son got a heat rash.**

* heat rash = 땀띠

진드기에 물린 것 같다.	**I think I got bitten by mites.**

* bite = ~을 물다. 과거분사형은 bitten mite = 진드기

모기에 물린 데가 가려워서 견딜 수가 없다. | These mosquito bites are so itchy.

*bite = 물린 데

 다리 질환

다리가 저렸다. | My feet went numb.

* numb = 저린

다리가 부었다. | My legs are swollen.

* leg는 무릎부터 발목까지. 발목에서 아랫부분은 foot(복수형은 feet)로 표현한다.

오른쪽 다리에 경련이 일어났다. | I got a cramp in my right leg.

* cramp = (근육의) 경련

발에 물집이 생겼다. | I got a blister on my foot.

* blister = 물집

발에 티눈이 생겼다. | I got a corn on my foot.

* corn = 티눈

 몸의 통증

아프다! | Ouch!   * Ow!라고도 한다.

온 몸이 아프다. | My body ached all over.

* ache = 아프다

오른쪽 무릎이 너무 아프다. | My right knee hurts really bad.

* hurt = 아프다. 과거형도 hurt

오른쪽 팔이 아팠다. | My right arm hurt.

통증을 참을 수가 없었다. | I couldn't stand the pain.

* can't stand ~ = ~을 참을 수 없다

 요통

허리가 아프다. | My lower back hurts.

최근에 요통이 심하다. | I've been having bad lower-back pain recently.

자세가 나빠서인가보다. | It's because I have bad posture.

* posture = 자세

허리를 삐끗했다. | I strained my back.

* strain = 염좌를 입다

탈장인 것 같다. | Maybe I have a hernia.

* hernia = 헤르니아(탈장)

허리가 아파서 앞으로 구부릴 수 없다. | I can't bend over because of my back pain.

* bend = 상반신을 구부리다

근육통

근육통이 생겼다.	**My muscles are sore.** * sore = 아픈
전신에 근육통이 생겼다.	**I have sore muscles all over.**
근육통으로 걷기 힘들었다.	**It was hard to walk because my muscles were so sore.**

 골절 · 타박상 · 삠

걷다가 넘어졌다.	**I fell when I was walking.**
계단에서 떨어졌다.	**I fell on the stairs.**
왼쪽 다리에 골절상을 입었다.	**I broke my left leg.**
전치 1개월이라니. 흑흑.	**It'll take a month to heal completely. Boo-hoo.** * boo-hoo = 흑흑(울음)
뼈에 금이 갔다.	**The bone was cracked.** * 다리 뼈라면 My leg bone was cracked.
골절이 아니라서 다행이다.	**I'm lucky my bone wasn't broken.**
발목을 삐었다.	**I sprained my ankle.** * sprain = 삐다, 접지르다
오른쪽 어깨에 타박상을 입었다.	**I bruised my right shoulder.** * bruise = ~에 타박상을 입다
왼쪽 손목을 비틀었다.	**I twisted my left wrist.**
왼쪽 집게손가락을 삐었다.	**I sprained my left index finger.**
왼쪽 팔이 빨갛게 부었다.	**My left arm was red and swollen.** * swollen = 부은
멍이 생겼다.	**There was a bruise.** * bruise = 멍
이마에 혹이 생겼다.	**I have a bump on my forehead.** * bump = 혹

 베인 상처 · 찰상

칼에 집게손가락이 베였다.	**I cut my index finger with a knife.**
넘어져서 무릎에 찰과상을 입었다.	**I fell and grazed my knee.** * graze = 찰과상을 입다

민수는 이마를 세 바늘 꿰맸다.	Minsu got three stitches on her forehead.
흉터가 생기기 않아야 할 텐데.	I hope it won't leave a scar.

* leave = ~을 남기다   scar = 흉터

피가 났다.	It was bleeding.

* bleed = 피가 나다

좀처럼 피가 멈추지 않았다.	It wouldn't stop bleeding.

📖 화상

왼손에 화상을 입었다.	I burned my left hand.

* burn = ~에 화상을 입다

바로 차가운 물로 식혔다.	I cooled it down with cold water.
물집이 생겼다.	I got a water blister.

* water blister = 물집

화상을 입은 부위가 아직 아프다.	It still hurts where it got burned.

병원 · 의원

병원 관련 단어

※ '~과'는 department of ~로 표현합니다. ~에는 다음 단어가 들어갑니다.
(마취과 = anesthesiology 까지).

내과	internal medicine		방사선과	radiology
외과	surgery		마취과	anesthesiology
소아과	pediatrics			
산부인과	obstetrics and gynecology		내과의	physician
안과	ophthalmology		외과의	surgeon
치과	dentistry		피부과의	skin doctor
이비인후과	ENT(ear, nose, throat 의 약어)		치과의	dentist
정형외과	orthopedic surgery		한방의	herb doctor
피부과	dermatology		약사	pharmacist
정신과	psychiatry		수술실	OR(operating room 의 약어)
뇌신경외과	cerebral surgery		응급실	ER(emergency room 의 약어)
비뇨기과	urology		약국	pharmacy

👓 병원에 가다

병원에 가야 한다.	I need to see a doctor.

* see a doctor = 의사에게 진찰을 받다, 병원에 가다

내일 피부과에 가봐야지.	I'll see a skin doctor tomorrow.

* 영어로는「～과 의사에게 진찰을 받다」로 표현한다.

내일 2시에 치과에 가야 한다.	I have a dentist appointment at 2:00 tomorrow.

아침 일찍 우리 병원에 갔다.	I went to Woori Clinic first thing in the morning.

* first thing in the morning ＝ 아침 일찍

오전 중에 다리 재활 치료를 받으러 갔다.	In the morning, I went to rehab for my leg.

* rehab는 rehabilitation의 약어

3시간이나 기다렸다.	I had to wait for three hours.

구급차를 불렀다.	I called an ambulance.

* ambulance ＝ 구급차

처음으로 구급차로 병원에 갔다.	It was my first time to be taken to the hospital by ambulance.

구급지정병원으로 뛰어갔다.	I rushed to an emergency hospital.

진료

이 선생님이 진찰을 해 줬다.	Dr. Lee examined me.

* examine ＝ ～을 진찰하다

진찰은 5분정도로 끝났다.	The examination was only about five minutes long.

* examination ＝ 진찰

꼼꼼하게 진찰했다.	It was a thorough examination.

* thorough ＝ 철저한

단순한 감기였다.	It was just a cold.

독감이었다.	It was the flu.

스트레스성 위염으로 진단받았다.	I was diagnosed with stress-related gastritis.

* be diagnosed with ～ ＝ ～라고 진단받다

gastritis ＝ 위염

확실히 하기 위해 다른 의사에게도 진찰을 받아야지.	I'll get a second opinion from another doctor just in case.

* just in case ＝ 확실히 하기 위해

건강검진

건강검진을 받았다.	I had a check-up.

* check-up ＝ 건강검진 physical examination이라고도 한다.

전날 저녁부터 단식했다.	I wasn't allowed to eat anything from the night before.
지금부터 건강검진이 끝날 때까지 아무것도 먹을 수 없다.	I can't eat anything until after my check-up.
건강검진 결과가 걱정이다.	I'm worried about my check-up results.
암 검사를 받았다.	I was screened for cancer.

* screen = ~을 검사하다   cancer = 암

부인과 검사를 받았다.	I had a gynecological exam.

* gynecological = 부인과의

혈액 검사를 했다.	I had a blood test.
시력 검사를 했다.	I had an eye exam.
시력은 오른쪽이 1.2, 왼쪽이 1.0이었다.	My eyesight is 1.2 in the right eye and 1.0 in the left eye.
안경을 쓰지 않은 눈은 양쪽 모두 0.7이었다.	My naked eyesight is 0.7 for both eyes.
청력 검사를 했다.	I had an ear exam.
소변 검사를 했다.	I had a urine test.

* urine = 소변

대변 검사를 했다.	I had a stool test.

* stool = 대변

메타볼릭신드롬(내장지방 증후군)이 의심된다고 한다.	I was told that I might have metabolic syndrome.
생활습관병이 의심된다고 한다.	I might have a lifestyle-related disease in the future.
식생활에 대해서 지도를 받았다.	The doctor advised me on what to eat.
혈압을 쟀다.	They measured my blood pressure.
혈압이 약간 높았다.	My blood pressure was a little high.

* 「낮았다」는 high를 low로

혈압은 정상이었다.	My blood pressure was fine.
혈압은 125 - 86이다.	My blood pressure is 125 over 86.

코로 위 내시경을 넣었다.	They inserted a gastric camera through my nose. * gastric = 위의
위 내시경은 괴로웠다.	The gastric camera really hurt.
바륨을 마셨다.	I drank a barium solution. * drank는 swallowed(~을 마셨다)로 해도 OK
흉부 엑스레이를 찍었다.	I had a chest X-ray. * X-ray = 엑스레이 촬영
재검사를 해야 한다.	I have to get checked again.
큰 병원에서 정밀 검사가 필요하다고 한다.	I was told that I need to get a detailed exam at a big hospital.

입원

내일부터 입원하게 되었다.	I'm checking into the hospital tomorrow.
일주일간 입원할 예정이다.	I'll be in the hospital for a week.
병원에 가서 그대로 입원했다.	I went to the hospital and ended up being admitted. * be admitted = 입원하다
몇 가지 검사를 위해 입원했다.	I was admitted for several exams.
4인실 이었다.	It was a room for four people. * 「1인실」은 private room
병원 음식은 맛이 없다.	Hospital food doesn't taste very good.
이 병원은 밥이 맛있어서 좋다!	I'm glad the food at this hospital tastes so good!

수술

맹장 수술을 했다.	I had an appendectomy. * appendectomy = 맹장 수술
내일 수술이다. 긴장된다.	I'm having an operation tomorrow. I'm nervous. * operation = 수술
엄마 수술이 잘 되기를.	I hope my mother's operation goes well. * go well = 잘 되다
수술하는 동안 안정이 되지 않았다.	I couldn't relax during the operation.

수술은 무사히 성공했다.	The operation was successful.
수술은 2시간 정도 걸렸다.	The operation took about two hours.

☕ 퇴원

모레 퇴원할 수 있게 되었다.	I'll be able to leave the hospital the day after tomorrow.
빨리 퇴원하고 싶다.	I want to leave the hospital soon.
얼마나 있어야 퇴원할 수 있을까?	I wonder when I can leave the hospital.
오늘 오후에 퇴원했다.	I left the hospital this afternoon.
수지가 퇴원했다. 잘됐다!	Good news! Suji was discharged from hospital! * discharge＝~를 퇴원시키다

접골·침과 뜸

한의원에 갔다.	I went to an oriental medical clinic.
정형외과에 갔다.	I went to an orthopedic clinic. * orthopidic＝정형외과의
척추지압을 받으러 갔다.	I went to see a chiropractor. * chiropractor＝척추 지압사
기공을 받고 왔다.	I went for Qigong. * Qigong＝기공
침과 뜸을 받으러 갔다.	I went to an acupuncture and moxibustion clinic. * acupuncture[애큐펑쳐]＝침 moxibustion[막서바스천]＝뜸
그들은 뜸 시술을 받았다.	They did a cauterization. * cauterization[커테리제이션]＝뜸뜨는 것
허리 마사지를 받았다.	I got a back massage.
어깨 통증이 완화되었다.	It eased the pain in my neck. * ease＝(고통 등을) 덜어주다
기분이 좋아졌다.	I felt much better.
치료를 받은 후에 몸이 따뜻해졌다.	After the treatment, my body got warmer.

그다지 효과를 못 봤다.	I didn't really feel the difference.
다른 곳에 가볼까.	Maybe I should go somewhere else.
정기적으로 다니는 게 좋다는 말을 들었다.	He advised me to go there regularly.

약 · 처치

약

일주일치 약을 처방 받았다.	I got medicine for one week.
한약을 받았다.	I got Korean medicine.
항생제를 처방받았다.	The doctor prescribed an antibiotic.

* prescribe＝～을 처방하다 antibiotic＝항생물질

약을 먹고 상태를 지켜봐야겠다.	I'll take the medicine and see what happens.

* see＝～을 보다, 확인하다

식후에 약을 먹었다.	I took the medicine after my meal.
시판 두통약을 먹었다.	I took over-the-counter headache medicine.

* over-the-counter＝(약이)시판중인, 점포에서 파는

안약을 넣었다	I used eye drops.
점비약을 넣었다.	I used nose drops.
좌약을 넣었다.	I used a suppository.

* suppository＝좌약

상처와 통증 처치

상처에 밴드를 붙였다.	I put a Band-Aid on the cut.

* Band-Aid는 상표이름

상처에 연고를 발랐다,	I put ointment on the wound.

* ointment＝연고 wound＝상처

상처를 소독했다.	I disinfected the wound.

* disinfect＝～을 소독하다

타월을 감아서 지혈했다.	I used a towel to stop the bleeding.

* bleeding＝출혈

오른쪽 팔에 붕대를 감았다.	I put a bandage on my right arm.

* bandage＝붕대

허리에 파스를 붙였다.	I put a compress on my back.

* compress＝파스

245

몸의 컨디션에 대해
영어일기를 써 보자

 ## 컨디션이 좋은 듯

I went to see my father-in-law in the nursing-care facility. He looked well today and recognized me. I was happy.

 해석

요양 시설에 장인어른을 뵈러 갔다. 오늘은 컨디션이 좋으신 것 같다. 날 알아보셔서 기뻤다.

포인트 장인·시아버지는 father-in-law, 장모·시어머니는 mother-in-law로 표현합니다. 요양 시설은 nursing-care facility 외에도 assisted living이라고 표현할 수 있습니다. '~의 얼굴을 알아보다, ~가 누군지 알아보다'라고 할 때의 '알아보다'는 recognize를 사용합니다.

 ## 꽃가루 알레르기로 눈이 간질간질하다.

My eyes were really itchy because of my hay fever. I don't like this time of the year. I wish I could go out to enjoy the beautiful cherry blossoms.

 해석

꽃가루 알레르기로 눈이 너무 간질간질하다. 일년 중 요맘때가 싫다. 벚꽃 구경 가고 싶다.

포인트 '꽃가루 알레르기'는 hay fever라고 합니다. '이 시기'는 this time of the year라고 했지만 this season이라고도 표현할 수 있습니다. I wish I could ~는 '(실제로는 그렇게 할 수 없지만) ~할 수 있다면 좋겠다'라는 의미.

 허리를 삐었다.

I strained my back when I tried to
pick up something off the floor.
It's really painful and I can't move.
Even just lying down in bed is
unbearable.

해석

바닥에 떨어진 물건을 집으려다가 허리를 삐었다. 너무 아파서 움직일 수가 없다. 침대에 누워 있는 것만으로도 힘들다.

포인트 '허리를 삐었다'는 strained my back. strain은 '~(몸, 근육)을 다치다'라는 의미. '집으려고 하다'는 '~하려고 했을 때'라고 생각하고 when I tried to ~로 합니다. lying은 lie(눕다)의 -ing형. '힘들다'는 unbearable(참을 수 없다)로 표현하면 됩니다.

 기관지염과 진단

I went to see a doctor because I
couldn't stop coughing. I was
diagnosed with bronchitis. The
doctor prescribed antibiotics for
it.

해석

기침이 멈추지 않아서 병원에 갔다. 기관지염이라고 진단받았다. 항생제를 처방받았다.

포인트 '기침이 멈추지 않았다'는 couldn't stop coughing(기침을 멈추게 할 수 없었다)로 표현합니다. '~라고 진단받았다'는 was diagnosed with〈as〉~. '항생제를 처방받았다'는 I got antibiotics.(항생제를 받았다)라고 표현할 수도 있습니다.

3 행사·이벤트

경축일·행사에 관한 단어

설날	New Year's Day
설 연휴	New Year's holiday
신년회	New Year's party
정월 대보름	New year's full moon day
춘분	Vernal Equinox Day
제헌절	Constitution Day
노동절	Labor Day / May Day
어린이날	Children's Day
어버이날	Parents' Day
광복절	Independence day
개천절	National Foundation Day
한글날	Hangul Proclamation Day
노인의 날	Respect-for-the-Aged Day
해양의 날	Marine Day
현충일	Memorial day
추수감사절	Thanksgivingday
할로윈	Halloween

크리스마스이브	Christmas Eve
크리스마스	Christmas
송년회	year-end party
섣달그믐날	New Year's Eve
문화의 날	Culture Day
대체 휴일	observed holiday
발렌타인데이	Valentine's Day
화이트데이	White Day
벚꽃 축제	cherry blossom viewing
별빛축제	Star Festival
불꽃놀이	fireworks show

설날

 신년을 맞이하여

새해 복 많이 받으세요!	Happy New Year!
새해가 시작되었다.	A new year has started.
새해에는 좋은 일이 많이 있기를.	I hope this will be a good year.

가족들이 건강하기를.	I hope my family stays healthy.

📖 설날 보내기

올해도 설 연휴에 집에서 푹 쉰다.	I'm spending the New Year's holiday relaxing at home this year again.
설날은 본가에 갈 뿐이다.	All I did was go to my parents' home for New Year's.
할아버지 댁에 새해 인사하러 갔다.	I went to my grandpa's for a New Year's visit.
다들 떡국을 먹고 TV를 봤다.	We ate rice cake soup and watched TV.
해외에서 맞이하는 새해는 왠지 모르게 특별하다.	It's really great to spend New Year's overseas.
설 연휴에 푹 쉴 수 있었다.	I had a good rest during my New Year's holiday.
설 연휴도 오늘로 마지막이구나. 휴~.	Today is the last day of the New Year's holiday. (Sigh) * sigh[사이] = 한숨
설 연휴 후유증이 심각하다.	I can't get out of the New Year's mood.

👓 연하장

연하장이 30장 왔다.	I got 30 New Year's cards.

* 연하장은 New Year's greeting card라고도 한다.

진호로부터 연하장이 왔다.	I got a New Year's card from Jinho.
바로 답장을 했다.	I wrote him a reply right away.
유진이에게서 온 연하장이 멋졌다.	The New Year's card from Yujin was beautiful.
김 선생님께 연하장을 보냈다.	I sent a New Year's card to Mr. Kim.

신년기도

송구영신 예배를 드리러 갔다.	I went to church for a New Year's Eve worship.
좋은 한해를 위해 기도했다.	I prayed for a good year.
가족의 건강을 기도했다.	I prayed for my family's health.
유미가 대학에 합격하기를 기도했다.	I prayed that Yumi will pass the college entrance exam.
할아버지의 병이 빨리 낫기를 기도했다.	I prayed for my grandpa's quick recovery. * recovery = 회복

삼재

올해는 삼재다.	This is an unlucky year for me.
올해는 삼재 이전 해다.	This is the year before my unlucky year.
올해는 삼재지만 신경 쓰지 않는다.	This is an unlucky year for me, but I don't mind. * mind = 신경쓰다

해돋이

정동진으로 새해 첫 일출을 보러 갔다.	I went to Jeongdongjin to see the first sunrise of the year. * sunrise = 일출
일출이 아름다웠다.	The first sunrise of the year was beautiful.
날이 흐려서 새해 첫 일출을 볼 수 없었다.	It was cloudy, so I couldn't see the first sunrise of the year.
올해는 새해 첫 일출을 볼 수 없어서 너무 안타깝다.	It's too bad that I didn't get to see the first sunrise of the year.
일출을 보며 소원을 빌었다.	I made my wishes watching the sunrise.

새해 첫 꿈

새해 첫 꿈은 길몽이었다.	My first dream of the year was great.
새해 첫날 돼지꿈을 꾸었다.	I dreamed of a Pig in my first dream of the year!
새해 첫 꿈이 특별하지 않았다.	My first dream of the year was pretty ordinary.

* ordinary = 보통의, 평범한

 설 음식

떡국을 먹었다.	I ate rice cake soup.
고급 갈비를 먹었다.	I ate fancy Galbi.

* fancy = 고급의, 최상의

이제 떡국은 질렸다.	I'm tired of eating rice cake soup every day.
잡채를 먹었다.	I ate japchae.
식혜가 맛있었다.	Sikhye was delicious.
떡국은 설에 먹는 대표적인 음식이다.	Rice cake soup is a staple food for New Year's Day.

 세뱃돈

열 명의 아이들에게 줄 세뱃돈을 준비해야 한다.	I need to prepare New Year's cash gifts for ten children.
세뱃돈을 다 주고나니 지갑이 얇아졌다.	I gave a lot in New Year's cash gifts, so I'm low on money.

* low on ～ = ～이 부족한

올해부터 세뱃돈을 줘야 하는 입장이군.	This year, it's my turn to start giving New Year's cash gifts.
설날은 내가 제일 좋아하는 휴일이다. 어른들께 절하고 세뱃돈을 받기 때문이다.	New Year's Day is my favorite holiday, because I get cash gifts from adults after bowing to them.
세뱃돈을 받는 것이 참 좋다.	I love getting the New Year's cash gifts.

여러 가지 행사

 발렌타인데이

발렌타인데이를 고대하고 있다.	I'm looking forward to Valentine's Day.
오늘은 발렌타인데이다.	Today is Valentine's Day.
올해는 초콜릿을 만들어 볼까.	Maybe I'll try making homemade chocolate this year.
동네 슈퍼에서 6명에게 줄 초콜릿 한 상자를 샀다.	I bought a box of chocolates for six people at the nearby supermarket.
상사와 동료 3명에게 초콜릿을 줬다.	I gave chocolate to my boss and three co-workers. * co-worker＝동료
남편과 수현에게 초콜릿을 줬다.	I gave chocolate to my husband and Soohyun.
올해는 초콜릿을 몇 개나 받을 수 있을까?	I wonder how much chocolate I'll get this year.
올해는 초콜릿을 못 받았다.	No chocolate for me this year.
한 개밖에 못 받았다.	I only got one box of chocolate.
회사에서 초콜릿을 8개 받았다.	I got eight boxes of chocolate at work.
진짜 초콜릿은 없군…	No true-love chocolate for me...
나영이가 초콜렛 하나를 주었다.	Nayoung gave me one box of chocolate.
초콜릿을 많이 받아 좋다.	I was pleased to get lots of chocolate.

화이트데이

발렌타인데이의 답례는 귀찮군.	Giving candy in return for Valentine's chocolate is a real pain.

* in return＝답례로   pain＝고통

252

여직원을 위해 상자에 든 쿠키를 10개 샀다.	I bought ten boxes of cookies for the women at the office.
리나가 갖고 싶어 했던 귀걸이를 사주자.	I'm going to buy Rina the pair of earrings she wanted.
아내에게 작은 꽃다발을 줬다.	I bought my wife a small bouquet.

* bouquet = 꽃다발, 부케

| 수현이 화이트데이에 쿠키와 CD를 줬다. | Soohyun gave me cookies and a CD for White Day. |

꽃놀이

동네 공원으로 벚꽃 구경을 갔다.	I went to the nearby park to see the cherry blossoms.
오늘은 회사에서 벚꽃놀이를 갔다.	Our office had a cherry-blossom-viewing party today.
벚꽃이 70% 정도 피었다.	The cherry blossoms were 70 percent out.
활짝 핀 벚꽃이 아름다웠다.	The cherry trees in full bloom were gorgeous.
벚꽃은 약간 잎이 나왔다.	Some of the cherry trees had leaves sprouting.

* sprout = 싹이 나다

| 공원은 벚꽃 구경을 하러 온 사람들로 가득했다. | The park was full of cherry blossom viewers. |
| 벚꽃 아래에서 마시는 술맛은 최고다. | Drinking under the cherry blossoms is so much fun. |

어버이날

어버이날이 다가온다.	Parents' Day is coming.
아버지 선물로 가죽지갑을 샀다.	I bought a leather wallet for my father.
어버이날에 어머니께 카네이션을 드렸다.	I gave my mom some carnations for Parents' Day.
어머니께 와인을 드렸다.	I gave my mother a bottle of wine.

성준이가 꽃다발을 보내왔다.	Seongjun sent me a bunch of flowers. * a bunch of ~ = ~다발
매년 어버이날을 잊지 않아서 기쁘다.	I'm happy that he always remembers Parents' Day.
어버이날, 아버지께 넥타이를 드렸다.	I gave my dad a tie for Parents' Day. * tie[타이] = 넥타이
어버이날에 내 초상화를 받았다.	I got a portrait of myself for Parents' Day. * portrait = 초상화
감격해서 눈물이 날 것 같았다.	I was so touched that I almost cried. * touched = 감격해서

추석 · 귀성

추석에 송편을 먹었다.	We ate songpyeon on Chuseok.
가족들과 송편 빚는 것이 좋다.	I like making songpyeon with my family.
할아버지 산소에 성묘하러 갔다.	We visited our grandpa's grave together.
추석연휴에 며칠날 귀성할까?	What day should I go back home for Chuseok?
KTX가 만석이었다.	The KTX seats were completely full.
역시 고향집이 제일 편하다.	There's nowhere more relaxing than my parents' home.
시댁(처가)은 어쩐지 불편하다.	I don't feel comfortable at my in-law's home. * in-law = 혼인으로 된 가족

여름방학

내일부터 여름방학이다.	My summer vacation starts tomorrow.
아이들과 워터파크에 갔다.	My kids and I went to a water park.

오랜만에 수영복을 입었다.	I wore a bathing suit for the first time in ages.

* for the first time in ages＝오랜만에

미진이에게 수영복을 입혀 줬다.	I dressed Mijin in a bathing suit.

* dress＝～에게 옷을 입히다

불꽃축제에 갔다. 너무 예뻤다!	I went to the fireworks show. It was amazing!

* fireworks show ＝불꽃축제

상준이와 곤충채집을 하러 갔다.	Sangjun and I went bug catching.

* bug＝벌레

매미를 잡으러 갔다.	We went to catch cicadas.

* cicada[시케이다]＝매미

여름방학을 기다려왔다.	I have awaited the summer vacation.

동해해수욕장에 갔다.	We went to the Donghae beach.

해변에서 모래사장을 거닐며 놀았다.	We enjoyed walking in the sand on the beach.

노인의 날

노인의 날에 할머니께 스카프를 드렸다.	I gave my grandma a scarf for Respect-for-the-Aged Day.

* grandma는 grandmother(할머니)의 줄임말

할아버지께 전화를 했다.	I called my grandpa.

* grandpa는 grandfather(할아버지)의 줄임말

할아버지의 어깨를 주물러 드렸다.	I gave my grandpa a neck massage.

* neck massage는 neck rub이라고 해도 OK

할아버지와 할머니께서 건강하게 오래 사셨으면 좋겠다.	I hope my grandparents live a long and happy life.

할로윈

아이들과 호박 램프를 만들었다.	My kids and I carved a jack-o-lantern out of a pumpkin.

* carve＝～를 조각하다, 파다   lantern＝랜턴

할로윈 가면 파티에 참가했다.	I participated in the Halloween costume party.

* participate in ～＝～에 참가하다

유치원에서 할로윈의 파티가 있었다.	The preschool had a Halloween party.

상준은 프랑켄슈타인으로 변장했다.	Sangjun dressed up as Frankenstein.

| 현아는 마녀 복장을 입었다. | Hyuna dressed up as a witch. |
| "트릭 올 트리트!"라고 말하면서 동네의 집집마다 돌았다. | We went around the neighborhood saying, "Trick or treat!" |

* Trick or treat.＝과자 안 주면 장난칠 거야

| 사탕을 많이 받았다. | We got lots of candy. |
| 할로윈에 무척 재미있게 놀았다. | I had lots of fun on Halloween. |

첫돌

| 우리 주원이 첫돌이었다. | It was the first Birthday for Joowon. |
| 한복이 잘 어울렸다. | She looked so cute in her hanbok. |

* 한복은 Korean clothes[dress]라고도.

| 교회에 갔다. | We went to the church. |
| 가족사진을 찍었다. | We had a family photo taken. |

크리스마스

메리크리스마스!	Merry Christmas! Happy Holidays!
곧 크리스마스가 다가온다.	Christmas is just around the corner.
크리스마스이브를 여자친구와 보내고 싶다.	I want to spend Christmas Eve with my girlfriend.

* 「남자친구」라면 with my boyfriend

올해도 나홀로 크리스마스.	I'll be all by myself again this Christmas.
아~, 내일이 크리스마스인데 약속이 하나도 없다니.	Ah... Tomorrow is Christmas, and I have no plans.
크리스마스 케이크를 예약했다.	I ordered a cake for Christmas.
올해는 크리스마스 케이크를 직접 만들어야지.	I'm going to bake a cake for Christmas this year.
율로그케이크가 잘 만들어졌다.	My yulelog cake turned out really well.

* yulelog cake＝크리스마스때 먹는 장작 모양 케이크

로스트 치킨을 예약했다.	I ordered a roasted chicken.
린다의 집에서 크리스마스 파티를 열었다.	We had a Christmas party at Linda's.
아이들과 크리스마스 트리를 꾸몄다.	My kids and I decorated our Christmas tree.
상희에게 크리스마스 선물로 뭘 주는 게 좋을까?	I wonder what I should get Sanghee for Christmas.

* 「아이들에게 줄」이라면 Sanghee를 my kids로,
「남편에게 줄」이라면 my husband로.

주영이는 자전거를 갖고 싶다던데.	Jooyoung told me he wants a bike.
아이들은 산타 할아버지의 선물을 기대하고 있다.	The children are looking forward to getting presents from Santa Claus.
크리스마스캐롤은 다 좋다.	I like all the Christmas carols.
화이트 크리스마스를 기대하고 있다.	We are expecting a white Christmas this year.
아이들의 머리맡에 선물을 두고 왔다.	I left presents for the children by their pillows.

* pillow = 베개

| 내일 아침, 아이들이 어떤 반응을 보일지 기대가 된다. | I'm looking forward to seeing their reactions tomorrow morning. |
| 선물로 지갑을 받았다. | I got a wallet as a present. |

연말

| 올해도 3일밖에 남지 않았다. | There are only three days left in the year. |

* left = 남다

오늘도 송년회, 내일도 송년회.	I have another year-end-party today. And another one tomorrow.
오늘은 올해 마지막 미팅이었다.	We had the last meeting of the year today.
오늘이 올해 마지막 업무일이었다.	Today was the last working day of the year.

연말 대청소는 귀찮아.	Year-end cleaning is a pain.
연말 대청소를 해서 집이 깨끗해졌다.	I finished my year-end cleaning, so now my house is spick-and-span.

* spick-and-span = 깔끔한, 깨끗한

갈비를 준비해야 한다.	I need to get ready to make galbi.
올해는 설날 음식을 직접 만들기로 했다.	This year, I've decided to cook New Year's food myself.
백화점에 설날 선물을 예약했다.	I ordered New Year's present at a department store.
연하장을 써야 한다.	I need to write New Year's greeting cards.

* 「연하장」은 New Year's card라고도 한다.

드디어 연하장을 다 썼다.	I've finally finished writing my New Year's greeting cards.
올해는 빨리 연하장을 보냈다.	I was able to mail my New Year's greeting cards early this year.

* mail = 우편물을 발송하다

드디어 연하장을 보냈다.	I've finally sent out my New Year's greeting cards.

* send out ~ = ~을 발송하다. sent는 send의 과거형

연하장을 90통 보냈다.	I sent 90 New Year's greeting cards.
제야의 종 소리가 들려 왔다.	Now I can hear the temple bells ringing on New Year's Eve.
올 한해도 별 탈 없이 지낼 수 있어서 좋았다.	I'm glad we made it through another year in health and safety.

* make it through ~ = ~을 잘 통과하다

2015년이 너무 빨리 지나갔다.	The year 2015 has passed so quickly.

🕶 생일

생일 축하해!	Happy birthday!
오늘은 내 생일이다.	Today is my birthday.
축하를 받을 나이가 아닌데.	At my age, I don't really expect anyone to celebrate my birthday.

몇 살이 되더라도 생일은 기쁘다.	Birthdays are special no matter how old you are. * 여기서 you는 일반적인 사람들을 가리킨다.
생일에 가죽 책커버를 받았다.	I got a leather book cover for my birthday.
친구와 가족들에게 생일 축하를 받아서 기뻤다.	I was happy my friends and family celebrated my birthday.
레스토랑에서 생일 기념 식사를 했다.	We had my birthday dinner at a restaurant.
점원들이 생일 축하 노래를 불러 줬다.	The staff at the restaurant sang happy birthday to me.
좀 부끄러웠지만 기뻤다.	I was a little embarrassed but happy.
생일인데 상호에게 축하 전화도 없었다.	Sangho didn't even call to wish me a happy birthday.
하나의 일곱번째 생일이었다.	It was Hana's seventh birthday.
우리 아들이 벌써 스무살이군.	My son is already 20.
유성이 생일 파티에 친구들이 많이 왔다.	A lot of friends came to celebrate Yuseong's birthday.
유성이에게 생일 케이크를 만들어주었다.	I baked a birthday cake for Yuseong.
그에게 생일 선물을 주었다.	I gave him a birthday present.
생일 선물로 자전거를 원했다.	He wanted a bike for his birthday present.
하나 생일 선물을 사야 한다.	I need to buy a birthday present for Hana.
그는 생일 선물을 받고 정말 기뻐했다.	He was very pleased at my present.
하마터면 딸의 생일을 잊을 뻔했다.	I almost forgot my daughter's birthday.
그는 항상 내 생일을 기억해준다.	He always remembers my birthday.

기념일

오늘은 15번째 결혼기념일이다.	Today is our 15th wedding anniversary. * anniversary = 기념일
내일은 결혼기념일이다.	Tomorrow is our wedding anniversary.
내일은 꽃을 사서 집에 가자.	I should get some flowers on the way home tomorrow.
아내를 위해 선물을 준비해야겠다.	I will prepare a gift for my wife.
어제 결혼기념일이었는데 남편은 잊고 있었다.	Yesterday was our wedding anniversary and my husband forgot about it.
너무 속상했다.	I was so upset.
결혼기념일의 저녁 식사 예약을 해야 할 것 같다.	Maybe I should make a reservation for our anniversary dinner.
오늘은 민아랑 만난 지 1년째 되는 날이다.	Today is my first anniversary with Mina.

장례식

오늘은 할아버지 장례식이었다.	Today was Grandpa's funeral.
향년 90세였다.	He was 90 years old.
명복을 빈다. (부디 편히 쉬시길)	May his soul rest in peace. * rest = 영면하다
어머니는 천수를 누리셨다.	My mother died of natural causes. * die of ~ = ~로 죽다 cause = 원인
오늘은 할아버지의 기일이었다.	Today was the anniversary of my grandfather's death.
오늘은 할머니의 3주기였다.	Today was the second anniversary of my grandma's death. * 「3주기」는 영어로 「두 번째 기념일」로 표현한다.
할머니 산소에 다녀왔다.	I visited my grandmother's grave. * grave = 묘

장례식에는 가까운 친척들만 참석했다.	Only the nearest relatives attended the funneral.
장례식에서 울지 않았다.	I didn't cry at the funneral.

회식 · 파티

 회식

회식을 했다.	I had a drinking session today.

* 식사 위주의 회식이라면 team dinner도 OK.
* '원샷'은 Bottoms up! '건배'는 Cheers! '~를 위하여'는 To ABC(For ABC 가 아님)

늘 가던 멤버끼리 회식을 했다.	I had a drinking session with my usual buddies.

* buddy＝동료, 파트너

새벽까지 마셨다.	We drank till dawn.

* dawn＝새벽(동틀 무렵)

3차까지 갔다.	I went along with them to the third drinking session.
전철이 끊기기 전에 마쳤다.	We finished before the last train.
회식 간사를 맡았다.	I was the organizer of the drinking session.
회식에 가고 싶지 않았다.	I didn't want to go to drinking session.
회식에서 기분이 좋지 않았다.	I felt uneasy at drinking session.
수정 씨는 회식에 불참했다.	Sujeong was absent from drinking session.
술에 취해 집에 가서 어머니께서 화가 나셨다.	My mother was enraged, because I came home drunk.
회식 다음날 아침 우리는 모두 숙취 상태였다.	The next morning after the drinking session we were all hung over.

파티 · 축하 모임

국제교류파티에 참가했다.	I took part in an international exchange party.
뷔페 스타일 파티였다.	It was a buffet-style party.
	* buffet-style = 뷔페 스타일
격식을 차린 파티였다.	It was a formal party.
아버지의 환갑을 축하했다.	We celebrated my father's 60th birthday.
할머니의 88번째 생일을 축하해드렸다.	We celebrated my grandma's 88th birthday.
우리는 그의 승진 축하연을 열었다.	We held a celebration for his promotion.
엄마 생신이 내일이다. 축하 파티를 할 것이다.	Tomorrow is my mother's birthday, I will give a dinner for her.
우리는 간단한 크리스마스 파티를 즐겼다.	We enjoyed a simple Christmas party.
오늘 송년회를 했다.	We had a end-of-the-year party today.
우리 모두 파티를 즐겼다.	All of us enjoyed the party.

 홈파티

집에 친구들을 초대해서 파티를 열었다.	I invited some friends and had a house party.
포틀럭 파티였다.	It was a potluck party.
각자 요리를 하나씩 가져왔다.	Everyone brought one dish.
미연 씨가 돼지갈비를 가져왔다.	Miyeon brought barbecue ribs as her potluck dish.
돼지갈비가 입에서 살살 녹았다.	The barbecue ribs melted in my mouth.

하연 씨가 맛좋은 와인을 가지고 왔다.　Hayeon brought a nice bottle of wine.

유나네 집들이에 초대받았다.　I was invited to Yuna's housewarming party.

* housewarming (party) = 집들이

유나네 집에서 전골 파티를 했다.　We had a hot-pot party at Yuna's place.

* hot-pot = 전골

집들이 선물로 세제 한 박스를 샀다.　I bought a box of detergent as a housewarming gift.

행사 · 이벤트에 대해
영어일기를 써 보자

 딸의 운동회

> Mina has her sports festival tomorrow. Hope she finishes first in the footrace. I'm looking forward to it!

 해석

내일은 미나의 운동회다. 달리기에서 1등을 하면 좋겠다. 기대된다!

포인트 '~하면 좋겠다'는 미래의 일이라도 I hope ~(현재형)으로 표현하는 것이 일반적이지만, I hope (that) she'll finish first ... 처럼 will(단축형은 ~'ll)을 사용해도 됩니다. 일기 등에서는 주어를 생략해서 Hope she ... 처럼 표현하는 경우가 많습니다.

 좀 있으면 크리스마스!

> Christmas is just around the corner. The kids helped me decorate our Christmas tree. We're all set!

해석

좀 있으면 크리스마스다. 아이들과 함께 크리스마스 트리를 장식했다. 준비 완료!

포인트 '곧 있으면 ~다'라고 곧 다가올 이벤트는 ~ is (just) around the corner라고 표현합니다. 두 번째 문장은 '아이들이 크리스마스 트리 장식을 도와 줬다'라고 생각하고 help ~(사람) ...(동사 원형) 으로 표현했습니다. be all set 은 '준비 완료'라는 의미.

떡 만들기 이벤트

We went to the annual rice-cake pounding and eating event. The rice cakes that had just been pounded were so good! ☺

 해석

가족과 함께 매년 있는 떡 만들기 이벤트에 갔다. 금방 만든 떡은 최고로 맛있었어! ☺

포인트 '가족과 함께'는 we 를 주어로 하면 됩니다. '매년 있는, 매년 하는'은 annual. '떡 만들기 이벤트' 는 rice-cake pounding and eating event 처럼 구체적으로 표현합니다. pounding 대신 making 을 써도 OK.

고등학교 동창회

We had our high school reunion at Hotel Silla. I didn't recognize Nami at first. She looked really beautiful. We had a great time talking about the old days.

해석

신라 호텔에서 고등학교 동창회가 있었다. 처음에는 나미를 못 알아봤다. 너무 예뻐졌다. 옛날 이야기를 하며 즐거운 시간을 가졌다.

포인트 '고등학교 동창회'는 high school reunion과 같이 표현합니다. recognize는 '(외모나 특징 등을) 식별할 수 있다, 구분하다'라는 뜻입니다. talking about the old days는 '지난 시절을 떠올리며 이야기꽃을 피우다'라는 의미입니다.

4 인간관계

만남

이훈이라는 사람을 알게 되었다.	I got to know a person named Lee Hoon.
A사의 김과장을 알게 되었다.	I got to know Mr. Kim from A Company.
오늘 파티에서 많은 사람들을 알게 되었다.	I met a lot of people at the party today.
한꺼번에 많은 사람들을 만나서 이름을 다 기억할 수 없었다.	I met a lot of people at one time, so I couldn't remember all their names.
선희가 친구를 소개해 줬다.	Sunhee introduced her friend to me.
새 친구가 생겼다.	I made a new friend.
그녀를 알게 되어서 기뻤다.	It was nice to get to know her.
그와 이야기를 하게 되어서 기뻤다.	I'm glad I was able to talk with him.
그녀를 전부터 꼭 만나고 싶었다.	I've always wanted to meet her.
그녀를 드디어 만나게 돼서 기뻤다.	I was happy to finally meet her.
처음 만난 것 같지 않았다.	It didn't feel like my first time to meet her.
오래된 친구처럼 마음이 잘 맞았다.	We got along great. It was like we were old friends.

전에 어디선가 만난 적이 있는 것 같았다.	He looked familiar.

* familiar=친숙한, 낯익은

그녀와 다시 만나고 싶다.	I want to meet her again.
그녀를 곧 다시 만나고 싶다.	I want to meet her again sometime soon.
예상치 못한 만남이었다.	It was a chance meeting.
처음 보는 사람과 얘기를 잘 못한다. (낯을 가리는 편이다.)	I'm not good at talking to people when I first meet them.

외모

용모

미인이다.	She's beautiful.
굉장한 미인이다.	She's a real knockout.

* knockout = 굉장한 미인

귀엽게 생겼다.	She's a cute person.
잘 생겼다.	He's good-looking.
멋지다.	He's cool.
잘 생겼다.	He's handsome.
섹시한 남자다.	He's a hunk.

* hunk[헝크]＝덩치가 큰 섹시한 남성

웃는 얼굴이 멋지다.	She has a great smile.
상당히 매력적이다.	She's charming.
눈이 크다.	She has big eyes.
이목구비가 뚜렷하다.	She has clear-cut features.
피부가 좋다.	She has fine, smooth skin.
피부가 아름다운 여성이다.	She has beautiful skin.
피부가 안 좋다.	He has rough skin.

피부가 희다.	She has fair skin.
햇볕에 탔다.	She's tanned.
혈색이 안 좋다.	He has a poor complexion. * complexion = 안색
창백해 보인다.	She looks pale.
(운동을 해서) 건강해 보인다.	He's fit.
머리카락이 아름답다.	She has beautiful hair.
치열이 고르다.	He has good teeth.
치열이 나쁘다.	She has bad teeth.
머리가 길다.	She has long hair.
단발머리다.	She has medium-length hair.
짧은 헤어스타일이다.	She has short hair.
스포츠 머리다.	He has a crew cut. * crew cut = 크루커트
머리가 푸석푸석하다.	He has messy hair.
정수리에 머리숱이 거의 없다.	He's thinning on top. * thin = 숱이 적다
머리가 점점 벗겨지고 있다.	He has a receding hairline. * recede[리시드] = 후퇴하다
화장이 진했다.	She wore heavy makeup. * 반대 표현은 heavy를 light로
민낯도 귀여웠다.	She was pretty without makeup.

📖 체형

보통 체형이다.	He has a medium build. * build = 체격, 체형
키가 크다.	She's tall.
키가 작다.	He's short.
덩치가 크다.	She's large.
체격이 크다.	She's full-figured.

말랐다.	She's thin.
완전 말랐다.	He's really skinny.
근육질이다.	He has a muscular build.
	* muscular = 근육이 발달한
지방이 적다.	He has a lean body.
	* lean = 지방이 적은
스타일이 좋다.	She has a nice figure.
	* 여성에게 사용
체격이 좋다.	He has a nice build.
	* 남성에게 사용

👓 외관 상 인상

화려해 보인다.	He has a star quality.
볼륨감 있다.	She's glamorous.
특징이 없다.	He looks plain.
눈매가 날카롭다.	She's sharp-eyed.
진지해 보인다.	She looks serious.
다정해 보인다.	He looks kind.
엄격해 보인다.	She looks strict.
똑똑해 보인다.	He looks smart.
패션 센스가 좋다.	He has a good sense of fashion.
잘 차려입었다.	She was well-dressed.
보기 흉한 차림이었다.	He didn't look presentable.
	* presentable = 보기 좋은
머리가 엉망진창이다.	She had bed hair.
등이 굽어 있다.	He's hunchbacked.
	* hunchbacked = 등이 굽은
컴퓨터 오타쿠 같다.	He looks like a computer geek.
	* geek[기익] = 오타쿠
부자 같다.	She looks rich.

젊어 보인다.	He looks younger.
아이가 있는 것처럼 보이지 않았다.	She didn't look like she had a child.
나이들어 보인다.	He looks older than he actually is.
성숙해 보인다.	She looks mature.

* mature = 성숙한, 어른스러운

성격

 사귀기 쉬운 성격

그녀는 유쾌한 사람이다.	She's fun.

* 「굉장히 즐거운 사람」이라면 a lot of fun

같이 있으면 즐겁다.	He's fun to be with.
사교적인 사람이다.	She's outgoing.
매력적인 사람이다.	He's charming.
사람을 끌어당기는 성격이다.	She has a magnetic personality.
사람을 잘 사귀는 성격이다.	He's a good mixer.
밝은 성격이다.	She has a cheerful disposition.

* disposition = 성질

쾌활한 사람이다.	He has a sunny disposition.
활발한 사람이다.	She's an active person.
상냥한 사람이다.	He's friendly.
재미있는 사람이다.	She has a good sense of humor.
느낌이 좋은 사람이다.	He's pleasant.
애교가 있다.	She's lovable.
아이처럼 천진난만하다.	She's pure-hearted, like an innocent child.
항상 웃는 얼굴이다.	He's always smiling.

성격이 좋은 사람이다.	**She's good-natured.**
이야기를 잘 한다.	**He's a good talker.**
이야기를 잘 들어주는 사람이다.	**She's a good listener.**
얘기하기 편한 사람이다.	**He's easy to talk to.**
겸손하다.	**She's humble.** * humble = 겸손한
다정하다.	**He's kind.** * kind는 nice로 해도 OK
관대하다.	**She's generous.**
너그럽다.	**He's big-hearted.**
온화하다.	**She's mild-tempered.**
(성격이) 관대하다.	**He has a generous nature.**
(금전적으로) 넉넉하다.	**She's generous with her money.**
상큼한 성격이다.	**He's refreshingly frank.**
확실하고 시원시원하게 말한다.	**She talks clearly and briskly.** * briskly = 시원하게
즉흥적이다.	**He's spontaneous.** * spontaneous = 즉흥적인
겉과 속이 같은 사람이다.	**She's sincere.** * sincere = 정직한, 겉과 속이 같은
솔직하다.	**He's straightforward.** **He's frank.**
순수하다.	**She's a pure-hearted person.**
성실하다.	**He's honest.**
착하고 정직하다.	**She's nice and earnest.** * earnest 만 쓴다면, 농담을 하지 않는 성실한 사람이라는 답답한 이미지도 있다.
충실하다.	**He's dutiful.** * dutiful = 충실한
침착하고 이성적이다.	**She's calm and controlled.** * calm = 안정된
총명하다.	**He's bright.**

머리 회전이 빠르다.	She's a quick thinker.
분별력이 있다.	He's a sensible person.
이해심이 있다.	She's understanding.
참신한 생각을 가졌다.	He's full of new ideas.
	* full of ~ = ~로 가득한
긍정적으로 생각하는 사람이다.	She's a positive person.
융통성이 있다.	He's flexible. * flexible = 유연한
야심이 있다.	She's ambitious.
용감한 사람이다.	He's brave.
의지가 강한 사람이다.	She's strong-willed.
책임감이 강한 사람이다.	He has a strong sense of responsibility.
한다면 하는 사람이다.	She's as good as her word.
자신감이 있는 사람이다	He's self-confident.
신뢰할 수 있는 사람이다.	She's reliable.
자기주장이 확실한 사람이다.	He's a well-grounded person.
	* well-grounded = (생각, 주장 등의) 근거가 확실한
상식이 있는 사람이다.	She has a good head on her shoulders.
	* have a good head on one's shoulders = 상식이 있다
예의바른 사람이다.	He's well-mannered.
정중한 사람이다.	She's polite.
품위 있는 사람이다.	She's graceful.
협조적인 사람이다.	She's cooperative.
시간을 잘 지키는 사람이다.	He's punctual.
(일이나 공부를) 열심히 하는 사람이다.	She's hardworking.

🔒 사귀기 어려운 성격

강압적이다.	He's pushy. * pushy[풋시] = 밀어붙이는
무례하다.	She's rude.
예의가 없다.	He has no manners.
입이 걸다.	She has a dirty mouth.
상스러운 말을 쓴다.	He uses foul language. * foul[파우얼] = 지저분한
잘난 척한다.	She's bossy.
오만한 사람이다.	He's arrogant.
폭군 같다.	She's a tyrant. * tyrant = 폭군
뻔뻔하다.	He has a lot of nerve. * nerve = 뻔뻔한
자신감이 지나친 사람이다.	She's too self-confident.
분수를 모르는 사람이다.	He's self-conceited. * self-conceited[셀프컨시트]
자의식 과잉이다.	She's overly self-conscious. * self-conscious[셀프컨셔스]
속물이다.	He's snobbish.
성격이 안 좋다.	She has a bad personality.
성격이 어둡다.	He's a gloomy person.
차가운 사람이다.	She's cold.
배려할 줄 모른다.	He's heartless.
부정적이다.	She's a negative person.
쌀쌀맞다.	He's unfriendly.
신경질적이다.	She's hard to please. * please = ~을 기쁘게 하다
말 걸기 어려운 사람이다.	He's hard to talk to.
사람과 어울리지 못한다.	She's a bad mixer.

협력을 모른다.	He isn't a team player.
둔하다	She's blunt. * blunt = 둔한
성미가 급하다.	He has a short-temper.
기분파다.	She's moody.
이상한 사람이다.	He's strange.
겉과 속이 다르다.	She's two-faced.
거짓말쟁이다.	He doesn't tell the truth.
	* liar(거짓말쟁이)를 사용하여 He's a liar.라고 하면 강하고 부정적인 표현이 된다.
의심이 많다.	She's a skeptic.
	* skeptic = 의심이 많은 사람
비열하다.	He's mean.
음험하다.	She's sneaky.
교활하다.	He's a cunning person.
욕심이 많다.	She's greedy.
공격적이다.	He's an aggressive person.
비판만 하는 사람이다.	She's trigger-happy.
	* trigger-happy = 비판만 하는, 호전적인
신랄하다.	He has a sharp tongue.
	* tongue = 말투, 말버릇
제멋대로다.	She's selfish.
융통성이 없다.	He's stubborn. * stubborn = 완강한
황소고집이다.	She's bullheaded.
신경질적인 사람이다.	He's too sensitive.
상당히 내향적이다.	She's really shy.
우유부단하다.	He's indecisive.
	* indecisive = 우유부단한
둔감하다.	She's thick-skinned.
	* thick-skinned = (비난 등에)둔감한, 무신경한

보수적인 사람이다.	He's a stick-in-the-mud.
	* stick-in-the-mud＝보수적인 사람
무책임하다.	She's irresponsible.
말과 행동이 다르다.	She's the type of person who says one thing and does another.
참견하기 좋아하는 사람이다.	He's a busybody.
잔소리가 심하다.	She's a nag.
남의 일에 참견을 잘 한다.	She is a backseat driver.
	* backseat driver＝쓸데없이 참견하는 사람
군말이 많다.	He has one word too many.
말을 애매하게 한다.	She's such a quibbler.
	* quibbler＝애매모호하게 말하는 사람
집요하다.	He's persistent.
구두쇠다.	She's stingy.
아는 척한다.	He's a know-it-all.
편견이 있다.	She's prejudiced.
	* prejudiced＝편견을 가진
부주의하다.	He's careless.
너무 진지하다.	She's too serious.
속이 좁다.	He's narrow-minded.
까다롭다.	She's picky.
트집을 잡는다.	He's a nitpicker.
남의 기분에 상관없이 말을 한다.	She's too outspoken.
시간을 잘 안 지킨다.	He's not punctual.
	* punctual＝시간을 잘 지키는
입이 가볍다.	She's a big mouth.
수다쟁이다.	He's talkative.
	* talkative＝수다스러운
꼬치꼬치 캐묻는다.	She's nosy.

아첨꾼이다.

He's an apple polisher.

* apple polisher＝아첨꾼

포기하지 않는 사람이다.

She doesn't know when to give up.

프로필

 상대방의 이름과 나이

그녀의 이름은 김희영이다.

Her name is Kim Heeyoung.

그의 이름은 이강호다.

His name is Lee Kangho.

그녀는 42세다.

She's 42 **years old.**　　* years old는 생략 가능

그는 50대 정도다.

He's probably in his 50s.

그녀는 20대다.

She's in her 20s.

그는 30대 초반이다.

He's in his early 30s.

그녀는 40대 중반이다.

She's in her mid-40s.

그는 50대 후반이다.

He's in his late 50s.

그녀는 나와 같은 세대다.

She and I are of the same generation.

그는 내 나이 정도다.

He's about my age.

그녀는 나보다 약간 어릴 것이다.

She's probably a little younger than me.　　* 「약간 연상」은 older

그는 몇 살 정도일까?

I wonder how old he is.

그녀는 나이를 알 수 없다.

You can't tell her age from the way she looks.　　* 여기서 you는 일반적인 대상

우리는 동갑이란 것을 알았다.

I learned we were the same age.

그가 나보다 연상이라고는 보이지 않았다.

He didn't look older than me.

그녀가 나보다 어리다니 믿을 수 없었다.

I couldn't believe she was younger than me.

가족 구성원

가족에 관한 단어

부모	**parents**	시아버지(장인)	father-in-law
아버지	father / dad	시어머니(장모)	**mother-in-law**
어머니	**mother / mom**	남편(아내)의 형제	brother-in-law
조부모	grandparents	남편(아내)의 자매	**sister-in-law**
할아버지	**grandfather / grandpa**	삼촌, 외삼촌	uncle
할머니	grandmother / grandma	이모, 고모	**aunt**
자녀	**child / kid**	사촌	cousin
아들	son	조카	**nephew**
딸	**daughter**	조카딸	niece
손주	grandchild / grandchildren	남편	**husband**
		아내	wife
손자(남)	**grandson**	약혼자	**fiancé**
손녀(여)	granddaughter	약혼녀	fiancée
형제	**brother**	전남편	**ex-husband**
자매	sister	전처	ex-wife
남매 (남녀 구분 없이)	**sibling**		

그는 혼자 살고 있다.	**He lives by himself.**
그는 아내와 장인, 장모와 함께 살고 있다.	**He lives with his wife and his parents-in-law.**
그들은 4인 가족이다.	**They're a family of four.**
그녀의 가족은 대가족이다.	**She has a large family.**
그는 외동아들이다.	**He's an only child.**
그녀에게는 언니가 두 명, 남동생이 한 명 있다.	**She has two sisters and a brother.**
그녀는 세 자매 중 막내다.	**She's the youngest of three sisters.** ＊「맏이」는 the oldest、「둘째」는 the middle
그는 네 명의 형제자매가 있다.	**He has four siblings.** ＊ sibling =(남녀 구별 없이)남매
그에게는 쌍둥이 여동생이 있다.	**He has a twin sister.**

그녀의 아들은 중학교 2학년이다.	Her son is in the second grade of junior high school.
그녀의 아들은 내년에 고교 입시라고 한다.	I heard her son is going to take the high school exams next year.
그의 딸이 결혼했다고 한다.	I heard his daughter got married.
그의 아들이 대학을 졸업했다고 한다.	I heard his son graduated from college.
그녀의 딸이 취직을 했다고 한다.	I heard her daughter found a job.
그녀는 남편보다 7살 연상이다.	She's seven years older than her husband.
그는 개를 키우고 있다.	He has a dog.

 출신지와 살고 있는 장소

나라명

아일랜드	Ireland	덴마크	Denmark
미국	America	독일	Germany
영국	Britain	터어키	Turkey
이탈리아	Italy	뉴질랜드	New Zealand
인도	India	네팔	Nepal
인도네시아	Indonesia	노르웨이	Norway
이집트	Egypt	헝가리	Hungary
오스트레일리아	Australia	필리핀	the Philippines
오스트리아	Austria	핀란드	Finland
네덜란드	Holland	부탄	Bhutan
캐나다	Canada	브라질	Brazil
일본	Japan	프랑스	France
캄보디아	Cambodia	베트남	Vietnam
그리스	Greece	벨기에	Belgium
싱가포르	Singapore	폴란드	Poland
스위스	Switzerland	포르투갈	Portugal
스웨덴	Sweden	말레이시아	Malaysia
스페인	Spain	멕시코	Mexico
태국	Thailand	모로코	Morocco
중국	China	러시아	Russia

도시이명

아테네	**Athens**	파리	**Paris**
암스테르담	Amsterdam	밴쿠버	Vancouver
빈	**Vienna**	방콕	**Bangkok**
예루살렘	Jerusalem	피렌체	Florence
코펜하겐	**Copenhagen**	브뤼셀	**Brussels**
샌프란시스코	San Francisco	북경	Beijing
시애틀	**Seattle**	베르사이유	**Versailles**
시카고	Chicago	베를린	Berlin
시드니	**Sydney**	뮌헨	**Munich**
상하이	Shanghai	밀라노	Milan
제네바	**Geneva**	멜버른	**Melbourne**
동경	Tokyo	모스크바	Moscow
취리히	**Zurich**	리우데자네이루	**Rio de Janeiro**
델리	Delhi	로마	Rome
나폴리	**Naples**	로스앤젤레스	**Los Angeles**
뉴욕	New York	런던	London

그는 부산 출신이다.	He's from Busan.
그녀는 대구에서 태어나서 서울에서 자랐다.	She was born in Daegu and raised in Seoul.
서울에서 산 지 8년이 되었다.	He has lived in Seoul for eight years now.
5년 전까지 광주에서 살았다.	She lived in Kwangju up until five years ago.
그와 고향이 같다는 사실을 알았다.	I found out that he and I come from the same town.

* find out ~ = ~인 줄 알다. found는 find의 과거형

그녀와 동향이라는 사실을 알고 친근감이 생겼다.	After finding out we're from the same city, I started to feel closer to her.
그는 캐나다의 캘거리 시 출신이다.	He's from Calgary, Canada.
그녀는 미국에서 교환 학생으로 와 있다.	She's on an exchange program from America.

지난달에 한국에 왔다.　　　　　　　　　She just got to Korea last month.

 직업

직업에 관한 단어

정규직	full-time worker	간호사	nurse
계약직	contract employee	교사	teacher
파견직	temporary worker / temp	교수	professor
아르바이트	part-timer	유치원교사	preschool teacher
자영업	family-operated business	요양보호사	care worker
사장	president	편집자	editor
회사 임원	company executive	보도기자	reporter
회사원	company worker / office worker	통역가	interpreter
공무원	public employee	번역가	translator
접수계	receptionist	배우	actor
엔지니어	engineer	가수	singer
회계사	accountant	정치인	politician / statesperson
세무사	tax accountant	어부	fisherman
변호사	lawyer	농부	farmer
건축가	architect	미용사	hairdresser
의사	doctor	이용사	barber
		주부	homemaker

그녀는 유치원 선생님이다.　　　　　　She's a preschool teacher.

그녀는 주부다.　　　　　　　　　　　She's a homemaker.

　　　　　　　　　　　　　　　　* homemaker = 주부

그는 회사원이다.　　　　　　　　　　He's an office worker.

　　　　　　　　　　　* 「회사원」은 company worker라고도 한다.

그는 IT기업에서 일하고 있다.　　　　　He works for an IT company.

그녀는 무역 관련 일을 하고 있다.　　　She does trade-related work.

그녀는 식품업계에서 수년간 종사하고 있다.　She has been in the food industry for years.

　　　　　　　　　　　　　　　　　* for years = 몇 년이나

그는 이전에는 패션 관련 일을 했다.　　He used to be in the apparel industry.

그는 의료기기 영업을 하고 있다.　　　He sells medical equipment.

　　　　　　　　　　　　　　　* equipment = 기기

그는 회계를 담당하고 있다.	**He's in charge of accounting.**
	* in charge of ~ = ~을 담당하는 accounting = 회계
그녀는 파트타임 사무직이다.	**She does office work part time.**
	* part time = 파트타임(으로)
그는 헬스클럽의 트레이너다.	**He works as an instructor at a gym.**
그는 전문 프로그래머다.	**He's a programming expert.**
그녀는 사장이다.	**She's the president of a company.**
그는 회사를 경영하고 있다.	**He runs a business.** * run = ~을 경영하다
그녀는 남편과 함께 음식점을 운영하고 있다.	**She and her husband run a restaurant.**
그는 경험이 많은 선생님이다.	**He's an experienced teacher.**
그녀는 초등학교 3학년 담임이다.	**She's a third grade teacher at an elementary school.**
그는 고등학교에서 수학을 가르치고 있다.	**He teaches math in high school.**
인영이는 성우가 되었다.	**Inyoung became a voice actor.**
그는 퇴직했다.	**He retired from work.**
그녀는 최근에 이직했다.	**She has recently changed jobs.**
그는 파견직이다.	**He's a temp.**
	* temp는 temporary worker(파견직)의 약자
그녀는 아르바이트하고 있다.	**She works part time.**
그는 고려대학교 2학년이다.	**He's a sophomore at Korea University.**
	* sophomore = (대학)2학년
그녀는 경제학을 전공한다.	**She majors in economics.**
	* major in ~ = ~을 전공하다

4

인간관계

대인관계

 친구 또는 지인을 만나다

오후에 윤호를 만났다.	**I met Yunho this afternoon.**

2시에 서울역에서 만나기로 했다.	We met at Seoul Station at 2:00.
수지와 커피를 마셨다.	Suji and I had some coffee.
	* some coffee는 some tea로 해도 OK
헬스클럽에서 우연히 유라를 봤다.	I saw Yura at the gym.
편의점에서 우연히 보라를 만났다.	I ran into Bora at the convenience store.
유치원에서 유나의 엄마를 만났다.	I met Yuna's mom at the preschool.
집에 가는 길에 나영이를 만났다.	I saw Nayoung on the way home.
윤희가 집에 들렀다.	Yunhee dropped by my place.
주희네 집에 놀러갔다.	I visited Joohee at her house.
그런 곳에서 그녀를 만날 줄은 몰랐다.	I didn't expect to see her there.

✏️ 오랜만에 재회

오랜만에 유미와 만났다.	I met Yumi for the first time in ages.
3개월만에 수지와 만났다.	I saw Suji for the first time in three months.
민지와 만난 것은 작년 9월 이후 처음이었다.	I met Minji for the first time since last September.
4반 반창회가 있었다.	There was a reunion for Class 4.
고등학교 동창들을 만났다.	I met some friends from high school.
오랜만에 많은 동창들을 봤다.	I saw a lot of my classmates for the first time in a long while.
처음에는 그가 누구인지 몰랐다.	I didn't recognize him at first.
지호와 15년만에 만났다.	I saw Jiho for the first time in 15 years.
잘 지내는 것 같았다.	She looked great.

다들 하나도 안 변했다.	They haven't changed a bit.
모두에게 "하나도 안 변했다."는 말을 들었다.	They told me that I looked the same.
모두에게 "완전히 달라졌다."는 말을 들었다.	They told me that I looked very different.
그로부터 "예뻐졌네."라는 말을 들었다.	He told me I had become beautiful.
그녀는 엄청 예뻐졌다.	She has become really beautiful.
그녀는 살이 빠진 것 같다.	She looked like she had lost weight.
그는 살이 많이 쪘다.	He gained a lot of weight.
그는 머리숱이 많이 없었다.	He was losing his hair.
우리는 늙었다.	We both looked older.
백발이 늘어나 있었다.	She had more gray hair.
오랜만에 이야기를 나눴다.	We caught up with each other.

* catch up with ～=～(한동안 만나지 못했던 사람들)과 이야기를 나누다

중학교 시절의 추억 얘기로 즐거운 시간을 보냈다.	We had a great time talking about our junior high school days.
다시 만날 약속을 했다.	We promised to get together again.
앞으로도 연락을 하기로 했다.	We decided to keep in touch.

* keep in touch = 연락을 하다

📖 동네 사람들 사귀기

옆집에 사는 이웃에게 사과를 나눠 줬다.	I gave some apples to my next-door neighbor.
답례로 감자를 받았다.	I got some potatoes in return.
민호에게 캐나다에서 사온 여행 기념품을 줬다.	I gave Minho a gift from Canada.
보라 엄마와 서서 수다를 떨었다.	I stood chatting with Bora's mom.

4
인간관계

반상회가 있었다.	We had a gathering of our neighborhood association.
반상회 회비를 냈다.	I paid the neighborhood association fee.
아파트 자치회의 회의에 출석했다.	I attended the apartment association meeting.
회람판이 왔다.	The neighborhood bulletin was passed around to me.

* bulletin = 회보

회람판을 304호로 돌렸다.	I handed the neighborhood bulletin over to Room No.304
강희가 다음 달에 부산으로 이사를 한다고 한다.	Kankhee is moving to Busan next month.

* move = 이사하다

보고 싶을 거야.	I'll miss her.

* miss = ~가 없어져서 쓸쓸하다

옆집 사람이 이사 인사를 하러 왔다.	My new neighbor came to say hi.

* say hi = 인사를 하다

좋은 사람 같아서 다행이다.	I'm glad she looked nice.
외출하려는데 옆집 사람을 만나서 인사를 했다.	When I was leaving, I saw a neighbor and greeted her.

* neighbor = 이웃집, 동네사람

옆집에는 어떤 사람이 살고 있을까?	I wonder what kind of neighbors I have.
우리 아파트에 사는 사람들은 서로 별로 친하지 않다.	People living in my apartment don't really associate with each other.

이별

👓 사람과 헤어지다

5시에 그녀와 헤어졌다.	I said bye to her at 5:00.

* say bye to ~ = ~와 헤어지다. said는 say의 과거형

역에서 하나와 헤어졌다.	I said bye to Hana at the station.
아들을 공항에서 배웅했다.	I saw my son off at the airport.

* see ~ off = ~를 배웅하다

그녀를 역까지 배웅했다.	I saw her off at the station.
웃는 얼굴로 배웅했다.	I saw him off with a smile.
헤어질 때 그만 울고 말았다.	I couldn't help crying when I saw her off.

* can't help -ing = ~하지 않을 수 없다

| 잘가라고 손을 흔들었다. | I waved good-bye to him. |

* wave = 손을 흔들다

 사람과 사별하다

| 할아버지께서 돌아가셨다. | My grandfather passed away. |

* pass away = 죽다

아버지는 77세에 돌아가셨다.	My dad passed away at the age of 77.
할머니는 97세에 돌아가셨다.	My grandmother passed away peacefully at 97.
그는 갑자기 죽었다.	He dropped dead.

* drop dead = 갑자기 죽다

그녀는 죽어가고 있다.	She's dying.
사촌이 간암으로 죽었다.	My cousin passed away from liver cancer.
옆집 사람이 자살했다.	A neighbor of mine killed himself.

* 여성은 himself를 herself로

조카가 교통사고로 죽었다.	My nephew was killed in a car accident.
그는 너무 빨리 죽었다.	He died too early.
그를 생각하며 기도했다.	My thoughts and prayers are with him.

* thought = 생각   prayer = 기도

| 영수의 어머니가 돌아가셨다는 소식을 듣고 슬펐다. | I'm very sorry to hear about Youngsoo's mother's death. |
| 그의 죽음은 말로 표현할 수 없을 정도로 슬프다. | His death has saddened me beyond words. |

* sadden = ~을 슬프게 만들다

| 그녀가 죽은 지 12년이 지났다. | It's been 12 years since she passed away. |

인간관계에 대해
영어일기를 써 보자

 친구와 싸우다

> Jiho and I had an argument. I apologized by e-mail, but I haven't gotten a reply yet. Maybe I should've said sorry to him in person.

해석

지호와 싸웠다. 메일로 사과했지만 아직 답장이 없다. 직접 사과했어야 했나.

포인트 단순한 '말싸움'은 argument나 quarrel, '치고 받고 싸우다, 심한 말싸움'은 fight로 표현합니다. Maybe I should've~(동사의 과거분사)는 '~ 해야 했었나.'. in person은 '(메일이나 전화가 아니라) 직접'이라는 의미입니다.

 위층 사람의 발소리

> The man upstairs makes noise when he walks. I wish I could tell him to walk quietly but I can't as I sometimes run into him in the parking lot.

해석

위층 남자의 발소리가 너무 시끄럽다. 조용하게 걸어달라고 말하고 싶지만 가끔 주차장에서 마주치기 때문에 말하기가 힘들다.

포인트 '위층의'는 upstairs, '아래층의'는 downstairs. I wish I could ~ 는 '~할 수 있다면 좋겠지만(실제로는 불가능하다)'라는 의미로 이 문장의 ~는 '~인데'라는 의미. run into ~는 '~를 마주치다', parking lot 은 '주차장'이라는 뜻.

286

눈치를 보는 건 피곤해

I don't want to go along with my
husband to his parents' home during
the Chuseok. I get so tired trying
to be nice to my in-laws.

해석

추석 연휴에 시댁에 가는데,
너무 싫다. 시댁식구들 눈치를
봐야 하는 건 너무 피곤하다.

포인트 '시댁에 가다'는 go along with my husband to his parents' home(남편과 함께 그의 부모님 집
에 가다) 로 표현합니다.

 ## 고마운 동네 친구

Lina's teacher called me to come
pick her up because she had a
fever. But I was in a meeting and I
couldn't. Youngin kindly picked her
up for me.

해석

리나의 선생님에게 리나가 열
이 나니까 데리러 오라는 전화
가 왔지만 회의가 있어서 갈
수 없었다. 친절하게도 영인
씨가 대신 리나를 데리러 가
줬다.

포인트 pick up 은 '~을 데리러 가다'라는 의미. '친절하게도 ~해 주었다'는 kindly ~ (동사의 과거형) 으
로 표현합니다. 이 kindly 는 반드시 동사의 과거형 직전에 온다는 것을 외워둡시다. '~ 대신에'는
for ~를 사용합니다.

5 기분·감상

다양한 기분

 좋아하다

이 색이 좋다.	I like this color.
이 밴드 너무 좋아!	I love this band!
부산은 내가 좋아하는 도시야.	Busan is my favorite city.
나는 초콜릿이라면 사족을 못 써.	I love chocolate more than anything.

* more than anything = 그 무엇보다도

📖 싫어하다

이 배우는 안 좋아해.	I don't like this actor.
커피는 별로 안 좋아해.	I don't really like coffee.

* don't really ~ = 별로 ~하지 않다

비행기 타는 걸 정말 안 좋아해.	I really don't like flying.

* fly = 비행기를 타다

바퀴벌레는 정말 싫어!	I hate cockroaches!

* cockroach는 회화에서 roach로 줄여서 말하기도.

👓 기쁘다 · 행복하다

됐어!	Yes! I did it!
너무 기쁘다!	I'm so happy!☺
정말 행복해.	I'm really happy.
최고로 기쁘다.	I couldn't be happier.

* 더 이상 기쁠 수가 없다는 뉘앙스

말로 표현할 수 없을 정도로 기쁘다.	I have no words to express how happy I am.
와~, 대단해. 믿을 수 없어!	Wow, this is too good to be true! * too good to be true는 「너무 좋아서 믿어지지 않는 듯한」 뉘앙스로 사용되는 경우가 많다.
기쁜 소식이다!	I got some good news!
그녀는 정말 기뻐하는 것 같다.	She looked really happy.
그의 일은 나로서도 기쁘다.	I'm happy for him.
나는 세상에서 제일 행복하다.	I'm the happiest person on earth.
난 참 운이 좋아.	I'm such a lucky guy. * 이 lucky는 「혜택을 받아서 행복하다」라는 뜻. 여성이라면 guy를 woman으로.
꿈만 같아!	It feels like a dream!
억세게 운이 좋아!	Lucky me! I'm so lucky!
재수가 좋다.	I'm in luck.
오늘은 재수가 좋군.	I lucked out today.

즐겁다 · 재미있다

즐거웠다.	It was fun. I had fun.
엄청나게 즐거웠다.	I had a ball. I had a great time. * ball = 아주 즐거운 한 때
너무 즐겁다.	It's a lot of fun.
즐거운 하루였다.	It was a great day. * great day는 fun day로도 OK
의외로 웃겼다.	We didn't expect it, but it WAS funny. * WAS를 대문자로 쓰면 의미를 강조할 수 있다.
너무 웃긴다!	I love it!
너무 웃었어!	It cracked me up! * crack ~ up = ~을 많이 웃기다

빵터졌다.	I laughed out loud!
	* loud = 큰 소리로
배꼽이 빠질 정도로 웃었다.	I laughed until my sides ached.
	* side = 옆구리 ache = 아프다
너무 웃어서 눈물이 났다.	I laughed so hard that I cried.
떠올릴 때마다 웃음이 난다.	I laugh whenever I remember it.
	* remember = ~을 떠올리다

🔒 슬프다

슬프다.	I'm feeling sad.
너무 슬프다.	I'm really sad. I'm heartbroken.
울 것 같다.	I'm close to tears.
	* close to ~ = ~에 가까운
울고 싶은 기분이었다.	I felt like crying.
울고 싶은 걸 억지로 참았다.	I tried really hard to hold back my tears.
	* hold back ~ = ~을 억누르다
눈물이 넘쳐흘렀다.	Tears welled up in my eyes.
	* well up = 솟아나다, 넘쳐흐르다
눈물이 멈추지 않는다.	I can't stop crying.
너무 잔인해!	How cruel!
	* cruel = 잔인한
가슴이 찢어질 것 같았다.	I felt heartbroken.
그녀가 슬퍼하는 것을 보니 가슴이 찢어질 것 같았다.	It broke my heart to see her sad.

💡 외롭다 · 허무하다

외롭다.	I'm feeling lonely.
그가 그립다.	I miss him.
가슴에 뻥 하고 구멍이 뚫린 것 같다.	It's like there's a hole in my heart.
갑자기 외로움이 몰려 왔다.	All of a sudden, I was hit by a wave of loneliness.

허무하다.	I feel empty. * empty = 허무한, 공허한
매일 같은 일을 반복해서 허무해졌다.	I feel empty doing the same thing every day.
인생이 다 그런 거지 뭐.	That's the way it is. That's life.

🕐 우울하다

우울하다.	I'm feeling low. I feel depressed. <div align="right">* low 대신 blue, depressed 대신 down도 OK</div>
최근에 의욕이 안 생긴다.	I don't have any motivation these days. * motivation = 의욕
아무것도 하기 싫다.	I don't feel like doing anything.
만사 귀찮다.	I'm sick and tired of everything.
싫다, 싫어.	It's driving me crazy. <div align="right">* drive ~ crazy = ~의 기분을 이상하게 만들다</div>
절망적이다.	It's hopeless.
진절머리난다.	I'm sick of it.
전부 엉망이 되었다.	I really messed up everything. <div align="right">* mess up ~ = ~을 엉망으로 만들다</div>
앞이 전혀 안 보인다.	The road ahead is pitch-dark. <div align="right">* pitch-dark = 캄캄한</div>
왜 늘 이런 일을 당하는 걸까?	How come this always happens to me?
사는 게 피곤하다.	I'm tired of life.

☕ 기대

기대된다!	I'm looking forward to it!
내일이 기대된다!	I can't wait for tomorrow. I can hardly wait for tomorrow.
설렌다.	I'm getting excited.
두근두근.	I'm excited and nervous.

빨리 토요일이 왔으면 좋겠다.	I wish it were Saturday already.
흥분이 되서 좀처럼 잠을 잘 수 없었다.	I was too excited to sleep.
이 영화를 상당히 기대하고 있다.	I really have high expectations for this movie.
기대를 저버리지 않기를.	I hope it doesn't disappoint me.

* 「사람」에 대한 기대라면 it을 he/she/they 등으로.

실망하다 · 안타깝다

아~, 실망이야.	What a letdown!

* letdown(낙심)은 disappointment로 해도 OK

그 사람한테 진짜 실망이다.	I was really disappointed in him.
이제 조금만 더 하면 잘 될 것 같았는데.	It looked like it was just about to turn out okay.

* turn out ~ = ~라는 결과가 되다

낙담했다.	It was a letdown.
그저 그랬다.	It was just okay.

* just okay는 「그저 그렇다」는 뉘앙스

기대한 만큼 좋지는 않았다.	It wasn't as good as I expected.
기대한 내가 잘못이다.	I shouldn't have expected so much.
안타깝다!	That's too bad! That's a shame!

* shame = 창피하다, 안타깝다

지루하다

지루해.	It's boring. I'm bored.
지루한 책이었다.	It was a boring book.
지루했다.	It was a drag.

* drag = 따분한 사람

너무 지루하다.	I'm bored to death.
일상이 지루하다.	I'm bored of my everyday life.
정말 재미없었다.	It wasn't any fun at all.

뭔가 재미있는 일 없을까?	I wonder if there's anything exciting going on.
시간 낭비였다.	It was a waste of time.

감동하다

감동했다.	I was moved.

* moved = touched

깊이 감동했다.	I was really moved.
감동해서 눈물이 났다.	I was moved to tears.
그의 친절함에 감동했다.	I was moved by his kindness.
감동했다.	I was inspired.
나도 모르게 눈물이 났다.	I found myself weeping in sympathy.

* sympathy = 공감, 동정

그의 연설에 깊은 감명을 받았다	I was really impressed with his speech.

화가 나다

짜증이 난다.	This is annoying.

* annoying[어노잉] = 짜증이 나다

아오, 열받아!	I'm so pissed off.

* 품위 없는 표현

아직 분이 가시지 않는다.	I'm still mad.
생각을 하니 다시 화가 치밀어 올랐다.	Just remembering it made me angry again.
한심스러워서 열 받았다.	I got mad over nothing.
인내심에 한계가 왔다.	I couldn't take it any longer. I've lost my patience.

* take it = 참다   patience = 인내

분노로 온몸이 떨렸다.	My whole body shook with anger.
스트레스를 풀고 싶다!	I need to let off some steam!

* let off steam = 울분을 터뜨리다

누군가에게 풀어 버리고 싶다.	I want to vent my anger on someone.

* vent = ~(분노 등)을 발산시키다

남편에게 화풀이해 버렸다.	I took it out on my hubby.
	* take it out on ~ = ~에게 화풀이 하다. take의 과거형은 took hubby = husband(남편)
작작 해라!	Give me a break!
	* 짜증을 부추기는 발언에 대해 그만 좀 해라 하고 말할 때.
가만 놔뒀으면 좋겠다.	Just leave me alone.
쓸데없는 참견을 한다.	It's none of his business.
	* 상대가 여성이라면 his를 her로
그의 태도가 거슬린다.	His attitude got on my nerves.
	* attitude = 태도
그 녀석과는 이제 절교다.	I'm done with him.
	* done with ~ = ~와 관계를 끊다
그 녀석을 평생 용서하지 않을 거야!	I will never forgive him!
절대로 용서가 안 된다!	It's absolutely unforgivable!
그 녀석은 더 이상 믿을 수 없어!	I won't trust him anymore.
그와는 두 번 다시 말을 안 할 것이다.	I will never talk to him again!
대꾸해 줬더라면 좋았을 걸.	I should've said something back to her.

👓 놀라다

아~, 깜짝이야.	Oh, I was surprised.
정말 놀랐다.	I was really surprised.
거짓말 같다.	I just can't believe it.
진짜?	No kidding!
엄청난 우연!	What a coincidence!
	* coincidence = 우연
대단한 하루였어!	What a day!
	* 좋은 경우 나쁜 경우 둘 다 사용 가능
믿을 수 없어!	Unbelievable!
지금까지도 믿을 수 없어.	I still can't believe it.
이렇게 되다니 믿을 수 없어.	I can't believe this is really happening.

| 내 눈을 의심했다. | I couldn't believe my eyes. |

| 그녀 때문에 간 떨어질 뻔했다. | She almost gave me a heart attack. |

*「그녀의 말과 행동에 놀랐다」는 뉘앙스. 뉴스를 보거나 했을 때는 She를 It로.

| 사실은 소설보다 더 기묘하다. | Truth is stranger than fiction. |

자신감이 있다 · 없다

| 정말 자신 있다. | I'm really confident. |

| 만반의 준비를 했다. | I'm all set.
Everything is ready. |

*set＝만반의 준비

| 이런 건 식은 죽 먹기다. | This is a piece of cake.
This is as easy as pie. |

*첫 번째 문장은 Piece of cake.라고 해도 OK

| 잘 해낼 자신이 있다. | I'm confident that I'll do well. |

| 나 자신에게 자신감이 없다. | I'm not confident in myself. |

| 왠지 자신감이 없어졌다. | I'm no longer confident for some reason. |

| 내 자신에게 더욱 자신감을 가지고 싶다. | I want to be more confident in myself. |

| 내 자신을 믿어야 해. | I should believe in myself. |

| 조금씩 자신감이 생겼다. | I'm becoming more confident. |

| 과신하지 않도록 조심하자. | I'll try not to be overconfident. |

*overconfident＝지나치게 자신만만한

| 내가 너무 자신만만한가? | Maybe I'm overconfident. |

불안 · 긴장

| 걱정이야. | I'm worried. |

| 엄청 불안하다. | I'm feeling really uneasy. |

*uneasy＝불안한, 걱정스러운

| 불안해서 저녁에 잠을 잘 수 없다. | I'm too anxious to sleep at night. |

| 긴장하고 있다. | I'm nervous. |

긴장이 된다.	I'm getting tense.	* tense = 긴장한
내일 연주회를 앞두고 긴장 상태다.	I'm keyed-up about the music performance tomorrow.	* keyed-up = (중요한 일을 앞두고)흥분하고 긴장되는
위가 아프다.	I'm getting knots in my stomach.	* knot = (불안, 긴장으로 위나 목의)뻣뻣한 느낌
내게는 무리인 것 같다.	I don't think I can do it.	
왠지 안 좋은 예감이 든다.	I have a bad feeling about this.	
정말 잘 될까?	I wonder if it'll go well.	* go well 은 work out이라고 해도 OK
잘 되면 좋겠다.	I hope it goes well.	
너무 긴장했다.	I was really nervous.	
목소리가 떨렸다.	My voice got shaky.	
손이 떨렸다.	My hands were shaking.	
심장이 두근거렸다.	My heart was beating fast.	
머릿속에 아무것도 떠오르지 않았다.	My mind went blank.	* go blank = 멍해지다
얼굴이 상기된 것 같다.	I think my face was red. I think I was flushed.	* flushed = 상기된
그가 긴장한 것 같았다.	He looked nervous.	

🛋 안심

안심이다.	I'm relieved.	
안심했다!	What a relief!	
겨우 안심이다.	I'm glad I managed it.	* manage = ~을 어떻게든 잘 해내다
가까스로 시간에 맞췄다.	I barely made it.	* barely = 겨우 make it = (시간에) 맞추다
이제 안심하고 잘 수 있다.	Now I can sleep with an easy mind.	
확실히 준비해서 안심했다.	I feel at ease because I'm fully prepared.	

만족

엄청 만족하고 있다.	I'm fully satisfied.
완전히 만족한다.	I'm perfectly satisfied.
상당히 만족스러운 세미나였다.	I was completely satisfied with the seminar.
다들 기뻐해 줘서 대만족이다.	I was happy that everyone was happy.
하루를 잘 보냈다.	I had a fruitful day. I had a fulfilling day. * fruitful = 값진 fulfilling = 충실한
열심히 한 보람이 있었다.	My hard work paid off. * pay off = 성과를 내다. paid는 pay의 과거형
할 수 있는 건 모두 다 했다.	I did all I could do.

 불만

엄청 불만이다.	I'm not satisfied at all.
전혀 만족스럽지 않다.	I'm not really satisfied with this.
마음이 이상하다.	I have a funny feeling about it. * funny = 이상한
이 정도로 만족할 리가 없잖아!	How could I be satisfied with that?
그 레스토랑에는 만족할 수 없었다.	I wasn't satisfied with that restaurant.
이 불만을 어디에 풀면 좋을까?	Where should I go to complain?
요즘 불평을 달고 산다.	I'm always griping these days. * gripe = 불평불만을 하다
되도록 불평은 입밖에 내지 않아야 되는데.	I should keep my complaints to myself. * complaint = 불평, 불만
불평은 이제 그만!	Okay, that's it. No more complaining! * complain = 불평을 말하다

공포 · 불쾌

너무 무섭다.	I'm so scared.

좀 무섭군.	I'm a little scared.
죽는 줄 알았다.	I thought I was going to die.
더 이상 참을 수 없다.	I can't take it anymore.

* take it = 참다

그런 일은 두 번 다시 경험하고 싶지 않다.	I don't want to go through that again.
머리카락이 쭈뼛해지는 경험이었다.	It was a hair-raising experience.
다리가 떨렸다.	My legs were trembling.

* tremble = 떨다

하얗게 질렸다.	I turned white.
닭살이 돋았다.	I had goose bumps.

* goose bumps = 닭살

폐쇄공포증이다.	I'm claustrophobic.
어둠이 두렵다.	I'm afraid of the dark.

* 「고소공포증」은 dark를 heights로

섬뜩했다.	It was creepy.
너무 역겨웠다.	It was so gross.

* gross = 역겹다

벌레가 너무 싫다.	I hate bugs!
마누라가 두렵다.	I'm afraid of my wife.
몇 번을 타고 비행기는 무섭다.	I'll never get used to flying.

* get used to ~ = ~에 익숙하다

후회

왜 이렇게 된 것일까.	How did it end up like this?

* end up = 결국 ~가 되다

왜 늘 이런 걸까.	Why do I always end up like this?
이럴 리가 없는데.	This wasn't how it was supposed to be.

* be supposed to ~ = ~하는 것도 생각할 수 있다

그런 걸 하는 게 아니었다.	I shouldn't have done that.
되돌릴 수 없는 일을 해 버렸다.	I did something I can't undo.

* undo = ~(한 일)을 원래대로 되돌리다

경솔했다.	It was careless of me.
심했나.	Maybe I went a bit too far.
	* go too far = 도를 넘다 went는 go의 과거형
쓸데없는 말을 해 버렸군.	I might have said one word too many.
모두에게 폐를 끼쳤군.	I caused my friends a lot of trouble.
	* 동료라면 friend를 co-workers로
더 빨리 했어야 했다.	I should've done it sooner.
제대로 준비해 두었어야 했다.	I should've been more prepared.
진심으로 후회하고 있다.	I really regret it. * regret = ~을 후회하다
후회하지 않는다.	I have no regrets. * regret = 후회
후회해도 어쩔 수 없다.	It's too late for regrets.
후회막급이다.	It's too late to be sorry.
그때로 돌아갈 수 있다면 좋을 텐데.	I wish I could go back to those days.
인생을 다시 살고 싶다.	I wish I could redo my life.
	* redo = ~을 다시 하다

✏️ 부끄럽다

(쑥스러워서) 당황했다.	I was embarrassed.
(내 행동이) 부끄럽다.	I'm ashamed.
(내성적이라서) 부끄럽다.	I'm shy.
(창피함을 당해서) 부끄러웠다.	I was humiliated.
모두에게 비웃음을 당했다.	Everyone laughed at me.
최악이다!	It really sucks!
	* suck = 심하다, 최악이다
떠올리고 싶지도 않다.	I don't want to remember it.
빨리 잊고 싶다.	I just want to forget about it.

싫은 기억을 지우고 싶다.	I want to blot out the bad memories. *blot out ～ = ～을 지워서 없애다
쥐구멍에라도 들어가고 싶다.	I wish I could sink into the floor. *sink into ～ = ～로 가라앉다
얼굴이 새빨개졌다.	I went bright red in the face. *go red = 빨게 지다
얼굴에서 불이 나는 것 같았다.	My face burned with shame. *burn = 달아오르다 shame = 창피
떠올리기만 해도 얼굴이 붉어진다.	Just remembering it makes me blush.

감사하다

나영, 고마워.	Thanks, Nayoung.
기수, 정말 고마워.	Thanks so much, Kisu.
고마운 일이다.	I'm grateful. *grateful은 thankful로 해도 OK
그녀에게 감사하고 있다.	I'm grateful to her.
아무리 감사해도 부족하다.	I can't thank her enough. *직역하면 '충분하게 감사할 수 없다'
그에 대한 감사의 마음은 말로 표현할 수 없다.	There are no words to express how grateful I am to him.
내일 그에게 감사의 마음을 전하자.	I'll show him my gratitude tomorrow. *gratitude＝감사
도와주신 모든 분들께 감사드린다.	I appreciate their help. *appreciate＝～을 감사하다
건강한 것은 감사한 일이다.	I'm thankful for my good health.
오늘도 별 탈 없이 지낸 것에 감사하고 싶다.	I'm thankful nothing bad happend today.

사죄하다

미안하다.	I'm sorry.
정말 미안하게 생각한다.	I'm really sorry.
그에게 미안한 일을 했다.	I feel terrible for what I did to him.

모두에게 사과하고 싶다.	I want to apologize to everyone.
	* apologize＝사죄하다
그녀에게 제대로 사과를 해야 해.	I need to give her a proper apology.
	* proper = 적당한 apology = 사죄
내일 그녀에게 미안하다고 말해야지.	I'll tell her I'm sorry tomorrow.
그에게 사과의 편지를 써야겠다.	I'll write him a letter of apology.
계속 사과했다.	I kept apologizing.
사과의 의미로 선물을 가지고 갔다.	I went to see her with an I'm-sorry gift.
	* 사과의 의미로 주는 선물은 apology gift라고도 한다.
그가 용서해 주면 좋을 텐데.	I hope he forgives me.

칭찬하다

기영아, 열심히 잘 했어!	Good job, Kiyoung!
	* 자신의 이름을 넣어서 칭찬하자.
하면 되잖아!	If I try, I can do it!
내 자신을 칭찬하고 싶다.	I want to praise myself.
	* praise＝～칭찬하다
내 자신에게 선물을 주자.	I should give myself a treat.
	* treat＝즐거움, 기쁨
지나에게 박수를 보내고 싶다.	I want to give a big hand to Jina.
	* 자기자신에게 보낼 때는 myself로
상호는 정말 대단해.	Sangho is truly a great person.
가끔은 남편을 칭찬해야지.	I should praise my husband once in a while.
	* once in a while＝가끔
영어를 칭찬 받아서 기뻤다.	I was glad he complimented me on my English.
	* compliment ~ on ... ＝～의 ...을 칭찬하다
인사치레라도 기뻤다.	I was flattered.
	* flattered – (칭찬받거나 해서) 기쁜
칭찬을 들었다.	I took it as a compliment.
	* compliment＝칭찬의 말

축하하다

축하해!	Congratulations!
	* 짧게 Congrats!라고도 한다.
영기, 축하해!	Congratulations, Youngki!

생일 축하해!	Happy birthday!
졸업 축하해!	Congratulations on your graduation!
취직 축하해!	Congratulations on finding a job!
승진 축하해!	Congratulations on your promotion!
결혼 축하해!	Congratulations on your marriage!
출산 축하해!	Congratulations on your new baby! * new baby는 성별에 맞춰서 baby boy(남자 아이)나 baby girl(여자아이)로 해도 된다.
정말 축하해.	I'm really happy for them.
두 사람의 새 출발을 축하해주고 싶다.	I really wish them happiness in their new life.
우리들의 결혼기념일을 위해 건배!	Here's a toast to our wedding anniversary! * toast = 축배, 건배

격려하다

괜찮아, 괜찮아.	It's all right.
지금처럼만 하면 괜찮아.	It'll be okay if I keep doing what I'm doing.
영수야, 침착해야지.	Calm down, Youngsoo.
나라면 분명 할 수 있다.	I'm sure I can do it.
내 자신을 믿고 힘내자.	I'll believe in myself and give it my best shot.
분명히 잘 될 거야!	I'm sure it'll go well!
안 되도 괜찮아.	I have nothing to lose. * lose = ~을 잃다
민호야, 힘내!	Hang in there, Minho! * hang in there = (역경에도) 굴하지 않다
그들이 최선을 다했으면 좋겠다.	I want them to do their best.
그녀를 뒤에서 응원하고 있다.	I'm supporting her behind the scenes. * behind the scenes = 뒤에서

| 노력은 언젠가 보답을 받는다. | My efforts will pay off eventually. |

* effort = 노력 pay off = 보답을 받다

 위로하다

신경 안 써.	Don't worry about it.
누구에게나 있을 수 있는 일이지.	It happens to everyone.
누구나 실패해.	Everybody makes mistakes.
나만 나쁜 게 아니야.	I'm not the only one at fault.

* fault = 책임

그저 운이 좋지 않았을 뿐이야.	It just wasn't my day.
다음부터 조심하면 되지 뭐.	Just be careful next time.
다음에는 더 잘 될 거야.	Better luck next time.
그의 메일에 위로를 받았다.	His e-mail cheered me up.

* cheer ~ up = ~을 위로하다

 의심하다

| 정말인가? | Is it really true? |
| 의심스럽다. | I'm doubtful. |

* doubtful = 확신이 없다

| 그런 얘기는 믿지 않는다. | I don't buy that story. |

* buy = ~을 받아들이다, 믿다

| 그렇게 쉽게 믿을 수 없다. | I can't believe it just like that. |
| 여전히 의심스럽다. | I still have my doubts. |

* doubt = 의심, 걱정

| 내가 속을 줄 알고? | I'm NOT going to be fooled. |

* fool = ~을 속이다

그건 의심할 수가 없어.	No doubt about il.
거짓말이 아닌가 의심하고 있다.	I wonder if it's a lie.
그녀는 거짓말을 하고 있는 것 같다.	I have a feeling she's lying.

 부러워하다 · 질투하다

| 너무해. | It's not fair. |

* fair = 공평한

수지는 좋겠다!	Suji is so lucky!
그가 부럽다.	He's really lucky.
	* I'm jealous of him.라고도 한다.
그녀처럼 되고 싶다.	I want to be like her.
유미에게 남친이 생겼다니 부럽다.	Yumi got a boyfriend. I'm jealous.
그의 회사는 보너스가 나온다니 부럽군.	I'm jealous. His company gives bonuses.
그를 질투한다.	I can't help being jealous of him.
	* can't help -ing = ~하지 않을 수 없다
그녀는 질투가 심하다.	She's always so envious of others.
	* envious = 질투가 심하다

 찬성하다

나는 찬성이야.	I agree.
그의 의견에 찬성.	I agree with him.
대체적으로 찬성한다.	I basically agree.
전적으로 찬성한다.	I completely agree.
전혀 다른 의견이 없다.	I have no objections whatsoever.
	* objection = 반대 no ~ whatsoever = 약간의 ~도 없다
	whatsoever는 whatever의 강조형
반대할 이유가 없다.	I don't have any reason to disagree.
무조건 찬성한다.	I agree unconditionally.
	* unconditionally = 무조건
좋은 생각이라고 봐.	I think it's a good idea.

 반대하다

나는 반대야.	I have to disagree.
아내의 의견에 반대.	I don't agree with my wife.
찬성할 수 없다.	I can't agree.
다시 한 번 생각해 보는 게 좋을 것 같다.	I think it needs to be reconsidered.
	* reconsider = ~다시 생각하다, 재검토하다

인정하는 건 아니야.	I can't allow this.

*allow＝～을 허락하다, 인정하다

반대 의사를 전했다.	I came out against it.

📖 어느 쪽도 아니다

나는 어느 쪽이든 상관없다.	I'm okay either way.

*either way＝어느 방법이라도

난 잘 모르겠는데.	I can't really say.

*I can't say.는 「난 잘 모르겠다」라는 뉘앙스.

차이가 없을 것 같다.	I don't think they're any different.
어느 쪽으로 하든 잘 될 거야.	It'll be all right either way.
아직도 생각이 정리되지 않았다.	I can't make up my mind.

*make up one's mind＝결심하다

어떻게 해야 할지 결정내리기 힘들다.	I haven't decided what to do.
좀 더 생각해 봐야겠다.	I need a little more time to think.
모두의 의견에 따르자.	Let's go with the general opinion.

*general＝일반적인, 전원의

👓 포기하다

하~, 어쩔 수 없다.	Well, it can't be helped.
이제 포기하자.	OK, it's time to give this up.
포기하는 게 좋겠어.	I think I should just stop.
포기도 중요해.	Sometimes giving up is the best choice.
깔끔하게 포기하기로 했다.	I decided to give it up.
바꾸는 건 무리야.	Some things can't be changed.
다른 방법을 찾는 게 나을 것 같아.	I'd better find another way.
기분을 바꿔보자.	I'll put this behind me.

*put ～ behind＝～을 잊다

아무래도 포기할 수 없어.	I just can't forget about it.

참다

조금만 더 참자.	I'll be patient just a little longer.
	* patient = 잘 참는
그에게 조금만 더 참으라고 하자.	I'll ask him to be patient just a little longer.
더 참아야 해.	I have to be more patient.
슬슬 인내의 한계야.	I'm running out of patience.
	* run out of ~ = ~을 다 사용하다 patience = 인내
더 이상 참을 수 없어.	I can't take it anymore.
	* take it = 참다
더 이상 참을 수 없었다.	I couldn't bear it anymore.
	* bear = ~을 견디다
그에게는 더 이상 참을 수 없다.	I can't put up with him anymore.
	* put up with ~ = ~을 참다
나도 인내의 한계라는 게 있어!	There's a limit to my patience!
왜 항상 내가 참지 않으면 안되는 거야?	Why do I always have to take this?
인내 부족인가?	Maybe I have to learn to be more patient.
그녀는 정말로 참을성이 있다.	She's really patient.

기분을 표현하는 짧은 구문

대단하다!	Great! Awesome!
와~ 대단해!	Wow!
최고!	Terrific!
멋져!	Cool!
바로 그거야!	Way to go!
확실하지!	Right on!
잘 했어!	Good for her!
	* 상대에 따라 her를 him/them/us 등으로

내가 못 살아!	**Come on!** **Shoot!**
이런!	**Darn it!** **Damn it!** * it은 모두 생략 가능. Damn[댐] it!은 품위 없는 표현
말도 안 돼!	**No way!** **That's impossible!**
최악이다!	**This sucks!** **This is terrible!** * suck[석]＝(상황이)심하다, 최악이다
웃겨!	**Oh no!**
정말 역겨워!	**Yuck!** **Gross!**
구역질 나!	**Disgusting!**　　* disgusting[디스커스팅]
저리 가!	**Go away!**
엉~ 엉~	**Boo-hoo.** * boo-hoo는 큰 목소리로 우는 상태
잘한다, 잘해.	**Oh my.** **Oh dear.**
어쩔 수 없군.	**Oh well.**
앗, 해 버렸다.	**Uh-oh.**
어이쿠.	**Oops.**　　* oops[웁스]
아얏!	**Ouch!** **Ow!**
후~.	**Phew.** **Whew.**
하~.	**Sigh...**　　* sigh＝한숨
아~.	**Ah...**　　* ah[아-]
역시.	**I knew it.** **No wonder.** * No wonder.는 「이상한 게 아니다」라는 뉘앙스

5
기
분
·
감
상

기분·감상에 대해
영어일기를 써 보자

 합격해서 기쁘다!

> I passed JLPT N2 at last! I did
> it! I'm so happy I passed it before
> graduating from high school.

해석

드디어 일본어능력시험 2급에 합격했다! 해냈다! 고등학교 졸업 전에 합격해서 너무 기쁘다.

포인트 JLPT 는 Japanese-language Proficiency Test 의 약어로 '일본어능력시험'를 말합니다. I did it! 은 I made it! 이나 Yes! 로 표현할 수도 있습니다. '너무 기쁘다'는 really〈extremely〉 happy 등으로 표현해도 좋습니다.

 그 두 사람이 헤어지다니

> I was shocked to hear Nayoung and
> Kijun broke up. They were so lovey-
> dovey with each other. I wonder
> what happened to them. I just can't
> believe it.

해석

나영과 기준이 헤어졌다는 말을 듣고 정말 놀랐다. 그렇게 알콩달콩했는데 무슨 일이 있었던 걸까? 정말 믿을 수가 없다.

포인트 shocked 는 '상당히 놀라서, 충격을 받아서'라는 의미. (연인이나 부부가) 헤어지다, 이혼하다'는 break up을 사용합니다. 'A와 B가 헤어졌다'는 A and B broke up 또는 A broke up with B 라고 합니다. lovey-dovey 는 '알콩달콩한, 뜨거운'이라는 의미.

깜빡했다

When I got home and unlocked the front door, I carelessly left the key in the lock. A passer-by kindly rang the doorbell and let me know. Whew.

해석
집에 와서 현관문을 연 것까지는 좋았는데 깜빡하고 열쇠를 문에 꽂아 두고 말았다. 친절하게도 지나가는 사람이 초인종을 눌러서 가르쳐 줬다. 휴~, 다행이다.

포인트 '깜빡하고'는 carelessly(부주의하게도). '열쇠를 문에 꽂아두고 말았다'는 left the key in the lock 이라고 표현합니다. 이 left 는 leave(~을 잊어 버리고 놔 두다) 의 과거형입니다. Whew(Phew 라고도 함) 는 '휴~ 다행이다'라고 안심했다는 기분을 표현합니다.

왜 나만?

Mari and I talked during class, and the teacher told me off. Why only me? It's not fair! Just remembering it made me angry again.

해석
마리와 수업 시간에 수다를 떨다가 선생님께 혼났다. 왜 나만 혼난 거지? 공평하지 않아! 생각날 때마다 화난다.

포인트 tell off 는 '~을 혼내다'는 의미. I was told off by the teacher 이라고 수동태로 표현할 수도 있습니다. fair 는 '공평한', not fair 은 '불공평한'이라는 의미가 됩니다. made me angry 는 '나를 화나게 했다'로 make ~ ... 는 '~을 …로 만든다'는 의미.

309

6 감각

미각

 맛있다

맛있었다.	**It was good.** * good은 tasty라고 해도 OK
아주 맛있었다.	**It was really good.** **It was delicious.**
너무 맛있었다.	**It was absolutely scrumptious.** * scrumptious는 delicious와 같은 뜻. 캐주얼한 표현.
풍미가 좋다.	**It had a rich taste.** * rich = 풍부한
한우의 맛이 입 안에 퍼졌다.	**The taste of Korean beef spread through my mouth.** * spread = 퍼지다. 과거형도 spread
지금까지 먹어 본 것 중에서 제일 맛있었다.	**It was the most delicious thing I had ever had.**
틀림없이 그곳의 라면이 제일 맛있다!	**Without a doubt, they have the best ramyun!** * without doubt[다웃]이라고도 한다.
그곳의 요리는 말로 표현할 수 없을 정도로 맛있다.	**Their food is delicious beyond words.** * beyond words = 말로 표현할 수 없는
역시 카레는 이틀째가 맛있다.	**Curry tastes even better on the second day.**
목욕 후에 마시는 차가운 맥주맛은 최고!	**A cold beer after a bath is great!**
엄마가 만들어 주신 것보다 맛있는 건 없다.	**There's nothing like my mom's home cooking.**
배고플 때는 뭘 먹어도 맛있다.	**Everything tastes good when you're hungry.** * 여기서 you는 일반적인 사람들.

맛없다

맛이 없었다.	It wasn't good. * good = tasty
별로 맛이 없었다.	It wasn't very good.
맛이 없었다.	It was terrible. It tasted awful. * awful[오플]
정말 맛이 없었다.	It was really awful. It was horrible.
입에 맞지 않았다.	I didn't like the taste.
상한 맛이 났다.	It tasted a little rotten. * rotten = 썩은
먹을 수 있는 것이 아니었다.	It just wasn't edible. * edible = 먹을 수 있는
역겹게 보였다.	It looked disgusting. * disgusting = 역겨운, 구역질나는
토할 것 같았다.	It was yucky. * yucky = 역겨운, 너무 맛없는

평범한 맛

맛이 괜찮은 정도였다.	It was okay.
맛있지도 맛없지도 않았다.	It wasn't good or bad.
평범한 맛이었다.	It was nothing out of the ordinary. * out of ～ = ～의 범위를 넘어 ordinary = 보통의, 평범한
평범한 맛이 최고다.	Normal is best.

달다

달았다.	It was sweet.
너무 달다.	It was too sweet.
달달하고 짭쪼름했다.	It was sweet and salty.
새콤달콤했다.	It was sweet and sour.
적당하게 달았다.	It was moderately sweet.

달고 맛있었다.	It was sweet and tasty.

 짜다

짰다.	It was salty.
너무 짜다.	It was too salty.

 맵다

매웠다.	It was spicy.
조금 매웠다.	It was a little spicy.
너무 매웠다.	It was too spicy.
카레는 중간 정도 매운 맛을 좋아한다.	I like moderately hot curry.

* hot = spicy

제일 매운 맛의 카레를 주문했다.	I ordered really hot curry.
너무 매워서 땀이 났다.	It was so spicy that I sweated.
매워서 혀가 얼얼했다.	It was so spicy that my tongue was burning.

* tongue = 혀

 그 외의 맛

신맛이 났다.	It was sour.
쓴맛이 났다.	It was bitter.
쓰고 신맛이 났다.	It was bitter and sour.
기름기가 많았다.	It was oily.
너무 진한 맛이다.	It was too thick. It tasted a bit too rich.

* thick = 진한

상큼했다.	It was light. It had a light taste.
본격적인 맛이었다.	It had an authentic flavor.

* authentic[오센틱] = 진짜의

독특한 풍미였다.	It had a unique flavor.

색다른 맛이었다.	**It tasted different.**
이상한 맛이었다.	**It had a funny taste.**
부드러운 맛이었다.	**It had a mild taste.**
소박하고 맛있었다.	**It tasted nice and simple.**
혀가 얼얼했다.	**My tongue was tingling.** * tingle = 얼얼하다
담백했다(맛있었다).	**It was mild.**
아무맛도 안 났다.	**It was tasteless.** **It was bland.** * bland는 병원식 등 간이 안 된 음식을 말한다.
맛이 진했다.	**It had a strong taste.**
커피가 부드러웠다.	**It was mild coffee.** * mild = weak
커피가 진했다.	**It was strong coffee.**
깊은 맛이 나는 커피였다.	**It was rich coffee.**
커피가 신맛이 났다.	**The coffee was acidic.** * acidic = 산맛이 나는
맛이 풍부한 와인이었다.	**It was a full-bodied wine.**
과일향이 강한 와인이었다.	**It was a fruity wine.** * fruity = (와인 등이)과일 풍미가 있는
상큼한 맛의 맥주였다.	**It was a refreshing beer.**
맛이 진한 치즈 케이크였다.	**The cheesecake was rich.**
요거트와 같은 맛이었다.	**It tasted like yogurt.**

간하기

그녀의 요리는 늘 간이 약하다.	**Her food is always mild.** * 「간이 세다」는 mild를 too strong로
딸에게 간이 세다는 말을 들었다.	**My daughter said I flavor my food too strongly.** * flavor = ~에 간을 하다
그녀의 간은 내 입맛에 딱 맞다.	**She flavors her food exactly the way I like it.**

나이 탓인지 최근에는 담백한 맛이 좋아졌다.	Maybe because I'm getting older, I like mild food now.
뭔가 한 가지 부족한 맛이었다.	It tasted like there was something missing.
어떤 맛국물을 사용하고 있지?	I wonder what kind of stock they used.
	* stock = 맛국물
생선조림은 간이 잘 배어들어 있었다.	The boiled fish had a rich flavor.
맛의 비법으로 사용한 설탕이 효과가 있었다.	I noticed the subtle taste of sugar.
	* subtle = 미묘한
집밥 맛이다.	It tastes like home cooking.

씹는 맛

바삭바삭한 게 맛있었다.	It was nice and crisp.
촉촉한 게 맛있었다.	It was nice and moist.
보송보송했다.	It was fluffy.
바삭바삭했다.	It was dry.
쫀득한 게 맛있었다.	It was nice and soft.
걸쭉한 게 맛있었다.	It was thick and tasty.
스프가 묽었다.	The soup was watery.
우동은 쫄깃해서 맛있었다.	The udon was nice, with a chewy texture.
	* chewy = 쫄깃한 texture = 씹는 맛
겉은 바삭바삭하고 속은 즙이 많았다.	It was crisp outside and juicy inside.
입에서 살살 녹는 소고기였다.	The beef was meltingly tender.
	* meltingly = 녹을 것 같이
고무 같이 딱딱한 고기였다.	The meat was chewy like rubber.
문어는 꼬들꼬들했다.	The octopus was crunchy.
따끈하고 맛있는 군고구마였다.	It was a nice, steaming baked sweet potato.

후각

 좋은 냄새

좋은 냄새가 났다.	It smelled nice.
맛있는 냄새가 났다.	It smelled appetizing.
	* appetizing = 식욕을 자극하는
향긋한 냄새가 났다.	It had a savory smell.
	* savory = 냄새 좋은
금방 끓인 커피 향기가 났다.	There was an aroma of fresh coffee.
주방에서 케이크 굽는 냄새가 났다.	I could smell a cake baking in the kitchen.
홍차에서 사과향이 살짝 났다.	The tea had an apple scent.
	* scent = 희미하고 상큼한 향기
그 향수의 향기가 좋군.	I like the smell of that perfume.
그의 향수는 달콤했다.	I caught a whiff of sweet perfume from him.
	* whiff = 한 순간에 풍기는 냄새
영애한테서 좋은 냄새가 났다.	Yeoungae smelled nice.
향수는 뭘 쓰는 걸까.	I wonder what perfume she wears.
잘 땐 어떤 아로마 향으로 할까?	What aroma should I burn before I sleep?
오늘은 티 트리로 하자.	I'll use tea tree today.
감귤향이 났다.	It smelled of citrus.
	* citrus[씨트러스] = 감귤류
라벤더 향기는 마음이 안정되게 한다.	The smell of lavender makes me relax.
상큼한 자몽 향이 났다.	There was a refreshing fragrance of grapefruit.
새 샴푸는 냄새가 좋다.	My new shampoo smells nice.
달콤한 향기가 나는 비누였다.	The soap smelled sweet.

6
감
각

안 좋은 냄새

고약한 냄새가 났다.	It was smelly. It stank. * stink = 악취가 나다. 과거형은 stank 또는 stunk
끔찍한 냄새가 났다.	There was an awful smell. * awful = 끔찍한
이상한 냄새가 났다.	There was a weird smell. * weird = 이상한, 기묘한
코를 자극하는 냄새다.	There was a pungent smell. * pungent = (냄새나 맛이 코나 혀를) 강하게 자극하다
가스 냄새가 났다.	It smelled like gas.
곰팡이 냄새가 났다.	There was a moldy smell. * moldy = 곰팡이 냄새
탄 내가 났다.	I smelled something burning.
담배 냄새가 났다.	It smelled like cigarettes.
옷에서 담배 냄새가 났다.	My clothes smelled of cigarette smoke.
갈비 냄새가 없어지지 않는다.	I can't get rid of the galbi smell. * get rid of ~ = ~을 제거하다
뭔가 비린내가 났다.	Something smelled fishy. * fishy = 비린내
겨드랑이 냄새가 신경 쓰인다.	I'm worried that my armpits are smelly. * armpit = 겨드랑이
셔츠에서 땀 냄새가 났다.	The shirt smelled of sweat.
그에게서 마늘 냄새가 났다!	He had garlic breath!
아버지는 발 냄새가 심했다.	My dad's feet smelled bad.
옆자리에 앉은 할아버지의 입 냄새가 심했다.	The old man next to me had really bad breath.
옆 사람한테서 진한 향수 냄새가 났다.	The person next to me had really strong perfume.
나도 모르게 코를 움켜쥐었다.	I found myself holding my nose. * hold = ~를 집다
냄새가 지독했다.	It smelled awful.

청각

조용했다.	It was quiet.
시끄러웠다.	It was noisy.
잘 들리지 않았다.	I couldn't hear very well.
쿵 하는 소리가 들렸다.	I heard a boom.

* boom＝쿵, 데굴데굴 등의 큰 소리

불쾌한 소리였다.	It was an unpleasant sound.

* unpleasant는 annoying으로 해도 OK

사이렌소리가 들렸다.	I heard sirens.
귀가 찢어질 듯한 천둥소리가 들렸다.	There was deafening thunder.

* deafening＝귀가 찢어질 듯한

어딘가에서 아기 울음소리가 들렸다.	I heard the sound of a baby crying somewhere.
시끌벅적한 레스토랑을 좋아하지 않는다.	I don't like noisy restaurants.
아무 소리도 들리지 않았다.	There wasn't a single sound.
홀이 적막했다.	There was silence in the hall.

* hall은「회의장(건물)」

홀에서 웅성거리는 소리가 들렸다.	I could hear murmuring in the hall.

* murmur＝웅성거리다

바람 부는 소리가 들렸다.	I could hear the wind blowing.
듣기 좋은 음악이었다.	The music was really pleasant.
그녀의 노랫소리를 들으면 안정이 된다.	Her singing helps me relax.
흐르는 강물 소리가 듣기 좋았다.	The sound of the river was relaxing.
그녀는 귀가 밝다.	She has long ears.

* have long ears＝귀가 밝다

예전만큼 들리지가 않는다.	I don't hear as well as I used to.
이명이 들렸다.	My ears were ringing.
아버지께 보청기를 사 드릴까 보다.	Maybe I should buy my dad a hearing aid.

* hearing aid＝보청기

문이 덜컹하고 열렸다.	The door clicked open.
	* click = 덜컹하고 소리가 나다
문이 쾅하고 닫혔다.	The door clanged shut.
	* clang = 쾅하고 소리가 나다
그는 문을 쾅 닫았다.	He slammed the door.
	* slam = 쾅 닫다
문을 열면 삐걱거리는 소리가 났다.	The door makes a squeaking sound when I open it.
누군가가 볼펜을 찰깍거렸다.	Somebody clicked a ballpoint pen continuously.
	* click = ~을 찰깍거리다
똑딱거리는 시계 소리 때문에 집중이 되지 않았다.	I couldn't concentrate because of the ticktock of the clock.
	* concentrate = 집중하다
동수는 손가락관절로 딱딱 소리를 내는 버릇이 있다.	Dongsoo has a habit of cracking his knuckles.
	* crack = ~을 울리다 knuckle = 손가락 관절
아이들이 수영장에 풍덩 뛰어 들었다.	The kids made big splashes as they dived into the pool.

시각

확실하게 보였다.	I could see it clearly.
그다지 잘 보이지 않았다.	I couldn't see it clearly.
아무것도 보이지 않았다.	I couldn't see anything.
설악산이 잘 보였다.	I was able to see Mt. Seorak clearly.
그를 힐끗 봤다.	I took a glance at him.
	* glance = 힐끗 보는 것
눈물 때문에 그의 얼굴이 흐릿하게 보였다.	His face looked blurry through my tears.
	* blurry = 흐릿한
눈을 감았다.	I closed my eyes.
빤히 쳐다봐서 불쾌했다.	I was uncomfortable being stared at.
	* stare at ~ = ~을 빤히 쳐다보다
등 뒤로 시선이 느껴져 돌아보니 아영이가 있었다!	I felt someone's eyes on my back and turned around, and there was Ayoung!
	* turn around = 뒤돌아보다

밝은 눈이 부셨다.	**It was bright outside.**
TV를 너무 봐서 눈이 피곤하다.	**My eyes are tired from watching TV too long.**

촉각

커피가 뜨거웠다.	**The coffee was hot.**
수프는 따뜻했다.	**The soup was warm.**
목욕물이 미지근했다.	**The bath water was lukewarm.**
	* lukewarm = 미지근하다
딱 좋은 온도였다.	**The water was at the right temperature.**
바닷물은 차가웠다.	**The sea water was cold.**
아팠다.	**It hurt.**
아기 피부 같이 부드러웠다.	**It was soft as a baby's skin.**
손이 거칠어졌다.	**My hands got leathery.**
	* leathery = 가죽같은
이불이 푹신해졌다.	**The futon got fluffy.**
토끼털이 폭신폭신했다.	**The rabbit's fur was fluffy.**
이 천은 까끌까끌한 감촉이었다.	**The material felt rough.**
실크 같은 느낌이었다.	**It felt like silk.**
새로 산 머플러가 따끔거렸다.	**My new scarf is prickly.**
	* prickly = 따끔거리다
스웨터를 세탁했더니 뻣뻣해졌다.	**The sweater got stiff when I washed it.**
	* stiff = 딱딱한
도자기가 매끈매끈했다.	**The china was glossy and smooth.**
	* china = 도자기
욕실 바닥이 미끌거렸다.	**The bathroom floor was slippery.**
테이블이 끈적거렸다.	**The table was sticky.**

6
감
각

감각에 대해
영어일기를 써 보자

 ## 신선한 눈볼대

Hojong and I went to Donghae to enjoy fresh fish. All the fish were sooooo good but we loved the rich and tender nodoguro best.

해석

호종이와 신선한 생선을 먹으러 동해에 갔다. 전부 다 너~무 맛있었지만 그 중에서도 특히 살이 통통하고 부드러운 눈볼대는 최고였다.

포인트 '너~무 맛있다'는 sooooo good으로, '살이 통통하고 부드러운'은 rich 와 tender 로 표현했습니다.

 ## 아로마테라피로 휴식

I started to use an aroma lamp and some essential oils about a week ago. Since then, I've been able to relax and sleep better. I'll use lavender tonight.

해석

일주일 정도 전부터 아로마 램프와 오일을 사용하기 시작했다. 그러고 나서 푹 쉴 수 있게 되었고 또 잠도 잘 자게 되었다. 오늘밤은 라벤더 향으로 할까봐.

포인트 aroma lamp 는 '(콘센터 타입의) 아로마 램프'. 촛불이라면 aroma oil burner 로 표현합니다. sleep well 은 '잘 자다', sleep better 는 '지금까지보다 더 잘 자다'는 뜻입니다.

6
감각

 ## 사이렌이 울린다

Several police cars and ambulances
hurried away with their sirens
screaming. I wonder if there has
been a big accident.

해석

경찰차와 구급차 몇 대가 사
이렌을 울리며 엄청난 속도로
지나갔다. 큰 사고가 발생했나
보다.

포인트 several police cars and ambulances 는 '몇 대나 되는 경찰차와 구급차가'의 뜻이고, hurried away 는 '서둘러서 지나갔다', with their sirens screaming은 '사이렌을 울리며'의 뜻입니다. 독백하는 느낌은 I wonder ~로 표현합니다.

 ## 안경 도수가 안 맞을지도 모르겠다

I can't see very well these days.
Maybe my glasses aren't right for
me. I guess I should see an eye
doctor one of these days.

해석

최근에 잘 안 보인다. 안경 도
수가 안 맞나? 가까운 시일 내
에 안과 가는 게 좋을 것 같다.

포인트 '최근'은 these days. 과거형이나 완료형이라면 recently로 표현합니다. '안경 도수가 안 맞는다'는 my glasses aren't right for me 로 표현하면 됩니다. I guess I should ~ (동사 원형)은 '~하는 게 좋을 것 같다', one of these days 은 '가까운 시일 내에'.

7 하루의 일과

아침

 기상

7시 30분에 일어났다.	**I woke up at 7:30.** **I got up at 7:30.** * woke up은 '눈을 떴다', got up은 '이불에서 나왔다'는 의미.
오늘 아침에는 일찍 일어났다.	**I woke up early this morning.**
평상시보다 일찍 일어났다.	**I got up earlier than usual.**
일찍 일어나면 기분이 좋다.	**It feels good to wake up early.**
일찍 일어나면 득을 본다.	**The early bird catches the worm.** * catches는 gets로 해도 OK
상쾌한 아침이었다.	**It was a refreshing morning.**
오늘 아침에는 개운하게 잘자고 일어났다.	**I got up on the right side of the bed this morning.** * got up은 woke up이라고 해도 된다. right를 wrong으로 하면 '자고 일어났는데 개운하지 않다'는 뜻이 된다.
잘 잤다.	**I had a good night's sleep.** **I slept well.**
오늘도 파이팅!	**I'm going to work as hard as always!** * work hard = 열심히 일하다, 열심히 공부하다
오늘은 왠지 좋은 일이 있을 것 같다.	**I have a feeling something nice will happen today.**
엄마가 깨웠다.	**My mom woke me up.** * wake ~ up = ~을 각성시키다, ~을 깨우다
신기하게 저절로 눈이 떠졌다.	**Strangely enough, I woke up by myself.**

추워서 이불 밖으로 나갈 수 없었다.	It was so cold that I had trouble getting out of bed.
커피로 잠을 깼다.	I had coffee to wake me up.
샤워를 했더니 잠이 달아났다.	I took a shower to wake me up.

📖 늦잠

| 오늘 아침에 늦잠을 잤다. | I overslept this morning. |

* oversleep = 늦잠을 자다 과거형은 overslept

| 30분 정도 늦잠을 잤다. | I overslept half an hour. |
| 오늘 아침은 평상시보다 늦게까지 잤다. | I slept in this morning. |

* sleep in = 늦게까지 자다

6시에 일어날 예정이었다.	I was supposed to wake up at 6:00.
일어났더니 7시라서 당황했다.	I woke up at 7:00, so I was in a rush.
서둘러서 자명종을 확인했다.	I hurriedly checked my alarm.

* alarm은 alarm clock이라고 해도 OK

| 자명종이 울지 않았던 것 같다. | It seems my alarm didn't go off. |

* go off = (자명종이나 경보기 등이) 울리다

자명종을 내가 꺼버렸던 것 같다.	It looks like I stopped my alarm.
너무 졸렸다.	I was really sleepy.
오전 내내 졸렸다.	I was sleepy all morning.
조금만 더 자고 싶었다.	I wanted to sleep a little more.
'딱 오분만 더' 하고 다시 잤다.	I told myself, "Just five more minutes," and went back to sleep.

👓 아침밥

아침밥을 가볍게 먹었다.	I had a light breakfast.
아침밥을 든든하게 먹었다.	I had a big breakfast.
아침밥을 급하게 먹었다.	I bolted down my breakfast.

* bolt down ~ = ~를 게 눈 감추듯 먹어치우다, 급하게 먹다

서둘러서 아침밥을 먹었다.	I ate breakfast in a hurry.
	* in a hurry = 서둘러서
천천히 아침밥을 먹었다.	I took my time eating breakfast.
	* take one's time = 천천히 하다
늦은 아침을 먹었다.(브런치를 먹었다)	I had a late breakfast. I had brunch.
아침밥을 건너뛰었다.	I skipped breakfast. * skip = ~을 건너뛰다
아침밥으로 밥, 된장국, 달걀 프라이를 먹었다.	I had rice, miso soup and eggs sunny side up for breakfast.
	* eggs sunny side up은 한 쪽 면만 구운 달걀 프라이
토스트에 잼을 발라서 먹었다.	I ate some toast with jelly.
	* jelly = 잼
어젯밤에 먹고 남은 걸로 아침을 먹었다.	I had last night's leftovers for breakfast. * leftover = 남은 것
아침 밥을 먹지 않고 커피만 마셨다.	I only had coffee for breakfast.
아침밥을 거르면 몸에 좋지 않다는 건 알지만…	I know it's not healthy to skip breakfast, but ...
아침에는 식욕이 없어.	I'm not hungry in the morning.
아침밥을 먹으면서 신문을 읽었다.	I read the newspaper while I had breakfast.

🗒️ 옷차림

이를 닦았다.	I brushed my teeth.
아침에 머리를 감았다.	I shampooed my hair in the morning.
아침에 샤워를 했다.	I took a shower in the morning.
아침에 목욕을 했다.	I took a bath in the morning.
헤어스타일이 도통 마음에 들지 않았다.	I couldn't set my hair right.
자고 일어났더니 머리가 엉망진창이었다.	I had bad bed hair. * bed hair = 자고 일어난 머리
화장이 잘 안 받았다.	I couldn't get my makeup right.
수염을 깎았다.	I shaved my face.
	* my face는 생략해도 OK

외출 준비와 준비물

지각할 것 같았다.	I was almost late. * almost = 거의, 하마터면
아침에는 늘 정신이 없다.	I'm always in a hurry in the morning.
TV 뉴스를 봤다.	I watched the news on TV.
아이폰으로 뉴스를 확인했다.	I checked the news on my iPhone.
아버지가 화장실을 점령하고 있어서 기다려야 했다.	I had to wait because my father was in the bathroom.
혹시나 몰라서 우산을 가지고 나왔다.	I had my umbrella with me just in case. * just in case = 만약을 위해, 혹시 몰라서
도시락을 가지고 나왔다.	I took my lunch with me.
손수건을 잊었다.	I forgot my handkerchief.
서류를 깜빡 잊어 버려서 다시 집에 갔다.	I forgot my documents, so I went back home to get them.

 통근 · 통학

평소보다 조금 빨리 전철을 탔다.	I took an earlier train than usual.
9시 경이면 전철이 붐비지 않는다.	The train isn't so crowded at around 9:00.
전철을 놓쳤다.	I missed the train. ☹ * miss = ~를 놓치다
아슬아슬하게 탔다.	I barely made it. * barely = 어떻게든 ~ 하다 make it = 제시간에 맞추다
선철을 놓쳤지만, 기까스로 제시간에 도착했다.	I almost missed my train, but I made it just in time. * just in time = 겨우 시간에 맞춰
사람이 너무 많아 전철을 두 번이나 그냥 보내고 나서 탔다.	The trains were so full that I had to wait for two to pass before I could get on. * pass = 통과하다
전철 안이 눅눅했다.	It was really humid on the train. * humid = 습하다

7

하루의 일과

전철 안에서 토익 공부를 했다.	I studied for the TOEIC exam on the train.
아이팟으로 음악을 들었다.	I listened to music on my iPod.
아이팟으로 영어 단어 CD를 들었다.	I listened to an English vocabulary CD on my iPod.
발을 밟혔다.	Someone stepped on my foot.
전철에 우산을 두고 내렸다.	I left my umbrella on the train.
회사까지 40분 걸린다.	It took 40 minutes to get to work.
학교까지 15분 걸었다.	I walked 15 minutes to school.
지각할 것 같아서 학교까지 뛰어 갔다.	I thought I was going to be late, so I ran to school.
아침부터 달려서 피곤하다.	I had to run this morning, so I was tired.
또 지각했다.	I was late again.
버스가 막 떠났다.	The bus had just left.
오늘은 버스에 사람이 없어서 앉을 수 있었다.	The bus wasn't so crowded, so I got a seat.
버스가 너무 안 와서 초조했다.	I got really worried when the bus didn't come for a long time.
버스에서 원식이를 만났다.	I met Wonsik on the bus.
오늘 아침에는 길이 막혔다.	The road was crowded this morning.
평소와 다른 길로 갔다.	I took a different route.
지름길로 갔다.	I took a shortcut.
자전거로 출근할까?	Maybe I should go by bike instead.
회사까지 자전거로 갔다.	I rode my bike to work.

* shortcut = 지름길

자전거로 출근하고 나서 몸이 좋아진 것 같다.	I've been feeling better since I started riding my bike to work.
바람이 심할 때는 자전거를 타기가 힘들었다.	It was really hard pedaling my bike in the strong wind.
	* pedal = ~(자전거 등)을 밟다
비가 와서 자전거 대신 버스로 갔다.	It was raining, so I took the bus instead of riding my bike.
오늘은 교통 정리 당번이었다.	I was on traffic duty today.

점심

 집에서의 점심 (→ p. 497 「요리하다」도 참조)

(→ p. 497 「요리하다」도 참조)

점심은 어제 먹고 남은 걸로 때웠다.	For lunch, I had leftovers from yesterday.
볶음 우동을 만들어서 먹었다.	I had fried noodles that I made by myself.
냉장고에 있는 재료로 간단하게 만들었다.	I made something simple with things in my fridge.
TV에서 소개한 스파게티를 만들었다.	I made some spaghetti that I learned about on a TV show.
인스턴트 카레를 먹었다.	I had instant curry.
A베이커리의 빵을 먹었다.	I had some bread from A Bakery.
냉장고에 아무것도 없어서 김밥을 사러 갔다.	There wasn't anything in my fridge, so I went and bought kimbap.
피자를 시켜 먹었다.	I had a pizza delivered.

 집안일 (→ p. 364 「집안일」참조)

(→ p. 364 「집안일」참조)

일상생활에서의 쇼핑 (→ 446 쪽 ' 식료품과 일용품을 사다' 참조)

(→ 446 쪽 ' 식료품과 일용품을 사다' 참조)

7
하루의 일과

저녁 · 밤

 귀가

7시경에 집에 돌아왔다.	I got home at around 7:00.
오늘은 빨리 집에 왔다.	I was able to get home early today.
집에서 나를 기다려 주는 사람이 있다는 건 좋다.	It's nice to have someone at home waiting for me.
근호는 4시경에 집에 왔다.	Keunho got home at around 4:00.
상미는 평소보다 빨리 집에 왔다.	Sangmi got home earlier than usual.
준은 꽤 늦게 집에 돌아왔다.	Jun got home pretty late.
9시 반은 너무 늦다.	9:30 is too late.
그는 어디에 있었던 걸까?	I wonder where he was.
그가 노래방에 갔었다고 했다.	He said he had gone to noraebang.
칼퇴근했다.	I left the office on time.
오늘은 곧장 집에 왔다.	I came straight home today.
야근을 하느라 집에 늦게 왔다.	I had to work overtime and got home late.
더 빨리 집에 갈 수 있을 거라고 생각했는데.	I thought I would be able to get home earlier.
전철이 멈춰서 귀가가 늦었다.	The trains had stopped, so I got home late.
자정이 넘어서 집에 왔다.	I came home after midnight.
택시로 귀가했다.	I took a taxi home.
남편의 귀가가 늦어서 걱정했다.	My husband came home late, so I was a little worried.

전화 한통 해 주면 좋으련만.	I wish he had called.
그가 나에게 문자 정도는 보낼 수 있었을 텐데.	He could have at least sent me a text.

* text = 전화 문자, 컴퓨터 메일은 e-mail

✏️ 요리하다 (→ p. 497 「요리하다」를 참조)

📖 저녁식사

집에 돌아와서 저녁 식사를 준비했다.	I fixed dinner after I got home.

* fix＝～(식사 등)을 만들다, 준비하다

슈퍼마켓에서 반찬을 샀다.	I bought some prepared food at the supermarket.
저녁은 밖에서 먹고 왔다.	I went home after eating dinner.
집에 돌아왔더니 카레 냄새가 났다.	When I got home, I smelled curry.

* smell＝～의 냄새가 나다

저녁은 불고기였다.	We had bulgogi for dinner.
저녁을 혼자 먹었다.	I ate dinner alone.
저녁을 먹지 않고 남편이 귀가할 때까지 기다렸다.	I waited for my husband to come home before we had dinner.
가족이 다 함께 저녁을 먹었다.	All my family had dinner together.
오랜만에 다 같이 저녁밥을 먹었다.	We ate dinner together for the first time in a while.
저녁은 패밀리 레스토랑에서 먹었다.	We went to a family restaurant for dinner.

 목욕

9시 경에 목욕했다.	I took a bath at around 9:00.
아내가 먼저 목욕했다.	My wife ran a bath for me.
내가 첫 번째로 들어갔다.	I took a bath first.

* 「마지막」이라면 first를 last로

리나와 같이 목욕했다.	I took a bath with Rina.
오늘은 재빨리 샤워만 했다.	I took a quick shower today.

1시간 동안 반신욕을 했다.	I soaked in the bath for an hour from the waist down.
	*soak in ~ = ~에 담그다
뜨거운 물에 들어가서 만화를 보면 더할나위없이 행복하다.	Reading manga in the bathtub is bliss.
	*bliss = 더없는 행복
욕조에서 잠깐 졸았다.	I nodded off in the bathtub.
	*nod off = 졸다
굳은 어깨에 효과가 있는 입욕제를 넣어봤다.	I added some bath powder to help soothe my stiff neck.
	*soothe = ~(통증 등)을 완화시키다 stiff = 뻐근하다
오늘 입욕제는 벚꽃향이다.	Today, I chose the cherry blossom-scented bath powder.
	*~-scented = ~의 향이 난다
물 온도가 딱 좋았다.	The bath was just right.
물이 너무 뜨거웠다.	The water was a little too hot.
아~, 물 온도가 딱 좋았다.	Ah, the water felt great.
아~, 상쾌하다.	Ah, I feel refreshed.
물속에 오래 앉아 있었더니 어지러웠다.	I stayed in the water too long and got dizzy.
드라이어로 머리를 말렸다.	I blow-dried my hair.
목욕을 한 후에 맥주를 마셨다.	I grabbed a beer after my bath.
	*grab = ~(음료수)를 목으로 넘기다
목욕을 한 후에는 차가운 맥주가 최고다!	There's nothing better than a cold beer right after a bath!

 단란한 시간

다 같이 드라마를 봤다.	We watched the drama.
아버지는 채널을 자주 바꾼다.	My father always flips through the channels.
	*flip through ~ = ~(채널 등)을 재빨리 바꾸다
여동생과 리모컨을 서로 차지하려고 싸웠다.	My sister and I fought over the remote control.
	*fight over ~ = ~의 일로 싸우다
아이들과 얘기를 나눴다.	I talked with my children.

아이들과 카드놀이를 하며 놀았다.	I played cards with my kids.
	* play cards = 카드놀이를 하며 놀다
아이들의 숙제를 도와 줬다.	I helped the kids with their homework.
1시간 동안 게임을 했다.	I played video games for about an hour.
성수가 게임만 해서 혼냈다.	Seongsoo was just playing video games, so I told him off.
	* tell ~ off = ~을 혼내다. tell의 과거형은 told
아내의 어깨를 주물렀다.	I gave my wife a neck massage.
	* 여기서 neck은 '(목 근처 부분) 어깨'를 가리킨다.
경수가 어깨를 주물러 줬다.	Kyungsoo massaged my neck.
아버지께 마사지를 해 드렸다.	I gave my father a massage.
어머니의 흰머리를 뽑았다.	I pulled out my mother's gray hairs for her.
	* pull out ~ = ~을 뽑다

🔒 **자기 전에**

전신에 바디 로션을 발랐다.	I rubbed lotion on my whole body.
	* rub = ~을 바르다
내일의 준비물을 준비했다.	I got my things ready for tomorrow.
자기 전에 한 잔 했다.	I had a nightcap.
	* nightcap = 자기 전에 마시는 술
요를 깔았다.	I laid out my futon.
	* lay out ~ = ~을 펴다, lay의 과거형은 laid
알람을 6시에 설정했다.	I set my alarm clock for 6:00.
오늘은 어떤 아로마로 할까?	What scent should I use tonight?
	* scent = 향기
쾌면에는 역시 라벤더가 좋아.	I think lavender is the best for a good night's sleep.
딸을 재웠다.	I put my daughter to bed.
	* put ~ to bed = ~을 재우다
아이들에게 굿나잇 키스를 했다.	I kissed my kids good night.

💡 **취침 · 수면**

벌써 11시다.	It's already 11:00.

이제 그만 자야겠다.	I should hit the sack soon. * hit the sack＝자다, go to bed와 동일한 의미
빨리 자야 해.	I need to go to sleep.
졸린다.	I'm getting sleepy.
하품이 멈추지 않는다.	I can't stop yawning. * yawn＝하품을 하다
벌써 두 시인데 잠이 안 온다.	I'm not sleepy, even though it's already 2:00.
내일은 휴일이니까 괜찮겠지.	Oh well, I have tomorrow off.
내일은 빨리 일어나야 해.	I have to wake up early tomorrow.
포스처피딕 베개가 좋네~!	Posturepedic pillows are wonderful! * posturepedic＝포스처피딕, 저반발
푹신한 요가 최고다.	There's nothing better than a fluffy futon.
더워서 잘 수 없었다.	I couldn't sleep because it was too hot.
한밤중에 몇 번이나 잠을 깼다.	I woke up a couple of times in the middle of the night.
남편이 어젯밤에 끙끙거렸다.	My husband was groaning in his sleep last night. * groan＝신음소리를 내다
남편이 심하게 코를 골았다.	My husband's snoring was awful. * snore[스노어]＝코를 골다
내가 잠꼬대를 한 모양이다.	I was told that I was talking in my sleep.
이를 갈았다고 아내가 말했다.	My wife told me that I was grinding my teeth. * grind[그라인드]＝～을 갈다
자면서 땀이 났다.	I sweated in my sleep.
이상한 꿈을 꿨다.	I had a strange dream.
어느새 잠들었다.	I fell asleep without knowing it.
어젯밤에는 푹 잤다.	I slept well last night.

어젯밤에는 좀처럼 잠들기가 어려웠다.	I had a hard time falling asleep last night.
7시간이나 잤다.	I slept for seven hours.
4시간밖에 못 잤다.	I only slept for four hours.
적어도 6시간은 자고 싶다.	I want to sleep at least six hours.

🕐 하루를 되돌아보며

| 오늘도 피곤했다. | I wore myself out again today. |

* wear ~ out = ~을 피곤하게 만들다

| 좋은 날이었다. | Today was a good day.
I had a good day. |

| 바빴다. | Today was a busy day.
I had a busy day. |
| 오늘은 정신없었다. | Today was hectic.
I had a hectic day. |

* hectic = 정신없는

| 힘든 날이었다. | Today was a rough day.
I had a rough day. |

* rough[러프] = 힘든

충실한 하루였다.	I had a fulfilling day.
생산적인 하루였다.	I had a productive day.
뭐든지 잘 풀리는 하루였다.	I had a good hair day.

* '헤어스타일이 잘 나온 날'이라는 의미도 있다.

| 뜻대로 되지 않았던 하루였다. | I had a bad hair day. |

* '헤어스타일이 잘 안 나온 날'이라는 의미도 있다

| 무엇을 해도 잘 안 되는 날이었다. | Today was one of those days. |

* one of those days = 무엇을 해도 잘 안 되는 날

오늘은 눈 깜짝 할 사이에 지나갔다.	Today was over so fast.
결국 오늘 하루는 아무 것도 못했다.	I ended up doing nothing all day.
오늘 하루도 무사히 지내서 다행이었다.	I'm glad I made it through the day okay.

* make it through ~ = ~을 통과하다

| 내일도 좋은 하루가 되기를. | I hope tomorrow is another good day. |

하루 일과에 대해
영어일기를 써 보자

 푹 잤다

I slept in this morning since it was
my day off. I caught up on my
sleep and felt so refreshed.

 해석

오늘은 쉬는 날이었기 때문에
평상시보다 푹 잘 수 있었다.
실컷 자고 나니 기분도 상쾌했
다.

포인트 sleep in 은 '평상시보다 늦게까지 잤다'라는 의미로 I slept in till 10:00.(10시까지 잤다) 와 같이
사용하기도 합니다. catch up on ~은 '~[일이나 수면 등] 의 지각이나 부족을 되돌리다', 즉 '수
면 부족이 해소되다'는 뜻입니다.

 늦잠

I overslept. I left home in a hurry
and dashed to the station. I barely
made it for my train. I was all
sweaty and embarrassed.

해석

늦잠을 잤다. 서둘러서 집을
나와서 역까지 달려갔다. 가까
스로 평상시에 타는 전철을
탔는데 땀으로 범벅되어 부끄
러웠다.

포인트 make it 은 '제시간에 맞추다'의 뜻. '부끄럽다'는 embarrassed(멋쩍게 부끄럽다), ashamed(도
덕적으로 잘못된 일을 해서 부끄럽다), humiliated(사람들 앞에서 창피를 당해서 부끄럽다),
shy(성격이 내성적이라서 부끄럽다) 라고 구분해서 사용합니다.

도시락 싸는 건 힘들지만 ...

I get up at 5:00 every morning and make four lunch boxes. It's tough, but every time they bring back their boxes empty, I feel happy.

해석

매일 아침 5 시에 일어나서 도시락 4 개를 싼다. 힘들지만, 싹싹 깨끗하게 비운 도시락 통을 보면 기분이 좋다.

포인트 get up(일어나다) 이나 make(만들다) 등의 매일 같은 일과는 현재형으로 표현합니다. '오늘만 한 일'이라면 과거형으로 합니다. every time ~은 '~할 때마다'라는 뜻. they bring bank their boxes empty는 직역하면 '그들이 도시락 통을 빈 상태로 가지고 돌아왔다'입니다.

아이들의 숙제를 봐 줬다

I was able to come home early, so I helped the kids with their homework. Kaoru's writing is getting better and Tomoki is good with numbers.

해석

집에 빨리 왔기 때문에 아이들의 숙제를 봐 줬다. 민아는 글씨를 잘 썼고, 민수는 셈을 잘 하는 것 같다.

포인트 '숙제를 봐 주다'는 단순히 보는 게 아니라 가르쳐 주거나 지적을 해서 '돕는다'라는 뜻이므로 help를 사용합니다. '~의 …를 돕는다' 는 help ~(사람) with …(상황) 으로 표현합니다. be good at numbers 는 '숫자에 밝다'라는 의미입니다.

8 교통·외출

전철

 운임 · 차표

T머니카드를 샀다.	**I bought a T-money.**
T머니에 20,000원 충전했다.	**I charged 20,000 won to my T-money.**
인천까지 1,700원이었다.	**It cost 1,700 won to get to Inchon.**
표를 잃어버렸다.	**I lost my ticket.**

📖 전철을 타다

전철로 인천까지 갔다.	I went to Inchon by train. I took a train to Inchon.
전철로 15분 걸렸다.	It took 15 minutes by train.
보통열차를 탔다.	I took a local train.
급행열차를 탔다.	I took an express train.
5호선을 탔다.	I took Line No.5.
열차에 달려들어갔다.	I made a dash for the train.

* make a dash = 돌진하다

맨 첫 칸에 탔다.	I got in the first car.
플랫폼에서 20분 정도 기다렸다.	I waited on the platform for about 20 minutes.
전철이 오지 않았다.	The train wouldn't come.
내릴 역을 지나쳤다.	I missed my stop.

* stop = 정차역

종점까지 가 버렸다.	I rode to the end of the line.

* ride = 타러 가다. 과거형은 rode. line = 노선

반대 방향의 전철을 탔다.	I got on the train going in the opposite direction.
잘못 내렸다.	I got off at the wrong station.

👓 차 안에서

냉방이 너무 세서 추웠다.	The air conditioner was on too strong, and It was cold.
난방이 너무 세서 더웠다.	The heater was on too high, and it was hot.
만원이었다.	It was crowded.
콩나물시루같았다.	It was packed like sardines.

* sardine = 정어리

It wasn't crowded.

복잡하지 않았다.	
앉지 못했다.	I couldn't get a seat.
계속 서 있었다.	I stood the whole way.
앉다니 운이 좋았다.	I was lucky to get a seat.
그들은 나를 위해 자리를 좁혀 주었다.	They scooted over and made room for me.

*scoot over = 자리를 좁히다 room = 장소, 공간

할머니께 자리를 양보했다.	I gave up my seat to an old lady.
창문 너머로 보이는 경치를 즐겼다.	I enjoyed looking at the scenery from the window.
1호선은 경치가 좋다.	Subway Line No.1 has a nice view.
잠들어 버렸다.	I fell fast asleep.
옆에 앉은 사람이 큰 소리로 음악을 듣고 있었다.	The person next to me had his music on too loud.
여자들이 전철 안에서 화장하지 않으면 좋겠다.	I wish women wouldn't put on makeup on the train.
치한에게 당했다. 최악이다!	Someone groped me. It's so horrible!

*grope = 몸을 더듬다

안색이 좋지 않은 사람이 있었다.	There was someone who looked sick.
역무원을 불렀다.	I called a station employee.

 특급 · KTX

13시 40분차로 자유석을 두 장 샀다.	I bought two non-reserved, 13:40 train tickets.
부산까지 지정석을 두 장 샀다.	I bought two reserved seat tickets to Busan.
만석이라 예약할 수 없었다.	All the reserved seats were booked.

*book = ~을 예약하다

부산까지 왕복 차표를 샀다.	I bought a return ticket for Busan.

자유석은 복잡했다.	The open seating cars were crowded.
자유석은 널널했다.	The open seating cars weren't crowded.
빈자리를 금방 발견해서 다행이다.	I was lucky to find a seat quickly.
누군가가 착각하고 내 자리에 앉아 있었다.	Someone sat in my seat by mistake.
역에서 도시락을 샀다.	I bought a box lunch at the station.

*「도시락」은 boxed meal로 해도 OK

타자마자 도시락을 먹었다.	I started eating my lunch as soon as I was on the train.
기차 안에서 먹는 도시락은 왜 이렇게 맛있는 걸까?	Why do lunch taste so good on the train?

 환승

용산역에서 보통 열차로 갈아탔다.	I transferred to a local train at Yongsan Station.
4호선에서 2호선으로 갈아타려면 너무 멀다.	The transfer from the Line No.4 to the Line No.2 is too far.
환승이 복잡했다.	Changing trains was complicated.
환승이 귀찮았다.	Changing trains was a bother.
열차 연결이 안 좋았다.	It was a bad train connection.
거기에 가는데 전철을 세 번이나 갈아탔다.	I had to change trains three times to get there.

 사고 · 지연

7호선이 사고로 지연되었다.	The Line No.7 was late because of an accident.
폭설로 전철이 지연되었다.	The train was delayed by heavy snow.

* delay = ~을 지연시키다

종각역에서 투신사고가 있었다고 한다.	I heard there was a fatal accident at Jonggak Station.
	* 「투신사고」는 serious accident라고도 한다.
잠실역에서 선로에 누가 서 있다고 한다.	Someone apparently got on the tracks at Jamsil Station.
	* apparently = 듣자 하니
열차 내에서 응급 환자가 발생했다고 한다.	They said someone on the train suddenly got sick.
급한데 어쩌지.	It was frustrating because I was in a hurry.
	* frustrating = 좌절감을 주는, 실망감을 주는
전철은 급할 때만 늦는다.	Trains are only late when you're in a hurry.
좀처럼 운행이 재개되지 않았다.	It was a long while before the train service resumed.
	* resume = 재개하다
대체 수송으로 분당선을 탔다.	I was transferred to the Bundang Line.
30분이 지나자 드디어 전철이 움직이기 시작했다.	The train finally started moving again 30 minutes later.

차

🕐 버스

병원까지 버스로 갔다.	I took a bus to the hospital. I went to the hospital by bus.
좀처럼 버스가 안 왔다.	The bus took forever to come.
비가 와서 그런지 버스가 늦게 왔다.	Maybe because of the rain, the bus was late.
교통 정체로 버스가 느리게 간다.	There was a traffic jam, so the bus was very slow.
	* traffic jam = 교통체증
버스가 제 시간에 딱 맞춰서 오는 걸 못 봤다.	I've never seen a bus arrive on time.
	* on time = 제 시간에
여섯 번째 정류장에서 내렸다.	I got off at the sixth bus stop.

맨 뒤에 앉았다.	I sat in the very back.
버스는 대체로 앉을 수 있어서 좋다.	It's nice because I almost always get a seat on the bus.
버스는 거리 풍경을 볼 수 있어서 좋다.	It's nice that you can look outside and see the view from the bus. * 여기서 you는 일반적인 사람들
버스비는 1,200원이었다.	It cost 1,200won.
광주에서 서울행 고속버스를 탔다.	I took the highway bus from Gwangjoo to Seoul.
심야 버스로 귀가했다.	I came home on the late-night bus.
심야 버스는 요금이 두 배다.	The bus fare doubles late at night.

☕ 택시

택시로 명동역까지 갔다.	I went to Myeongdong Station by taxi. I took a taxi to Myeongdong Station.
지각할 것 같아서 택시를 탔다.	I took a taxi because I was running late. * be running late = 늦다
택시를 곧바로 잡았다.	It wasn't long before I got a taxi.
좀처럼 택시를 잡을 수 없었다.	I had to wait a long time to get a taxi.
트렁크에 짐을 실었다.	I put my baggage in the trunk. * baggage = 짐
조수석에 탔다.	I sat in the front passenger seat.
운전기사님과 세상 돌아가는 얘기를 했다.	I made small talk with the taxi driver.
택시비는 12,000원이었다.	It cost 12,000 won.
50,000원이나 들었다.	It cost 50,000 won.
심야 할증이라서 비쌌다.	The fare was high because of the late-night rate.
영수증을 받았다.	I got a receipt. * receipt = 영수증

자가용

차로 서울랜드까지 갔다.
We drove to Seoulland.
We went to Seoulland by car.

1번 국도로 갔더니 30분 만에 도착했다.
I went on Route 1 and got there in about 30 minutes.

도로에서 길을 잃었다.
I got lost on the way.

GPS 덕분에 헤매지 않았다.
Thanks to my car GPS, I didn't get lost. * GPS는 global positioning system의 약어

전봇대에 차가 긁혔다.
I scraped my car on a telephone pole. * scraped ～=～에 긁혀서 상처가 났다

나는 운전을 잘 못한다.
I'm a terrible driver.

휴게소에 들렀다.
We stopped at a roadside station.

일이 끝난 후에 아영이를 데리러 갔다.
I picked up Ayoung after work.
* pick up ～=～을 차로 데리러 가다

수현이가 역까지 나를 데리러 와 줬다.
Soohyun picked me up at the station.

수지를 집까지 차로 데려다 줬다.
I drove Suji home.

미진이를 역에서 내려줬다.
I dropped Mijin off at the station.
* drop ～ off = (차에서) ～을 내려주다

 도로 상황

길이 막혔다.
There was a traffic jam.
The traffic was heavy.
* traffic jam = 교통체증   traffic = 교통

정체에 걸렸다.
I ran into a traffic jam.
* run into ～=～에 부딪히다. run의 과거형은 ran

사고로 길이 막혔다.
An accident caused a traffic jam.
* cause = ～을 일으키다

하수도 공사로 길이 막혔다.
There was a traffic jam because of sewer construction.
* sewer = 하수도

길이 막혀서 좀처럼 움직이지 않았다.
Traffic came to a standstill.
* standstill = 정지, 휴지

귀성 행렬로 꿈쩍도 하지 못했다.	**I got stuck in heavy homebound traffic.** * get stuck = 꼼짝 못하게 되다 homebound = 집으로 향하다
고속도로 정체가 심각했다.	**The traffic on the expressway was heavy.**
고속도로가 의외로 비어 있었다.	**The traffic on the expressway was lighter than I had thought.**
신호에 몇 번이나 걸렸다.	**I kept getting stuck at red lights.**
일방통행이었다	**It was a one-way street.**

🖊 고속도로

고속도로를 탈까, 다른 길로 갈까. 어느 쪽이 빠를까?	**Which is faster, the expressway or the back roads?** * 고속도로는 super-highway나 thruway라고도 한다.
고속도로를 타길 잘 했다.	**Taking the expressway was the right choice.**
다른 길로 갈 걸 그랬다.	**I should've taken the back roads.**
돌아갈 때는 고속도로를 이용했다.	**I came back on the expressway.**
2시 경에 고속도로 주차장에서 쉬었다.	**I took a break at a parking area at around 2:00.** * take a break = 휴식을 취하다
휴게소에서 라면을 먹었다.	**I ate ramen at a rest area.** * 휴게소는 rest stop이라고도 한다.

📖 주유소

기름이 다 떨어질 것 같았다.	**I was about to run out of gas.** * run out of ~ = ~가 없어지다 gas = 기름
주유소를 찾을 수 없었다.	**I had a hard time finding a gas station.**
주유소에서 기름을 넣었다.	**I filled up at a gas station.** * fill up = (차에 기름을) 꽉 채우다
기름값이 점점 오르고 있다.(휴~)	**Gas is getting more and more expensive. (Sigh)** * gas = 기름 sigh = 한숨

프리미엄 가솔린을 가득 채웠다.	I asked for a full tank of premium.

* premium = 프리미엄 가솔린

무연 휘발유는 가득 채워도 70,000원이었다.	A full tank of regular gas cost 70,000 won.

이 차는 연비가 좋아서 좋다.	I'm glad that my car is fuel efficient.

* fuel efficient = 연비가 좋다

종업원에게 재떨이를 비워달라고 부탁했다.	I asked the attendant to empty my ashtray.

* empty = ~을 비우다

세차를 부탁했다.	I got my car washed.

주차 · 주차장

주차장을 도저히 찾을 수 없었다.	I couldn't find a parking lot.

주차장을 바로 찾았다.	It was easy to find a parking lot.

주차장은 다 만차였다.	All the parking lots were full.

길가에 주차했다.	I parked on the road.

* park = 주차하다

바로 돌아와서 주차 위반 딱지는 면했다.	I went back to my car right away, so I didn't get a parking ticket.

* parking ticket = 주차 위반 딱지

바로 돌아왔는데 주차 위반 딱지를 떼였다.	I got a parking ticket even though I went back to my car right away.

차가 견인되다니. 최악이다!	My car was towed. It was terrible!

* tow = ~을 견인하다

주차를 잘 못한다.	I'm not good at parking.

단번에 깔끔하게 주차할 수 있었다.	I parked perfectly on my first try.

자동차 문제

차가 고장 났다.	My car broke down.

타이어에 펑크가 났다.	I had a flat tire.

* flat tire = 펑크난 타이어

엔진이 멈췄다.	The engine stalled.

* stall = (엔진이) 멈추다

시동이 걸리지 않았다.	The engine didn't start.

배터리가 나갔다.	The battery was dead.

헤드라이트 끄는 걸 깜빡했기 때문이다.	It was because I forgot to turn off the headlights.
엔진이 과열됐다.	The engine overheated.
엔진에서 연기가 났다.	There was smoke coming from the engine compartment.
오일이 새고 있었다.	Oil was leaking. * leak = 새다
열쇠를 차 안에 둔 채 잠궈 버렸다.	I locked my key inside the car.

🔒 자동차 관리

세차했다.	I washed my car.
타이어가 닳았다.	The tires are getting worn out. * worn out = 닳았다
슬슬 교체할 때가 됐나?	I need to get them replaced soon.
스터드리스 타이어로 교체했다.	I replaced the tires with studless tires. * studless tire (징 없는 타이어) 스노우타이어의 하나.
이제 곧 차량 정기검사 시기다.	It's almost time for a car inspection. * inspection = 검사
차량 정기검사를 받았다.	I took my car in for an inspection.

8
교통·외출

비 행 기 (→ p. 570 「비행기」 를 참조)

자 전 거 · 스 쿠 터

자전거로 도서관에 갔다.	I biked to the library. I went to the library by bicycle. * bike = 자전거로 가다
자전거 타러 나갔다.	I went for a bike ride.
자전거 타기에 딱 좋은 날이었다.	It was perfect weather for cycling.
산 지 얼마 되지 않은 자전거를 탔다.	I rode my brand-new bicycle. * bicycle을 bike로 해도 OK
바람을 넣었다.	I put air in the tires.
앞바퀴에 펑크가 났다.	The front wheel was flat. * flat = 펑크가 나서 납작해졌다

자전거를 빌렸다.	I rented a bicycle.
스쿠터로 쇼핑갔다.	I went shopping on my scooter.
새 스쿠터를 갖고 싶다.	I want a new scooter.

도보

역까지 20분 걸었다.	I walked 20 minutes to the station.
걸어서 30분 걸렸다.	It took 30 minutes on foot.
빠른 걸음으로 걸었다.	I walked briskly. * briskly＝빠른 걸음으로
천천히 걸었다.	I walked leisurely. * leisurely＝천천히
공원까지 걸어서 갔다.	I walked to the park.
강을 따라 걸었다.	I walked along the river.
집 근처를 산책했다.	I went for a walk around the neighborhood.
나연이랑 유치원까지 걸어갔다.	Nayeon and I walked to her preschool.
너무 걸었더니 다리가 아팠다.	My legs are tired from walking too much.

길을 잃다 · 길 안내

 길을 잃다

길을 잃었다.	I got lost.
난 정말 심각한 길치다.	I really have no sense of direction.
빌딩이 어디 있는지 몰랐다.	I couldn't find the building.
개찰구가 몇 개나 있어서 헤맸다.	There were more than one ticket gate, so I got lost.
다른 개찰구로 나왔다.	I went out through the wrong ticket gate.

| 미팅 장소를 찾을 수 없었다. | I couldn't find the meeting place. |
| 지나가는 사람들에게 길을 물었다. | I asked a passer-by for directions. |

*passer-by = 행인

| 파출소에 가서 길을 물었다. | I asked for directions at a police box. |
| 친절하게 길을 가르쳐 주었다. | They kindly gave me directions. |

* give ~ directions = ~에게 길을 가르쳐 주다

 ## 길을 안내하다

외국인이 길을 물었다.	A non-Korean asked me for directions.
외국인이 용산까지 가는 길을 물었다.	A non-Korean asked me how to get to Yongsan.
호텔까지 가는 길을 가르쳐 줬다.	I gave him directions to his hotel. I showed him the way to his hotel.

* 아래 문장은 실제로 데리고 가거나 그림을 그리거나 해서 가르쳐 주는 경우에 사용한다.

호텔까지 안내해 줬다.	I guided him to his hotel.
나도 길을 몰랐다.	I didn't know the way, either.
파출소에 물어서 가르쳐 줬다.	I asked at a police box, and then I told him.
영어로 길 안내하는 것은 긴장이 된다.	I was nervous about giving directions in English.
길 안내를 제대로 했다.	I was able to give directions well.
겨우 길 안내를 했다.	I managed to give directions.

* manage to ~ = 어떻게든 ~하다

| 그는 내게 엄청 고마워했다. | He really appreciated my help. |

* appreciate = ~을 감사하다

| 도울 수 있어서 나도 좋았다. | I was happy to help. |

8
교통·외출

347

교통·외출에 대해
영어일기를 써 보자

산책 삼아 갤러리에

The weather was very nice, so my husband and I walked to the art gallery to see Yuk Simwon's paintings. We also enjoyed the cherry blossoms on the way.

해석

날씨가 너무 좋아서 남편이랑 육심원 씨의 그림을 보러 갤러리까지 걸어갔다. 도중에 피어 있는 벚꽃도 예뻤다.

포인트 '~까지 걸어가다'는 go to ~ on foot 보다도, walk to ~가 자연스러운 표현입니다. '물감으로 그린 그림'은 painting, '연필이나 펜 등으로 그린 그림'은 drawing. enjoy 는 '꽃이나 경치를 즐기다' 라는 뉘앙스. on the way 는 '(~로 가는) 도중'.

교통체증에 걸리다

We had a good time shopping at the outlet mall, but on the way back, we got stuck in a traffic jam. It took over two hours to get home. We were worn out.

해석

아울렛에서 쇼핑하는 것은 즐거웠지만 돌아가는 길이 막혀 집까지 오는 데 두 시간 이상이나 걸렸다. 너무 지쳤다.

포인트 on the way back은 '돌아가는 길에서'라는 의미. '교통체증에 걸리다'는 get stuck in traffic 이나 be caught in a traffic jam으로, '(~의) 시간이 걸렸다'는 It took ~ (걸린 시간)으로 표현합니다. '지치다'는 exhausted 나 really tired 도 OK.

택시로 경주 여행

We chartered a taxi for half a day. The driver guided us around Kyungjoo. He explained the historical background and it was easy to understand.

 해석

한나절 택시를 빌려서 운전기사의 안내로 경주를 돌았다. 역사적인 배경도 알기 쉽게 설명해 주었다.

포인트 charter 는 '시간 단위, 하루 단위로 ~(탈 것) 을 대여하다'라는 의미입니다. '안내를 받았다'는 The driver guided us.(운전기사가 우리들을 안내했다.) 라고 표현합니다. '알기 쉽게'는 easy to understand, '알기 어렵게'는 hard to understand.

 ## 갈아타는 방법을 모르겠어

Kanghee and I went to Chuncheon by train. At Seoul Station, we couldn't find the Cheongchoon Train. People were everywhere. It was a hassle, but Chuncheon was great fun!

해석

강희와 기차로 춘천에 갔다. 서울역에서는 어디서 청춘열차를 타야 하는 지 헤맸다. 어디를 봐도 사람들 뿐. 힘들었지만 춘천은 너무 즐거웠다!

포인트 '어디서 청춘열차를 타야 하는지 헤맸다'는 we didn't know where the Cheongchoon Train was로 표현해도 괜찮습니다. hassle 는 '힘든 일'. fun을 강조하려면 great fun이나 a lot of fun 으로 합니다. very fun은 틀린 표현이므로 주의해야 합니다.

349

9 전화·우편

전화·팩스

 전화를 걸다

저녁에 수현에게 전화를 했다.	I called Soohyun in the evening.
내일 꼭 스미스 씨한테 전화를 하자.	I'll make sure to call Mr. Smith tomorrow.
그의 휴대전화로 전화를 했다.	I called him on his cellphone. * 「집전화로」라면 on his home phone
가끔은 엄마에게 전화를 해야 할 것 같다.	Maybe I should call my mom sometimes. * 상대에 따라서 mom을 dad나 parents로 한다.
자동응답기로 연결되었다.	I reached the answering machine. * answering machine = 자동응답기, voice mail도 OK.
자동응답기에 메시지를 남겼다.	I left a voice mail.
레스토랑에 예약 전화를 했다.	I called the restaurant to make a reservation.
레스토랑에 전화해서 영업시간을 물었다.	I called the restaurant to ask what time they're open.
미용실에 전화해서 일요일 예약을 했다.	I called my hairdresser and made an appointment for Sunday.
전화로 피자를 주문했다.	I ordered a pizza by phone.
주문한 상품에 대해서 문의했다.	I called them to ask about the stuff I ordered. * stuff = 물건

📖 전화를 받다

유리한테서 전화가 왔다.	I got a call from Yuri.

| 아영에게 어떤 남자아이로부터 전화가 왔다. | Ayoung got a phone call from some boy. |

아빠로부터 부재중 전화가 두 통 와 있었다.
I had two missed calls from my dad.
* missed call = 부재중 전화

모르는 번호로 부재중 전화가 와 있었다.
I got a missed call from a number I don't know.

발신자 표시 제한으로 전화가 왔다.
I got a call from an undisclosed number.
* undisclosed = 미공개의

전화를 안 받았다.
I didn't answer the phone.

아들이 가끔이나마 전화를 해주면 좋겠다.
I wish my son would call me every once in a while.
* every once in a while = 가끔

최근에 잘못 걸려오는 전화가 많군.
I often receive wrong calls these days.
* wrong call = 잘못 걸려온 전화

전화로 얘기하다

손자의 전화는 늘 반갑다.
It's always nice to get a call from my grandson.
* 손녀는 grandson을 granddaughter로

준수의 목소리를 들으면 안심이 된다.
I feel relaxed when I hear Junsoo's voice.

그녀의 목소리를 듣는 것만으로 기쁘다.
Her voice alone makes me happy.
* alone = 단독으로, 그것만으로

영미와 한 시간 정도 전화로 수다를 떨었다.
Yeoungmi and I talked on the phone for an hour.

최근에 유미가 전화를 오래 사용한다.
Yumi is always making long phone calls these days.

누구와 얘기하고 있지?
Who is she talking to?

아무래도 남자친구와 전화를 하는 것 같다.
It seems she's on the phone with her boyfriend.

전화를 끊다

9시 경에 전화를 끊었다.
I hung up at around 9:00.
* hang up = 전화를 끊다. hang의 과거형은 hung

어머니가 잔소리를 해서 전화를 끊었다.
I hung up because my mom was nagging me.
* nag = ~에게 잔소리를 하다

전화·우편

| 전화를 끊기 어려웠다. | It was hard to hang up. |
| 그가 일방적으로 전화를 끊었다. 정말 무례하다! | He hung up on me. How rude! |

* 상대방이 여자라면 He를 She로 한다.

 전화가 연결되지 않는다

| 스미스 씨에게 전화를 했지만 연결되지 않았다. | I tried calling Mr. Smith, but I couldn't reach him. |
| 전화를 걸었지만 통화중이었다. | I called, but the line was busy. |

* line = 회선 busy = 통화중

| 요즘 근희가 전화를 잘 안 받는다. | Kunhee hardly ever answers his phone these days. |

* hardly ever ~ = 거의 ~하지 않다

| 바쁜가? | I wonder if he's busy. |
| 차단당한 건 아니겠지? | It's not because he has blocked my number, is it? |

* block = ~을 거부하다

 스팸 전화

| 오후에 판촉 전화가 3건이나 걸려 왔다. 지긋지긋하다. | I got three sales calls this afternoon. I'm sick of them. |
| 최근에 판촉 전화가 자주 걸려 온다. | I'm getting a lot of sales calls these days. |

 장난 전화

| 무언의 전화가 왔다. | I got a silent call. |

* silent call = 무언의 전화

| 장난 전화가 걸려 왔다. | I got a prank call. |

* prank call = 장난전화

| 기분이 안 좋다. | It was uncomfortable. |
| 전화를 받자 바로 끊어 버렸다. | Somebody called and then hung up when I answered. |

* hang up = 전화를 끊다. hang의 과거형은 hung

🍵 전화 관련 문제

| 그의 말소리가 잘 안 들린다. | I couldn't hear him well. |

* 상대방이 여성이라면 him을 her로

| 전화 도중에 그의 목소리가 끊겼다. | His voice broke up on the phone. |

* 상대방이 여성이라면 His를 Her로

전화가 혼선인 것 같다.	The lines seemed crossed.
	*crossed = 혼선인
전화를 도청 당하고 있는 느낌이 든다.	I think my phone is being tapped.
	* tap = ~(타인의 전화)를 도청하다

 전화 요금

전화요금이 너무 많이 나온다.	My phone bill is too high.
	* 「휴대전화」는 phone을 cellphone로
이번 달에는 전화요금이 얼마가 나올지 걱정된다	I'm afraid to find out my phone bill for this month.
이달 전화비가 십만원이나?!	My gosh! My phone bill for this month is 100,000 won!
	* My gosh! = 엥! 어째
전화로 너무 길게 수다떨지 말아야 겠다.	I'll try not to have long phone chats.
	* chat = 잡담
전화를 오래 하지 말라고 말해야지.	I have to tell her not to make long calls.
이달 전화비는 그렇게 많이 나오지 않았다. 다행이다.	My phone bill wasn't so high this month. Phew!
	* Phew는 Whew로 쓰기도 한다.
전화요금은 50,000원 이내로 해결하고 싶다.	I want to keep my phone bill below 50,000 won.
요금제를 재검토해달라고 부탁해야겠다.	I'll ask them to revise my payment plan.
	* revise = ~을 재검토하다

 국제 전화

캐나다의 메리에게 전화를 걸었다.	I called Mary in Canada.
오스트레일리아의 마이클에게 전화가 왔다.	I got a phone call from Michael in Australia.
아침 8시에 전화를 했는데 상대방은 오후 5시였다.	I called at 8:00 in the morning, and it was 5:00 in the evening on the other end.
시차 때문에 에이미에게 좀처럼 전화를 하기가 어렵다.	It's hard to call Amy because of the time difference.
	* time difference = 시차

휴대전화로 국제전화를 걸 수 있다니!	I didn't know you could make international calls from a cellphone.
수잔이 국제전화로 생일 축하를 해 줬다.	Susan called me from abroad on my birthday.

 스카이프 · 인터넷 전화

스카이프로 독일의 영수에게 전화를 했다.	I called Youngsu in Germany using Skype.
스카이프로 샬롯과 영상통화를 했다.	I had a video chat with Charlotte on Skype.
	* chat＝잡담
서로 얼굴을 보면서 얘기를 할 수 있다니, 대단해.	It's amazing that we can see each other's faces when we're talking.
상대가 가깝게 느껴진다.	It feels like the person is really close.
스카이프는 무료다.	Skype is free.
편리한 시대다.	This is the age of convenience.

📖 팩스

팩스로 신청서를 보냈다.	I faxed in the application.
	* fax in ～＝～을 팩스로 보내다
가게의 지도를 팩스로 보내왔다.	They faxed the store map to me.
최근에 잘못 오는 팩스가 많다	I've been getting a lot of missent faxes lately.
	* missend＝～를 잘못 보내다. 과거 분사는 missent
종이 낭비다!	It's a waste of paper!
팩스용지가 다 떨어졌다.	I ran out of fax paper.
	* run out of ～＝～을 다 쓰다. run의 과거형은 ran

휴대전화 · 스마트폰

👓 계약 · 해약

휴대전화를 계약했다.	I got a cellphone. I signed a contract for a cellphone.
	* sign a contract＝계약하다

어머니께 휴대전화를 사 드렸다.	I got my mom a cellphone.
통신사를 바꿀까.	I'm thinking of changing to another cellphone carrier.
KT에서 SK로 바꿨다.	I moved from KT to SK.
휴대전화를 하나 더 살까.	I think I should get an extra cellphone.
휴대전화를 해약했다.	I canceled my cellphone.
두 개 중 하나를 해약했다.	I canceled one of my two cellphones.
행사 중이라서 해약 수수료를 지불하지 않아도 됐다.	There was a campaign, so I didn't have to pay the cancellation fee.

 ## 새 기종 · 기종 변경

휴대전화 기종을 바꿔볼까.	I'm thinking of getting a new cellphone.
휴대전화 기종을 바꿨다.	I got a new cellphone.
이전 휴대전화가 사용하기 쉬운 것 같다.	My old cellphone was easier to use, I guess.
최신 휴대전화, 멋져.	The latest cellphone model is so cool.
빨간색을 갖고 싶다.	I want a red cellphone.
품절이라서 한 달 기다려야 한다.	The phone is out of stock, so I have to wait for a month.

* out of stock = 품절

새 기종이 자꾸 나와서 따라 갈 수가 없어.	New cellphones keep coming out and I can't keep up with them.

* keep up with ~ = ~(유행 등)에 뒤처지지 않고 따라가다

 ## 각종 신청

요금제를 변경했다.	I got a different payment plan.
더 싼 요금제로 변경을 부탁했다.	I asked them to put me on a cheaper payment plan.

9 전화·우편

가족 할인을 신청했다.	I got the family discount.
행사 중이라서 수수료가 무료였다.	There was a campaign, so there was no handling fee. * handling fee = 수수료
행사 중이라서 50,000원이나 이익이다.	There was a campaign, so I saved 50,000 won.
휴대전화 수리를 의뢰했다.	I asked them to fix my phone. * fix = 수리하다
대체 기기를 받았다.	I got a temporary replacement. * temporary = 일시적인 replacement = 대체품
신청 카운터에 사람들이 많았다.	The service counter was crowded.
차례가 올 때까지 꽤 기다렸다.	I waited for a long time for my turn. * turn = 차례, 순번

휴대전화 · 메일

레이에게 문자를 보냈다.	I texted Rei. * text = ~에게 문자를 보내다
현아한테서 문자가 왔다.	I got a text from Hyuna. * 휴대전화 문자는 text 또는 text message
어머니가 문자로 쇼핑 리스트를 보내왔다.	My mom texted me the shopping list.
박 선생님에게 사진을 첨부해서 보냈다.	I sent Mr. Park a picture attachment. * attachment = 첨부
휴대전화로 강인에게 가게 링크를 걸어 보냈다.	I sent Kangin the store link by phone.
스팸 메일이 많이 왔다.	I'm getting a lot of spam.
스팸 메일은 민폐다.	The spam is really annoying. * annoying = 민폐인
이메일 주소를 변경해야 할까봐.	Maybe I should change my e-mail address.

 휴대전화 관련 문제

휴대전화를 잃어 버렸다.	I lost my cellphone.
어디에서 잃어 버렸는지 전혀 모르겠다.	I have no idea where I might have dropped it. * have no idea = 전혀 모르다

택시에 놓고 내렸을지도 모른다.	I might have left it in the taxi.
휴대전화가 없으면 불편하다.	Not having a cellphone is such an inconvenience.
파출소에 갖다 준 사람이 있었다. 다행이다!	Someone took it to the police. Thank goodness!
휴대전화를 화장실에 빠뜨렸다!	I dropped my cellphone in the toilet!
휴대전화가 고장 났다.	My cellphone broke.
화질이 깔끔하지 않다.	The display isn't working well.
전원이 안 켜져. 어쩌지?	It won't turn on. What should I do?

* turn on = 전원이 들어오다

데이터가 전부 사라졌을지도.	I might have lost all the data.
이제 아무한테도 연락을 할 수가 없어!	Now I can't contact anyone!

* contact = ~에게 연락을 취하다

백업을 해 둬서 다행이다.	Good thing I had a backup.
도서관에서 전화가 울려서 당황했다.	I was surprised when my phone rang in the library.
무음 상태로 해 놓는다는 것을 깜빡 잊어버렸다.	I forgot to set it to silent mode.

전파 상태가 나쁘다

그는 전파가 안 터지는 곳에 있나 보다.	He seemed to be in a place with bad reception.

* reception = (전파)수신 상태

전파 상태가 나빠서 도중에 끊겼다.	The call ended because of poor reception.
전파 상태가 나빠서 전화를 걸 수 없었다.	I couldn't call because of the terrible reception.
회사의 전파 상태가 나빠서 불편하다.	The reception at work is terrible. It's such a pain.

* pain = 골칫거리

빨리 전파 문제가 해결되었으면 좋겠다.	I want them to fix the signal problem quickly.

* fix = ~(문제 등)을 해결하다

357

배터리 · 충전

| 배터리가 오래 안 간다. | The battery doesn't last long. |

*last long＝오래 가다

| 배터리가 나갔다. | The battery died. |

*die＝(배터리)가 죽다

| 서둘러서 숍에 가서 충전했다. | I hurried to a shop to charge the battery. |

| 가게에서 휴대전화 충전기를 샀다. | I bought a cellphone charger at a store. |

 스마트폰

| 아이폰을 예약했다. | I ordered an iPhone. |

| 아이폰을 받았다. | I got my iPhone. |

| 안드로이드 휴대폰을 갖고 싶다. | I want an Android cellphone. |

| 스마트폰은 편리한가? | Are smartphones convenient? |

| 스마트폰으로 바꾼 지 1주일. | It's been a week since I got my smartphone. |

| 아직까지 잘 사용하지 못한다. | I still can't use it well. |

| 점점 익숙해졌다. | I'm gradually getting used to it. |

*get used to～＝～에 익숙하다

| 스마트폰은 익숙해지면 편리하다. | Smartphones are convenient once you get used to them. |

*you는 '일반적인 사람들'을 가리킨다.

✎ 앱 · 벨소리

| 인기 게임 앱을 다운로드했다. | I downloaded a popular game application. |

| 최근에 다양한 앱을 써 보고 있다. | I've been trying different apps recently. |

*app은 application의 약어

| 무료 앱도 꽤 재밌다. | Even the free apps are really fun. |

| 착신 벨 소리를 다운로드했다. | I downloaded a ringtone. |

*ringtone＝착신음, 벨소리

우편 · 택배

우편 · 택배 관련 단어

우표	stamp	속달로	by express mail
기념우표	commemorative stamp	항공편으로	by airmail
엽서	postcard	선편으로	by surface mail
연하장	New Year's greeting card / New Year's card	소포	package
크리스마스 카드	Christmas card	냉장 택배	refrigerated delivery
편지	letter	냉동 택배	frozen delivery
봉투	envelope	~을 선불로 보내다	send ~ through prepaid shipping
편지지	letter paper		
받는 사람	addressee		
보내는 사람	sender		
우체통	mailbox	~을 착불로 보내다	send ~ by COD
등기로	by registered mail		

📖 우편물을 부치다

동네 우체통에 넣었다.	I put the letters in a nearby mailbox.
또 편지 부치는 걸 잊었다.	I forgot to mail the letter again.
서둘러서 부치러 갔다.	I rushed to mail it.
	* rush to ~ = 서둘러서 ~하다
아버지에게 등기로 20만 원을 보냈다.	I sent my father 200,000 won by registered mail.
	* registered mail = 등기우편
청구서를 속달로 보냈다.	I sent the invoice by express mail.
	* invoice = 청구서 express mail = 속달
알리에게 편지를 썼다.	I wrote a letter to Allie.
	* a letter는 생략해도 OK
피렌체에서 가족들에게 그림엽서를 보냈다.	I sent a postcard to my family from Florence.
	* Florence = 피렌체
우체국에서 800원짜리 우표를 20장 샀다.	I bought twenty 800-won stamps at the post office.
기념 우표를 샀다.	I bought some commemorative stamps.
	* commemorative stamp = 기념 우표

👓 우편물을 받다

우편물이 몇 개 도착했다.	I got some mail.　　*mail＝우편물
경애로부터 편지가 왔다.	I got a letter from Kyeongae.
전화요금 청구서가 왔다.	I got my phone bill.　　*phone bill＝전화비
아들로부터 등기가 왔다.	I got registered mail from my son.　　*registered mail＝등기우편
연하장을 12장 받았다.	I got 12 New Year's greeting cards.　　*「연하장」은 New Year's cards도 OK
샬롯으로부터 크리스마스카드가 도착했다.	I got a Christmas card from Charlotte.
지은 씨로부터 멋진 여름 안부 카드가 도착했다.	I got a beautiful summer greeting card from Jieun.
한 선생님으로부터 감사의 편지가 도착했다.	I got a thank-you letter from Mr. Han.
여행 팸플릿이 속달로 도착했다.	A travel brochure was sent to me by express mail.　　*brochure＝팸플릿
우편함에 전단지가 많이 들어 있었다.	There were a lot of flyers in my mailbox.　　*flyer＝전단지. flier라고도 한다.
드물게 우편물이 하나도 없었다.	I didn't receive any mail, which was unusual.
도착할 때가 되었는데 이상하네.	It should have been here by now. I wonder what happened.

📅 택배를 보내다

택배를 2개 보냈다.	I sent two packages.
2개로 14,000원이었다.	It cost 14,000 won for two.
우체국에서 택배를 보냈다.	I sent a package delivery service at the post office.
조카딸에게 택배를 보냈다.	I sent a package delivery service to my niece.

편의점에 택배를 보내러 갔다.	I went to the convenience store to send a package delivery service.
서류를 택배로 보냈다.	I sent some documents through a package delivery service.
내일은 도착할 것 같다.	It should arrive tomorrow.
배달 날짜를 목요일 12~14시로 지정했다.	I set the delivery for Thursday between 12:00 and 14:00.
게를 냉동 택배로 보냈다.	I sent crab by frozen delivery.

* frozen delivery = 냉동택배

케이크를 냉장 택배로 보냈다.	I sent cake by refrigerated delivery.

* refrigerated delivery = 냉장택배

짐을 착불로 보냈다.	I sent a package by COD.

* COD = cash on delivery(착불)의 약어

집으로 와서 택배 물건을 가져가 달라고 부탁했다.	I asked them to pick up the package at my house.

🔓 택배를 받다

오후에 택배를 받았다.	I received a package delivery service in the afternoon.
주문한 옷이 도착했다.	The clothes I ordered were delivered.

* deliver = ~을 배달하다

외국에서 책이 도착했다.	The book arrived from overseas.
상희가 사과를 보냈다.	Sanghee sent me apples.
택배 부재중 배달 통지가 들어 있었다.	I found a missed-delivery notice.

* missed-delivery notice = 부재중 배달 통지

민낯에 머리도 엉망이었으므로 집에 없는 척했다.	I pretended to be out because I didn't have my makeup on and my hair was messy.

* pretend to ~ = ~하는 척하다   messy = 엉망인

다시 배달해 달라고 해야 한다.	I need to ask for a redelivery.

* redelivery = 재배달

오전 중에 재배달이 왔다.	I had it redelivered this morning.

* redeliver = ~을 재배달하다

전화·우편에 대해
영어일기를 써 보자

 ### 규리와 전화 수다

> Gyuri called me for the first time
> in about five years. We just talked
> and talked about our school days.
> It was nice talking with her.

 해석

거의 5년 만에 규리에게 전화가 왔다. 학창시절에 대해 계속 수다를 떨었다. 얘기를 할 수 있어서 기뻤다.

포인트 '~만에'는 for the first time in ~(기간) 을 사용해서 표현합니다. ' 오랜만에' 라면 '~'부분에 ages나 a long time(모두 '긴 시간'의 뜻)을 넣습니다. just talked and talked 는 '계속 얘기했다'는 뜻으로, we talked away 로 표현해도 됩니다.

 ### 전화요금이 많이 나왔다

> Minhee's phone bill is really high
> these days. If her grades don't
> improve by the end of this term,
> I'll make her pay her own bill.

 해석

요즘 민희의 전화 요금이 너무 많이 나온다. 이번 학기말까지 성적이 안 올라가면 전화요금을 직접 내라고 해야겠다.

포인트 '전화요금'은 phone⟨telephone⟩bill. 전화요금, 가스요금, 수도요금 등이 '많이 나왔다'는 expensive가 아니라 high로 표현합니다. 성적이 '오르다'는 improve, '성적이 떨어지다'는 drop 으로 나타냅니다. make ~(사람) …(동사원형) 은 '~에게 …을 시킨다'라는 의미입니다.

 크리스마스카드

I got a Christmas card from Deanna. She sounded really excited about becoming a grandmother in April. I'll send her a New Year's greeting card, too.

해석

디아나로부터 크리스마스카드가 도착했다. 4월에 할머니가 된다는 사실에 굉장히 설레이는 것 같았다. 나도 연하장을 보내야지.

포인트 '~가 도착했다'는 I received ~(~을 받았다) 라고 표현해도 됩니다. '~듯했다'를 표현하고 싶을 때는 편지를 읽어서 느꼈다면 sounded 를, 사진 등을 보고 느꼈다면 looked 를 사용합니다. '할머니가 되는 것'은 being a grandma 라고 합니다.

 식재료 배달을 이용해 보고 싶다

Ayoung told me that she has food delivered every week. It comes with the recipe, so you don't need to think hard about what to cook. I want to try it, too.

해석

아영이는 매주 식재료 배달을 받고 있다고 한다. 레시피가 같이 딸려 오기 때문에 요리를 고민할 필요도 없단다. 나도 이용해 보고 싶다.

포인트 '~을 …받는다'는 have ~(사람이나 일) …(동사의 과거분사) 로 표현합니다. come with ~는 '~가 딸려 오다', think hard는 '진지하게 생각하다', what to cook은 '무엇을 요리할지'라는 의미.

363

10 집안일

설거지

 설거지를 하다

저녁 식사 후에 설거지를 했다.	**I did the dishes after dinner.** * do the dishes = 설거지를 하다. wash the dishes로 표현 해도 OK
탐이 설거지를 해 주었다.	**Tom did the dishes for me.**
내가 설거지를 하고 탐이 닦았다.	**I washed the dishes and Tom wiped them.**
탐이 설거지를 도와주어서 도움이 되었다.	**Tom gave me a hand with the dishes, and he was a great help.** * give ~ a hand = ~(사람)을 돕다
가끔은 설거지를 도와주면 좋을 텐데.	**I wish he could help with washing the dishes sometimes.**
주방에 더러운 그릇이 산더미처럼 쌓였다.	**The dirty dishes in the kitchen were piling up.** * pile up = 산더미처럼 쌓이다
설거지 하는 데 1시간 이상 걸렸다.	**It took more than an hour to wash them.**
행주를 표백제에 담궜다.	**I soaked the dishcloth in bleach.** * soak ~ in ... = ~을 ...에 담그다
기름때가 좀처럼 닦이지 않았다.	**The grease didn't come off easily.** * grease = 기름때
컵에 얼룩이 붙어 있었다.	**The teacup was stained.** * stained = 얼룩이 붙어 있다
세제로 손이 거칠어졌다.	**My hands got chapped from the detergent.** * get chapped = (피부 등이)거칠어지다
또 밥공기를 깼다.	**I broke another rice bowl.**

내가 아끼는 접시를 깼다. 충격이다!	**I broke my favorite plate. What a shock!**
부엌이 깨끗하니까 기분이 좋다.	**It feels nice when the kitchen is clean.**

* clean은 spick-and-span으로 해도 OK

📖 식기세척기

식기세척기가 갖고 싶다.	**I want a dishwasher.**

* dishwasher＝식기세척기

식기세척기를 살까?	**Maybe I should buy a dishwasher.**
식기세척기용 세제를 사와야지.	**I need to get a dishwasher detergent.**
식기를 식기세척기에 넣었다.	**I put the dishes in the dishwasher.**
식기세척기를 산 다음부터는 설거지가 정말 편하다.	**Washing dishes got really easy after I bought the dishwasher.**
식기세척기에 식기가 다 안 들어갔다.	**The dishes wouldn't fit in the dishwasher.**
손으로 하는 편이 빠르다.	**It's faster to do the dishes by hand.**

세탁 · 의류 손질

10
집안일

👓 세탁하다

오전 중에 세탁했다.	**I did the laundry in the morning.**

* do the laundry＝세탁하다

두 번 세탁했다.	**I did two loads of laundry.**

* load＝1회 분량 laundry＝빨래

빨래가 꽤 쌓였다.	**The laundry has really piled up.**

* pile up＝산더미처럼 쌓이다

색깔 있는 옷과 흰옷을 나눠서 빨았다.	**I washed the colors and the whites separately.**
손빨래 코스로 빨았다.	**I used the hand-wash setting.**
오랜만에 시트를 빨았다.	**I washed my sheets for the first time in a while.**
속옷을 손빨래했다.	**I hand-washed my underwear.**

* hand-wash＝～을 손빨래하다

스웨터가 줄어들었다.	The sweater shrunk.
	* shrink = 줄어들다. 과거형은 shrunk
티셔츠가 바랬다.	The T-shirt faded.
	* fade =(색 등이) 옅어지다
흰색 셔츠에 청바지 색이 물들었다!	The color from the jeans stained the white shirt!
	* stain =～에 물들다
흰색 셔츠가 파란색이 되어 버렸다!	My white shirt turned light blue!
	* turn ～=～으로 바뀌다
수찬이가 또 흙투성이가 되어 집에 왔다.	Soochan came home with his clothes all muddy again.
	* muddy = 흙투성이의
빨래하는 사람의 마음을 알아 줬으면 좋겠다.	He should think about the person that has to wash his clothes.

빨래를 말리다 , 빨래를 걷다

빨래를 말렸다.	I hung up the laundry.
	* hang up ～=～을 말리다 hang의 과거형은 hung
빨래를 집 안에서 말렸다.	I hung up the laundry inside.
스웨터를 그늘에서 말렸다.	I hung up my sweater in the shade.
	* shade = 그늘
빨래를 걷었다.	I brought in the laundry.
	* bring in ～=～을 안에 넣다. bring의 과거형은 brought
빨래를 갰다.	I folded the laundry.
	* fold =～을 개다, 접다
빨래가 비에 젖고 말았다.	The laundry got wet in the rain.
비가 계속 와서 빨래가 안 마른다.	It has been raining all the time, so the laundry won't dry.
청바지는 아직 반밖에 안 말랐다.	The jeans were still half dry.
덜 말라 냄새가 났다.	They smelled damp. * damp = 습한
다시 빨아야 한다.	I need to wash them again.

세제

세제를 바꿔 봤다.	I used a different detergent.
	* detergent = 세제
새로 산 세제는 향기가 참 좋다.	I really like the smell of the new detergent.

요즘 세제는 작다.	**Detergent these days is really compact.**
섬유 유연제가 다 떨어졌다.	**I ran out of softener.**

* run out of~ = ~을 다쓰다. run의 과거형은 ran
softner = 섬유 유연제

형광표백제인지 모르고 사용했다.	**I used fluorescent bleach without knowing it.**

* fluorescent = 형광 물질의

 ## 다림질하다

손수건을 다림질했다.	**I ironed my handkerchief.**

* handkerchief를 회화에서는 hanky라고도 한다.

난 다림질에 서투르다.	**I'm not good at ironing.**
다림질하다가 데였다.	**I burned myself with the iron.**
셔츠 다림질은 정말 어렵다.	**It's really difficult to iron shirts.**
양복바지를 다림질했다.	**I used a press iron on my suit trousers.**
다림질은 귀찮아.	**Ironing is a bother.**

* bother = 귀찮은 일

다림질 안 해도 되는 셔츠는 관리가 쉽다.	**Non-iron shirts are easy to take care of.**

* take care of ~ = ~을 관리하다

10
집안일

 ## 드라이클리닝

양복을 세탁소에 맡겼다.	**I took my suit to the cleaners.**

* cleaners = 세탁소

얼룩이 깨끗하게 빠져서 좋았다.	**I'm glad the stain came out.**

* stain = 얼룩

세탁소에 원피스를 찾으러 갔다.	**I picked up the dress from the cleaners.**
드라이클리닝은 꽤 비싸다.	**Dry cleaning can be quite expensive.**
조심스러운 소재라서 매번 세탁소에 맡기는 게 귀찮아.	**It's a hassle to take delicates to the cleaners every time.**

* hassle = 귀찮다 delicates = (세탁 등) 취급 주의가 필요
한 의류

세탁기로 빨 수 있는 옷이 최고다.	Machine washable clothes are the best.
스웨터는 홈 드라이로 충분하다	Sweaters can be washed at home.

 의복 손질

옷의 얼룩을 제거했다.	I removed the stains from the clothes.
옷의 보풀을 뗐다.	I removed the fluff balls from the clothes. *fluff ball＝보풀
스웨터의 구멍을 수선했다.	I stitched up the hole in my sweater. *stitch up ～＝～을 꿰메다
할머니의 치마를 복주머니로 리폼했다.	I made my grandmother's skirt into drawstring pouches. *drawstring pouch＝복주머니
청바지 단을 올려달라고 부탁했다.	I had the hem taken up on my jeans. *hem＝단
청바지의 단을 올렸다.	I hemmed up my jeans. *hem up ～＝～단을 올리다
떨어진 단추를 달았다.	I sewed on a button that came off. *sew on ～＝～을 꿰매다
여름옷을 정리했다.	I changed my wardrobe for the summer. *「겨울옷」이라면 summer를 winter로

정리 · 청소

정리

방이 지저분하다.	The room is messy. *messy＝어질러진
정리해야지.	I'd better tidy up. *tidy up＝정리하다, 정돈하다
필요 없는 것은 다 버렸다.	I threw away everything that I didn't need. *throw away ～＝～을 버리다. throw의 과거형은 threw
전기매트를 옷장에 넣었다.	I put the electric heat mat in the closet.
책장 정리를 했다.	I arranged the books on the shelf. *arrange＝～을 잘 나열하다

| 필요 없는 책을 헌책방에 팔았다. | I sold my old books to a secondhand bookstore. |

* secondhand = 중고의

 청소

내 방을 청소했다.	I cleaned up my room.
화장실 청소를 했다.	I cleaned the toilet.
집 청소를 했다.	I cleaned the entire house.
대청소를 했다.	I cleaned up everything.
청소기를 돌렸다.	I vacuumed.

* vacuum[베큠] = 청소기를 돌리다

| 바닥 걸레질을 했다. | I wiped the floor with a wet cloth. |

* 「마른 걸레」라면 wet cloth를 dry cloth로

| 테이블을 닦았다. | I wiped the table. |

* wipe = ~을 닦다

창문을 닦았다.	I wiped the windows.
스크린도어를 청소했다.	I cleaned the screen door.
현관을 청소했다.	I swept the entrance.

* sweep = ~을 청소하다. 과거형은 swept

| 가구의 먼지를 털었다. | I dusted the furniture. |

* dust = ~의 먼지를 털다

바닥에 왁스질을 했다.	I waxed the floor.
에어컨 필터를 청소했다.	I cleaned the air-conditioner filter.
세면대에 곰팡이가 폈다.	There was mold in the bathroom sink.
깔끔해져서 기분이 좋다!	It feels great when everything is clean.

* clean은 spick-and-span으로 해도 OK

그 외 집안 일

| 꽃에 물을 줬다. | I watered the flowers. |

* water = ~에 물을 주다

| 샴푸를 채워 넣었다. | I refilled the shampoo bottle. |

10
집안일

복도의 전구가 나갔다.	The hall light burned out.
	* burn out = 타버린
욕실의 전구를 교체했다.	I replaced the bathroom light bulbs.
	* light bulb = 전구
이불을 말렸다.	I aired out my futon.
	* air out ~ = ~을 환기시키다

쓰레기 · 재활용품

쓰레기 관련 단어

타는 쓰레기	burnable garbage	종이 쓰레기	wastepaper
안 타는 쓰레기	non-burnable garbage	우유팩	milk carton
음식물 쓰레기	kitchen garbage	헌옷	used clothes
재활용 쓰레기	recyclable garbage	건전지	battery
대형 폐기물	oversized waste	쓰레기통	garbage can
캔	can	쓰레기봉투	garbage bag
병	glass bottle	쓰레기집하장	garbage collection point
페트병	plastic bottle	쓰레기차	garbage truck
플라스틱	plastic		
유리	glass		
박스	cardboard		

 쓰레기 버리기

내일 아침에 쓰레기를 꼭 버려야 해.	I have to remember to take out the garbage tomorrow morning.
	* garbage = 쓰레기
오늘은 안 타는 쓰레기를 버리는 날이다.	It was collection day for non-burnable garbage today.
타는 쓰레기를 버렸다.	I took out the burnable garbage.
박스를 재활용 쓰레기로 버렸다.	I took out the cardboard as recyclable garbage.
	* cardboard = 판지
오늘 아침에 쓰레기 버리는 걸 잊었다.	I forgot to take out the garbage this morning.
쓰레기 분리는 귀찮다.	It's a hassle to separate the garbage.
	* hassle = 귀찮은 일

쓰레기 버리기 규칙을 지키지 않는 사람이 있다.	Some people don't follow the rules for taking out their garbage.
	* follow = ~에 따르다
쓰레기의 양이 엄청나다.	It's awfully a lot of garbage.
	* awfully = 엄청난
우리 집은 왜 이렇게 쓰레기가 많이 나오지?	I wonder why we have so much garbage.
대형 폐기물을 버린다고 전화로 신청했다.	I called to arrange a pickup for the oversized waste.
수거는 다다음주 목요일이다.	The collection date is the Thursday two weeks from now.

재활용하기

아직 사용할 수 있는 가구는 재활용 센터에 가져가야겠다.	I'll take the reusable furniture to a secondhand shop.
	* reusable = 재사용이 가능한 furniture = 가구
필요 없는 식기는 팔아야겠다.	I'll sell the tableware I don't need.
진호에게 책상을 주기로 했다.	Jinho is going to take my desk.

일상생활의 쇼핑 (→ p. 446 「식료품 일상용품을 사다」를 참조)

정원 손질 (→ p. 534 「가드닝」을 참조)

눈 치우기

(→ p. 446 「식료품 일상용품을 사다」를 참조)
(→ p. 534 「가드닝」을 참조)

10
집안일

눈을 치웠다.	I shoveled the snow.
	* shovel = ~을 삽질하다
집 앞 도로의 눈을 치웠다.	I cleared the snow from the front walk.
	* clear = ~을 정리하다
민상이가 눈 치우는 것을 도와줬다.	Minsang helped me clear the snow.
지붕의 눈을 치웠다.	I cleared the snow from the roof.
올 겨울은 눈이 많아서 눈 치우기가 힘들다.	There has been a lot of snow this year, so clearing it is hard work.
제설차가 지나간 후에 생긴 눈덩어리를 정리했다.	I cleaned up the snow left by the snowplow.
	* snowplow = 제설차

집안일에 대해
영어일기를 써 보자

 ## 식기세척기는 참 좋아!

> I bought a dishwasher. Now I can save some time. It was a bit expensive, but I think it's worth it.

해석

식기세척기를 샀다. 이제 조금 시간적 여유가 생겼다. 약간 비싸지만 그만한 가치가 있다고 생각한다.

포인트 '이제 조금 시간적 여유가 생겼다'의 '이제'는 now, '조금 시간적 여유가 생겼다'는 '조금 시간을 절약할 수 있다'라고 생각해서 I can save some time 라고 표현합니다. '좀 비쌌다'의 '좀'은 a little 이라도 OK. '그만한 가치가 있다'는 it's worth it 라고 표현합니다.

 ## 베이킹소다의 위력

> Yuri told me she uses baking soda for cleaning, so I cleaned the kitchen sink with it. It made it spotless and sparkly. It also got rid of the bad smell. It was great!

해석

유리한테 베이킹소다로 청소를 한다는 말을 듣고 나도 베이킹소다로 부엌 싱크대를 청소했다. 반짝거리고 냄새도 없어지고 완전 좋다!

포인트 '유리로부터 ~라고 듣고'는 '유리가 ~라고 가르쳐 줬다'라고 생각해서 Yuri told me (that) ~ 라고 하면 '유리'가 정보의 원천이라는 점을 확실하게 보여줍니다. '반짝거리다'는 soptless(때 등이 없다) 와 sparkly(반짝거리는) 를 같이 사용해서 강조했습니다.

귀찮은 환풍기 청소

The ventilation fan got really greasy, but it's a pain in the neck to take it off and wash it.

해석

환풍기에 기름때가 심하다. 하지만 빼서 씻는 것은 귀찮다.

포인트 '환풍기'는 ventilation fan, '환풍기의 기름때가 심하다'는 get greasy(기름으로 더러운 상태가 되다). '귀찮다'는 a pain in the neck 에서 in the neck는 생략해도 OK.

 ## 스웨터가 줄어들어 버렸다...

I dried a sweater in the dryer by mistake and it shrunk. I just bought it yesterday... I'm too careless.

해석

실수로 스웨터를 건조기에 넣었더니 줄어들어 버렸다. 어제 샀는데… 난 너무 조심성이 없다.

  포인트 '~을 건조기에 넣다'는 put ~ in the dryer 이지만, 이것은 넣는 행위만을 표현합니다. 넣어서 건조시켰기 때문에 줄어든 것이므로 여기에서는 put(~을 넣다) 이 아니라 dry(~을 말리다) 로 표현해야 합니다. '줄어들다'는 shrink. 과거형은 shrunk 혹은 shrank입니다.

10
집안일

373

11 업무

업무 전반

 업무에 대한 의욕

더 힘내자!	I'm going to work harder!
빨리 일을 배우고 싶다.	I want to get used to my job soon. * get used to ~ = ~에 익숙하다
집중해서 일을 하자.	I should focus and buckle down to my job.　* buckle down to ~ = ~에 힘을 쏟다
고객들에게 신뢰를 받고 싶다.	I want to gain the trust of the customers.
좋은 상품을 개발하고 싶다.	I want to develop good products. * develop = ~을 개발하다
영업 실적 1위를 목표로!	I will aim for top sales. * aim for ~ = ~을 목표로 하다

📖 업무 상태

요즘 일이 잘 풀린다.	Work has been going well lately.
요즘 아주 좋다.	I'm in top condition these days.
요즘 슬럼프다.	I'm in a slump these days.
일이 점점 잘 되고 있다.	I've been getting better and better at my job.
처리할 일이 쌓여 있다.	I have a pile of work to take care of. * take care of ~ = ~을 처리하다 a pile of ~ = 산적한 ~
오늘은 꽤 많은 일을 했다.	I got a lot of work done today.

효율적으로 일을 했다.	I worked efficiently today.
	* efficiently = 효율적으로
내가 요령이 없나 보다.	I think I'm inefficient.
	* inefficient = 비효율적인

👓 업무에 관한 고민과 문제

업무량이 너무 많다.	I have too much work.
큰 실수를 했다.	I made a huge mistake at work.
과로로 쓰러질 것 같다.	I'm going to break down from overwork.
	* break down = 부수다, 넘어지다
우울증이 생길 것 같다.	I feel like I'm getting depressed.
	* get depressed = 우울증이 생기다
이 일이 적성에 맞지 않다.	I don't think I'm cut out for this job.
	* cut out for ~ = ~에 적합한
지금 회사는 나랑 안 맞는다.	This company doesn't suit me.
	* suit = ~에 맞다
직장에서의 인간관계가 좋지 않다.	Interpersonal relationships at our office are really awkward.
	* awkward = 어색하다, 거북하다
동료와 말다툼을 했다.	I had an argument with a co-worker.
	* argument = 말싸움
부하직원이 자주 병가를 낸다.	A subordinate of mine often calls in sick.
	* subordinate = 부하직원 call in sick = 전화로 병가를 내다
부하직원이 말을 안 듣는다.	My subordinates won't listen to me.
윤 팀장이 괴롭혀서 고민이다.	Mr. Yun's harassment makes me feel uncomfortable.
신 팀장은 성희롱 발언을 많이 한다.	Mr. Sin says a lot of things that are inappropriate.
	* inappropriate(부적절한)은 '도덕적, 윤리적으로 잘못되었다'는 의미가 있어 성희롱을 암시한다.
상사와 부하 직원 사이에 끼였다.	I'm torn between my boss and subordinate.
	* torn between ~ and ... = ~와 … 사이에 끼여서

11
업무

📝 의욕이 안 생긴다

| 후~, 내일이 월요일이구나. | Aw, tomorrow is blue Monday. |
| | * blue Monday = (휴일 직후의)우울한 월요일 |

회사에 가기 싫다.	I don't want to go to work.
요즘 도저히 의욕이 안 생긴다.	I haven't had any motivation lately.
	* motivation = 의욕
봄철 우울증인가?	Maybe I'm having the so-called "May depression."
	* so-called = 소위 depression = 우울
지금 일에 열정이 없다.	I just can't get excited about my current job.
	* current = 현재의

바쁘다

오늘은 엄청 바빴다.	I was extremely busy today.
오늘은 정신이 하나도 없다.	It was awfully hectic today.
	* awfully = 심하게 hectic = 정신이 없는
이번 주는 바빠질 것 같다.	I think this week is going to be busy.
성수기라서 바쁘다.	It's a busy period and we're going crazy.
	* period = 기간 go crazy = 광란 상태에 빠지다
결산기라서 정말 바쁘다.	It's an accounting period, so it's really busy.
	* accounting period = 결산기
가난 때문에 먹고 살기에 바쁘다고나 할까?	There's no leisure for the poor, I guess.
	* leisure = 여가
일에 치여 산다.	I'm swamped with work.
	* swamped with ~ = ~로 정신을 못차리다
새 프로젝트로 바쁘다.	I'm busy with the new project.
최종 보고서 작성으로 바쁘다.	I'm busy writing the final report.

일손 부족

일손이 부족하다!	We don't have enough manpower!
인재를 늘렸으면 한다.	We need more human resources.
우리 부서는 만성적인 인력 부족이다.	Our department is chronically understaffed.
	* chronically = 만성적으로 understaffed = 인원 부족의
일손이 너무 부족하다.	We need all the help we can get.

그만두는 사람이 너무 많다.	**There are too many people quitting.**
	* quit[퀴트]=그만두다
새로운 사람이 안 들어오나?	**I wonder if we'll get any new employees.**
아르바이트라도 좀 구해 줬으면 좋겠다.	**I wish they would consider hiring some part-timers.**
	* consider -ing=~하는 것을 검토하다

일상 업무

 통근 (→ p. 325 「통근 · 통학」을 참조)

 출근

8시 30분에 출근했다.	**I got to work at 8:30.**
평소보다 빨리 8시에 출근했다.	**I got to work at 8:00, earlier than usual.**
아직 아무도 안 왔다.	**No one had come yet.**
아무도 없는 사무실에서는 일이 잘 된다.	**I can get a lot of things done when there's no one else in the office.**
수영 씨가 벌써 출근해 있었다.	**Sooyoung was already at work.**
늦잠 자는 바람에 11시에 출근했다.	**I overslept and got to work at 11:00.**
	* oversleep=늦잠 자다 과거형은 oveslept
아침 회의에 지각했다.	**I was late for the morning meeting.**
A사에 들렀다가 출근했다.	**I stopped by A Company before I went to work.**
병원에 들렀다가 출근했다.	**I stopped by the hospital on my way to work.**

 업무 관련 전화

오늘은 전화가 많았다.	**I got a lot of calls today.**
전화 받느라 일을 제대로 하지 못했다.	**I spent all day answering phones and didn't get much work done.**

11
업무

그 사람과 전화로 두 시간이나 얘기했다.	I talked with him on the phone for two hours.
상품에 관한 문의 전화를 받았다.	I got a call about one of our products.
항의 전화를 받았다.	I got a complaint call.

* complaint = 불평

| 항의 전화에 대응하느라 정신이 없었다. | I spent all my time answering complaint calls. |
| 회사 업무용 핸드폰이 고장 났다. | My company cellphone broke. |

 보고서 · 자료

| 오후에는 보고서 두 개를 썼다. | I wrote two reports this afternoon. |
| 파워 포인트로 회의용 자료를 만들었다. | I made the materials for the meeting using PowerPoint. |

* material = 자료

| 강 선배에게 보고서를 제출했다. | I submitted a report to Mr. Kang. |

* submit = ~을 제출하다

| 보고서까지 손이 가지 않았다. | I couldn't get around to the report. |
| 내일은 보고서를 정리해야 한다. | I have to finalize my report tomorrow. |

* finalize = ~을 정리하다

| 보고서를 쓰는 것도 힘들다. | Writing the report is a struggle. |

* struggle = 고생

| 자료 준비를 제시간에 맞췄다. | I got the materials ready just in time. |
| 수지 씨가 정리한 자료는 아주 잘 만들어졌다. | Suji's documents were really well done. |

* well done = 잘 만든

회의

10시부터 회의가 있다.	There was a meeting starting at 10:00.
내일은 9시부터 회의다.	There's a meeting tomorrow at 9:00.
신규 사업의 방향성에 대해서 이야기를 했다.	We talked about the direction of the new business.

활발하게 의견을 교환했다.	Everyone excitedly traded their opinions. * trade = ~을 교환하다
독한 의견도 나왔다.	There were some pretty harsh opinions, too. * harsh = 독한
결론은 다음 회의로 미뤄졌다.	The conclusion was carried over to the next meeting. * carry over ~ = ~을 미루다
어려운 문제였다.	It was a difficult issue. * issue = 의제, 문제
생각할 시간이 필요하다.	I need time to think.
긍정적으로 검토하고 싶다.	I want to consider things positively. * consider = ~을 잘 생각하다
값진 회의였다.	That was a worthwhile meeting. * worthwhile = 가치가 있는
무의미한 회의였다.	That was a meaningless meeting.
회의 중에 졸았다.	I dozed off during the meeting. * doze off = 꾸벅꾸벅 졸다
우리 회사는 회의가 너무 많다.	We have too many meetings at work.
회의가 너무 길다! 지루하다.	Our meetings are too long! I'm sick and tired of them.
회의가 많아서 일을 전혀 할 수 없다.	We have so many meetings that I can't get any work done.

📖 프레젠테이션

프레젠테이션 준비를 해야 한다.	I have to prepare for my presentation.
프레젠테이션 준비를 했다.	I prepared for my presentation.
오후에 신규 프로젝트에 대한 프레젠테이션을 했다.	I made a presentation about our new project this afternoon.
프레젠테이션은 잘 끝났다.	The presentation went well. * go well = 잘 되다
프레젠테이션을 잘하지 못했다.	The presentation wasn't done so well.

11
업무

긴장했지만 그럭저럭 잘 넘어갔다.	I was nervous, but I made it through somehow.

make it through = 간신히 달성하다

더욱 당당하게 발표할 수 있었으면 좋겠다.	I want to be able to speak more confidently.
질문이 많이 나왔다.	There were a lot of questions.
시간이 부족했다.	There wasn't enough time.

 외근

오후에는 내내 외근이었다.	I was out of the office all afternoon.
길을 헤매는 바람에 B사와의 약속에 늦었다.	I got lost on my way and was late for my appointment at B company.
시간이 남아서 카페에서 쉬었다.	I had some free time, so I relaxed at a café.

 계약 · 목표

계약을 체결했다! 해냈다!	I sealed a deal! All right!

seal a deal = 거래를 체결하다

어렵사리 계약을 해냈다.	I somehow managed to get a contract done.

manage to ~ = 간신히 ~하다

큰 계약을 수주했다.	I got a big contract.
이번 달은 목표량을 달성할 것 같다.	It looks like I'll be able to fill my quota this month.

fill = ~(요구 등)을 만족시키다
quota = 할당, 목표량

이번 달은 목표량을 달성할 수 없을지도 모른다.	I might not be able to fill my quota this month.
어떻게 해서든지 목표량을 달성하고 싶다.	I want to fill my quota somehow.
무사히 목표량을 달성해서 안심했다.	I was relieved that I was able to fill my quota okay.

okay = 잘, 제대로

목표량을 달성할 수 없었다.	I couldn't fill my quota.

컴퓨터 (→ p. 680 「컴퓨터 · 인터넷」 참조)

오피스 기기

새 복사기의 사용법을 잘 모르겠다.	**I don't really know how to use the new copier.** * copier[카피어]＝복사기
스캐너가 필요하다.	**We need a scanner.**
복사기가 작동되지 않았다.	**The copier wasn't working.**
프린터 상태가 또 나빠졌다.	**The printer was on the blink again.** * on the blink＝(기계 등의) 상태가 나쁜
프린터에 종이가 끼였다.	**The printer got jammed.** * get jammed＝(종이가) 끼다. get의 과거형은 got
팩스 용지가 다 떨어졌다.	**The fax ran out of paper.** * run out of ～＝～을 다 사용하다. run의 과거형은 ran

 ## 명함

A사의 사람들과 명함을 교환했다.	**I exchanged business cards with people from A company.**
공교롭게도 명함이 다 떨어졌다.	**Unfortunately, I was all out of business cards.** * out of ～＝～떨어져서 없는
명함을 200장 주문했다.	**I ordered 200 business cards.**

 ## 사무실 청소와 정리정돈

사무실의 청소당번이었다.	**It was my turn to clean the office.** * turn＝순서
사무실에 청소기를 돌렸다.	**I vacuumed the office.** * vacuum＝～에 청소기를 돌리다
탕비실을 정리했다.	**I cleaned the office kitchen.**
회사를 대청소했다.	**We had major cleaning at work.**
쓰지 않는 물품들이 많이 나왔다.	**There were a lot of things that weren't being used.**
책상 위에 서류가 산더미다.	**Documents were piled up on my desk.** * piled up＝차곡차곡 쌓인
책상 주변을 정리했다.	**I organized my desk.** * organize＝～을 정리하다

11
업무

산뜻한 기분으로 일도 잘 됐다.	I felt refreshed and got a lot of work done.

야근

오늘도 야근이었다.	I had to work overtime again today.

* work overtime = 야근을 하다

오늘 4시간 야근했다.	I worked overtime for four hours today.
밤새워서 일했다.	I worked throughout the night.
요즘 계속 야근이다.	Recently, I've been working overtime regularly.
오늘은 야근 안 해도 된다.	I managed to finish today without having to work overtime.

* manage to~ = 간신히 ~하다

지난 달 야근이 60시간이었다.	I worked 60 hours of overtime last month.

* overtime = 추가근무, 야근

오늘도 무급으로 야근을 했다.	I worked off the clock again today.

* work off the clock = 무급으로 야근하다

집으로 일을 가지고 왔다.	I brought my work home with me.
내일은 꼭 정시에 퇴근할 거다!	Tomorrow I'm definitely going home on time!
초과근무 수당이라도 받으니 그나마 다행이지.	At least I get paid for overtime, and I appreciate that.

* appreciate = ~을 감사하게 생각하다

야근수당이 없다고!	I'm not getting paid for overtime?!

접대

A사의 사람들을 접대했다.	We wined and dined the people from A Company.

* wine and dine ~ = ~을 고급술과 식사로 접대하다

꽤 의미 있는 모임이었다.	We had a very worthwhile meeting.

* worthwhile = 가치가 있는

A사의 사람들과 솔직하게 얘기할 수 있어서 좋았다.	I was glad we were able to talk openly and freely with the people from A Company.

| 김 팀장은 주사가 있다. | Mr. Kim drank too much and caused problems. |

*cause = ~을 일으키다

| 오늘은 접대 골프였다. | I went golfing with some customers today. |

| 어쩌다 한 번 있는 휴일에는 잠좀 자봤으면. | I wish I could at least get some sleep on these rare days off. |

*rare = 드문   day off = 비번, 휴일

| 골프 연습장의 성과를 발휘할 기회다. | This is a chance to show what I've been doing on the driving range! |

*driving range = (치기만 하는)연습장

🖊 출장 (→ p. 338 「특급 ·KTX」, p. 570 「비행기」도 참조)

| 내일은 동경으로 출장이다. | I'm going on a business trip to Tokyo tomorrow. |

| 내일은 오사카로 첫 해외출장을 간다. | I'm going on my first oveseas business trip to Osaka in ages tomorrow. |

| 역 앞의 비즈니스 호텔을 예약했다. | I made a reservation at a business hotel right by the station. |

| 요즘 계속 출장이다. | I've been making a lot of business trips. |

| 오늘은 부산에 당일치기로 출장했다. | I had a one-day business trip to Busan today. |

| 1박 2일로 제주도에 출장다녀왔다. | I made an overnight business trip to Jejudo. |

| 이번에는 비행기로 갔다. | I flew there this time. |

*fly = 비행기로 가다. 과거형은 flew[플루]

| 그 지방의 유명한 먹거리를 먹을 수 있는 것은 출장의 즐거움이다. | The best part of business trips is trying out the local cuisine. |

*try out~ = ~을 시식하다   cuisine[퀴진] = 요리

📖 연수 · 세미나

| 오늘은 IT 연수가 있었다. | We had IT training today. |

11
업무

다음 주는 신입사원 연수다.	We have new employee training next week.
비즈니스 영어 연수가 있었다.	There was a training session for business English.
현장 연수로 매장에 갔다.	We went to a store for on-site training. * on-site = 현장의
저작권에 관한 세미나가 있었다.	There was a seminar on copyrights. * copyright = 저작권
상당히 도움이 됐다.	It was really useful.
강사가 정말 괜찮았다.	The lecturer was really good.
대단한 내용이 아니었다.	There wasn't much to learn.
도중에 졸렸다.	I got sleepy during the seminar.

✍ 영어를 사내 공용어로

다음 달부터 회의를 영어로 한다고!	Starting next month, we're going to have our meetings in English!
다들 영어 좀 하나?	I wonder if everyone speaks English.
영어로 회의를 하다니, 가능할 리 없잖아.	There's no way we'll be able to hold a meeting in English.
영어로 프레젠테이션해야 한다. 어떡하지?	I have to give a presentation in English. What am I going to do?
내년부터 토익 시험이 필수가 되었다.	Starting next year, taking the TOEIC will become a requirement. * requirement = 필요 조건
점수가 평가에 영향을 미친다고 해.	It seems our scores will reflect on our employee assessments. * reflect on ~ = ~에 반영하다 assessment = 평가
우리 회사도 외국인 직원이 늘고 있다.	Our company is hiring more employees from other countries. * hire = ~을 고용하다
우리 회사도 글로벌화가 진행 중이다.	Our company is globalizing more and more.

우리 회사도 더욱 글로벌화 될 필요가 있다.	Our company needs to become more global.
외국인 직원과 영어로 대화하는 것이 즐겁다.	It's fun to speak English with employees from other countries.

 ## 회사 행사

오늘은 김수영 씨의 환영회가 있었다.	We had Kim Sooyoung's welcoming party today. * welcome party라고도 한다
신입사원 환영회를 했다.	We had a welcome party for our new employees.
금요일은 박경애 씨의 송별회다.	This Friday we're going to have Ms. Park's farewell party. * 「송별회」는 going-away party나 send-off라고도 한다.
환영회와 송별회를 했다.	We had a welcome and going-away party.
입사식을 했다.	We had a new-employee ceremony.
내일 회사에서 단체 여행을 간다.	We're going on a company trip tomorrow.
회사 단체 여행을 설악산으로 갔다.	We went to Mt.Seorak on a company trip.
회사에서 볼링 대회가 있었다.	We had a company bowling event.
회사에서 건강검진을 했다.	We had a company physical check-up.
사옥을 옮겼다.	We moved to a new office building.
창립 50주년 기념 파티였다.	Our company had a 50th anniversary party.

점심시간, 동료와 한 잔

 ## 점심 (→ p. 489 「외식」도 참조)

오늘은 직원식당에서 먹었다.	I ate at the company cafeteria today. * company cafeteria = 직원식당

우리 회사는 직원식당이 맛있어서 너무 좋다.	I'm glad our company cafeteria has such good food.
사원식당 맛이 그저 그렇다.	The food at our company cafeteria is just okay.
사원식당은 착한 가격이라 좋다.	It's great that our company cafeteria has reasonable prices.
편의점에서 주먹밥을 사 왔다.	I bought rice balls at a convenience store.
일을 하면서 빵을 먹었다.	I ate some bread while working.
도시락을 시켰다.	I had a box lunch delivered.
	* deliver = ~을 배달하다
도시락을 싸왔다.	I carried my lunch.
회의실에서 도시락을 먹었다.	I ate my lunch in the meeting room.
아내가 만들어 준 도시락을 먹었다.	I ate the lunch my wife made for me.
경희 씨와 점심 미팅을 했다.	I had a lunch meeting with Kyunghee.
바빠서 점심 먹을 시간이 없었다.	I was so busy that I didn't have time to eat lunch.
4시 경에 겨우 점심을 먹었다.	I finally got to eat lunch at around 4:00.

동료와 한 잔 (→ p. 500 「술」도 참조)

업무 후에 환희 씨와 한 잔 했다.	I had a drink with Hwanhee after work.
늘 가던 곳에 갔다.	We went to the usual spot.
강남의 ABC 바에 갔다.	We went to ABC Bar in Gangnam.
부장님이 단골집에 데려갔다.	My manager took me to his favorite restaurant.

* 「단골집」은 상황에 따라 restaurant이나 bar로.

양 사장님이 밥을 사 줬다.	Mr. Yang treated me.

* treat = ~에게 밥을 사주다

젊은 애들 몫까지 지불했다.	I footed the bill for the younger guys.

* foot the bill = 계산하다

오늘은 쫑파티였다.	We had a good-job party today.

다같이 노래방에 갔다.	We all went to noraebang together.

가끔 정신없이 노는 것도 좋은 것 같다.	It's good to cut loose every now and then.

* cut loose = 정신없이 놀다

인사 · 급여 · 휴가

 인사

영업부로 이동 신청서를 냈다.	I submitted a transfer request to the sales department.

* transfer = 이동

내일 인사 이동 발표가 있다.	Changes in personnel will be announced tomorrow.

* personnel = 인사

다음 주부터 기획부로 옮긴다.	I'll be moving to the planning department next week.

다음 주부터 주 팀장님 팀으로 이동한다.	I'll be transferring to Mr. Joo's team next week.

* transfer to ~ = ~로 이동하다

드디어 홍보부로 옮겼다.	Finally, I got transferred to the PR department.

* get transferred to ~ = ~로 이동하게 되다
PR은 public relations의 약어

이동 신청서가 받아들여져서 기쁘다.	I'm happy my transfer request went through.

이번 이동은 마음에 들지 않는다.	I'm not happy with my new post.

김용석 씨는 홍보부로 이동한다고 한다.	Rumor has it that Mr. Kim will be transferring to the PR department.

* rumor has it that ~ = ~라는 소문이 있다

 승진

과장으로 승진했다.	I've been promoted to department manager.

* promote = ~을 승진시키다

11 업무

빨리 승진하고 싶다.	I hope I get promoted soon.
야호! 다음 달에 승진이다.	Yeees! I've got a promotion coming next month! * promotion = 승진
승진에 별로 관심이 없다.	I'm not really interested in a promotion.
승진해도 책임이 무거워질 뿐이다.	Being promoted just means more responsibility.

 전근

4월에 대구 전근이 결정됐다.	They decided to transfer me to Daegu in April. * transfer = ~을 전근시키다
전근은 약 2년 정도일 것이다.	My transfer will probably last about two years. * transfer = 전근
몇 년이나 그곳에 있을지 알 수 없다.	I don't know how long I'll be over there.
가족과 함께 가지 못할 것 같다.	It looks like I won't be able to take my family with me.
가족도 함께 갈 예정이다.	I'm planning on bringing my family with me.
전근이 많은 업무라서 어쩔 수 없다.	This job calls for a lot of transfers, so it can't be helped. * call for ~ = ~을 필요로 하다

 명예퇴직 · 해고

구조조정이 있을까봐 무섭다.	Restructuring sounds scary. * restructuring = 구조조정, 명예퇴직
우리 회사도 구조조정을 고려하고 있는 것 같다.	Rumor has it that our company is thinking about restructuring. * rumor has it that ~ = ~라는 소문이 돌다
구조조정으로 그만두게 되었다.	I got laid off due to the restructuring. * lay off ~ = ~을 일시 해고하다. lay의 과거분사형은 laid
해고당했다.	I got fired. * fire = ~을 해고하다

퇴직

상사에게 퇴직 의향을 전달했다.	**I told my supervisor about my intention to quit.**
	* supervisor = 상사 quit = 그만두다
상사에게 사직서를 제출했다.	**I submitted a letter of resignation to my supervisor.**
	* resignation = 퇴직
회사가 희망 퇴직자를 모집하고 있다.	**My company is asking everyone if they want to retire early.**
희망 퇴직도 나쁘지 않을 것 같다.	**Early retirement might not be so bad.**
한대수 씨가 말렸다.	**Mr. Han tried to make me stay.**
그는 퇴사에 대해서 이해해 줬다.	**He was understanding about my leaving.**
새 직장에서도 잘하라는 말을 들었다.	**He wished me good luck at my new job.**
확실하게 업무를 인수인계해야겠다.	**I'm going to give my replacement a proper handover.**
	* proper = 적절한 handover = 인수인계
승기 씨에게 업무를 인수인계했다.	**Seunggi took over my old post.**
	* take over ~ = ~을 인수인계하다. take의 과거형은 took
퇴직 전에 유급 휴가를 다 쓰고 싶다.	**I want to use all of my paid vacation time before I leave my job.**
오늘 드디어 퇴사하는 날이다.	**This is the day that I finally leave the company.**
오늘 드디어 퇴사하는 날이었다.	**Today was the day that I finally left the company.**
오늘 마지막 출근이었다.	**Today was my last day at work.**
직원들이 파티를 열어 주었다.	**My subordinates threw me a party.**
	* throw ~ a party = ~을 위해서 파티를 열다
얼마동안은 푹 쉴 생각이다.	**I'm going to relax for a while.**
얼마동안은 육아에 전념해야겠다.	**I'm going to dedicate my time to raising my child.**
	* dedicate ~ to ... = …에게 ~을 바치다

11
업무

내년 9월에 복귀할 예정이다.

I'm planning to return to work next September.

지헌 씨가 이달에 그만둔다. 섭섭하네.

Jiheon is quitting this month. I'll miss him.

📖 급여

신난다! 오늘은 월급날!

All right! Today is payday!

* payday = 월급날

현재 월급에 만족하고 있다.

I'm happy with my current salary.

* current = 현재의 salary = 월급

월급이 불만이다.

I'm not happy with my current salary.

늘 그렇듯이 이달도 월급이 적군.

This month's salary is low, as always.

월급이 더 많았으면 좋으련만.

I wish I could get paid more.

실수령액이 200만 원 이하라서 힘들다.

A salary of less than 2 million won after taxes isn't enough at all.

성과급제로는 힘들다.

Being paid by the job is tough.

* pay ~ by the job = ~에게 성과급제로 지불하다

남편 월급만으로는 생활할 수 없다.

We can't live on my husband's salary alone.

월급은 적지만 보람이 있다.

The pay is low, but it's a rewarding job.

* rewarding = 보람이 있는

👓 보너스

보너스를 받을 수 있을까?

I wonder if I'll get a bonus.

* 미국에서는 보너스가 실적에 따라 지불되며 한국처럼 정기적으로 지급되지 않는다.

신난다! 보너스가 나왔다!

Yes! I got a bonus!

보너스는 세후 450만 원이었다.

I got a 4.5 million won bonus after taxes.

2개월분 보너스가 지급되었다.

I got a bonus of two month's pay.

보너스가 쥐꼬리만큼이다.

The bonus was really small.

보너스로 뭘 사야 하지?

What should I buy with my bonus?

보너스는 전부 저금하자.	I should put all of my bonus into my savings. * savings=예금 계좌
제길, 보너스가 없는 건가.	Darn, no bonus. ☹ * darn은 불만이나 분노를 나타낸다.

휴가

오늘은 회사를 쉬었다.	I took a day off from work. * take a day off＝하루 휴가를 내다
다음 주에 대체휴가를 신청하자.	I'm going to take a make-up day off next week. * make-up day는 '보충의 날'이라는 의미
반차를 내고 병원에 갔다.	I took a half day off and went to the hospital.
유급휴가가 꽤 쌓여 있다.	I have a lot of paid vacation days saved up. * save up~＝~을 모으다 paid vacation＝유급휴가
오늘은 유급휴가를 썼다.	I took a paid vacation day today.
장기 휴가를 가고 싶다.	I want to take a long vacation.
황금연휴로 6일이나 쉴 수 있다.	I have six days off for Golden Week.
여름휴가는 못 갈 것 같군.	I don't think I'll be able to get a summer vacation.
10월에 늦은 여름휴가를 가기로 했다.	I decided to take a late summer vacation in October.
연말연시에는 푹 쉴 수 있을 것 같다.	It looks like I'll be able to take it easy over the New Year's holiday.

상 사 · 동 료 · 부 하

 상사에 대해

이 과장님은 내가 존경하는 상사다.	Mr. Lee is a boss I can look up to. * look up to~＝~을 존경하다
그분은 늘 친절하고 조언을 해주신다.	He's always really nice and ready to give advice.

그분께는 뭐든지 상담할 수 있다.	I can talk to him about anything.
그분은 직원들에게 신뢰받고 있다.	He's well trusted by his people.
	* one's people = ~의 부하직원
김 선배에게 업무에 대해서 상담했다.	I went to Mr. Kim for advice about my job.
적절한 조언을 받았다.	He gave me appropriate advice.
강 팀장한테 엄청나게 혼났다.	Mr. Kang bawled me out.
	* bawl ~ out = ~을 큰 소리로 혼내다
그는 직원들에게 너무 엄격하다.	I think he's too strict with his people.
	* strict = 엄격한
송 부장님과는 사이가 썩 좋지 않다.	I don't get along with my manager, Mr. Song.
	* get along with ~ = ~와 뜻이 잘 맞다

🛋️ 동료에 대해

동료복이 있다.	I'm blessed to have such co-workers.
	* blessed = 혜택받은 co-worker = 동료
믿을만한 동료가 있다니 행복하다.	I'm so glad to have co-workers I can trust.
한태연 씨가 다음 달에 결혼한다고 한다.	I hear Mr. Han is getting married next month.
민지 씨는 다음 달부터 출산 휴가다.	Minji will be on maternity leave starting next month.
	* maternity leave = 출산 휴가

⏰ 부하직원에 대해

현정 씨는 믿음직스러운 직원이다.	Hyunjeong is a reliable subordinate.
	* subordinate = 부하 직원
부탁한 일은 빨리 처리해 준다.	She always quickly finishes what she's asked to do.
임 과장은 의욕이 넘친다.	Mr. Lim is really motivated.
	* motivated = 의욕이 넘치는
상기 씨에게 기대를 걸고 있다.	I'm counting on Sanggi.
	* count on ~ = ~을 의지하다
신호 씨는 믿음이 안 간다.	I can't really count on Sinho.

신입인 미영 씨는 요령이 없어.

The newcomer, Miyoung, isn't very efficient.

* efficient = 유능한

자영업·자유업

 자영업

이달은 매출이 좋았다.

Sales were good this month.

이달은 매출이 나빴다.

Sales were bad this month.

오늘은 손님이 많았다.

We had a lot of customers today.

오늘은 토마토가 잘 안 팔렸다.

Tomatoes didn't sell very well today.

지난달보다 10% 떨어졌다.

It's down 10% from last month.

작년보다 20% 올랐다.

It's up 20% from last year.

내일은 재고 정리다.

We have to take stock tomorrow.

* take stock = 재고를 조사하다

파트 타임 직원을 늘릴까?

Maybe I should hire more part-time workers.

가게를 리모델링할까?

Maybe I should remodel the store.

* remodel = ~을 리모델링하다

광고를 더 하자.

I need to advertise more.

* advertise = 광고하다

 자유업

원고 마감을 못 맞춰!

I'm not going to have the manuscript ready by the deadline!

* manuscript = 원고

편집자로부터 원고 재촉 전화가 걸려 왔다.

The editor called me to tell me to turn in my manuscript.

* turn in ~ = ~을 제출하다

없는 척했다.

I pretended not to be home.

* pretend to ~ = ~인 척하다

일을 더 많이 해야 해.

I need to get more work.

일이 꽤 쌓였다.

I've got a lot of work piled up.

* piled up = 쌓인

11 업무

393

오늘은 밤샘이다.	I'll need to work through the night today.
내일은 쉴까봐.	Maybe I should take tomorrow off.
	* take ~ off = ~을 쉬다

 확정신고 (→ p. 459 「세금」도 참조)

회계장부를 적었다.	I made an entry into the account book.
	* make an entry = 기입하다 account book = 회계장부
슬슬 확정신고를 해야지.	I need to file my income taxes soon.
	* file = ~(서류 등)을 제출하다
영수증 정리가 귀찮다.	Sorting receipts is such a hassle.
	* sort = ~을 분류하다
세무사에게 오라고 했다.	I had a tax accountant come by.
	* tax accountant = 세무사
세무사에게 영수증을 건넸다.	I gave my receipts to my tax accountant.
세무신고가 끝났다.	I finished filing my income taxes.
세무서에 서류를 제출했다.	I sent the documents to the tax office.

아 르 바 이 트 · 파 트 타 임

아르바이트를 찾아야 해.	I need to find a part-time job.
	* 미국에서는 특히 '정직원' '파트타임' '아르바이트'를 구별하지 않으므로 find a job라도 해도 OK
야간 아르바이트를 찾자	I should look for a job working the night shift.
인터넷에서 아르바이트를 찾았다.	I looked for part-time job information on the Internet.
동네 편의점에서 아르바이트 직원을 모집하고 있었다.	A nearby convenience store was hiring part-timers.
그 회사에 전화 해 봤다.	I called that company.
내일 드디어 면접을 보게 되었다.	I managed to get an interview for tomorrow.
	* manage to ~ = 간신히 ~하다

내일부터 즉시 일하게 되었다.	**I start working tomorrow.**
주 3일 일하기로 했다.	**I decided to work three days a week.**
토요일과 일요일만 일하기로 했다.	**I decided to work only on Saturdays and Sundays.**
시급 8,000원을 받는다.	**I get 8,000 won an hour.**
시급이 오르면 좋겠다.	**It would be nice if I could get a raise.** * raise[레이즈] = 승급
야호! 시급이 500원 올랐다!	**Great! My hourly wage went up 500 won!**
시급이 더 좋은 일을 찾아볼까?	**I wonder if it's better to look for a job with a higher hourly wage.**
이번 달 아르바이트로 650,000원 벌었다.	**I got 650,000 won from my part-time job this month.**
다음 달에는 근무시간을 좀더 늘릴까.	**Maybe I should take more shifts next month.**
아르바이트 동료는 다 좋은 사람들이다.	**All my co-workers at my part-time job are great people.**
계속 서서 일해서 다리가 부었다.	**My legs swelled up from all the standing.** * swell up = 붓다
아르바이트를 그만두다.	**I quit my part-time job.** * quit[큇] = ~을 그만두다. 과거형도 quit

11
업
무

취직 · 이직

 취업 활동

슬슬 구직 활동을 시작할 때다.	**It's about time I started looking for a job.**
학교 취업센터에 가서 상담을 받았다.	**I went to the career center at my college for advice.**

면접용 양복을 샀다.	I bought a job-hunting suit.
	* job-hunting = 취업 활동
면접용 양복은 익숙하지 않다.	I'm not used to this job-hunting suit.
	* be used to ～ = ～에 익숙하다
진짜 취직할 수 있을까?	I really wonder if I can get a job.
좁은 문이기 하지만 꿈을 포기하고 싶지 않다.	The odds are against me, but I don't want to give up on my dream.
	* odds are against ～ = ～에게 있어서 승산이 없다
고향에서 취직을 할지, 서울에 남을지, 고민된다.	I wonder if I should get a job in my hometown or stay here in Seoul.
회사 규모는 상관없다.	The size of the company doesn't matter to me.
내가 하고 싶은 일을 할 수 있는 회사에서 일하고 싶다.	I want to work at a company where I can do what I want to do.
S사는 연중 수시 채용을 시작했다고 한다.	I heard that S Company started a year-round recruitment policy.
	* year-round = 연중 recruitment = 채용
빨리 일하고 싶다.	I want to start working as soon as possible.
취직하고 싶지 않다.	I don't want to start working.
평생 학생이었으면 좋겠다.	I wish I could be a student forever.

📖 이직 활동

이직하고 싶다.	I want to find another job.
이직할까?	Maybe I should find another job.
이직하기로 정했다.	I decided to find another job.
돈을 더 많이 버는 일을 하고 싶다.	I want a job that pays better.
하고 싶은 일을 할 수 있는 회사에 가고 싶다.	I want to work at a company that lets me do the work I want to do.
지금까지의 경험을 살릴 수 있는 일을 찾아야겠다.	I'll look for a job that lets me make the most of my experience.
	* make the most of ～ = ～을 최대한 활용하다

내가 원하는 일자리를 찾지 못하겠다.	I can't find any jobs I like.
좋은 구인 정보가 안 나오네.	Aren't there any good job offers around? *job offer＝구인
드디어 내가 원하던 일자리를 찾았다!	I finally found the job opening I was hoping for! *job opening＝구인, 일자리
A사는 경력직 사원을 모집 중이다.	A Company is looking for experienced employees. *experienced＝경험이 있는 employee＝종업원
응모 마감은 13일이다.	The application deadline is the 13th. *application＝응모 deadline＝마감

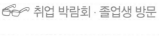 취업 박람회 · 졸업생 방문

내일은 10시부터 종로에서 G사의 취업 박람회가 있다.	G Company is having a job fair tomorrow at 10:00 in Jongro.
합동 취업 박람회에 갔다.	I attended a joint job fair.
TM사의 취업 박람회에 갔다.	I went to a job fair for TM Company.
IT기업의 취업 박람회에 갔다.	I went to a job fair put on by IT companies.
취업 박람회에 가는 길을 잃어 버렸다.	I got lost on the way to the job fair.
설명회를 참석해 보니 이 회사에서 더 일하고 싶어졌다.	The seminar made me even more sure that I wanted to work there.
생각하던 것과 좀 달랐다.	I think it's different from what I had in mind.
업무 내용에 대해 구체적으로 이미지화할 수 있었다.	I was able to get a clear picture of what the job is about. *clear picture＝명확한 이미지
고되지만 보람 있을 것 같은 일이다.	The job sounds tough, but it also sounds fulfilling. *tough[터프]＝힘든, 고된 fulfilling＝충실한

11
업무

이번 주말까지 A사에 지원 서류를 내야 한다.	I've got to hand in my application to A Company by this weekend.

* hand in ~ = ~을 제출하다   application = 응모(서류)

증명사진을 찍으러 갔다.	I got my ID photo taken.
A사의 입사 지원서를 작성했다.	I filled out the application form for A Company.

* fill out ~ = ~에 적어 넣다. 입사지원서는 entry sheet 라고 표현해도 된다.

D사의 입사 지원서를 쓰는데 세 시간이나 걸렸다.	It took me three hours to fill in the application form for D Company.

* fill in ~ = ~에 필요 사항을 기입하다

자기 분석부터 시작하기로 했다.	I decided to start with a self analysis.

* analysis = 분석

내 장점은 무엇일까?	What are my strengths?

* strength = 강점, 장점

내 장점 중 하나는 협동심이라고 생각한다.	I think one of my strengths is that I'm cooperative.
입사 지원서를 지은 선배에게 봐 달라고 했다.	I asked Jieun to take a look at my application form.

* take a look at ~ = ~을 보다

입사 시험 · 면접

와! 필기시험 합격이다!	Yes! I passed the written test!

* pass = ~에 합격하다

어떡해~. 서류에서 떨어졌다.	Oh no! I failed the application screening.

* application screening = 서류 심사

다음 주에는 B사 면접이 있다.	I have an interview with B Company next week.
B사의 사업 내용에 대해 조사해 두어야겠다.	I should look up B Company's business beforehand.

* beforehand = 사전에

모의 면접을 해봤다.	I had a mock interview.

* mock interview = 모의 면접

A사의 1차 면접을 봤다.	I had the first interview with A Company.
첫 면접이라서 엄청 긴장했다.	It was my first interview, so I was really nervous.

긴장해서 제대로 답변을 못했다.	**I was so nervous that I couldn't answer the questions very well.**
내 생각을 잘 얘기한 것 같다.	**I think I expressed myself well.**
합격하면 좋겠다.	**I hope I passed.**

합격

가능한 빨리 취직했으면 좋겠다.	**I want to get a job as soon as possible.**
아직 내정된 곳이 없다. 어떡하지?	**I haven't received any job offers yet. What should I do?** * job offer = 채용 통지. 엄밀히 말하면 내정은 unofficial job offer(비공식 채용 통지)
야호! A사에 입사 통보를 받았다.	**Yes! I got a job offer from A Company!**
B사는 포기하고 있었는데 너무 기뻤다.	**I had already given up hope on B Company, so I was thrilled.** * thrilled = 흥분한
경호는 두 곳에서 통보를 받았다고 한다.	**Kyoungho has already received two job offers.**
이안이도 취업이 되었다. 정말 잘됐다.	**Ian also got a job offer. That's really good for her!**
가장 가고 싶은 G사에 합격하면 좋겠다.	**It would be great if I also got a job offer from my first choice, G Company.**
주변 친구들이 하나 둘 취업되기 시작하니 초조하다.	**I'm worried because everyone else is getting job offers.**
상황이 너무 안 좋다. 한 해 더 준비하는 것도 고려해 봐야겠다.	**In the worst case, maybe I should spend another year at university.** * in the worst case = 최악의 경우
신세진 분들께 감사 인사를 인사드렸다.	**I thanked the people who helped me and told them about my job.**
다들 많이 기뻐해 줬다.	**They were all really happy for me.**

11
업무

업무에 대해
영어일기를 써 보자

접대 골프

I'm playing golf with clients
tomorrow. I need to get up early
and keep pleasing them... Oh, I
wish I didn't have to.

해석

내일은 접대 골프다. 아침 일
찍 일어나야 하고 신경도 많
이 쓰이고… 아~ 안 갈 수는
없을까.

포인트 '접대 골프'를 표현하는 영어 단어는 없으므로, **play golf with clients(고객과 골프를 치다)**라고
했습니다. '신경을 쓰다'는 '고객을 계속 기쁘게 하다'는 뜻의 **(I need to) keep pleasing them**으
로 표현하면 됩니다.

매일 잠만 자러 집에 가다

I've been extremely busy. No matter
how hard I work, I can't get my
work done. All I do at home is just
sleep.

해석

요즘 너무 바쁘다. 아무리 열
심히 해도 일이 끝나지 않는
다. 집에는 그저 잠만 자러 들
어가는 매일의 연속이다.

포인트 '너무 바쁘다'는 super busy라고도 합니다. No matter how hard I work는 '아무리 열심히 해도'
의 뜻으로 뒤에 그 노력이 보상받지 않았다는 내용의 문장이 옵니다. get ~(사람, 일) … (형용사,
동사의 과거 분사)는 '~을 … 의 상태로 하다', done 은 '끝냈다.'는 뜻입니다.

 신임 상사

My new boss came to our office today. I heard he was really stern, but actually, he seemed like an ideal boss with a good balance of strictness and kindness. (Whew)

해석

오늘 신임 상사가 우리 지사로 발령받아 왔다. 꽤 엄격한 사람이라고 들었지만 엄격함과 다정함이 잘 조화된 이상적인 상사라는 인상을 받았다(휴~ ~).

포인트 stern 은 '따뜻함이 없는 엄격함'을 strict 은 '교육과 규율을 지키고자 하는 엄격함'을 나타내는 형용사입니다. '인상을 받았다'는 seemed like ~ (~처럼 보였다) 로 표현합니다.

 계속 불합격이다

I've had 11 job interviews, but I haven't received any job offers yet. I'm getting really worried, depressed and tired.

해석

지금까지 면접을 11 곳이나 봤지만, 아직 1 곳도 합격하지 못했다. 엄청 초조하고 우울하고 피곤하다.

포인트 '취업 면접'은 job interview. '합격하다'는 receive a job offer(업무 신청을 받다) 라고 표현합니다. worried(초초한, 불안한), depressed(낙담하다), tired(피곤하다) 를 be getting 과 같이 사용하면 '그런 상태로 가고 있다'라는 뜻이 됩니다.

11
업무

401

12 학교생활

학교생활 전반

초중고 학년을 나타내는 말

초 1	the first grade	중 2	the eighth grade
초 2	the second grade	중 3	the ninth grade
초 3	the third grade	고 1	freshman
초 4	the fourth grade	고 2	sophomore [소포모어] /
초 5	the fifth grade		junior
초 6	the sixth grade	고 3	senior [시니어]
중 1	the seventh grade		

※ 중학교 1 학년〈2 학년/3 학년〉은 the first〈second/third〉 grade of junior high school, 고등학교 1 학년〈2 학년/3 학년〉은 the first〈second/third〉 grade of high school 이라고도 합니다. 대학교는 426 쪽 참조.

 입학과 진급

이제 곧 중학교 2학년이다.	**I'll be in the second grade of junior high school pretty soon.**
아들이 고등학교 3학년이 되었다.	**My son started the third grade of high school.**
시간이 참 빠르다.	**Time flies.**
기대와 불안이 반반이다.	**I have a lot of expectations and worries.** * expectation = 기대
딸은 초등학교에 가는 걸 고대하고 있다.	**My daughter is looking forward to going to elementary school.**

402

📖 입학 준비

엄마가 우리 딸에게 책가방을 사 줬다.	My mother bought my daughter a school backpack.

* school backpack은 책가방

아들은 연한 파란색 책가방을 골랐다.	My son chose a light blue school backpack.
동석이가 책가방을 맸다.	Dongseok tried carrying his school backpack.
아직 책가방이 너무 커서 어색했다.	He looked funny with his big school backpack.
아들의 체육복과 실내화를 샀다.	I bought gym clothes and indoor shoes for my son.

* gym clothes = 체육복

👓 교복

교복을 맞추러 갔다.	I had my measurements taken for my school uniform.

* measurement = 계측   uniform = 제복

ABC 고등학교는 교복이 멋스럽다.	ABC High School's uniform looks awesome.

* awesome[오썸] = 아주 좋은

XYZ 고등학교의 교복은 별로다.	XYZ High School's uniform doesn't look so good.
우리 학교는 여름 교복이 앙증맞다.	Our summer uniforms are cute.
치마 길이가 너무 길어.	The skirt is too long.
치마 길이를 좀 짧게 하고 싶어.	I want to shorten my skirt.

* shorten = ~을 짧게 하다

반 배정

유미랑 같은 반이야! 신난다!	I got in the same class as Yumi. Great!
태희와 나는 다른 반이 되었어.	Taehee and I are in different classes.
나는 5반이다.	I'm in Class 5.

12 학교 생활

재밌을 것 같은 반이다.	The class looks like a lot of fun.
반 친구들과 사이좋게 지낼 수 있으면 좋겠다.	I hope I can get along with everyone in the class.
	* get along with ~ = ~(사람)과 잘 지내다
예전 반으로 돌아가고 싶다.	I want to go back to my previous class.
	* previous = 이전의

🔒 통학 (→ p. 325 「통근 · 통근」을 참조)

💡 출석 · 결석

올해는 지금까지 한 번도 결석한 적이 없다.	I haven't missed a day of school this year so far.
	* miss = ~를 결석하다 so far = 지금까지
개근상을 목표로!	I'm aiming for the perfect attendance award!
	* aim for ~ = ~를 목표로 하다 attendance = 출석
오늘은 결석했다.	I missed school today.
내일은 학교 안 가는 날이다.	I don't have any classes tomorrow.
강호가 학교를 땡땡이쳤다.	Kangho cut class. * cut class = 수업을 빼먹다
아영이는 감기로 결석했다.	Ayoung stayed home with a cold.
독감으로 학급 폐쇄 중이다.	Classes are suspended due to the flu.
	* suspend = ~을 일시 정지하다 flu = 인플루엔자
12일까지 학교가 휴교였다.	Our school is closed until the 12th.

⏰ 지각 · 조퇴

또 지각했다.	I was late again.
지각할 뻔했다.	I was almost late.
내일은 절대로 지각 안 할 거야.	I'm going to be careful not to be late tomorrow.
상희는 또 지각을 한 것 같다.	It looks like Sanghee was late again.
2교시 끝나고 조퇴했다.	I went home after the second class.
준성이가 조퇴했다.	Junseong left school early.

| 보건실에서 쉬었다. | I took a rest in the nurse's office. |
| | *nurse's office = 보건실 |

 학교가 좋다 , 학교가 싫다

학교가 즐겁다.	I enjoy school.
학교가 싫다.	I don't like school.
학교 가기 싫다.	I don't want to go to school.
아들은 학교가 즐거운 것 같다.	It looks like my son enjoys his school life.

 선생님에 대해서

아들의 담임이 또 김 선생님이라서 다행이다.	I'm glad Mr. Kim is my son's homeroom teacher again.
	*homeroom teacher = 담임 선생님
작년 담임선생님은 좋았는데.	I liked my previous homeroom teacher better.
장 선생님이 좋다.	I like Mr. Jang.
장 선생님은 싫다.	I don't like Mr. Jang.
이 선생님은 너무 무섭다.	Mr. Lee is too strict.
민 선생님 수업은 재미있다.	Ms. Min's class is fun.
윤 선생님은 잘 가르치신다.	Ms. Yun is a good teacher.
명 선생님 수업은 졸려.	I get sleepy in Mr. Myoung's class.
최 선생님이 다시는 지각하지 말라고 주의를 주셨다.	Ms. Choi warned me not to be late again.
	*warn = ~에게 경고하다
교무실에 호출당했다.	I was called to the teacher's room.
구 선생님이 전근 가셨다.	Mr. Koo is going to transfer to another school.
내년에도 가르치고 싶었는데.	I wanted to take her class again next year.

12
학교생활

배 선생님은 다음 달부터 출산휴가다.

Ms. Bae is taking maternity leave from next month.

* maternity leave＝출산휴가

교생 선생님이 우리반에 오셨다.

A student teacher came to our class.

 동아리 활동

동아리 활동 관련 단어

~부	~ club		
야구	baseball		
소프트볼	softball		
축구	soccer		
미식축구	American football	복싱	boxing
럭비	rugby	댄스	dance
육상	track-and-field	팝뮤직	pop music
체조	gymnastics	관악대	brass band
수영	swimming	오케스트라	orchestra
테니스	tennis	합창	chorus
배드민턴	badminton	미술	art
탁구	table tennis	연극	drama
배구	volleyball	서예	calligraphy
농구	basketball	다도	tea ceremony
스키	skiing	꽃꽂이	flower arranging
스케이트	ice skating	사진	photography
검도	kendo	신문	school newspaper
유도	judo	요리	cooking
레슬링	wrestling	장기	janggi
펜싱	fencing	바둑	go
양궁	archery	영화	movie
라쿠로스	lacrosse	과학	science

어떤 동아리에 들어갈까?

I wonder what club I should join.

농구 동아리에 들어갔다.

I joined the basketball club.

매일 아침 연습이 있다.

We have to practice every morning.

달리기와 근력 강화 운동은 힘들다.

The running and muscle training are tough.

* muscle[머슬]＝근육

주말에도 활동이 있다.	There's practice on the weekends, too.
오늘은 동아리 활동이 없는 날이었다.	There was no club practice today.
학교 간 대항까지 한 달 남았다.	There's just one month before the interscholastic meet.

* interscholastic meet＝학교 간 대항

| 이제 곧 관악대 경연이다. | The brass band contest is coming up soon. |
| 일단 예선 통과가 목표다. | I want to at least pass the preliminaries. |

* make it to ∼＝∼에 도달하다　preliminary＝예선

대회에서는 금상을 따자!	I'm going for the gold in the tournament!
목표, 전국대회 진출!	I'm going to make it to the National Championship!
후회가 남지 않도록 힘내자.	I want to do my best and have no regrets.

* regret＝후회

우리 학교가 대통령배 전국 고교야구대회에 나간다!	Our school is going to the Presidential Cup High School Championship!
딸은 관악 동아리에서 즐겁게 활동하고 있다.	It looks like she's having a good time in the brass club.
야구부의 연습이 힘든 것 같아.	It looks like the baseball practice is really hard.

급식 · 도시락

오늘 점심은 햄버그스테이크와 채소 복음이었다.	Today's lunch was hamburger steak and stir-fried vegetables.
급식은 카레라이스였다.	We had curry for lunch.
매점에서 빵을 샀다.	I bought some pastries at the school shop.

* pastry＝패스트리, 빵

| 1교시 끝난 후에 도시락을 먹었다. | I had an early lunch during my first recess. |

* recess[리세스]＝쉬는 시간

12
학교생활

미키 마우스 캐릭터 도시락을 만들었다.	I made a lunch box with a Mickey Mouse character on it.
오늘 도시락은 유미가 좋아하는 고로케다.	Yumi loves croquettes, so I put some in her lunch box today.

* croquette[크로켓]＝고로케

방학

내일부터 봄방학이다!	Spring break starts tomorrow!
여름방학은 뒹굴거리며 지내고 있다.	I'm not doing anything during the summer vacation.
여름방학도 이제 얼마 안 남았다.	Summer vacation is almost over.
겨울방학이 이제 하루밖에 안 남았다.	There's only one day left in the winter break.
친구들을 만나는 게 기대된다.	I can't wait to see my friends.
겨울방학은 보충수업밖에 없다.	My only plans for the winter break are a winter session class.
방학 내내 아이들과 함께 보내는 것은 정말 힘들다.	During vacations, it's really crazy with the kids around all the time.

학생회

학생회 선거가 있었다.	There was a student council election.

* student council＝학생회

성태가 학생회장에 입후보했다.	Sungtae ran for student council president.

* run for ～＝～에 입후보하다   president＝회장

학생회장에 규선이가 당선됐다.	Kyuseon was chosen as the student council president.

기타 학교생활

그는 정학을 당했다.	He got suspended from school.

* suspend＝～을 정학 처리하다

그는 퇴학당했다.	He was kicked out of school.

* kick out ～＝～을 퇴학시키다

우리 학교는 교칙이 너무 엄격하다.	The rules at my school are too strict.

* strict＝엄격한

청소 당번은 귀찮아.	I have the cleaning assignment. It's such a pain. * assignment = 당번
지민이는 뭔가를 잘 잊어버린다.	Jimin is always forgetting things.

학교행사

학교행사 관련 단어

입학식	entrance ceremony		
시업식	opening ceremony		
신체검사	physical checkup	마라톤대회	marathon
조례	morning assembly	졸업식	graduation ceremony
전체조회	school assembly		
소풍	school outing	종업식	closing ceremony
현장학습	field trip	사은회	thank-you party for the teachers
수학여행	school trip		
야외학습/수련회	open-air school	학부모회	parents meeting
운동회	sports festival / field day	수업참관	parents' day
		삼자면담	parent-teacher-student meeting
체육대회	sports competition		
학예회	school play	동아리 활동	club activities
학교축제	school festival cultural festival /	연습게임	practice game / practice match
합창대회	choir contest	합숙	training camp

 입학식

오늘은 입학식이었다.	We had our entrance ceremony today.
오늘은 하나의 입학식이었다.	Today was Hana's entrance ceremony.
입학식은 긴장되었다.	I got nervous at the entrance ceremony.
교장선생님의 이야기가 너무 길다.	The speech by the principal was too long.

합창대회

우리 반은 "목련화"로 정했다.

We decided to sing "Mokryunhwa" in the choir contest.

좋아하는 곡이라서 기쁘다.

I'm glad we chose a song I like.

꽤 난이도가 높은 곡이다.

It's a really hard song.

내일 드디어 대회다!

Tomorrow is the big show!

열심히 한 보람이 있어서 우승했다!

Our hard work paid off. We won!

* pay off = 보답받다

그렇게 열심히 했는데, 3위였다

We practiced really hard, but we just got third place.

 ## 반 대항 경기

오늘은 반 대항 경기를 했다.

We had an interclass sports competition today.

수업이 없어서 너무 기쁘다!

I was so glad there weren't any classes!

나는 배구에 참가했다.

I played volleyball.

상준이가 스타였다.

Sangjun was the star.

우리 반은 학년 2위를 했다.

Our class was second in our grade.

* 여기서 grade는 「학년」

 ## 운동회 · 체육대회

100m 달리기와 장애물 경기에 나가게 되었다.

I'm going to be in the 100-meter race and the obstacle race.

* obstacle = 장애물

릴레이 멤버로 선발되었다.

I was chosen to be a member of the relay team.

응원을 너무 해서 목소리가 쉬었다.

I cheered so much that my voice went hoarse.

* hoarse = 목이 쉬다

오늘은 운동회였다.

Today we had the sports festival.

* 미국에는 운동회가 없는 학교도 있다. sports festival 는 fild day라고도 한다.

비가 와서 다음 주로 연기되었다.	It was postponed until next week because of the rain.

* postpone = ~을 연기하다

어머니가 응원하러 오셨다.	My mom came to cheer for me.

* cheer for ~ = ~을 응원하다

공 넣기와 장대 넘어뜨리기에 나갔다.	I was in put-the-balls-in-the-basket and pull-the-pole-down.
남자의 기마전은 박력이 넘쳤다.	The boys' mock cavalry was really exciting.

* mock cavalry[막 캐볼리] = 기마전

일찍 일어나서 운동회 도시락을 쌌다.	I got up early and made lunch for the sports festival.
도시락을 싸서 운동회에 응원하러 갔다.	I packed her lunch and went for the sports festival.

 학교 축제

우리 반은 카페를 하기로 결정했다.	Our class decided to set up a coffee shop.
방과 후에 학교 축제 준비를 했다.	We prepared for the cultural festival after school.
반 티를 만들었다.	We made identical T-shirts for the class.

* identical = 동일한

사진 동아리에서 전시를 했다.	We exhibited our photos at the photography club.

* exhibit = ~을 전시하다

예상 외의 대성황이었다.	Surprisingly, it was a big success.
아이유의 노래를 불렀다.	We played IU songs.
민호의 밴드 연주가 멋졌다.	Minho's band was really cool.
ABC 고등학교 축제에 다녀왔다.	I went to the school festival at ABC High.

 소풍과 체험학습

오늘은 소풍을 갔다.	We went on a school outing today.

12
학교생활

411

체험학습이었다.	We had a filed trip today.
설악산에 올라갔다	We climbed Mt. Seorak.
	* climb[클라임]
오리엔티어링을 했다.	We went orienteering.
	* 오리엔티어링 : 지도와 나침반을 사용해 출발점에서 정해진 지점을 통과, 되도록 빨리 목적지에 가는 경기
공장 견학을 갔다.	We went on a factory tour.
피아노 제조 과정을 견학했다.	We saw how they make pianos.
도예 체험 교실에 참가했다.	We got to try to make our own ceramics.
	* ceramic = 도예

✏️ 수학여행

내일부터 수학여행이다.	We're going on a school trip tomorrow.
	* school trip = 수학여행
경주로 간다.	We're going to Kyeongju.
수학여행으로 일본에 간다.	We're going to Japan on a school trip.
가이드의 설명은 흥미로웠다.	The guide's comments were really interesting.
저녁에는 연애 이야기를 나눴다.	At night, we shared our love stories.
선생님이 순찰하러 올까봐 마음을 졸였다.	We were worried that our teacher would come by.
즐거워서 좀처럼 잠이 안 왔다.	I had so much fun that I could hardly sleep.
마리는 오늘부터 수학여행이다.	Mari is leaving on her school trip today. * 이미 시작되었다면 left(과거형)로 한다.

📖 캠프·합숙

8월 2일부터 6일까지 수련회를 갔다.	We went to an open-air school from August 2 to 6.
여수로 갔다.	We went to Yeosu.

등산은 힘들었다.	The mountain climbing was tough.
처음으로 바다에서 헤엄쳤다.	I swam in the ocean for the first time.
저녁에는 캠프파이어를 했다.	We made a camp fire at night.
식사 준비가 즐거웠다.	It was fun to cook rice on a fire.
스키 캠프에서 돌아왔다.	I came back from the ski camp.

 ## 학부모 행사

오늘은 수업 참관이 있었다.	We had parents' day today.
어머니가 수업을 보러 왔다.	My mom came to see the class.
아이의 수업을 참관하러 갔다.	I went for parents' day.
민희 엄마와 얘기를 했다.	I chatted with Minhee's mother.
여러 학부형과 이야기를 할 수 있어서 재밌었다.	It was interesting to talk with the moms and dads.
학부형회의가 있었다.	There was a parent-teacher meeting.
삼자면담이 있었다.	There was a parent-student-teacher meeting.

 ## 수료식 · 졸업식

오늘은 수료식이었다.	We had the closing ceremony today.
3개월 후면 졸업이구나.	I'll be graduating in three months.
눈 깜짝할 사이에 3년이 지났다.	These three years went by like a flash.

* like a flash = 눈 깜짝할 사이

고등학교 생활이 즐거웠다.	I really had a good time in high school.
졸업하고 싶지 않다.	I don't want to graduate.
친구들과 헤어지기 싫다.	I don't want to say goodbye to my friends.

12
학교생활

오늘은 졸업식이었다.	Today we had our graduation ceremony.
눈물이 멈추지 않았다.	I couldn't stop crying.
친구와 안고 울었다.	We cried as we hugged.
연락을 하고 약속했다.	We promised to keep in touch.

* keep in touch = 연락을 취하다

| 졸업 앨범과 졸업 문집을 받았다. | Year books and graduation messages were handed out. |

* year book = 졸업 앨범   hand out ~ = ~을 배포하다

| 다른 친구 졸업 앨범에 메시지를 썼다. | We wrote messages in each other's year books. |
| 다 같이 사진을 많이 찍었다. | We took lots of pictures of everyone. |

공부 · 성적

🔒 수업

수업 ◦ 교과목 관련 단어

~수업	~ class
국어	Korean
수학	math
고전문학	classical literature
한문	Chinese classics
영어	English
과학	science
사회	social studies
역사	history
세계사	world history
한국사	Korean history
지리	geography
경제	economics
법과 정치	law and politics
물리	physics [피직스]
화학	chemistry

과학	science
지구과학	geoscience
체육	physical education / PE
음악	music
미술	art
기술 / 가정	technology and home economics
도덕 / 윤리	ethics
종교	religion

영어는 잘한다.	I'm good at English.
화학은 잘 못한다.	I'm not good at chemistry.
오늘은 4시간 수업이었다.	I had four classes today.
3교시는 체육이었다.	Our third class was PE.

* PE(체육)는 physical education의 약어

동아시아 역사 수업은 재미있었다.	East Asian history class was interesting.
수학 수업은 지루했다.	Math class was boring.
고전문학 수업이 길게 느껴졌다.	The classical literature class felt long.
수영 수업은 추웠다.	It was cold during the swimming lesson.
물리 교과서를 잊고 안 가져왔다.	I forgot my physics textbook.
아영이와 교과서를 같이 봤다.	I asked Ayoung to share her textbook with me.

* share = ~을 나누다, 공유하다

체육복을 안 가져왔다.	I forgot my gym clothes.
나영이에게 빌렸다.	I had to borrow Nayoung's.
수업을 따라 갈 수 없다.	I can't keep up with the class.

* keep up with ~ = ~을 따라가다

수업 중에 졸았다.	I dozed off during class.

* doze off = 꾸벅꾸벅 졸다

수업 중에 꼬르륵 소리가 났다.	My stomach rumbled during class.

* rumble = (배가 고파서) 꼬르륵 소리가 나다

12
학교
생활

🛋 숙제 · 과제

생물 숙제가 많다.	I have a lot of biology homework to do.
여름방학 숙제가 많다.	I got a lot of summer homework.
봄방학은 숙제가 적어서 좋다.	I like spring break because I don't have much homework.
오늘은 숙제가 없다. 야호!	No homework today. Hurray!

아직 숙제에 손도 안 댔다.	I haven't even touched my homework!
슬슬 숙제를 시작하지 않으면 안 된다.	I'd better start doing my homework now.
간신히 숙제를 끝냈다.	I somehow managed to finish my homework. * manage to ~ = 간신히 ~하다
유나와 같이 숙제를 했다.	I did my homework with Yuna.
고전문학 숙제를 제출했다.	I turned in my classical literature homework. * turn in ~ = ~을 제출하다
하나는 숙제를 제대로 했나?	I wonder if Hana did her homework.

🕐 공부

고등학교 공부는 어렵다.	High school studies is difficult.
요즘 공부가 재밌다.	I've come to enjoy studying recently.
무엇을 위해 공부를 하는 거지?	I wonder why I have to study.
난 영어 단어 정리를 잘 한다.	I'm good at spelling English words.
공식이 도저히 안 외워진다.	I simply can't remember the formulas. * simply = (부정어 앞에서) 도저히 formula = 공식
어제는 밤새워서 공부했다.	I stayed up studying last night. * stay up = 밤새다
오늘은 벼락치기로 4시간 시험공부를 했다.	I crammed for exams for four hours today. * cram = 벼락치기로 공부하다
집에서 집중할 수 없어서 도서관에 갔다.	I can't concentrate at home, so I went to the library.
라디오를 들으면서 공부를 했다.	I studied for exams while listening to the radio.
특기 활동으로 바빠서 시험 공부할 시간이 없다.	I'm busy with club activities and don't have time to study for exams.
최근에 열심히 공부를 하는 것 같다.	It looks like he's studying hard these days.

전혀 공부를 하지 않는 것 같다.	She doesn't seem to be studying at all.
시험이 가까워지니 공부를 열심히 하는 것 같다.	He's studying hard now because exams are coming up.
다음 주가 시험인데 전혀 공부를 하는 것 같지 않다.	She has exams next week, but she hasn't even started to study.

☕ 시험

 시험 관련 표현

입학시험	entrance exam		
모의고사	practice test		
퀴즈	quiz		
깜짝시험	pop quiz	평균점	average score
중간고사	mid-term exam / mid-term	편차치	standard score
		낙제점	fail mark / failing grade
기말고사	final exam / final		
수능	College Scholastic Ability Test	낙제하다	fail
		단위(학점)	credit
추가시험	make-up exam	~학점을 낙제하다	fail in ~
만점	perfect score	~로 부정행위를 하다	cheat on ~

갑자기 테스트를 봤다.	We had a pop quiz.
	* pop quiz = 깜짝 테스트
내일부터 기말 고사다.	The finals start tomorrow.
	* finals = final exams (기말시험)
오늘부터 시험 주간이다.	Exam week starts today.
시험이 싫다.	I hate exams.
영어는 자신이 있다.	I'm confident in English.
사회와 화학이 걱정이다.	I'm worried about social studies and chemistry.
내일이면 시험이 끝이다! 와~!	Tomorrow is the last day of exams. Whoopee!
드디어 시험이 끝났다!	My exams are finally over!

12
학교생활

겨우 해방된 기분이다!	I finally feel free!
오늘은 실컷 자겠어!	I'm going to get a good sleep tonight!
내일은 놀러 갈 거야!	I'm going to have fun tomorrow!

시험 결과

엄청 어려웠다.	It was really hard.
생각보다 어렵지 않았다.	It wasn't as hard as I thought.
마지막까지 풀지 못했다.	I couldn't work out all the answers.

* work out ~ = ~(문제를) 풀다

식은 죽 먹기였다.	It was a piece of cake!
한국사는 93점이었다.	I got 93 on my Korean history exam.
세상에나… 영어가 만점이었다.	I couldn't believe it, but I got a perfect score in English.
중간고사보다 20점 올랐다.	My score went up 20 points from the mid-terms.

* mid-terms = mid-term exams(중간고사)

지난번보다 30점 떨어졌다.	My score dropped by 30 points from the previous exam.

* drop = 떨어지다, 내리다   previous = 이전의

영어 평균은 68점이다.	The average score on the English exam was 68.

* average score = 평균점

수학은 추가 시험을 봐야 한다.	I need to take a make-up exam in math.

* make-up exam = 추가 시험

아슬아슬하게 낙제점을 면했다.	I was really close to failing.

* close to ~ = ~에 가깝다   failing = 낙제

낙제점이 3개나 있다.	I've already failed three tests.

* fail = ~(시험)에 떨어지다

학년에서 83등이었다.	I was 83rd in my grade.

* 여기서 grade는 '학년'

벼락치기로 밤샘 공부해서 좋은 점수를 딸 수 있었다.	I crammed all night, so I got a pretty good score.

* cram = 벼락치기하다

벼락치기는 역시 안 된다.	I crammed for the test the night before, but it didn't help.

다음은 꼭 시험공부를 일찍 시작하자.	Next time, I'm going to start studying sooner.

 성적

수학 성적이 올랐다.	My math grade improved.
	* 「내렸다」라면 improve를 dropped로
1학기보다 성적이 떨어졌다.	My grades dropped from the first term.
	* grade＝성적 term＝학기
성적표를 어머니에게 보여드렸다.	I showed my grades to my mom.
성적이 올라서 칭찬을 받았다.	She complimented me because my grades went up.
	* compliment＝～을 칭찬하다
성적이 떨어져서 잔소리를 들었다.	She nagged me because my grades went down. * nag＝잔소리를 하다
요즘 딸아이 성적이 떨어진 것 같다.	Her grades have fallen recently.
	* fall＝떨어지다. 과거분사는 fallen
학원에 보내야 하나?	Should I send her to a cram school?
	* cram school＝학원
아들에게 과외를 시켜 볼까.	Maybe I should hire a tutor for him.
	* tutor＝가정교사
성적이 오르지 않으면 용돈을 줄여야겠다.	If his grades don't go up, I'll cut his allowance. * allowance＝용돈
성적표를 받았다.	I got my report card.
세진이가 1학기 성적표를 가지고 왔다.	Sejin came back with his first term report card.
A가 3개 있었다.	There were three As.
F는 없었다.	There weren't any Fs.

 학원 · 과외 · 입시학원

학원에 다니기 시작했다.	I started going to cram school.
	* cram school＝학원
주3일 가야 한다.	I have to go three times a week.
1주일에 수업이 8개나 있다.	I take eight classes a week.

12
학교생활

학원의 겨울 특강을 들었다.	I took the winter course at the cram school.
학원에 다니는 것도 힘들다.	It's not easy to go to cram school.
학원 자습실에서 공부했다.	I studied in the study room at the cram school.
입시학원의 수업은 너무 힘들다.	Preparatory school classes are really hard. * preparatory school＝입시학원
과외 선생님이 오기로 했다.	I'm going to have a tutor come and teach me. * tutor[튜터]＝가정교사
오늘은 첫 수업이었다.	I had my first lesson today.
김 선생님은 알기 쉽게 가르치신다.	Ms. Kim's teaching is easy to follow. * follow＝〜을 이해하다

진로 · 진학

📖 진로에 대해

영어 선생님이 되고 싶다.	I want to be an English teacher.
졸업 후에는 캐나다로 유학가고 싶다.	After graduating, I hope to study in Canada.
전문학교에서 그래픽 디자인을 공부하고 싶다.	I want to learn graphic design at a vocational school. * vocational school＝전문학교
대학에서 경제학을 공부하고 싶다.	I want to study economics at university.
아직 진로를 결정할 수 없다.	I haven't decided what I want to do yet.
미래에 뭘 하고 싶은지 모르겠다.	I don't know what I want to do in the future.
진로에 대해서 부모님과 얘기했다.	I talked to my parents about what I'm going to do.
내가 좋아하는 걸 하라고 하셨다.	They told me to do what I want.

| 아들의 진로에 대해서 얘기했다. | We talked about his future. |
| 그가 가고 싶은 길을 가는 것이 제일 좋다고 생각한다. | I think he should do what he wants to do. |

 취직 (→ p. 395 「취직·이직」을 참조)

 지망 학교

슬슬 지망 학교를 정해야 한다.	I really need to decide which school I want to go to.
꼭 ABC 대학을 가고 싶다.	I really want to go to ABC University.
어머니는 Y 대학이 좋다고 하신다.	My mom says Y University is better.
만약을 위해 H 대학도 시험을 보자.	Just to be on the safe side, maybe I'll also take the H University exams. *on the safe side＝만전을 기하는
Y 대학의 오픈 캠퍼스에 다녀 왔다.	I went to an open-campus event at Y University.
그 대학에 가고 싶은 마음이 점점 커졌다.	I started to feel more and more like going to that university.
아들은 K 대학을 가고 싶어 하는 것 같다.	He says he wants to go on to K University.
아들이 가능하면 국공립을 갔으면 좋겠다.	I want him to go to a national university if possible.
재수하지 않고 바로 대학에 갔으면 좋겠다.	I hope he can go to college right out of high school.
재수는 하지 않았으면 좋겠다.	I hope he doesn't have to spend another year in cram school. *cram school＝입시학원

 입시 대책

| 내일은 모의고사다. | I had a practice test today. |
| 모의고사 결과가 나왔다. | I got the results of the practice test. |

영어 표준점수가 50이었다.	The standard score for English was 50. *standard score＝편차치
A 대학의 표준점수에서 10 부족하다.	My score is 10 points lower than A University's standard score.
이대로는 안 된다!	I'm not going to make it! *make it＝성공하다, 달성하다
EBS 영어교재를 샀다.	I bought an EBS English textbook.
막판 스퍼트다.	It's my last chance to study.
이제 조금만 더 하면 된다. 힘내자.	Just a little longer. I can do it.

입시

B 대학의 원서를 샀다.	I requested an application form from B University. *application form＝응모 서류
B 대학에 원서를 냈다.	I submitted an application to B University. *submit＝～을 제출하다
논술 시험일은 11월 10일이다.	The essay exam is on November 10.
오늘은 B 대학의 시험일이었다.	I had the entrance exam for B University today.
오늘은 수능을 봤다.	We had the College Scholastic Ability Test today.
한가람 고등학교에서 시험을 쳤다.	We took the exams at Hangaram High School.
침착하게 시험을 봤다.	I took the exams with a calm mind. *calm＝침착한
어쨌든 할 수 있는 건 다 했다.	Well, I did all I could.
해답 속보를 보고 답을 맞춰 봤다.	I looked at the preliminary answers and checked my own answers. *preliminary＝예비의, 임시의
생각보다 잘했다.	I did better than I expected.

모든 과목이 평균점 이하다.

I got a below-average score in every subject.

A 대학의 1차를 통과했다.

I passed the first exam for A University.

 합격과 불합격

K 대학에 합격했다!

I got into K University!

Y대학은 불합격이었다.

I didn't get into Y University.

올해는 못 갈 것 같다.(재수해야 될 듯)

It looks like I'm not going to university this year.

B대학은 대기자로 합격했다.

I'm on the waiting list for ABC University.

부디 동석이가 합격하기를.

I hope Dongseok gets accepted to the school.

*get accepted = 입학을 허가받다

동석이가 K대학에 합격! 정말 잘됐다.

Dongseok got into K University! Good for him!

그는 정말 열심히 했다.

He really did try hard.

안타깝게도 딸은 S 대학에 떨어졌다.

Unfortunately, my daughter didn't get into S University.

안영이는 B대학에 가기로 결정했다.

Anyoung decided to go to B University.

학교생활에 대해
영어일기를 써 보자

 ## 조리실습 시간

> We cooked sweet-and-sour pork in cooking class today. It was delicious and surprisingly easy. I love cooking class!

 해석

오늘 조리실습 시간에 탕수육을 만들었다. 엄청 맛있었는데 의외로 간단했다. 조리실습시간이 너무 좋아!

포인트 '탕수육'은 sweet-and-sour pork, '조리실습'은 cooking class. '의외로'는 surprisingly(놀랄 정도로)라고 표현합니다.

 ## 이대로라면 추천 입학이 。。。

> Mr. Kim said if I'm late again, he won't write a recommendation to the college I want to go to. I MUST get to school in time from now on.

해석

김 선생님이 이번에 지각을 하면 대학에 추천장을 써 줄 수 없다고 말씀하셨다. 지금부터 지각하면 큰일이다.

포인트 여기에서 '대학'은 '내가 가고 싶은 대학'이란 의미이기 때문에 the college I want to go to 라고 합니다. '지각하지 않다'는 get to school in time(학교에 시간 내에 도착하다)로 표현합니다. '큰 일이다'는 must(~해야 한다)를 대문자로 해서 그 뉘앙스를 표현합니다.

동아리 활동의 파티

Our club is having an party at a noraebang next week. I'm excited, but I don't have a nice outfit to wear. What should I do?

다음 주에는 노래방에서 동아리 파티가 있다. 기대가 되지만 입고 갈 옷이 없다. 어쩌지?

포인트 '입고 갈 옷이 없다'는 I don't have a nice outfit(멋진 옷이 없다)에 to wear(입기 위한)가 뒤따라옵니다. '코디를 생각한 옷(한 벌)'이라면 clothes보다 outfit이 더 잘 어울립니다.

진로 상담

There was a parent-student-teacher meeting today. I still can't decide what I want to do after I graduate. I've started feeling really worried.

해석

오늘 삼자면담이 있었다. 진로를 아직 결정하지 않았다. 정말 초조해졌다.

12
학교생활

포인트 '삼자면담'은 parent-student-teacher meeting, '진로'는 '졸업 후에 하고 싶은 일'이라고 구체적으로 생각해서 what I want to do after I graduate. '정말 초조해졌다'는 I've started feeling ~ (~라고 처음으로 느꼈다) 로 표현했습니다.

13 대학·전문학교

~학부 ~학과	the ~ department / the department of ~
문학	literature
국문학	Korean literature
영문학	English literature
외국어	foreign languages
영어	English
프랑스어	French
스페인어	Spanish
독일어	German
일본어	Japanese
중국어	Chinese
언어학	linguistics
사회학	sociology
문화인류학	cultural anthropology
경영학	business administration
철학	philosophy
사학	history
정치학	politics
경제학	economics
교육학	education
체육학	physical education
의학	medicine
약학	pharmacy
치학	dentistry
이공학	science and technology
공학	engineering
수학	mathematics / math

과학	science
물리학	physics [피직스]
화학	chemistry
건축학	architecture
기계학	mechanics
농학	agriculture
생물학	biology
환경학	environmentology
이문화 커뮤니케이션	cross-culture studies
정보과학	computer science
신학	theology [씨올로지]
캠퍼스	campus
도서관	library
강당	auditorium
학생식당	cafeteria
대학 1 학년	freshman
대학 2 학년	sophomore [소포모어]
대학 3 학년	junior
대학 4 학년	senior [시니어]

전문학교 분야 관련 표현

전문학교	vocational school
미술	art
조각	sculpture
사진	photography
디자인	design
웹디자인	web design
CG 디자인	CG design
IT 엔지니어	IT engineer
애니메이션	animation
애니메이터	animator
만화가	cartoonist
성우	voice actor
아나운서	announcer
인테리어	interior design
미용사	hairstylist / hairdresser
이용사	barber
애견미용사	groomer / trimmer
조리	cooking
제과	confectionery
간호사	nurse
보육교사	nursery school teacher

요양보호사	care worker
침구사	acupuncturist and moxa-cauterizer
영양	nutrition
건축	architecture
비서	secretary
치과위생	dental hygiene
부기	bookkeeping
법률	law
세무	tax accounting
회계	accounting
의료사무	medical coding
번역	translation
통역	interpretation
웨딩플래너	wedding planner
승무원	flight attendant

 입학

오늘은 입학식이었다.	We had the entrance ceremony today.
처음으로 양복을 입었다.	It was my first time to wear a suit.
강당이 커서 압도당했다.	I was overwhelmed by the size of the auditorium.

* overwhelmed = 압도당한   auditorium = 강당

| 문학부만 학생이 400명이나 있다. | The literature department alone has 400 students. |

* literature = 문학

| 신입생을 위한 안내서가 있었다. | There was a guidance session for new students. |

* guidance = 학생 지도, 가이던스

| 캠퍼스는 학생들로 넘쳐났다. | The campus was full of students. |

13
대학·전문학교

427

반이 없어서 친구가 생길지 걱정이 된다.	We don't have fixed classes, so I don't know if I'll be able to make friends. * fixed = 고정된, 정해진
옆에 앉은 희진이라는 여학생과 얘기했다.	I talked to Heejin, a girl who sat next to me.
동아리 권유가 엄청났다.	The clubs were trying really hard to attract new members. * attract = ~을 불러들이다

📖 강의

이수과목을 좀처럼 결정하지 못하겠다.	I still haven't decided what classes to take.
이수과목 등록 방법을 잘 모르겠다.	I don't quite understand how to register for classes. * not quite ~ = 그다지 ~하지 않다 register = 등록하다
필수과목은 주 15시간이다.	I have 15 required classes a week. * required = 필수의
국제관계론은 반드시 이수하자.	I'm definitely taking International Relations. * definitely = 절대로
문화인류학은 재미있을 것 같다.	Cultural Anthropology sounds interesting. * anthropology = 인류학
제2외국어는 프랑스어로 하자.	I'll take French for my second foreign language.
쉽게 학점을 딸 수 있는 강의는 없을까?	I wonder if there are any classes with easy credits. * credit = 학점
그 강의는 출석만 하면 학점을 받을 수 있다고 한다.	I heard that you can earn credits for that class by just attending. * earn = ~을 얻다 attend = 출석하다
늦잠을 자서 첫시간에 늦었다.	I overslept, so I couldn't make it to the first class.
미진에게 대리출석을 부탁했다.	I asked Mijin to take attendance for me. * attendance = 출석
스페인어는 휴강이었다.	Spanish class was cancelled.

다음 주부터 제대로 강의에 출석하자.	I'll make sure to start attending lectures next week. * lecture = 강의
필수 과목 수업은 상당히 어렵다.	Required classes are kind of difficult. * required = 필수의
오늘 강의는 정말 재밌었다.	Today's lecture was really interesting.
매번 예습할 양이 많아서 힘들다.	It's tough because there's always so much studying to do before the class.
결석한 강의의 수업노트를 유나가 보여줬다.	Yuna showed me her notes from the class I missed.
세미나 발표가 있었다.	I gave a presentation for my seminar class.
발표 준비를 해야 한다.	I have to prepare my presentation.

👓 과제와 실습

금요일까지 제도 과제를 끝내야 한다.	I have to complete the draft by Friday. * draft = 도안, 설계도
도면을 기초로 모형을 만들었다.	I created a model based on the drawing.
제법 잘했다.	I managed to do quite a job. * manage to ~ = 간신히 ~하다 quite a ~ = 상당히, 대단한
일러스트의 포트폴리오를 만들었다.	I made a portfolio with my illustrations.
캐릭터 디자인 과제를 하고 있다.	I'm working on a character design assignment. * assignment = 과제
캐릭터의 모션을 제작하느라 고생하고 있다.	I'm having a hard time animating the characters. * have a hard time -ing = ~하느라 고생하다
프로그래밍 과제는 여유가 있다.	The programming assignment was easy.
제작 과제의 테마를 결정할 수 없다.	I can't decide on the production theme. * theme[띰] = 테마

13 대학·전문학교

오늘도 계속해서 원피스 디자인 작업을 했다.	I continued to work on the dress design today.
지민이의 작품은 정말 대단했다.	Jimin's creation turned out really well. * turn out ~ = ~의 결과가 되다
오늘 실습시간에 채소 조각을 했다.	I practiced carving vegetables today. * carve = ~을 조각하다
애니메이션의 대사 녹음 실습을 했다.	I practiced doing animation voice-over. * voice-over = 나레이션
실습으로 강아지의 털 손질을 했다.	I practiced grooming dogs. * groom = ~을 손질하다
오늘부터 병원에서 간호 실습을 시작했다.	I started my nursing practice at the hospital today.
내일부터 유치원 실습이다. 설렌다.	I'm going to start my training at the preschool tomorrow. I'm looking forward to it. * preschool = 보육원, 유아원
실습에 대한 자체평가를 확실하게 적어 두자.	I'm going to carefully write down my self-evaluation at training. * self-evaluation = 자기 평가
실습을 하면 교과서만으로는 알 수 없는 점을 깨닫는다.	Practical training has helped me realize that you can't learn some things just from the textbook. * realize = ~을 깨닫다
조별 과제 멤버가 결정되었다.	We now have groups for group work.
우리 조 멤버들과 함께 발표 준비를 했다.	Our group worked together to prepare a presentation.

시험 · 리포트

곧 있으면 시험주간이다.	Exam week is coming up.
심리학 시험은 범위가 넓다.	The psychology exam covers a lot of topics. * psychology = 심리학
교육학 시험은 오픈 북이었다.	The education exam was open-book.
사회학은 오픈 북이 아니었다.	The sociology exam was closed-book.

대학 도서관에서 공부했다.	I studied in the college library.
복사기 앞에 줄이 길게 늘어서 있다.	There was a line in front of the copy machine.

* 「복사기」는 photo copier 또는 copier

문학 수업은 리포트만 제출하면 된다.	We only need to submit a report for the literature class.

* submit = ~을 제출하다

다음 주까지 리포트를 써야 한다.	I have to write a report by next week.
금요일 마감인 리포트가 3개나 있다.	I have three reports to turn in by Friday.

* turn in ~ = ~을 제출하다

아침까지 어떻게 해서든 리포트를 끝내야 한다.	I barely managed to finish writing the report at dawn.

* barely = 간신히 manage to ~ = 간신히 ~하다

아직 손도 안 댔다. 큰일 났다!	I haven't even touched it yet. I'm screwed!

* screwed = 곤란한 상태에 있는

시험 결과 (→ p. 418 「시험 결과」를 참조)

성적 · 학점

성적표가 왔다.	My report card arrived.
다행히도 모든 강의의 학점을 땄다.	Thankfully, I got full credits for all my classes.

* credit = 학점

올 A였다.	I got straight As.
A와 B가 반반씩이었다.	About half my scores were As and the rest were Bs.
필수 과목을 한 개 낙제했다!	I failed one required class!

* required = 필수의 fail = ~에 낙제하다, 떨어지다

유급이 결정되었다. 어떡하지?	I have to repeat one year. What am I going to do?
교수님께 사정해봐야 할 것 같다.	Maybe I should beg the professor.

* beg = ~에 부탁하다, 애원하다

학점이 충분하다.	I had enough credits.

13
대학 · 전문학교

학생 식당

| 점심은 학생식당에서 먹었다. | I had lunch at the cafeteria. |

* cafeteria = (학교 등의)식당

| 착한 가격이라 좋다. | I'm just happy that they have reasonable prices. |

| 학생식당은 복잡했다. | The cafeteria was packed. |

* packed = 꽉 들어찬

| 우리 학교 식당은 맛있어서 좋다. | I'm glad we have good food at our cafeteria. |

| 우리 학교 식당은 그저 그렇다. | Our cafeteria food is not so good. |

| 3교시 후 식당에서 리나와 수다를 떨었다. | After the third period, I chatted with Lina at the cafeteria. |

| 점심은 생협에서 샀다. | I bought lunch at the university co-op. |

* co-op[코-업] = 생활협동조합

 동아리 활동

| 어느 동아리에 들어갈까 고민 중이다. | I'm wondering what club to join. |

| 동아리를 두 개 들까? | Maybe I'll join two clubs. |

| 테니스 동아리에 견학갔다. | I checked out the tennis club. |

* check out ~ = ~을 체크하다

| 팝음악 동아리에에 들어가기로 했다. | I decided to join the pop music club. |

| 단지 놀기만 하는 동아리에는 들어가고 싶지 않다. | I don't want to join a club that just messes around. |

* mess around = 놀다, 빈둥대다

| 동아리 신입생 환영회가 있었다. | There was a welcome party for new club members. |

* welcome party = 환영회

| 민호 선배가 저녁밥을 사 줬다. | Minho bought me dinner. |

* buy ~ ... = ~(사람)에게…을 사주다

| 오후에는 계속 동아리룸에 있었다. | I was in the club room all afternoon. |

| 동아리에서 밤새도록 파티를 했다. | Our club party lasted all night. |

* last = 계속하다

| 주1회 있는 동아리 모임이 있었다. | We had a weekly club meeting. |

동아리 MT를 갔다.	I went to a club training camp.
다른 대학 학생과 졸업생도 얘기할 수 있어서 시야가 넓어졌다.	Talking to alumni and students from other universities helps me widen my world view.

*alumni[얼럼나이]=졸업생 widen=~을 펼치다

이 동아리에 들어와서 정말 좋다.	I'm really glad I joined this club.

축제

동아리에서 어묵 가게를 열기로 했다.	Our club decided to set up an oden stall.

*stall=좌판

다 같이 떡볶이 가게를 열기로 했다.	Some of us got together and decided to set up a topokki stall.
미술 동아리에서 전시를 한다.	The art club will have an exhibition.
축제에서 전시를 하기 위해 준비하느라 바쁘다.	We're working really hard on our display for the campus festival.
손님을 끌기 위한 전단지를 만들었다.	We made fliers.

*flier(전단)는 flyer라고도 한다.

미나가 미인콘테스트에 참가한다는 소문이 있다.	Rumor has it that Mina will compete in the beauty contest.

*rumor has it that ~=~라는 소문이 있다

예상밖으로 손님들이 많이 왔다.	There were more visitors than we expected.
비가 와서 손님이 그리 많지 않았다.	It was rainy, so there weren't so many people.
매상은 목표를 달성하지 못했다.	We didn't reach our sales target.
도중에서 식재료가 떨어져서 당황했었다.	We panicked when we ran out of ingredients too soon.

*run out of ~=~이 떨어지다 ingredient=식재료

닭튀김은 세 시에 다 팔렸다.	The deep-fried chicken sold out by 3:00.
여러 가게에서 이것저것 집어 먹었다.	I ate a little bit of everything from the stalls.

*a little bit=약간

개그 콤비의 라이브가 있었다.	A comedy duo came to perform.

관중들이 엄청 열광했다.

The audience was really fired up.

* fired up＝흥분한

 돈·아르바이트

장학금을 신청했다.

I applied for a scholarship.

* apply for ～＝～을 신청하다　scholarship＝장학금

장학금을 받았다.

I got a scholarship.

교재 사느라 돈을 많이 썼다.

I spent a lot on textbooks.

학원 강사 아르바이트를 할까?

I wonder if I should work at a cram school.

* cram school＝학원

최근에 아르바이트를 너무 해서 강의를 자주 빠진다.

I've been working too much lately, so I've been missing classes.

* miss＝～을 빠지다,결석하다

 방학

여름방학이 2개월이라니 꽤 길다.

A two-month summer vacation is pretty long.

여름방학인데 할 일이 없어~!

There's nothing to do during summer vacation!

여름방학 중에 운전면허를 따자.

I'm going to get my driver's license during summer vacation.

여행을 가고 싶지만 돈이 없어.

I want to travel, but I don't have enough money.

여름방학이라고 해도 아르바이트만 한다.

I have to spend my summer vacation working part time.

부모님 집에 가서 푹 쉴까?

I'm thinking about going back home and taking it easy.

* take it easy＝쉬다, 푹 쉬다

오랜만에 집에 갔더니 어머니가 좋아하셨다.

My mom was really happy to see me. It's been a long time.

구직 활동 (→ p. 395 「취직 · 이직」을 참조)

 졸업 논문

졸업 논문을 결정하지 못하고 있다.	I haven't decided what my graduation thesis should be about.

*thesis[띠스이스]=논문

드디어 졸업 논문 주제가 결정되었다.	I've finally decided what my graduation thesis should be about.
지도 교수는 박 교수님이시다.	My instructor is Mr. Park.
곧 졸업 논문 마감이다.	My thesis deadline is coming up.
졸업 논문을 마감에 맞출 수 있을까?	I wonder if I'll be able to finish my thesis on time.

*on time=시간에 맞춰서, 늦지 않게

졸업

곧 있으면 졸업이다.	I'm graduating soon.
오늘은 졸업식이었다.	We had the graduation ceremony today.
4년이 금방 간다.	The four years went by so fast.
4년으로 졸업할 수 있어서 다행이다.	I'm glad I was able to graduate in four years.
졸업식에는 한복을 입고 싶다.	I want to wear a hanbok to my graduation.
졸업식에 입을 한복을 예약했다.	I reserved the hanbok I'll wear to my graduation.
한복을 몇 벌 입어보았다.	I tried on some hanbok.
분홍색 한복이 마음에 들었다.	I liked a pink hanbok.
졸업식 후에 후배들이 송별회를 열어 줬다.	After the graduation ceremony, my juniors held a farewell party for me.

*junior=후배 farewell party=송별회

졸업여행은 호주로 간다.	We're going to Australia for our graduation trip.

13
대학 · 전문학교

435

대학생활에 대해
영어일기를 써 보자

대학생활 시작

> This is my ninth day in Seoul, and I'm a little homesick. We have the entrance ceremony the day after tomorrow. Hope I can make friends soon.

해석

오늘로 서울에 온 지 9 일째다. 약간 향수병에 걸렸다. 모레는 입학식이 있다. 빨리 친구가 생겼으면 좋겠다.

포인트 '오늘로 서울에 온 지 9 일째다.'는 It's been nine days since I moved to Seoul. 과 같이 현재완료형으로 표현할 수도 있습니다. '모레'는 the day after tomorrow(내일 다음 날), '~라면 좋겠다'는 I hope ~지만 회화에서는 Hope ~라고도 합니다.

사투리도 좋아

> I've become good friends with Keungsun and Jisoo. Kyeongsun's accent is cute and Jisoo's dialect is kind of relaxing. I love the way they talk.

해석

경선이랑 지수랑 친구가 되었다. 경선이의 사투리는 귀엽고 지수의 사투리는 구수하다. 그런 사투리는 참 듣기 좋다.

포인트 '친구가 되다'는 become good friends 라고 합니다. accent 는 '사투리', dialect 는 '사투리', 마지막 문장은 the way they talk(그녀들의 말투) 라고 하면 '그런 사투리'라는 뉘앙스가 나옵니다.

 ## 축제 대성공 !

> We had a college festival today.
> Our class ran a Japanese food
> stall. Our food was so popular that
> we ran out of the ingredients by
> 3:00!

 해석

오늘은 축제였다. 우리 과는 일본 요리 가게를 열었다. 요리가 엄청 인기가 있어서 3 시에 재료가 다 떨어졌다.

포인트 '가게를 내다'는 run(과거형은 ran) 을 사용합니다. 이 run 은 '~(가게 등) 을 하다'라는 의미입니다. so ~ that … 은 '아주 ~로 …할 정도다'의 뜻입니다. '~가 사라지다'는 run out of ~. 이처럼 run 에는 다양한 뜻이 있습니다.

 ## 아르바이트를 줄일까 ?

> Oh no, I failed one required class...
> Maybe I should cut down on the
> amount of time I work. I don't
> want to do another year.

 해석

아~, 필수 과목에서 1 개 낙제가 나왔다. 아르바이트를 좀 줄이는 편이 좋을까? 유급 당하기 싫은데.

포인트 '필수 과목'은 required class. '~하는 편이 좋을까?'는 Maybe I should ~(동사 원형) 으로 표현합니다. '아르바이트를 줄이다'는 '일하는 시간을 줄이다'로 생각해서 cut down on the amount of time (that) I work 로 표현합니다.

13
대학·전문학교

437

14 쇼핑

물건 사기

 쇼핑하러 가다

명동에 쇼핑하러 갔다.	I went shopping in Myungdong.
여러 매장들을 둘러 봤다.	I looked at the stores. I went around the stores.
아이 쇼핑을 했다.	I went window-shopping.
아울렛 매장에서 쇼핑을 했다.	I did some shopping at the outlet mall.
정장을 사러 갔다.	I went shopping for a suit.

* go shopping for ~ = ~을 사러가다

3층의 아동복 코너에 갔다.	I went to the children's clothing section on the third floor.
한 시간 정도 쇼핑을 했다.	I shopped for about an hour.
쇼핑하는 데 시간이 많이 걸렸다.	I spent a lot of time shopping.
사고 싶은 물건이 많았다.	I found a lot of things that I wanted.

📖 사다

셔츠를 포함해 네 가지나 샀다.	I bought four items, including shirts.

* item = 품목

손전등과 건전지를 샀다.	I bought a flashlight and some batteries.

* flashlight = 손전등

충동구매를 했다.	I did some impulse buying.

* impulse buying = 충동구매

안마의자를 충동구매했다.
I bought a massage chair on impulse.
* on impulse = 충동적으로

요즘 쇼핑을 너무 많이 한 것 같다.
I think I've been shopping too much lately.

30만원 정도 썼다.
I spent about 300,000 won.

사지 않다

사고 싶은 물건을 찾을 수 없었다.
I couldn't find what I wanted.

사고 싶은 물건이 없었다.
I couldn't find anything I wanted.

엄청 고민했지만 사지 않았다.
I thought about it a lot, and I decided not to buy it.

살까 말까 생각해봐야겠다.
I'll think about whether to buy it.

쇼핑 후기

사서 좋았다.
I'm glad I bought it.

엄청 쌌다.
It was a real bargain.
* bargain = 싸게 사는 물건

좋은 물건을 샀다.
It was a good buy.

대단히 만족한다.
I'm totally satisfied.

빨리 친구에게 자랑하고 싶다.
I can't wait to show it off to my friends.
* show ~ off = ~을 (자랑삼아) 보여주다

사지 말걸.
I shouldn't have bought it.

돈을 너무 많이 썼다.
I ended up spending too much money.
* end up -ing = 결국 ~해 버리다

왜 이런 걸 샀지?
Why did I buy something like this?

가격 · 지불

 가격

가격이 저렴했다.
It was cheap.
* cheap은 '싸고 품질이 좋은'의 뜻으로 쓰기도 한다.

비쌌다.	It was expensive.
적당한 가격이었다.	It was a reasonable price.
살 수 있는 가격이었다.	It was an affordable price.
(품질에 비해) 비싸지 않았다.	It was inexpensive.
특가였다.	It was a bargain.

* bargain = 싸게 사는 물건

득템했다.	It was a steal.

* steal = 횡재

깎았다.	I got a discount.
깎지 못했다.	I couldn't get a discount.
두 개에 98,000원이었다.	It was 98,000 won for two.
두 개 가격으로 세 개를 샀다.	I bought three for the price of two.
배송료가 비쌌다.	The delivery charge was high.

* delivery = 배달, 배송

배송료가 무료였다.	There was no delivery charge.

🛋 세일

가게 내 모든 품목이 50% 할인이었다.	Everything in the store was 50% off.
타임 한정 세일로 20%를 추가 할인해 주었다.	There was a limited-time discount, so I got an additional 20% off.

* additional = 추가의

곧 여름 세일이다.	The summer sale is starting soon.
세일 기간에 한꺼번에 사 둬야지.	I should do most of my shopping during the sale season.
회원 한정 세일이었다.	The sale was for members only.
세일 때 신발을 샀다.	I bought a pair of shoes at a sale.
재고 처분 세일을 하고 있었다.	They were having a clearance sale.
폐점 세일은 꼭 갈 것이다.	I really should go to their going-out-of-business sale.

* going-out-of-business = 폐점

계산대

계산대에는 줄이 길었다.	**There was a long line at the checkout counter.**
	* checkout counter = 계산대
계산원이 손이 참 빨랐다.	**The clerk was really speedy.**
배송을 부탁했다.	**I asked them to deliver my purchase.**
	* purchase = 구입품

 지불

현금으로 지불했다.	**I paid in cash.**
오만원짜리 지폐로 지불했다.	**I paid with a 50,000-won bill.**
	* bill = 지폐
거스름돈을 잘못 받았다.	**I got the wrong change.**
	* change = 잔돈, 거스름돈
신용카드로 지불했다.	**I paid with a credit card.**
일시불로 샀다.	**I paid in one payment.**
할부로 샀다.	**I paid in installments.**
	* installment = 할부금. 3회 할부라면 three installments와 같이 표현한다.
월부로 지불했다.	**I paid in monthly installments.**

 포인트 카드

포인트 카드를 만들었다.	**I got a point card.**
1,000원에 1포인트 적립된다.	**You get one point for every 1,000 won you spend.**
구입 금액의 10%가 포인트로 적립된다.	**Ten percent of the price you pay is converted to points.**
	* convert ~ to ... = ~을 ...로 변환하다
포인트가 500점이면 500원 할인된다.	**You get a 500-won discount for 500 points.**
스탬프를 15개 모으면 선물을 받을 수 있다.	**You can get a present after collecting 15 stamps.**
오늘은 포인트가 두 배로 적립되는 날이다.	**Today was double-point day.**
	* 세 배라면 double을 triple로

14
쇼
핑

441

오늘은 포인트가 5배로 적립되는 날이다.	Today was quintuple-point day.
	*quintuple＝5배의
포인트로 1,000원을 지불했다.	I paid 1,000 won in points.
포인트로 전액 지불했다.	I paid for everything with my points.
포인트 카드가 점점 많아져서 곤란하다.	I have too many point cards. They're becoming a bother.
	*bother＝애물단지

가게에서

 가게 · 점원

가게는 복잡했다.	The store was crowded.
가게는 텅텅 비어 있었다.	The store was empty.
점원이 친절했다.	The clerk was kind.
점원의 태도가 무례했다.	The clerk was rude. *rude＝무례한
점원이 집요했다.	The clerk was a bit pushy.
	*pushy＝집요한
점원이 말 걸어오는 걸 별로 안 좋아한다.	I don't really like it when clerks come to talk to me.

 품절

품절이었다. 분하다!	It was sold out. Too bad!
계속 품절이다.	It's still out of stock. It's been sold out for a long time.
	*out of stock＝품절로
다음 입고는 다음 주라고 한다.	They said that the new stock will arrive next week. *stock＝재고
다음 입고가 언제가 될지 모른다고 한다.	They don't know when they have more coming in.
입고되면 연락을 주기로 했다.	They'll call me when it comes in.

(품절이라서) 주문을 넣기로 했다.	**I back-ordered it.**
	* back-order = ~을 주문하다
(취급하지 않아서) 주문했다.	**I ordered it.**

📖 반품 · 교환

바지를 반품했다.	**I returned the pair of pants.**
사이즈가 안 맞아서 반품하고 싶다.	**I want to return it because it doesn't fit me.**
	* fit = ~에 맞다
반품할 수 있는지 문의했다.	**I asked the store if I could return it.**
불량품이어서 반품했다.	**I took it back to the store because it was defective.**
	* defective = 결함이 있는
세일 상품이라서 반품할 수 없다.	**It was a sale item, so I can't return it.**
배송료를 내가 지불하는 걸로 하고 반품했다.	**I returned the item and paid for delivery myself.**
	* delivery = 배달, 배송
배송료는 착불로 반품했다.	**I returned the item and sent it by COD.**
	* COD = cash on delivery(착불)의 약어
9호 사이즈와 교환했다.	**I had it exchanged for a size 9.**

옷, 액세서리 잡화를 사다 (→ p. 578 「패션」을 참조)
전자제품을 사다

👓 컴퓨터 (→ p. 680 「컴퓨터」를 참조)

 디지털 카메라

미러리스 렌즈를 갖고 싶다.	**I want an MILC.**
	* MILC = mirrorless interchangeable-lens camera의 약어
소형 디지털 카메라를 갖고 싶다.	**I want a compact digital camera.**
	* camera만으로 「디지털 카메라」를 가리키기도 한다.
다양한 디지털 카메라를 보여 주었다.	**The clerk showed me several digital cameras.**

14
쇼
핑

그 디지털 카메라는 작아서 사용하기 편할 것 같았다.	That digital camera looked small and easy to use.		
인기가 많은 기종이라고 한다.	I heard that it's a really popular model.		
낡은 카메라를 5천원에 사 준다고 한다.	They said I can trade in my old camera for 5,000 won.		

* trade in ∼ = ∼을 보상 판매하다

 가전제품

가전제품 관련 단어

텔레비전 / TV	television / TV		
평면 TV	flat-screen TV		
LCD TV	**LCD TV**		
플라즈마 TV	plasma display panel TV		
DVD 레코더	**DVD recorder**	핫 플레이트	hot plate
블루레이레코더	blue-ray recorder	**믹서**	**blender**
세탁기	**washing machine / laundry machine**	에어컨	air conditioner
		선풍기	**electric fan**
세탁건조기	washer-dryer	전기 히터	electric heater
드럼식 세탁건조기	**drum-type washer-dryer**	**오일 히터**	**oil heater**
		석유 팬 히터	oil fan heater
건조기	dryer / drying machine	**전기 매트**	**electric carpet**
		전기 포트	electric pot
청소기	**vacuum cleaner**	**전화**	**telephone**
가습기	humidifier	휴대전화	cellphone
제습기	**dehumidifier**	**스마트폰**	**smartphone**
공기청정기	air cleaner	팩스	fax machine
냉장고	**fridge / refrigerator**	**전자사전**	**electronic dictionary**
		디지털 카메라	(digital) camera
식기세척기	dishwasher	**비디오 카메라**	**camcorder**
전기밥솥	**rice cooker**	CD 플레이어	CD player
전자레인지	microwave (oven)	**스테레오**	**stereo**
오븐	**oven**	라디오	radio
가스레인지	gas cooker / stove	**안마의자**	**massage chair**
토스터	**toaster**	드라이어	hairdryer
커피메이커	coffee machine	**다리미**	**iron**
가정용 제빵기	**bread-making machine**	전기 면도기	electric shaver
		전동 칫솔	**electric toothbrush**

444

전자레인지를 새로 샀다.	**I bought a new microwave.** * 「전자레인지」는 microwave oven이라고도 한다.
식기세척기를 갖고 싶다.	**I want a dishwasher.**
요즘 식기 세척기는 더 작아졌다.	**Dishwashers are smaller these days.**
소음 없는 세탁기를 갖고 싶다.	**I want a noiseless washing machine.**
드럼식 세탁건조기를 샀다.	**I bought a drum-type washer-dryer.**
새로 산 세탁기는 조용하군.	**The washing machine I recently bought is quiet.**
아내가 세탁기를 새로 사고 싶다고 말했다.	**My wife says she wants to buy a new washing machine.**
아직 충분히 사용할 수 있는데.	**We can still use it.**
조용한 청소기를 갖고 싶다.	**I want a noiseless vacuum cleaner.**
더 가벼운 청소기를 갖고 싶다.	**I want a lighter vacuum cleaner.**
로봇 청소기는 사용하기 좋을까?	**I wonder how handy cleaning robots are.**
8평용 에어컨을 샀다.	**I bought an air conditioner for a 8pyong.**
에너지 절약 넘버원을 수상했다고 한다.	**It got first prize for energy saving.**
한 사이즈 더 큰 TV를 샀다.	**I bought a TV one size larger.**
안마 의자는 사고 싶은데 놓을 곳이 없군.	**I want a massage chair, but I don't have a place to put it.**
재해에 대비해 손전등이 달린 라디오를 샀다.	**I bought a radio with a flashlight for emergencies.** * flashlight = 손전등
최신 가전제품을 보고 있는 것만으로 즐겁다.	**It's fun to just look at the latest household appliances.** * household appliance = 가전제품

인테리어 용품을 사다 (→ p. 464 「인테리어」를 참조)

14
쇼
핑

식료품·일용품을 사다

 식료품을 사다

식료품 관련 단어

야채	vegetable	문어	octopus
양배추	cabbage	새우	shrimp
양상추	lettuce	조개류	shellfish
시금치	spinach	바지락	littleneck clam
깻잎	perilla leaf	대합	clam
배추	Korean-type cabbage	미역	seaweed
당근	carrot	마늘	garlic
감자	potato	생강	ginger
고구마	sweet potato	귤	tangerine
호박	pumpkin	바나나	banana
무	daikon radish	오렌지	orange
토마토	tomato	딸기	strawberry
오이	cucumber	멜론	melon
가지	eggplant	수박	watermelon
피망	green pepper	포도	grape
표고버섯	shiitake mushroom	키위	kiwi fruit
양파	onion	파인애플	pineapple
파	leek	달걀	egg
고기	meat	우유	milk
소고기	beef	생크림	fresh cream
돼지고기	pork	버터	butter
닭고기	chicken	치트	cheese
간 고기	ground meat	요거트	yogurt
생선	fish	쌀	rice
회	raw fish / sashimi	술	sake / rice wine
연어	salmon	간장	soy sauce
정어리	horse mackerel	설탕	sugar
고등어	mackerel	소금	salt
방어	yellow tail	밀가루	flour [플라우어]
꽁치	saury [소리]	된장	miso
참치	tuna [튜나]	마요네즈	mayonnaise
오징어	squid [스퀴드]	케첩	ketchup
		냉동식품	frozen food

식료품을 샀다.	**I did grocery shopping.**
	* grocery shopping＝식료품 사기
저녁에 슈퍼마켓에 갔다.	**I went to the supermarket in the evening.**
저녁 식재료를 샀다.	**I bought some food for dinner.**
	* '내일 도시락의 재료'라면 for tomorrow's lunch
채소 특판일이었다.	**It was a bargain day for vegetables.**
귤을 1봉지 샀다.	**I bought one bag of tangerines.**
돼지고기를 300g 샀다.	**I bought 300g of pork.**
오늘 달걀이 정말 싸다.	**Eggs were really cheap today.**
버터가 다 팔렸다.	**Butter was sold out.**
장바구니를 가지고 갔다.	**I took my own bag with me.**
장바구니를 가지고 가는 것을 잊어 버렸다.	**I forgot to take my own bag.**
A가게가 식재료가 신선하다.	**A Store has fresher food.**
B가게는 좀 싸다.	**B Store is a little less expensive.**
슈퍼마켓을 세 군데나 갔다.	**I shopped at three supermarkets.**

 일용품을 사다

일용품 관련 단어

쓰레기봉투	**garbage bag**	샴푸	**shampoo**
랩	plastic wrap	린스	**conditioner**
호일	**aluminum foil**	바디워시	body wash
주방세제	dishwashing detergent	비누	**soap**
스폰지	**sponge**	화장지	toilet paper
세제	laundry detergent	티슈	**Kleenex / tissue**
섬유유연제	**fabric softener**	생리용품	sanitary items
빨래 집게	clothespin	면봉	**Q-Tips / cotton swab**
행거	**(clothes) hanger**	건전지	battery
칫솔	toothbrush	전구	**light bulb**
치약	**toothpaste**		

14
쇼핑

447

이마트에서 생필품을 샀다.	I bought some daily necessities at E-mart.
	* daily necessities = 생활필수품
100와트짜리 전구를 두 개 샀다.	I bought two 100-watt light bulbs.
	* light bulb = 전구
화장실 휴지가 곧 떨어질 것 같다.	It looks like I'm running out of toilet paper.
	* run out of ~ = ~을 다 쓰다
내일 잊지 않고 사러 가야겠다.	I'll make sure to buy some tomorrow.
손님용 칫솔을 샀다.	I bought toothbrushes for guests.
여분의 칫솔을 사 놨다.	I bought some spare toothbrushes.
비상용 보존식을 샀다.	I bought preserved food for emergencies.
	* preserved food = 보존식
퇴근길에 알루미늄 호일을 샀다.	I picked up aluminum foil on the way home.
	* pick up ~ = (~하는 김에)~을 사다
꽃집에서 거베라 꽃다발을 사 왔다.	I bought a bouquet of gerberas from the florist's.
	* bouquet = 꽃다발, 부케
우유 사는 걸 잊었다.	I forgot to get milk!

선물을 사다

미연이의 생일 선물로 뭐가 좋을까?	What should I get Miyeon for her birthday?
지갑이 좋을 것 같은데.	I think a wallet would make her happy.
어머니는 그 색을 좋아할까?	I wonder if my mom likes that kind of color.
마음에 들면 좋을 텐데.	I hope she likes it.
선물 고르는 건 어렵다.	It's hard to select presents.
선물을 고를 때 설렌다.	I get excited when choosing presents.

선물용으로 스카프를 사러 갔다.	I went to buy a scarf for a present.
선물 포장을 해 달라고 했다.	I had it gift wrapped.
빨간색 포장지와 노란색 리본을 골랐다.	I picked out red wrapping paper and a yellow ribbon. * pick out ~=~을 고르다
리본을 달아서 포장을 해 달라고 했다.	I had the gift wrapped with a ribbon.
카드를 넣어달라고 했다.	I asked for a message card.
결혼 축하선물로 받침이 딸린 컵세트를 사 줬다.	I bought them a cup-and-saucer set for a wedding present. * saucer[소서]=받침, 접시
집들이 선물이니까 관엽식물이 좋을 것 같다.	I guess a house plant would be a good housewarming present. * housewarming present=집들이 선물
너무 비싸면 도리어 부담이 될 지도 몰라.	If my present is too expensive, it might make them uncomfortable.

통신판매와 인터넷 쇼핑

통신판매 카탈로그를 보는 건 즐겁다.	I like looking at mail-order catalogs.
통신판매로 롤 케이크를 주문했다.	I mail-ordered a roll cake. * roll cake는 Swiss roll로 해도 OK
TV 홈쇼핑에서 청소기를 샀다.	I bought a vacuum cleaner from a TV shopping show.
인터넷에서 백팩을 샀다.	I bought a backpack online.
처음으로 인터넷 쇼핑을 했다.	It was my first time to shop online.
인터넷 쇼핑은 정말 편리하다.	Online shopping is really convenient.
인터넷에서 신용카드 정보를 입력하는 건 좀 찜찜하다.	I'm not comfortable giving my credit card information online. * comfortable=안심이 되는, 편안한
도착이 기대된다.	I'm looking forward to getting the package.
주문 다음 날에 도착하다니! 빠르다!	I received the package the day after I ordered it! That's fast!

14
쇼
핑

449

쇼핑에 대해 영어일기를 써 보자

어느 것으로 할까?

> I went to check out some washing machines. I couldn't decide which to buy, a regular type or a drum type.

해석

세탁기를 보러 가서 일반 세탁기랑 드럼 중 어느 쪽을 살까 고민했다.

포인트 check out ~은 '~을 조사하다'의 뜻으로 가격과 기능성을 확인하거나 여러 개의 상품을 비교한다는 뉘앙스가 됩니다. 여기에서의 '고민했다'는 '결정할 수 없었다'의 뜻이므로 I couldn't decide 라고 표현합니다. which to buy 는 '어느 쪽을 사야할까'라는 뜻.

안 봤더라면 좋았을 텐데

> In a newspaper insert, I saw the same down jacket as mine, but it was 50,000 won cheaper. I was disappointed! I wish I hadn't seen it.

해석

신문에 끼워져 있는 광고에 내 것과 똑같은 다운재킷이 나와 있었다. 50,000 원이나 싸서 열 받았다! 안 봤더라면 좋았을 텐데.

포인트 insert 는 '(신문 등에) 끼워져 있는 전단광고지'를 말합니다. 참고로 flier/flyer 는 '전단지', ad/advertisement 는 '광고'의 뜻입니다. I wish I hadn't seen it 은 '봤는데, 안 봤더라면 좋았다'는 뉘앙스입니다.

 # 빨리 놀라는 얼굴을 보고 싶다

I found the very necklace Heejoo has always wanted! I got it for her birthday without thinking twice. I can hardly wait to see her look of surprise.

 해석

희주가 전부터 갖고 싶어 하던 목걸이를 발견! 당장 생일 선물로 샀다. 빨리 놀라는 얼굴을 보고 싶다.

포인트 '희주가 전부터 갖고 싶어 하던 목걸이'는 the very necklace (that) Heejoo has always wanted 와 같이 관계대명사로 표현했습니다. 이 very 는 '바로 그'라는 강조의 뜻.

 # 참지 못하고 ...

Yuna and I went to the outlet mall. When I saw a pair of Cazal sunglasses at 70% off, I couldn't resist them. I ended up spending quite a bit of money. But I'm happy!

해석

유나와 아울렛에 갔다. 카잘 선글라스가 70% 할인이라고 해서 도저히 참을 수가 없었다. 결국 돈을 꽤 많이 써 버렸다. 하지만 너무 좋다!

14 쇼핑

포인트 '선글라스'는 a pair of sunglasses, two pairs of sunglasses 와 같이 표현합니다. resist 는 '~을 참다'의 뜻입니다. end up -ing 는 '결국 ~하게 되다'라는 의미로, 여기에서는 예상 외로 돈을 많이 썼다는 반성의 의미를 담고 있습니다.

15 돈

가계

 지불

다양한 요금 관련 단어

공공요금	public utilities charges	숙박비	room rate
전기요금	electric bill	주차요금	parking fee
수도요금	water bill	자전거주차요금	bicycle parking fee
가스요금	gas bill	운임	fare
인터넷요금	Internet bill	편도요금	one-way fare
신문구독료	newspaper bill	왕복요금	round-trip fare
전화요금	phone bill	항공요금	air fare
휴대폰 요금	cellphone bill	버스비	bus fare
건강보험료	national health insurance fee	택시비	taxi fare
보험료	insurance premium	병원비	medical bill
입학금	admission fee	입원비	hospital charges
급식비	school lunch fee	입장료	entrance fee
(학교) 수업료	tuition	운송료	shipping fee
(과외, 레슨 등의) 비용	tuition / lesson fee	취급 수수료	handling fee
임대료	rent		

휴대전화 요금을 냈다.	I paid my cellphone bill.
	* cellphone = 휴대전화
편의점에서 수도요금을 냈다.	I paid the water bill at a convenience store.
전기요금 지불 기한이 지났다.	The electric bill was past due.
	* due[듀] = 기한
매일 청구서가 날아온다.	All I get every day is bills.

국민건강보험료가 높군.	The national health insurance payment is really high.
집세를 보냈다.	I paid my rent by bank transfer.

* bank transfer = 은행계좌이체

| 집세 보내는 걸 잊었다. | I forgot to transfer my rent. |

* transfer = ~을 송금하다

| 인터넷으로 송금했다. | I transferred online. |

📖 가계부

| 저녁을 먹고 나서 가계부를 썼다. | After dinner, I did my household accounts. |

* household accounts = 가계부

이달부터 가계부를 적기 시작했다.	I started keeping my household accounts this month.
컴퓨터로 가계부를 적기로 했다.	I decided to keep my household accounts on my PC.
이달은 적자다.	We're in the red this month.

* in the red = 적자로

| 이달은 약간 여유가 있을 것 같다. | We have a little extra money this month. |

* extra = 여분의

| 쪼들린다. | We're very hard up. |

* hard up = 돈에 쪼들리다

| 고정비를 가능한 줄이고 싶다. | I want to keep my fixed costs as low as possible. |

* fixed = 고정된

👓 낭비

요즘 돈을 너무 많이 썼다.	I've been spending too much money lately.
나도 모르는 사이에 카드를 너무 많이 썼다.	I had overused my credit card before I knew it.
돈을 너무 많이 썼다.	I spent too much money.
지갑이 텅텅 비었다.	I'm broke.

* broke = 무일푼의

15
돈

돈이 없다.	I'm low on cash. * cash = 돈, 현금
이달도 돈이 부족하다.	I'm short of cash this month again.
내 소비습관에 대해 어떤 조치를 취해야겠다.	I ought to do something about my spending habits. * ought to~ = ~해야 한다 habit = 버릇, 습관

 절약

돈을 모아야겠다.	I ought to save some money.
식비를 줄이자.	I'll cut down on my food expenses. * expense = 지출, 비용
외식을 자제하자.	I shouldn't eat out so often. * eat out = 외식하다
전기요금을 절약하고 싶다.	I want to reduce my electric bill. * reduce = ~을 줄이다
에너지 절약형 에어컨을 샀다.	I bought an energy-saving air conditioner.
에어컨이 아니라 선풍기를 사용하는 것이 좋을 것 같다.	I might as well use an electric fan, not an air conditioner. * might as well ~ = ~하는 편이 좋을 것 같다
이달은 전기요금을 8,900원 절약했다.	I saved 8,900 won on the electric bill this month.

저금

천만원 모으고 싶다.	I want to save up 10 million won.
저금이 0원이라니 이건 아니다!	Having no savings is bad, seriously!
반년 동안 500만원 모을 거다!	I will save 5 million won in six months!
유학 비용으로 천만원 모아야겠다.	I'm going to save 10 million won to study abroad.
일단 미래를 위해 돈을 모아두고 싶다.	I just want to put money away for the future. * put money away = 저축하다, 돈을 모아두다
노후를 위해 저축해 두고 싶다.	I want to put money away for when I get older.

조금씩이라도 착실하게 저축해야겠다.	I'll save steadily even just a little bit at a time.
500원짜리 동전을 모으기 시작했다.	I've started to save 500-won coins.
오늘부터 저금을 해야겠다.	I'm going to start my savings today.
한잔했다치고 3만원 저금했다.	I set aside 30,000 won which I would have spent drinking.

* set aside~ = ~(돈 등)을 따로 빼두다

순조롭게 돈을 모으고 있다.	I'm doing pretty well on saving money.
좀처럼 돈이 모아지지 않는다.	It's hard to save up money.
달러 저금을 시작했다.	I started a dollar-based currency savings plan.

* dollar-based = 달러 베이스의 currency = 통화, 화폐

원화 강세인 지금이 기회다.	The won is strong, so now is my chance.
매월 30만원씩 저금할 것이다.	I'm going to put 300,000 won in my account every month.

* account = 계좌

500만원짜리 정기 예금에 들었다.	I made a time deposit of 5 million won.

* time deposit = 정기 예금

정기 예금을 중도 해약했다.	I withdrew the time deposit before maturity.

* withdraw = ~을 빼내다. 과거형은 withdrew.

지금 월급으로는 저축할 돈이 없다.	With my current salary, I don't have enough for any savings.

돈을 빌리고 빌려주다

가진 돈이 2만원밖에 없었다.	I only had 20,000 won with me.
지수에게 5만원 빌렸다.	I borrowed 50,000 won from Jisoo.
유나에게 돈 갚는 걸 잊고 있었다!	I forgot to pay Yuna back!

* pay ~ back = ~(사람)에게 돈을 갚다

내일 꼭 갚아야지.	I must pay her back tomorrow.

15
돈

다음에 만나면 갚아야겠다.	I'll pay her back next time I see her.
하영이가 얼마 전에 빌려 준 5만원을 갚았다.	Hayoung paid me back the 50,000 won I lent her the other day.
	* lend~ ...=~에게 ...을 빌리다 과거형은 lent
상희가 돈을 안 갚는다.	Sanghee won't pay me back.
희규는 언제 돈을 갚을까?	I wonder when Heekyu is going to pay me back.
차용서를 썼다.	I wrote an IOU.
	* IOU=차용증서. I owe you.(너에게 빚졌다)에서 온 말.
돈을 빌리고 빌려주는 건 가능한 하고 싶지 않다.	I don't want to borrow or lend money if I don't have to.

은행

 은행 계좌

A은행에 계좌를 만들었다.	I opened an account in A Bank.
	* account=계좌
정기 예금이 좋을까?	I wonder if the time deposit is better for me.
	* time deposit=정기 예금
인터넷으로 계좌 개설을 신청했다.	I applied for an account with an online bank.
	* apply for ~=~을 신청하다
C은행의 계좌를 해약했다.	I canceled my account with C Bank.

계좌 잔고

잔액을 확인했다.	I checked my balance.
월급이 들어와 있었다. 신난다!	My salary was deposited into my bank account. Great!
	* deposit=~을 저금하다
잔액이 3만원밖에 없다.	I only have 30,000 won in my bank account.
카드 대금 결제가 고통스럽다.	My credit card payment is a real pain.
	* pain=고통, 고민
통장 정리를 했다.	I updated my bank book.
	* update=~업데이트하다, 최신 내용으로 하다

ATM

편의점 ATM에서 돈을 찾았다.	**I withdrew some money from a convenience store ATM.**

* 「은행 ATM」은 bank ATM

10만원 입금했다.	**I deposited 100,000 won.**

* deposit = ~을 맡기다

수수료가 1,000원이었다.	**The fee was 1,000 won.**

* fee = 수수료

ATM 코너에 긴 줄이 늘어서 있었다.	**There was a line at the ATM corner.**
연휴 전이라서 그런가?	**It's probably because it's right before the holidays.**
근처에 ATM이 없어서 짜증났다.	**There weren't any ATMs nearby, so I was a little irritated.**

* irritated = 짜증나다

주식 · 투자

 주식 · 투자

A은행에 주식 계좌를 개설했다.	**I opened a bank account for trading stocks.**

* trade = ~을 매매하다   stock = 주식

지훈 씨는 주식으로 2천만원이나 벌었다고 한다.	**I heard that Jihoon made 20 million won in the stock market.**

* stock market = 주식시장. on the stock market이라고도 한다.

S 주식을 1,000주 샀다.	**I bought 1,000 S shares.**

* share = 주식

S 주식을 팔았다.	**I sold my S shares.**
은행에서 투자신탁을 권유했다.	**The bank advised me to invest in a mutual fund.**

* invest in ~ = ~에 투자하다   mutual fund = 투자신탁

월급이 안 오르니 투자로 자산을 만들 수밖에 없다.	**I'm not getting a raise, so I have to build my assets.**

* raise = 승급   build = ~을 건축하다   assets = 자산

 주가 상승

XYZ의 주가가 올랐다.	**The value of XYZ is rising.**

* value = 가치, 액면

XYZ의 주가가 급등했다.	**The value of XYZ is skyrocketing.**

* skyrocket[스카이라켓] = 급등하다

15
돈

어제 샀더라면 좋았을 걸.	I wish I had bought it yesterday.
XYZ 주식이 200원이나 올랐다!	The value of XYZ rose by 200 won!
내가 사고 나서 XYZ 주식이 30%나 올랐다.	The value of XYZ has increased by 30% since I bought it.
가지고 있는 주식이 전부 올랐다.	All my stocks went up.

* stock = 주식

| 미실현 이익이 100만원을 넘었다. | My unrealized capital gains are over a million won. |

* unrealized = 미실현의   capital gain = 자본 이득

 주가 하락

| ABC 주가가 급락했다. | The value of ABC is plummeting. |

* plummet = 급락하다

| ABC는 큰 폭으로 하락해서 하한가를 쳤다. | The value of ABC dropped sharply and hit the limit. |

* hit the limit = 하한가를 치다

어제 팔았더라면 좋았을 걸.	I should've sold it yesterday.
지금이 매수 시기일지도.	Maybe now is a good time to buy.
ABC 주식의 미실현 손실이 커지고 있다.	The unrealized capital losses on ABC are increasing.

* unrealized = 미실현의   capital loss = 자본 손실

| 오를 때까지 그냥 놔두는 수밖에 없나… | I guess I'll have to keep these shares for the long-term… |

외환 · 환전

 외환

원화 강세가 계속되고 있다.	The won is getting stronger.
1달러가 990원까지 올랐다.	The won has risen to 990 won to the dollar.
1위안이 180원이다.	The yuan is at 180 won to the yuan.

* yuan[위안] = 중국의 화폐단위

| 여행하기에는 지금이 적기다. | If you're going to travel, now is a good time. |

제조업에 대한 영향이 걱정이다.	**I'm worried about the impact on the manufacturing industry.**

환전

5만원짜리를 신권으로 바꿨다.	**I exchanged my old 50,000-won bills for new ones.**
5만원을 천원짜리 지폐로 바꿨다.	**I exchanged the 50,000-won bill for 1,000-won bills.**
1,000원을 동전으로 바꿨다.	**I asked to change a 1,000-won bill to coins.**
50만원을 미국 달러로 바꿨다.	**I exchanged 500,000 won for US dollars.**
공항에서 유로로 바꿨다.	**I exchanged money for euros at the airport.**
10만원이 85달러였다.	**I got 85 dollars for 100,000 won.**
환율은 1달러 1160원이었다.	**The rate was 1,160 won to the dollar.**
수수료가 2달러였다.	**The fee was two dollars.**

세금 (→ p. 394 「확정신고」도 참조)

세금 관련 단어

소득세	**income tax**		
주민세	resident tax		
부동산 양도세	**capital gains tax**		
소비세	consumption tax		
재산세	**property tax**	상속세	**inheritance tax**
법인세	corporation tax	자동차세	automobile tax
사업소득세	**business tax**	경자동차세	**light vehicle tax**
담배세	tobacco tax	휘발유세	gasoline tax
주류세	**liquor tax**	지방세	**local tax**
증여세	gift tax	부가세 (VAT)	value-added tax

15
돈

세금을 내야 한다.	I have to pay my taxes.
세금을 다 냈다.	I finished paying my taxes.
재산세가 가계에 부담이 된다.	The property tax is a big burden on my household budget. * burden = 부담 household budget = 가계
세금신고 시기다.	It's time to file my taxes. * file = ~을 제출하다
의료비 공제를 제대로 신청해야 한다.	I have to apply for medical expenses tax deduction. * expense = 비용 deduction = 공제
소득세 환급금이 입금되었다.	The tax refund was deposited into my account. * refund = 환불 deposit = ~을 맡기다
세금 낭비만은 안 했으면 한다.	I just wish they would stop wasting tax money.

보험

보험을 재검토해야겠다.	I'm going to reconsider my insurance. * reconsider = ~을 다시 생각하다
보험료가 너무 많아서 가계가 힘들다.	The insurance premium is too high, and it's hurting the household budget. * premium = 보험료 hurt = ~에 타격을 주다
자동차 보험이 너무 비싸다	The car insurance is too high.
의료 보험을 넣어야겠다.	I need to get medical insurance.
보험 설계사가 찾아 왔다.	An insurance salesperson came to my house.
어느 보험이 좋은지 잘 모르겠다.	I have no idea which insurance is good for me.
형택 씨는 A사 보험이 좋다고 말했다.	Hyeongtaek recommended A Company's insurance.
몇 군데 보험회사에 안내책자를 청구했다.	I requested some brochures from several insurance companies. * brochure = 안내용 책자

의료 보험에 대한 안내책자를 받았다.	I got a brochure for medical insurance.
어떤 보험에 들어야 하는지 재무 설계사에게 상담했다.	I talked with a financial planner about what insurance I should buy.
생명보험을 해약할까 고민중이다.	I'm wondering if I should cancel my life insurance.

대출 (→ p. 477 「주택대출」도 참조)

| 계약금은 500만 원 정도 생각하고 있다. | I'm thinking about making a deposit of about five million won. |

deposit = 착수금

| 대출 상환 시뮬레이션을 했다. | I made a simulation for loan repayment. |

repayment = 변제, 상환

| 보너스로 대출 상환을 하자. | I'm going to use my bonus to pay back my loan early. |

| 신난다! 대출 심사를 통과했다! | Great! My loan has gotten approved! |

approve = ~을 승인하다

| 대출 심사를 통과하지 못했다. | My loan didn't get approved. |

| 드디어 대출을 다 갚았다! | I've finally paid off my loan! |

pay off ~ = ~을 다 갚다

| 할부로 차를 샀다. | I bought a car with a loan. |

| 20년 할부로 했다. | We took out a 20-year loan. |

| 변동 금리와 고정 금리 중 어느 쪽이 좋을까? | Which one is better, an adjustable rate or a fixed rate? |

adjustable = 조절 가능한   fixed = 고정된

| 대출을 하려면 저금리인 지금이 적기다. | To take out a loan, now is a good time because of the low-interest rate. |

take out ~ = (신청해서) ~을 받다
low-interest rate = 저금리

| 월급 대부분이 집 대출과 차 할부금으로 들어간다. | Most of my salary goes to my mortgage and car payments. |

mortgage = 주택 대출

15
돈

돈에 대해
영어일기를 써 보자

 ### 만원 발견!

> I came across 10,000 won in my
> old wallet when I was cleaning my
> room! Lucky me!

해석

방 청소를 하다가 낡은 지갑에서 만원을 발견했다! 앗싸~!

포인트 come across 뒤에 사물이 오면 '갑자기 ~을 발견하다', 사람이 오면 '우연히 ~를 만나다'는 의미가 됩니다. '재수 좋음'은 Lucky! 가 아니라 Lucky me! 라고 표현하는 것이 더 자연스럽습니다. I was lucky! 나 How lucky! 등으로도 표현할 수 있습니다.

 ### 축하할 일이지만 지갑이 。。

> I've been invited to two weddings
> this month. They're happy events,
> but my wallet feels light.

해석

이달에 결혼식이 두 건이나 있다. 축하해야 할 일이지만 지갑이 얇구나..

포인트 '결혼식이 두 건이나 있다'는 I have two weddings to attend(참석할 결혼식이 두 건 있다) 로 표현할 수도 있고, '지갑이 얇다'는 my wallet feels light(지갑이 가볍다) 라고 했지만 I'm short of money(돈이 모자란다) 라고 해도 됩니다.

🖊 용돈을 미리 받고 싶다

> I'm dying to go to the Maroon5
> concert, but I don't have enough
> money... I'll ask Mom if I can get
> next month's allowance in advance.

해석

마룬5 콘서트에 너무 가고 싶다. 하지만 돈이 없다. 다음 달 용돈을 미리 달라고 하면 안 될까? 엄마에게 부탁해 보자.

포인트 '너무 ~하고 싶다'는 be dying to ~(동사원형) 으로 표현했습니다. dying 은 die(죽다) 의 ing 형으로 전체적으로 '죽을 만큼 ~하고 싶다'는 뜻입니다. ask ~ if …는 '~에게 …해 줄 것을 부탁하다'. allowance 는 '용돈', in advance 는 '앞당겨서'.

🖊 대학에 보내 주고 싶다

> My son said he wants to go on to
> college. I'll need at least 5 million
> won. OK, I'll cancel the time
> deposit.

해석

아들이 대학에 가고 싶다고 말했다. 적어도 500만원은 필요하다. 그래, 정기예금을 해약하자.

15
돈

포인트 '~에 진학하다'는 go (on) to ~ 로 하면 됩니다. at least 는 '적어도, 최소한'이란 뜻이고, '정기예금은 time deposit 으로 표현합니다. cancel 은 '~을 취소하다'는 뜻으로 cancel the time deposit 은 '정기예금을 해약하다'는 뜻입니다.

16 주거

주거에 대해

 인테리어

인테리어 용품 관련 단어

가구	furniture
선반	shelf
식기 선반	cupboard
옷장	closet
서랍장	dresser
테이블	table
식탁	dining table
접이식 테이블	folding table
사이드 테이블	side table
커피 테이블	coffee table
책상	desk
의자	chair
흔들의자	rocking chair
안락의자	reclining chair
스툴	stool
소파	sofa / couch
2인용 소파	love seat
쿠션	cushion
침대	bed

싱글 침대	single bed
더블 침대	double bed
소파 침대	sofa bed
카펫	carpet
러그	rug
커튼	curtain
롤스크린	shade
파티션	partition
벽지	wallpaper
조명	lighting
스탠드 조명	standing lamp / lamp
램프	lamp
화장대	dressing table
전신거울	full-length mirror
시계	clock

차광 커튼을 샀다.	**I bought shade curtains.**

* shade = 차광

앤티크 화장대를 샀다.	**I bought an antique dressing table.**

| 세미 맞춤 제작 카펫을 주문했다. | I placed an order for a semi-custom-made carpet. |

* place an order for ~ = ~을 주문하다

| 중고가구점을 둘러보았다. | I looked around used furniture stores. |

* used = 중고의   furniture = 가구

| 중고 매장에서 식탁을 샀다. | I bought a dining table at a secondhand shop. |

* secondhand = 중고의

| 저 커피 테이블이 우리 집 소파와 딱 어울린다. | I'm sure that coffee table would match my sofa. |

| 그 스탠드 조명은 멋졌어! | That lamp was so stylish! |

| 저런 소파가 집에 있으면 좋겠다. | I think that sofa would make my house look really nice. |

| 싼 건 좋은데, 직접 조립해야 한다. | It's nice that it's cheap, but I have to put it together myself. |

* put ~ together = ~을 조립하다

| 조립이 어려울 것 같다. | It looks difficult to assemble. |

* assemble = ~을 조립하다

| 나도 조립할 수 있을까? | I wonder if I can assemble it myself. |

| 남편이 잘 조립해 줬다. | My husband did a good job putting it together. |

📖 인테리어 변경

| 방 구조를 바꾸고 싶다. | I want to redecorate my room. |

* redecorate는 rearrange로 해도 OK

| 카펫이 낡았다. | The carpet is getting old. |

| 카펫을 새로 깔고 싶다. | I want to get a new carpet. |

| 이 방을 개조해서 더 예쁘게 꾸미고 싶다. | I want to redo this room and make it cuter. |

* redo = ~을 다시 고치다

| 아시아 스타일의 방이 이상적이다. | An Asian-style room would be ideal. |

* ideal[아이디얼] = 이상적인

| 심플한 인테리어로 하고 싶다. | I want simple décor. |

* décor[데코] = 장식. decor로도 쓴다.

| 짐이 너무 많다. | I have too many things. |

| 거실 인테리어를 다시 했다. | I redecorated my living room. |

16
주
거

가구의 배치를 바꿨다.	I moved the furniture around.
	* move ~ around = ~을 이동하다 furniture = 가구
배치를 바꾸는 것만으로도 분위기가 꽤 달라진다.	Just moving the furniture around really creates a different feel.
	* feel = 느낌, 분위기
방 한쪽에 관엽식물을 놓았다.	I put a leafy plant in the corner of the room.
	* 관엽식물은 foliage plant 또는 houseplant라고도 한다.

🕶 주거지 문제

화장실이 막혔다.	The toilet got clogged.
	* clog = ~을 막히게 하다
화장실 물이 안 내려간다.	The toilet water wouldn't flush.
	* flush = (화장실 물이) 흐르다
싱크대 밑에서 물이 새고 있다.	There's water leaking from the bottom of the sink.
	* leak = 새다
목욕탕 환기가 나쁘다.	The ventilation in the bathroom isn't very good.
	* ventilation = 환기
급탕기가 잘 안 된다.	The water heater isn't working very well.
거실 문의 상태가 형편없다.	The living room door is poorly built.
화장실 문이 끽끽거린다.	The bathroom door is squeaky.
	* squeaky = 끽끽거리다
기름칠하는 게 좋을까?	Maybe I should oil it.
	* oil = ~에 기름칠하다
침실 천정에서 누수가 된다.	The bedroom ceiling has a leak.
	* ceiling = 천정 leak = 누수
수리를 맡겨야겠다.	I'd better have someone fix it.
	* fix = ~을 수리하다
지붕 수리를 해야 한다.	I have to repair the roof.
	* repair = ~을 수리하다
벽 시공의 불량을 발견했다.	I found a defect in the wall.
	* defect = 결함, 불량
열쇠를 잃어 버렸다.	I've lost my keys.
두꺼비집이 내려갔다.	The breaker blew a fuse.
	* blow = ~(퓨즈)가 나가다 과거형은 blew
새 아파트 건물 때문에 햇볕이 잘 안 든다.	We don't get much sunlight because of the new apartment building.

리모델링

주방을 리모델링하고 싶다.	I want to remodel my kitchen. * remodel = ~을 리모델링하다
비데를 설치하고 싶다.	I want to get a toilet with a built-in bidet. * built-in = 붙박이 bidet = 비데
벽지를 바꾸고 싶다.	I feel like changing the wallpaper.
천정을 다시 칠하고 싶다.	I want to repaint the ceiling.
계단에 난간을 붙이고 싶다.	I want to install a stair rail. * install = ~을 장착하다 rail = 난간
부엌을 ABC사의 시스템키친으로 하고 싶다.	I want to get an ABC integrated kitchen installed. * integrated = 통합된 install = ~을 장착하다
욕실바닥을 평평하게 하는 것이 좋을 것 같다.	I should get the bathroom floor evened out. * even out ~ = ~을 평평하게 하다
건조기가 장착된 건식 욕실로 하고 싶다.	I feel like making it a unit bathroom with a room dryer.
외벽을 깨끗하게 하고 싶다.	I want to clean up the exterior walls. * exterior = 외측의
수납공간을 늘리고 싶다.	I want more storage space.
장애물 없는 생활환경으로 만들고 싶다.	I want to make my house barrier-free.
태양전지판을 붙일까 생각중이다.	I'm thinking about getting solar panels.
집을 완전 전기화할까?	Maybe I'll make my house completely electric.
내진 강도가 불안하다.	I'm worried about what will happen to my house in an earthquake. * earthquake = 지진
내진 강화를 검토하고 있다.	I'm considering having my house reinforced for earthquakes. * reinforce = ~을 강화하다, 보강하다
건축업자에게 공사 견적을 의뢰했다.	I asked the builder for an estimate. * builder = 건축업자 estimate = 견적
3사로부터 견적을 받았다.	I got estimates from three companies.

16
주거

467

예산 초과다.	It went over my budget. * budget＝예산
계획을 변경해야겠다.	I'm going to change my plans.

친구의 주거에 대해

 친구의 집

그는 어디에 살고 있을까?	I wonder where he lives.
그는 우리 집 근처에 살고 있다.	He lives in my neighborhood. * neighborhood＝인근
그는 같은 동네에 살고 있다.	He lives in the same town.
그는 경기도 분당에 살고 있다.	He lives in Bundabg, Gyeonggi-do.
그녀는 산정호수 부근에 별장을 가지고 있다.	She has a vacation home by Lake Sanjung.
그녀는 주택에 살고 있다.	She lives in a house.
그녀는 호화로운 아파트에 살고 있다.	She lives in a gorgeous apartment.
그녀는 고층 아파트 27층에 살고 있다.	She lives on the 27th floor of a high-rise apartment.
그는 3층짜리 아파트에 살고 있다.	He lives in a three-story apartment. * story＝층
그가 사는 곳은 2세대 주택이다.	He lives in a two-family home.
그는 교외에 집을 샀다고 한다.	I heard he bought a house in the suburbs. * suburb＝교외 주택지

집에 대한 인상

저택이었다.	It was a big, fancy house. * fancy＝고급, 멋진
전통 한옥이었다.	It was a traditional Korean house.
정취가 있는 집이었다.	It was a nice house with a great atmosphere. * atmosphere＝분위기
넓은 집이었다.	It was a spacious house. * spacious[스페이셔스]＝널찍한

아담한 집이었다.	It was a small but comfortable house.
꽤 좁았다.	It was pretty small.
멋진 아파트였다.	It was a fashionable apartment.
인테리어가 멋졌다.	It had a fancy interior dé cor.

<small>* dé cor＝장식. decor로도 쓴다.</small>

드라마에 나올 것 같은 방이었다.	It was like a room in a TV drama.
가구가 비싸 보였다.	The furniture looked expensive.

<small>* furniture＝가구</small>

아늑한 방이었다.	It was a cozy room.

<small>* cozy(아늑한)은 snug[스너그]로 해도 OK</small>

잘 정리되어 있었다.	It was neat and tidy.

<small>* neat＝정돈된 tidy＝정돈된</small>

지저분했다.	It was messy.

<small>* messy＝지저분한</small>

방이 휑했다.	It was a very bare room.

<small>* bare[베어]＝장식 등이 없는</small>

주거의 조건

 입지

통근하기 편한 곳이 좋다.	I want a place that's convenient for the commute.

<small>* commute＝통근</small>

2호선의 신촌역 근처로 하자.	I'll get a place near Sinchon Station on the Line Number 2.
2호선 근처가 좋을 것 같다.	A place on the Line Number 2 would be nice.
역에서 걸어서 바로다.	It's a short walk from the train station.

<small>* train은 생략가능</small>

역까지 걸어서 6분 정도다.	It's about six minutes on foot to the station.
역에서 약간 떨어져 있다.	It's a little ways away from the station.

16
주
거

역에서 버스로 15분 정도다.	It's about 15 minutes by bus from the train station.
역에서 계속 오르막이다.	It's uphill all the way from the station.
	*uphill=오르막길의
그 도로에 자동차가 많이 다닌다. (교통량이 엄청나다)	The traffic is heavy on that road.
	*traffic=교통량

구조

거실, 주방에 방 두 개짜리가 좋겠다.	I want two bedrooms, a living room and a kitchen.
방 세 개에 거실과 주방이 딸려 있다.	It has three bedrooms, a living room, a dining room and a kitchen.
생활하기 편한 구조다.	That floor plan looks really convenient.
남향이고 코너 집이다.	It's a corner room facing the south.

설비

화장실과 욕실이 따로 되어 있는 것이 좋겠다.	I want a separate toilet and bathroom.
발코니가 넓어서 좋다.	A large balcony would be nice.
방범 시스템이 있어야 한다.	I need to have a security system.
관리인이 상주하고 있는 아파트가 좋다.	I want an apartment with a full-time building manager.
주차장이 필요하다.	I need a parking space.
	*parking space는 parking lot으로 해도 OK
자전거 보관소가 넓고 좋다.	I like the spacious bike parking lot.
엘리베이터가 없다.	There's no elevator.
엄청 작지만 정원이 있다.	It's really tiny, but it has a garden.

건물의 층수와 건축 년수

10층짜리 아파트다.	It's a ten-story apartment building.

* story＝층

2층짜리다. — It's a two-story apartment building.

2층짜리 주택이다. — It's a two-story house.

5층 건물의 3층이다. — It's on the third floor of a five-story building.

1층이라서 방범이 걱정이다. — It's on the first floor, so I'm worried about getting burglarized.

* get burglarized＝도둑이 들다

지어진 지 15년 된 건물이다. — It's a 15-year-old building.

신축 아파트다. — It's a new apartment building.

 주변 환경

조용한 환경이 좋다. — I want a quiet place.

편리한 장소가 좋다. — I want a place in a convenient location.

조용하고 좋은 환경이다. — It's in a nice and quiet environment.

공원이 바로 앞이다. — There's a park right in front of it.

* right＝딱

편의점이 바로 코앞이다. — It's really close to a convenience store.

근처에 슈퍼마켓이 세 곳이나 있다. — There are three supermarkets in the neighborhood.

* 「슈퍼마켓」은 grocery store라고도 한다.

도서관까지 자전거로 5분 거리다. — It takes five minutes to get to the library by bicycle.

* bicycle은 bike로도 OK

유치원과 초등학교가 가까이 있다. — There is a preschool and an elementary school nearby.

* a(n) ~ and a(n) …라는 형태로 '~와 …가 있다'고 할 경우, There are …가 아니라 편하게 There is …라고 하는 경우가 많다.

큰 도로를 마주 보고 있어서 소음이 신경 쓰인다. — It faces a busy street, so the noise bothers me.

* busy street＝왕래가 많은 도로　bother＝~신경 쓰이게 하다

16 주거

큰 도로에서 조금 들어간 곳이 좋은데.	A place off the main street would be nice. * off ~ = ~로부터 떨어진
선로에 가까워서 전철 소리가 들린다.	It's near the railroad tracks, so I can hear the trains. * track = 선로
교통량이 많으므로 좀 위험하겠다.	The traffic is quite heavy, so it's kind of dangerous.
주위에 가로등이 많지 않아 걱정된다.	There aren't many streetlights around, and that worries me. * worry = ~을 걱정시키다
밤에는 너무 어두울 지도 모른다.	It might be too dark at night.

방을 빌리다

📖 희망 조건

새 방을 찾고 있다.	I'm looking for a new place. * 여기에서 place는 '주거지로서의 방'이라는 뜻.
어떤 집이 좋을까?	What kind of place should I get?
내가 원하는 조건을 써 봐야겠다.	I'm going to write down everything I want.
통근하기 편리한 곳이라면 다른 조건은 크게 상관없다.	I don't mind the details as long as the commute is convenient. * detail = 세세한 점 commute = 통근
임대가 부담이 없어서 좋다.	I prefer leasing because it's less of a commitment. * lease = 임대하다 commitment = 책임, 임무
고층 아파트에서 사는 것이 꿈이다.	Living in a high-rise apartment is my dream.
정원이 있는 주택을 갖고 싶다.	I hope to live in a house with a yard.
거실에는 바닥 난방이 필수다.	The living room has to have floor heating. * floor heating = 바닥 난방
옷방이 있으면 좋겠다.	It would be nice to have a walk-in closet. * walk-in closet = 옷방, 드레스룸
아일랜드식 주방이 이상적인데.	An island kitchen design would be ideal. * ideal = 이상적인

👓 집 보러 다니기

인터넷에서 임대 물건을 검색했다.	I looked for a place to rent on the Net.

* the Net＝the Internet

부동산 소개소에 갔다.	I went to a real estate agency.

* real estate agency＝부동산 소개회사

몇 군데 소개 받았다.	They showed me several places.

배치도를 봤다.	They showed me some room layouts.

* room layout＝배치도

딱 적당한 곳을 찾았다.	I found the perfect place.

내 조건이 맞는 곳이 없었다.	I couldn't find a place that met my conditions.

* meet＝～(희망 등)을 채우다   condition＝조건

좀 더 넓은 곳이 없는지 물어 봐야겠다.	I'm going to ask if there's a bigger place.

다른 부동산에도 가 봐야겠다.	I'm going to try another real estate agency.

집세

집세는 50~60만 원 정도로 생각하고 있다.	I'm thinking of somewhere between 500,000 and 600,000 won for rent.

* range＝(가격 등의)폭

집세는 80만 원 이내로.	I want to stay under 800,000 won for rent.

집세가 90만 원이다.	The rent is 900,000 won.

그 방에 그 가격이라면 싸다고 생각한다.	That's a great price for such a nice place.

초기 비용을 가능한 절약하고 싶다.	I want to hold down the initial costs as low as possible.

* hold down ～＝～을 절약하다   initial cost＝초기 비용

중개 수수료는 한 달 월세만큼이다.	The commission is one month's rent.

* commission＝위탁 수수료

이사 비용이 100만 원 가까이 든다.	It'll cost about a million won for the move.

* move＝이사

16
주
거

방을 월세로 계약했다.	I've signed a monthly lease for the room.
	<div align="right">* monthly 다달이 내는</div>

 집 둘러보기

오늘은 집을 둘러보고 왔다.	I went to check out the inside today.
두 곳을 봤다.	I looked at two places.
볕이 잘 들었다.	It gets a lot of sunshine.
볕이 잘 안 들었다.	It doesn't get much sunshine.
늦은 오후에 햇볕이 너무 강할지도 모른다.	The late afternoon sun might be too bright.
환기가 잘 되었다.	It was well-ventilated.
	<div align="right">* ventilated = 환기된</div>
환기가 잘 안 되었다.	It was poorly ventilated.
수납공간이 많았다.	It had plenty of storage space.
	<div align="right">* storage = 수납</div>
수납공간이 적었다.	It didn't have enough storage space.
주방은 리모델링한 지 얼마 되지 않아서 깨끗했다.	The kitchen was just remodeled and looked really nice.
	<div align="right">* remodel = ~을 리모델링하다</div>
거실이 넓었다.	The living room was spacious.
	<div align="right">* spacious = 널찍한</div>

 집을 둘러보고 나서

꽤 좋은 집이었다.	It was a pretty good place.
생각보다 좋았다.	It was better than I expected.
그야말로 이상적인 집이었다.	It was exactly what I wanted.
좀 허름했다.	It was a little run-down.
	<div align="right">* run-down = 허름한</div>
기대 이하였다.	I was disappointed.
그 집으로 해야겠다.	I'm going to decide on that place.

좀 더 찾아봐야겠다.　　　**I'm going to look a little longer.**

　　　　　　　　　　　　* look = 찾다, 조사하다

좋은 집을 발견해서 다행이다.　　　**I'm glad I found a good place.**

좀처럼 마음에 드는 집을 찾을 수 없다.　　　**It's hard to find the perfect place.**

 임대 계약

부동산 회사에서 계약하고 왔다.　　　**I signed a contract at the real estate office.**　　　* sign a contract = 계약서에 서명하다

담당자가 친절했다.　　　**My agent was really nice.**

　　　　　　　　　　　　* agent = 중개업자

집주인에게 인사를 했다.　　　**I said hi to my landlord.**

　　　* say hi to ～ = ～에게 인사를 하다
　　　landlord = (남자)집주인. 여성의 경우는 landlady

이사가 기대된다.　　　**I can't wait to move.**

　　　　　　　　　　　　* move = 이사하다

주 택 구 입

 집을 알아보다

부동산 회사를 통해 집을 알아봤다.　　　**I looked for a house at a real estate agency.**　　　* real estate agency = 부동산 회사

회사까지 50분 이내로 갈 수 있는 곳에 신축 아파트를 찾자.　　　**I'm going to look for a new apartment within 50 minutes from my workplace.**

좀 더 써서 방 세 개짜리 아파트로 할까?　　　**Maybe I'll spend a little more and get an apartment with three bedrooms.**

55㎡로 2억 5천만 원이다.　　　**It's 250million won for a 55m².**

　　　* m² = square meter(평방미터)

 모델하우스 구경

모델하우스에 갔다.　　　**I went to a model home exhibition.**

　　　　　　　　　　　　* exhibition = 전시

신문에 끼워진 광고의 신축 아파트를 보러 갔다.　　　**I went to see the new apartment I saw in the newspaper insert.**

　　　* insert = (신문 등에)끼워진 광고

L사의 모델하우스를 둘러봤다.	I took a tour of a showroom made by L company.
영업담당자에게 구입 권유를 받았다.	We listened to the sales pitch. * sales pitch = 구입 권유
입지는 완벽하다.	The location is perfect.
주위 환경이 마음에 들었다.	I like the surrounding environment.
내년 2월에 완공 예정이다.	It's scheduled to be completed next February.
신축은 아니지만 신축같이 깨끗하다.	It's a used apartment, but it's just as good as new. * as good as new = 새것처럼
구조와 채광이 너무 좋아서 감동했다.	I really liked the layout and the lighting. * layout = 설계, 배치
넓은 주방에 반했다.	I fell in love with the spacious kitchen.
방음, 단열성이 뛰어난 고기밀성 주택이다.	It's a well-sealed place with nice soundproofing and insulation. * well-sealed = 고기밀성의 soundproofing = 방음성 insulation = 단열성
친환경적이다.	It's really eco-friendly.

구입 주택의 비교와 검토

S사의 아파트가 구조가 좋다.	S Company's apartment has a nicer layout. * condo는 condominium(분양아파트)의 약어
A사의 아파트라면 앞으로 가격이 떨어지지 않을 거야.	Maybe the value of A Company's apartments won't drop in the future.
너무 고급이라서 이건 아닌 듯.	It's a little too luxurious, so maybe it's not for me. * luxurious[럭셔리어스] = 화려한, 호화로운
그렇게 넓지 않아도 되는데...	It doesn't have to be that spacious...
A사의 집은 평당 가격이 너무 비싸다.	A Company's house was too expensive per pyeong. * per ~ = ~당

B사의 집은 좀 싸구려인 듯.	B Company's house was a little too cheap.
내일 견적을 내기로 했다.	I'm going to ask for an estimate tomorrow. * estimate = 견적
부모님과 상의해서 B사 걸로 하기로 결정했다.	I talked with my parents and decided to go with B Company's plan. * go with ~ = ~에 동의하다
나중에 구조를 변경할 걸 생각하면 C사가 좋을지도.	I might want to change the floor plan someday, so I'll go with C Company's plan.
내 맘에 쏙 드는 집이 나올 때까지 느긋하게 기다리자.	I should wait patiently until I find something I really like. * patiently = 참을성 있게

🖊 주택 대출

주말에 대출 상담회에 참가했다.	I went to a housing loan seminar on the weekend.
30년 만기 대출이면 매달 77만원씩 갚는 거다.	I'll be paying back 770,000 won a month for 30 years.
35년 만기로 대출을 받았다.	I took out a 35-year loan. * take out ~ = ~(신청하여 대출 등)을 받다
열심히 해서 15년 만에 갚자.	I'm going to try hard to repay it in 15 years. * repay = ~을 상환하다
보너스도 상환에 쓰는 게 좋을까?	I wonder if I should make bonus payments.
20년 원리 균등으로 대출을 받았다.	I got a 20-year loan with principal and interest equal repayment. * principal = 원금 interest = 이자
계약금으로, 1500만 원 정도 필요하다.	I need to pay a 15 million won deposit. * deposit = 착수금, 보증금
은행에 할부 대출 심사 서류를 전부 제출했다.	I submitted the loan application to the bank. * submit = ~을 제출하다
형에게 보증을 부탁했다.	I asked my brother to cosign the loan. * cosign[코우사인] = ~에 공동 서명하다

16
주
거

할부 대출 심사를 통과하면 좋겠다.	I hope my loan gets approved. * approve = ~을 승인하다
K은행은 '대출 불가' 였다.	I got a rejection notice from K Bank. * rejection = 거부 notice = 통지
심사를 통과했다! 해냈다!	My loan has gotten approved! Great!
대출 부담이 너무 크다.	The loan is a lot of pressure.
생각만 해도 아찔하다.	It makes me shiver just to think about it. * shiver = 떨리다
지금보다 더 많이 벌어야 한다.	I have to make more money from now on.
대출을 갚지 못하면 팔 것이다.	If I can't pay back the loan, I'll just sell the place.
보너스는 전부 주택 대출 상환에 사용해야 한다.	I should put my entire bonus towards paying some of my mortgage in advance. * mortgage[모기지] = 주택 대출

📖 주택 구입의 계약

최종적으로 A사에 계약 의향을 전달했다.	In the end, I told A Company that I was going to go with them. * go with ~ = ~에 동의하다
계약서에 인감을 찍고 왔다.	I put my official seal on the contract. * seal = 인감, 도장
부동산 회사에 계약금으로 200만원을 지불했다.	I gave the real estate agent a 2 million-won deposit.
주민등록증과 인감증명서를 준비해야 한다.	I need to prepare a proof-of-residence document and a seal certificate. * proof-of-residence = 주민등록증 certificate = 증명서
드디어 내 집이 생겼다.	I finally got a house of my own.

집을 짓다

👓 땅 알아보기

먼저 땅부터 알아봐야 한다.	I should find land first.
최소한 50평은 있었으면 좋겠다.	I need at least 50 pyeong.
평당 500만원이면 비싸다.	5 million-won per pyeong is expensive. * per ~ = ~당
이 땅이 평당 400만원이라면 괜찮을 것 같다.	At 4 million won a pyeong, this place looks all right.
땅 70평을 샀다.	I bought a plot of 70 pyeong. * plot = 작은 토지
크기를 볼까, 입지를 볼까, 고민되네.	I don't know if I should go for size or location. * go for ~ = ~을 지지하다
땅을 두 군데 보러 갔다.	I checked out two plots of land.
여기는 암반이라서 지반이 튼튼해서 안심이다.	I'm glad the ground here is really stable since it's bedrock. * stable = 안정된 bedrock = 암반
상업용지라서 주거지로는 부적절할지도 모르겠다.	Since it's a commercial area, it might not be a good place to live.
코너에 있는 좋은 물건을 발견했다.	I found a corner lot with the right terms. * lot = 토지, 부지 terms = 조건
여기라면 L자로 집을 지을 수 있겠다.	Here, I can build an L-shaped house.

🗓 건축 계획

오늘은 건축업자와 미팅을 했다.	I had a meeting with the builders today. * builder = 건축업자
건폐율이 50% 정도다.	The building-to-land ratio is 50%. * building-to-land ratio = 건폐율
건폐율 제한이 없어서 맘대로 사용할 수 있을 것 같다.	Since there's no limit on the building-to-land ratio, it looks like I'll be able to use it however I like.

16
주
거

한옥 스타일이 이상적인데.	A Korean-style house would be ideal. * ideal[아이디얼]=이상적인
1층 집으로 넓게 지을까?	Maybe I should indulge and build a one-story house. * indulge[인덜지]=마음껏 하다 story=층
3층으로 하고 싶지만 연면적이 커진다.	I want to make it three stories, but that would increase the total area. * increase=늘어나다
용적률 200%라면 괜찮을 것 같다.	The 200% floor-area ratio should be fine. * floor-area ratio=용적률
캐나다 스타일도 관심이 간다.	I'm also interested in the Canadian house design.
내화성을 생각해서 철근 콘크리트로 할까?	I'm thinking about reinforced concrete because it's fire resistant. * reinforced concrete=철근 콘크리트 fire resistant=내화성의
목조가 따뜻해서 좋을지도.	It would be nice and warm if it was made out of wood. * made (out) of ~=~로 만들어진
옥상 테라스가 있다면 멋질 것 같아.	It would be great to have a rooftop terrace.
서재는 2층에 만들어야지.	Maybe I should put the study on the second floor. * study=서재 office라고 해도 OK.
다락방을 만들면 손자가 기뻐할 것 같다.	I think my grandchildren would be happy if I had an attic made. * attic=다락방
욕조는 측백나무로 결정.	I've decided to go with a hinoki bathtub. * go with ~=~에 동의하다, ~로 하다
습식 사우나라는 게 있다니 처음 들었어.	I didn't know there's something called a mist sauna bath.

🔒 건축 공사

드디어 기초 공사가 끝났다.	The foundation is finally finished. * foundation=기초, 토대
이제부터 본공사에 들어간다.	Now we're about to start the main construction.

내일은 고사를 지낸다.	We have the ridgepole-raising ceremony tomorrow. * ridgepole = 마룻대
점점 형태가 잡혀간다.	It's gradually starting to take shape. * gradually = 서서히 take shape = 형태가 잡히다
드디어 다음 달에 새집 완성이다!	My new place is finally going to be finished next month!

이사

 이사 준비

4월 29일에 이사하기로 했다.	I've decided to move on April 29.
다섯 번째 이사다.	This is my fifth move.
이사를 자주해서 돈이 없다.	Moving all the time has made me poor.
짐이 적어서 혼자서 할 수 있을 것 같다.	I don't have many things, so I think I can do it myself.
가스, 수도, 전기를 이전해야 한다.	I have to transfer all the utilities to my new place. * utilities = (가스, 수도, 전기를 포함한) 공공 서비스
우편물의 주소 이전을 해야 한다.	I need to have my mail forwarded. * forward = ~을 전송하다
이사한다고 알려야지.	I need to send out a notice that I've moved.
오래 살아 정이 든 집을 떠나는 건 섭섭하다.	It's sad to say good-bye to this place where I've lived so long.
만희는 전학을 해야 하니 안됐다.	Poor Manhee has to transfer to another school. * transfer = ~로 전학가다
친구들과 헤어지는 게 슬플 거야.	I'm sure he's sad that he has to say good-bye to all his friends.

16
주
거

481

이사 비용

A사에 견적을 의뢰했다.
I asked A Company for an estimate.
* estimate = 견적

A사와 B사에 견적을 내어 오라고 했다.
I had A Company and B Company come and give me their estimates.

A사는 85만원, B사는 95만원이었다.
A Company said they could do it for 850,000 won and B Company said 950,000 won.

A사가 더 신뢰가 간다.
I feel A Company is more dependable.
* dependable = 신뢰할 수 있는

A사로 결정했다.
I chose A Company.

짐 싸기

짐은 우리가 직접 싸려고 한다.
We're trying to do our own packing.

짐이 전부 70박스 정도다!
We've got 70 boxes of stuff to move.
* stuff = 짐

짐이 너무 많다.
That's too much stuff.

이걸 계기로 짐을 줄여야겠다.
I should take this opportunity to get rid of some of my stuff.
* get rid of ~ = ~을 처분하다

지금부터 조금씩 짐을 싸야겠다.
I'm going to do the packing little by little starting now.
* little by little = 조금씩

전부 이삿짐센터에 맡기려고 한다.
I'm going to have the movers take care of everything.
* mover = 이삿짐 센터

짐 싸기도 쉽지 않다.
Packing isn't so easy.

남편이 짐 싸는 걸 더 도와주면 좋으련만.
I wish my husband would help more with the packing.

이사 당일

9시 경에 이삿짐센터에서 왔다.
The movers came at around 9:00.

초저녁에 이사가 끝났다.
We finished moving in the early evening.

과연 전문가였다! 효율적으로 일했다.	The movers were great! They were really efficient. * efficient＝효율적인
이사할 집은 계단이라서 이삿짐센터 직원들이 힘든 것 같았다.	We had to climb the stairs to my new place, so it was hard for them. * climb[클라임]
짐 나르는 것을 도왔다.	I helped carry things.

짐 정리

새 집은 박스로 가득하다.	My new place is full of cardboard boxes. * cardboard box＝판지 상자
짐 풀기도 힘들다.	Unpacking is a pain. * unpacking＝짐 풀기　a pain＝귀찮고 싫은 일
책을 전부 책장에 넣었다.	I put all the books in the bookshelf.
식기를 찬장에 정리했다.	I put away all the dishes in the cupboard. * put away ～＝～을 정리하다
세탁기를 설치했다.	I set up the washing machine.
옷을 옷장에 넣었다.	I put the clothes in the closet.
어느 상자에 뭐가 들어있는지 생각이 안 난다.	I don't remember what I put in each box.
전혀 정리가 안 돼서 짜증이 난다!	It's taking forever to organize my room. What a pain!

16
주
거

주거에 대해
영어일기를 써 보자

 집을 찾자

> I have too many things and my
> apartment is too small for them. I
> need a bigger place. OK, I'll go see
> a real estate agent tomorrow.

 해석

짐은 너무 많고 집은 너무 작다. 더 큰 집이 필요하다. 그래, 내일 부동산에 가 보자.

포인트 '짐이 너무 많다'는 have too much stuff 라고도 표현할 수 있습니다. thing 은 셀 수 있는 명사, stuff 는 셀 수 없는 명사입니다. '집'은 아파트이라면 apartment 로 표현하지만 place 라고 해도 됩니다. narrow 는 '(도로 등이) 가늘고 길다'는 의미.

 욕실을 리모델링했다

> We remodeled our bathroom. A
> bigger bathtub, a tiled floor and
> walls... It looks totally different.
> We love it!

 해석

욕실을 리모델링했다. 큰 욕조에 타일로 마감한 벽과 바닥…분위기가 완전히 바뀌었다. 너무 좋다!

포인트 '~(집)을 리모델링하다'는 remodel 로 표현합니다. reform 은 '~을 혁신하다, ~으로 마음을 고치다'라는 의미이므로 주의합니다. '분위기가 확 바뀌었다'는 '이전과는 전혀 다르게 보인다'는 의미로 It looks totally different. 라고 하면 됩니다.

 ## 내 집을 장만하기로 다짐

We've decided to buy a house! We want a new house if we can afford one. If not, a used one is OK. We're really excited to own a house in the near future!

해석

내 집 장만을 하기로 했다! 금전적으로 가능하다면 신축이 좋지만 어렵다면 기존 집이라도 상관없다. 가까운 미래에 내 집을 마련할 수 있다니, 너무 설렌다!

포인트 '내 집'은 그냥 a house, a home 이라고 해도 됩니다. 명확하게 표현하고 싶다면 a house of one's own(~소유의 집)이라고 합니다. can afford ~는 '(금전적으로, 시간적으로) ~의 여유가 있다'는 의미로, '~'에 to ~(동사원형)을 넣으면 '~할 여유가 있다'는 뜻.

 ## 집 분위기를 바꾸다

I rearranged my room for a change. I wiped the windows and furniture, too. It feels really refreshing! Maybe I should change the curtains as well.

해석

기분 전환을 위해 집 인테리어를 바꿨다. 창문과 가구도 깨끗하게 닦아서 기분이 상쾌하다! 커튼도 바꾸자.

16
주
거

포인트 '집 인테리어를 바꾸다'는 rearrange my room 이나 redecorate my room 이라고 합니다. '기분 전환으로'는 for change, '기분이 상쾌하다'는 refreshing, '덤으로'는 딱 떨어지는 영어가 없으므로 as well(그 이상, ~도)로 표현하면 됩니다.

485

17 먹다·마시다

먹다

먹거리 관련 단어

햄버그 스테이크	hamburger steak		
스파게티	spaghetti		
카르보나라	carbonara	파전	Korean pizza
페페로치노	peperoncino	전골	hot pot
피자	pizza	소고기 덮밥	beef bowl
빠에야	paella	두부	tofu
부야베스	bouillabaisse	군만두	potsticker
그라탕	gratin	춘권	spring roll
고로케	croquette [크로켓]	마파두부	mabo-dofu
오무라이스	rice omelet	후이궈러우	twice cooked pork
롤 캐비지	stuffed cabbage	팟타이	pad thai
새우튀김	fried shrimp	포	pho
로스트비프	roast beef	톰양꿍	tom yam kung
스튜	stew	라면	ramen noodles
카레라이스	curry and rice	볶음 우동	fried noodles
밥	rice	빵	bread
현미	brown rice	식빵 1 덩어리	a loaf of bread
볶음밥	fried rice	토스트	toast
떡	rice cake	패스트리	pastry
된장국	miso soup	바게트	baguette
낫토	natto	크로와상	croissant
피클	pickles	샌드위치	sandwich
생선구이	grilled fish	베이글	bagel
장어구이	broiled eel	단팥빵	bread with bean paste
닭튀김	fried chicken	카레빵	bread with curry
삶은 고기와 감자	stewed meat and potatoes		

486

식욕 (→ p. 232 「식욕이 있다 · 없다」를 참조)

 배가 부르다 · 배가 고프다

배고 고프다.	I was starving.
배가 고파서 죽을 것 같다.	I was starved to death.
그다지 배가 안 고팠다.	I wasn't too hungry.
배가 불렀었다.	I was full.

* '지금 배가 부르다'라면 I'm full로.

배가 터질 것 같다.	My stomach felt like it was about to burst.

* burst = 파열하다

배가 불렀다.	I was stuffed.

* stuffed = 가득찼다

적당히 먹는 게 최고다.	Eating moderately is the best.

* moderately = 적당히

'디저트 배는 따로 있다'더니 진짜네.	It's really true that you always have room for dessert.

* room = 여유, 여지

먹었다

너무 많이 먹었다.	I ate too much.
너무 먹어서 움직일 수가 없었다.	I ate too much and couldn't move.
조금만 먹었다.	I only ate a little.
배터지게 먹었다.	I ate my fill.

* eat one's fill = 배터지게 먹다

한 입도 먹을 수 없었다.	I wasn't able to have another bite.

* bite = 한 입

영양 균형

영양 불균형인 것 같다.	My diet is out of balance.

* diet = 식생활, 식습관

영양 균형에 신경을 쓰자.	I need to be careful to have a balanced diet.
영양 균형이 잘 맞는 점심이었다.	I had a well-balanced lunch.

17 먹다 · 마시다

오늘 저녁은 완벽하게 균형잡힌 식사다.	Tonight's dinner is a perfectly balanced meal.
채소가 부족하다.	I'm not getting enough veggies.
	* veggies = vegetables(채소)
채소만 먹을 게 아니라 고기도 먹어야지.	I need to eat meat, not just vegetables.
빈혈이 좀 있으니 시금치를 먹는게 좋겠다.	I have slight anemia, so I'd better eat spinach.
	* slight = 약간 anemia[아니미아] = 빈혈
비타민 부족이다.	I don't get enough vitamins.
	* vitamin[바이타민]
칼로리를 너무 섭취한 것 같다.	I might have eaten too many calories.

🔒 먹거리의 호불호와 알레르기

태국 요리가 너무 좋다.	I love Thai food.
남편은 라면을 너무 좋아한다.	My husband loves ramyeon noodles more than anything.
아이들은 토마토를 싫어한다.	The kids don't like tomatoes.
샐러리만은 도저히 먹을 수 없다.	Celery is one thing I can't eat.
돼지고기가 들어 있어서 먹을 수 없었다.	It had pork in it, so I couldn't eat it.
음식에 대한 호불호가 바뀌었다.	My likes and dislikes about food are changing. * likes and dislikes = 호불호
요즘 고기를 먹으면 위가 부담스럽게 느껴진다.	Meat feels really heavy in my stomach these days.
나이가 들어서 그런 것 같다.	Maybe it's because I'm getting old.
그녀는 편식이 심하다.	She's really picky about food.
	* picky = (먹거리의) 호불호가 있다
우리 집 아이는 편식이 심하지 않아 다행이다.	I'm glad my kids aren't too picky.
미현이는 유제품 알레르기가 있다.	Mihyun is allergic to dairy products.
	* allergic[알러직] to ~ = ~에 알레르기가 있다
소바를 먹으면 두드러기가 생긴다.	I get a rash when I eat soba.
	* rash = 습진, 두드러기

외식

 레스토랑 예약

토요일 저녁 7 시 2 명으로 예약했다.	I booked a table for two at 7:00 on Saturday evening. * book = ~을 예약하다
이번 주 토요일은 꽉 차서 다음 주 토요일로 예약했다.	This Saturday was full, so I made a reservation for next Saturday. * full = 만석으로
3 개월 후까지 예약이 끝났다. 놀랍다!	They're booked for the next three months. What a surprise!
창가 쪽 좌석을 예약했다.	I reserved a table by the window. * reserve = ~을 예약하다
개인실로 예약했다.	I reserved a private room.
4만원 코스로 했다.	We ordered 40,000-won full-course meals.

외식하기

주말에는 외식이라도 할까.	Maybe I'll eat out on the weekend. * eat out = 외식하다
오랜만에 외식을 했다.	It was the first time I had eaten out in a long time.
잡지에 소개된 레스토랑에 가 봤다.	I went to one of the restaurants I saw in a magazine.
용태 씨와 이탈리안 레스토랑에 갔다.	I went to an Italian restaurant with Mr. Yongtae.
태식 씨가 고급 레스토랑에 데리고 갔다.	Taesik took me to an upscale restaurant. * upscale = 고급의
우연히 발견한 라면집에서 먹었다.	I ate at a ramyeon shop I passed by. * pass by = 옆을 지나가다
요즘 외식을 자주 해. 안 좋은데.	I've been eating out too often lately, and that's not good.
외식을 많이 해서 몸무게가 늘었다.	I've gained weight from eating out so much. * gain weight = 몸무게가 늘다

음식점에서

분위기 좋은 레스토랑이었다.	The restaurant had a nice atmosphere.

*atmosphere[앳모스피어] = 분위기

과연 미슐랭 별 2개 레스토랑이군.	It is indeed a two-Michelin-star restaurant.

*indeed = 정말로, 확실히

캐주얼한 레스토랑이었다.	It was a casual restaurant.
기다리지 않고 들어갔다.	We got a table without waiting.
30분이나 기다렸다.	We had to stand in line for 30 minutes.

*stand in line = 줄을 서다

복잡해서 다른 가게로 갔다.	It was crowded, so we went to another restaurant.
TV에 소개되어 인기를 얻었다고 한다.	It was featured on a TV show and became really popular.

*feature = ~을 특집으로 다루다

금연석으로 부탁했다.	We asked for a non-smoking table.
테라스석에 앉았다.	We sat on the terrace.
점원에게 추천요리를 물었다.	We asked the waiter what they recommend.

*점원이 여성이라면 waiter를 waitress로

그와 같은 걸로 주문했다.	I ordered the same thing he ordered.
남은 음식을 가져왔다.	I took home the leftovers.

*leftovers = 남은 음식

 계산

12만원이었다.	The bill was 120,000 won.

*bill = 계산서

서비스료가 포함되었다.	It included a tip.

*tip = 팁

가격 대비 꽤 괜찮다고 생각한다.	That price for that food is a pretty good deal.

*good deal = 좋은 거래

괜찮은 세트였다.	It was a great combo meal.

비쌌는데, 양은 적었다.	It was expensive, but the portions were small. * portion = (음식)1인분
비쌌는데, 맛은 보통이었다.	It was expensive, but the taste was average. * average = 평균적인
계산이 잘못되었다. 큰일날 뻔했다!	The bill was wrong. That was close! * close = 아슬아슬한

 쿠폰

쿠폰 덕분에 계산할 때 10% 할인을 받았다.	I got 10% off with a coupon.
쿠폰 덕분에 처음 한 잔이 무료였다.	I had a coupon, so the first drink was free.
쿠폰 덕에 햄버거가 천원이 되었다.	I bought a hamburger for 1,000 won with a coupon.
다음에 2천원 할인 쿠폰을 받았다.	I got a coupon for 2,000 won off the next time I go there.
쿠폰을 가지고 가는 걸 잊어버렸다.	I forgot to bring the coupon.
스탬프가 적립되어서 음료수가 1잔 무료였다.	I saved up some stamps, so I got a free drink. * save up ~ = ~을 적립하다

 양식

카르보나라를 먹었다.	I had spaghetti carbonara.
전채, 수프, 메인 요리를 1개씩 골랐다.	We chose an appetizer, a soup and a main dish. * appetizer = 전채
단품으로 주문했다.	I ordered à la carte. * à la carte = 단품으로
샐러드와 단호박 수프를 주문했다.	I ordered a salad and pumpkin soup.
부야베스를 나눠 먹었다.	We shared a bouillabaisse.
식사 후에 디저트를 주문했다.	After the meal, I ordered a dessert.
커피를 두 잔 주문했다.	We ordered two coffees. * two coffees = two cups of coffee

491

일식

| 오늘의 추천 정식을 주문했다. | I ordered the recommended combo meal of the day. |

| 꽁치 정식을 주문했다. | I had a saury combo meal. |

*saury＝꽁치

| 밥은 곱빼기로 주문했다. | I had a large serving of rice. |

*serving＝1인분, '적은 양'이라면 small serving

| 김치 우동을 먹었다. | I had a kimchi udon. |

| 금방 튀긴 튀김은 최고로 맛있다. | The crispy tempura was the best. |

*crispy＝바삭거리는

| 참치뱃살이 입 안에서 녹는다! | The fatty tuna melted in my mouth! |

*fatty＝기름기가 많은 melt＝녹다

| 일본 요리는 건강에 좋다. | Japanese food is really healthy. |

| 오코노미야키가 철판 위에서 지글지글 소리를 내며 익고 있었다. | The okonomiyaki was sizzling on the iron plate. |

*sizzle＝지글지글 소리를 내다

| 식사 후에 녹차를 마셨다. | After eating, I had Green tea. |

아시아 요리

| 만두피가 바삭거리고 맛있었다. | The skins for the potstickers were nice and crispy. |

| 맵지 않은 마파두부는 마파두부가 아니다! | If mabo-dofu isn't spicy, it isn't mabo-dofu! |

| 코리앤더는 역시 못 먹겠어. | I really don't like coriander. |

*coriander＝코리앤더, 시앙차이

| 톰양쿵은 아무리 먹어도 안 질린다. | I never get tired of tom yam kung. |

*get tired of ～＝～에 질리다

| 기간 한정 인도 카레를 먹었다. | I had the limited-time-only Indian curry. |

| 카레랑 난 둘 다 맛있었다. | Both the curry and the naan were good. |

| 정말 맵다. | It was really spicy. |

| 생각보다 매웠다. | It was hotter than I thought. |

베트남 요리는 건강에 좋아서 좋아한다.
Vietnamese food is so healthy. I love it.

 라면

포장마차에서 라면을 먹었다.
I ate at a ramen stall.

면이 쫄깃쫄깃하다.
The noodles were nice and chewy.

* chewy = (면 등이) 쫄깃쫄깃한

수프가 아주 맛있다.
The soup was really flavorful.

* flavorful = 풍미가 있는

수프 맛이 진했다.
The soup was really rich.

토핑으로 달걀을 올렸다.
I got an egg on top.

토핑을 전부 다 올렸다.
I got all the toppings.

오늘의 런치를 주문했다.
I ordered the lunch-of-the-day.

지수는 어린이 세트를 먹었다.
Jisoo had the kid's plate.

패밀리 레스토랑

초콜릿 파르페를 먹었다.
I had a chocolate parfait.

드링크바를 2인분 주문했다.
We ordered self-serve soft drinks for two.

* self-serve = 셀프 서비스 방식의

꽤 오래 앉아 있었다.
We stayed there for a long time.

패스트푸드

점심은 롯데리아에서 먹었다.
I had lunch at Lotteria.

패스트푸드점에서 점심을 때웠다.
I had a quick lunch at a fast-food restaurant.

테이크아웃을 했다.
I took it home.

식당 안에서 먹었다.
We ate in the restaurant.

치즈버거와 감자튀김 세트를 주문했다.
I ordered a cheese burger with French fries.

* 감자튀김은 fries라고 하는 경우가 많다.

음료수는 콜라로 했다.
I had a Coke.

새로 나온 연어 버거가 맛있을 것 같다.	The new salmon burger looked really delicious.
다음엔 저걸로 먹어 보자.	I'll try it next time.
감자튀김은 가끔 이유 없이 먹고 싶어진다.	Sometimes, I just crave for French fries. * crave for ~ = 이유없이 ~를 원하다
패스트푸드만 먹으면 몸에 안 좋아.	I know fast food every day isn't good for me.
드라이브 스루에서 햄버거와 감자튀김을 샀다.	I got a hamburger and French fries at a drive-through.

배달음식

피자를 주문했다.	I ordered a pizza.
나폴리 피자 M 사이즈를 하나 주문했다.	I ordered a medium-sized Napoli pizza.
토핑으로 콘을 추가했다.	I had corn topping.
30 분 이내에 배달이 왔다.	They delivered it within 30 minutes.
두 시간이나 기다렸다.	I waited for two hours.
족발과 감자탕을 주문했다.	I ordered pork hocks and potato stew with pork.
일식 도시락을 3 인분 주문했다.	I ordered Japanese lunches for three people.
요즘은 인터넷으로 배달 주문해서 편리하다.	You can order delivery on the Internet, so it's really convenient now.

도시락·반찬

도시락을 사서 집에 왔다.	I bought a boxed meal before going home.

오늘도 편의점 도시락이다.	I had a convenience-store dosirak. today again.
그 가게의 도시락은 꽤 괜찮다.	Their dosirak are pretty good.
백화점에서 반찬을 샀다.	I got some ready-to-eat food from the department store deli.

*deli＝delicatessendml 약어

| 반찬이 모두 반값이다. | All the ready-made dishes were at half price. |

*ready-made＝미리 만든

| 집에서 만드는 것보다 도시락을 사는 편이 쌀지도. | It might be cheaper to buy a bento than to cook at home. |

디저트·카페

디저트 관련 단어

쇼트케이크	shortcake		
쵸코케이크	chocolate cake	애플파이	apple pie
치즈케이크	cheesecake	타르트	tart
레어 치즈케이크	rare cheesecake	마들렌	madeleine
시폰케이크	chiffon cake / tube cake	쿠키	cookie
		슈크림	cream puff
롤케이크	roll cake / Swiss roll	젤리	jelly / Jell-o
몽블랑	Mont Blanc	푸딩	pudding

음료수 관련 단어

핫	hot		
아이스	iced		
커피	coffee	레몬티	tea with lemon
아메리카노	café Americano	우롱차	oolong tea
아이스 커피	iced coffee	녹차	green tea
에스프레소	espresso	탄산음료	pop / soda / soda pop
카페오레	café au lait		
카페라떼	café latte	콜라	cola / Coke
카푸치노	cappuccino	진저에일	ginger ale
홍차	tea	오렌지주스	orange juice / OJ
밀크티	tea with milk	사과주스	apple juice

케이크 세트를 주문했다.	I ordered a cake set.
오늘의 케이크는 가토 쇼콜라 였다.	The cake of the day was gateau chocolat.
케이크가 다 맛있어 보였다.	All the cake looked really good.
어떤 케이크로 할지 좀처럼 결정할 수 없었다.	I had a hard time deciding what cake I wanted.
시폰 케이크가 너무 맛있었다.	The chiffon cake was so good.
라테 아트가 귀여웠다.	The latte cream art was really cute.
기간 한정의 유자 스쿼시를 마셨다.	I had the limited-time yuzu squash.

간식·과자

간식·과자 관련 단어

스낵	snacks			
포테이토칩	potato chips			
크레페	crape		젤리	jelly / Jell-o
크래커	cracker		아이스크림	ice cream
초콜릿	chocolate		셔벗	sherbet
쿠키	cookie		슈크림	cream puff
껌	gum		롤케익	roll cake / Swiss roll
사탕	candy		에클레르	é clair
캐러멜	caramel candy		만쥬	steamed bean-jam bun
푸딩	pudding			
요거트	yogurt [요거트]			

간식으로 푸딩을 먹었다.	I had pudding for a snack.
아~, 간식으로 케이크를 2 개나 먹어 버렸다!	Oh no, I had two pieces of cake for a snack!
코지 코너의 슈크림은 커서 너무 좋다.	Cozy Corner's cream puffs are big. I love them. * cream puff = 슈크림
그 가게의 에클레르는 최고다!	That place has the best é clair!

| 역 앞에 생긴 케이크 가게의 몽블랑은 의외로 맛있었다. | The Mont Blanc at the new pastry shop near the station was surprisingly good. |

| 감자칩을 반 봉지나 먹었다. | I ate half a bag of potato chips. |

| 편의점에서 새로 나온 초콜릿을 발견했다. | I found a new kind of chocolate at the convenience store. |

| 편의점의 롤 케이크가 엄청 맛있었다. | The convenience store roll cake was delicious. |

* 「롤케이크」는 Swiss roll이라고도 한다.

| 최근에는 편의점 디저트도 맛있다. | The desserts at convenience stores these days are like those made by pastry chefs. |

| 과자를 한꺼번에 너무 많이 먹어 버렸다. | I binged on snacks. |

* binge[빈지] on ~ = ~을 한꺼번에 너무 많이 먹다

| 참지 못하고 한밤중에 과자를 먹어 버렸다. | I couldn't help eating snacks in the middle of the night. |

* can't help -ing = ~하지 않고는 있을 수 없다

요리하다

요리 방법 관련 단어

~ (요리)를 내다	serve ~
~ (요리)를 만들다	cook ~ / fix ~
~을 썰다, 자르다	cut ~
~을 각썰기 하다	dice ~
~을 잘게 썰다	chop ~
~을 채치다	shred ~
~을 납작썰기하다	cut ~ into rectangles
~의 껍질을 까다	peel ~
~ (무 등)을 갈다	grate ~
~을 끓이다	boil ~
~을 보글보글 졸이다	simmer ~
~을 굽다, 볶다	fry ~
~을 튀기다	deep-fry ~
~을 찌다	steam ~

~을 (직화로)굽다	broil ~
~을 (석쇠로)굽다	grill ~
~ (빵 등)을 굽다	bake ~
~와 …을 섞다	mix ~ and …
~을 거품내다	whip ~
~을 식히다	cool ~
~을 냉동하다	freeze ~
~을 해동하다	thaw [소—] ~
~을 …로 싸다	wrap ~ in …
~을 전자레인지에 돌리다	microwave ~

직접 요리하기

좀 더 자주 직접 요리해야 해.	I need to cook for myself a little more often.
이번 주에는 매일 밤 요리를 했다.	I cooked for myself every night this week.
집에 돌아와서 서둘러서 저녁밥을 지었다.	After getting home, I hurried and cooked dinner.
직접 요리를 만들어 먹었더니 2kg 빠졌다.	I lost 2kg after I started to eat at home.
달걀 프라이가 잘 됐다.	I fried the egg just right.
가족들 반응도 좋았다.	My family really liked it.
불고기를 너무 많이 했다.	I made too much bulgogi.
그라탕이 그다지 맛있지 않았다.	My gratin wasn't that good.
어딘가에서 실수가 있었던 모양이다.	I guess I made a mistake somewhere.
엄마가 해준 음식이 먹고 싶다.	I miss my mom's cooking.
미나의 요리는 정말 맛있다.	Mina is a great cook.
그는 내가 직접 만든 것은 뭐든지 먹어 준다.	He eats just about anything I cook for him. * just about = (강조해서)거의 다
남편과 같이 요리하면 즐겁다.	It's really fun to cook with my husband.

레시피

이혜정 씨의 요리책을 샀다.	I bought a recipe book by Lee Hyejung.
인터넷으로 레시피를 검색했다.	I looked for a recipe on the Internet.
간단한데 제대로 된 맛이다.	It was simple and easy, but it tasted like a pro made it. * pro = professional

잘 만드는 요리가 늘었다.

The number of dishes I can cook well has increased.

과자 만들기

쿠키를 구웠다.

I baked some cookies.

레어 치즈 케이크에 도전했다.

I tried making rare cheesecake.

섞어서 굽기만 하면 되는 간단 레시피.

It was an easy recipe — just stir and bake.
* stir[스터] = 섞다, 휘젓다

상희의 생일 케이크를 구웠다.

I baked a birthday cake for Sanghee.

간식은 직접 만드는 게 제일 좋다.

Homemade snacks are the best.

소박하면서 맛있었다.

It had a nice and simple flavor.

그에게 '파는 거 같다고' 칭찬받았다.

He said it tasted like something you would get at a pastry shop.
* pastry shop = 제과점

약간 탔다.

It was a little overcooked.
* overcooked = 너무 구운, 탄

딱딱해졌다.

It got hard.

덜 익었다.

It was half-baked.

푸석푸석해졌다.

It was all dried out.

스펀지케이크가 잘 부풀지 않았다. 왜지?

The sponge cake didn't rise like it's supposed to. How come?
* rise = 부풀다

빵 만들기

빵 만들기에 도전했다.

I tried my hand at making bread.
* try one's hand at ~ = ~에 도전하다

롤빵을 구웠다.

I baked some rolls.

천연효모 빵을 구웠다.

I baked bread using natural yeast.
* yeast[이스트] = 효모

금방 구운 빵은 정말 맛있다!

Hot and fresh home-baked bread tastes so good!

그다지 부풀지 않았다.

It didn't rise very much.

일차 효모가 부족했나 보다.	Maybe the first fermentation wasn't enough. * fermentation = 발효
빵 만들기는 어렵다.	It's not easy to make bread.
가정용 제빵기로 빵을 구웠다.	I baked bread using a bread-baking machine. * 제빵기는 bread maker이나 bread machine이라고도 한다.
재료를 넣어서 버튼만 누르면 맛있는 빵을 만들 수 있다.	All I need to do to make good bread is put in the ingredients and press the start button. * ingredient = 재료

술

술 관련 단어

맥주	beer
크래프트 맥주	craft beer
정종	sake / rice wine
소주	soju
레드와인	red wine
화이트와인	white wine
스파클링 와인	sparkling wine
보르도와인	Bordeaux wine
샤도네이	Chardonnay
샴페인	champagne
소주	shochu / distilled spirit
보드카	vodka
럼	rum
막걸리	makkoli
칵테일	cocktail
하이볼	highball
물 탄 위스키	whiskey and water
온더락	on the rocks
모스크바 뮬	Moscow mule
블러디메리	bloody Mary

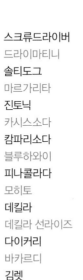

스크류드라이버	screwdriver
드라이마티니	dry martini
솔티도그	salty dog
마르가리타	margarita
진토닉	gin and tonic
카시스소다	cassis soda
캄파리소다	Campari soda
블루하와이	blue Hawaii
피나콜라다	pina colada
모히토	mojito
데킬라	tequila
데킬라 선라이즈	tequila sunrise
다이커리	daiquiri
바카르디	Bacardi
김렛	gimlet
무알코올의	non-alcoholic

마시러 가다

일을 마치고 경수와 한 잔 하러 갔다.
I went for a drink with Kyeongsoo after work.
* go for a drink = 술을 마시러 가다

요즘은 술을 마시지 않는다.
I haven't been out for a drink lately.

술을 마셔서 대리 운전을 불렀다.
I had some drinks, so I asked for a designated driver.
* designated driver = 대리 운전

취하다

오늘은 바로 취기가 돌았다.
I got drunk pretty quickly today.

공복에 마셔서 그런가?
Maybe it was because I drank on an empty stomach.

그녀는 진짜 술에 강하다.
She can really hold her alcohol.
* hold one's alcohol = ~(사람)이 술에 강하다

난 술에 약하다.
I can't handle much alcohol.
* handle = ~을 취급하다

오늘밤은 취했다.
I got drunk tonight.

취해서 기분이 나빠졌다.
I got drunk and felt awful.
* awful = 심한

내일은 분명 숙취다.
I bet I'll have a hangover tomorrow.
* I bet ~ = ~임에 틀림없다   hangover = 숙취

그는 주사가 심하다.
He's a nasty drunk.
* nasty drunk = 주사가 나쁜 사람

남편에게 술 냄새가 났다!
My husband reeked of alcohol!
* reek of ~ = ~의 싫은 냄새가 나다

남편이 술이 떡이 되어서 돌아왔다.
My husband came home dead drunk.
* dead drunk = 고주망태가 된

요즘에 술을 너무 마셨어.
I've been drinking too much lately.

술은 일주일에 두 번만 마시자.
I'm not going to drink more than twice a week.

맥주 · 발포주(저맥아 맥주)

일단 맥주를 주문했다.
We ordered beers to start off with.
* start off with ~ = ~부터 시작하다

맥주에는 치킨이 제일 잘 맞아!
Fried Chicken goes great with beer.
* go great with ~ = ~와 잘 맞다

501

역시 생맥주가 최고야!	Draft beer is the best of all!
크래프트 맥주를 마셨다.	I had a craft beer.
집에서 캔맥주를 마셨다.	I had canned beer at home.
최근에는 저맥아맥주만 마셨다.	I've been drinking only low-malt beer lately.
무알코올 맥주를 주문했다.	I ordered a nab.
	* nab는 non-alcholic beer의 약어
요즘 나오는 무알코올 맥주는 맛도 좋다.	Recent nabs taste pretty good.

 와인

레드와인을 먹었다.	I had red wine.
추천 와인을 물었다.	I asked them to recommend a wine.
레드와인을 글래스로 두 잔 마셨다.	I had two glasses of red wine.
화이트 와인으로 했다.	I had white wine.
식전에 스파클링 와인을 마셨다.	I had some sparkling wine before eating.
칠레 와인을 마셨다.	I had Chilean wine. * Chilean = 칠레의
여러 가지를 마셔봤지만 와인은 역시 보르도가 최고다.	I've tried various wines, and I definitely like Bordeaux the best.
	* definitely = 결론적으로
프루티라서 맛있었다.	It was nice and fruity.
단맛이 너무 강하다	It was a little too sweet.
상큼한 맛이었다.	It had a refreshing taste.
두 병을 마셨다.	We drank two bottles.
내일은 보졸레 누보가 판매되는 날이다!	Beaujolais Nouveau goes on sale tomorrow! * go on sale = 판매되다

정종 · 소주

사케를 한 잔 마셨다.

I had one cup of sake.

꽤 드라이한 술이었다.

The sake was really dry.

단 맛으로 마시기 쉬운 술이었다.

The sake had a mild sweet flavor and it was easy to drink.

뒷 맛이 깔끔한 술이었다.

The sake left a clean aftertaste.

* clean = 순수한, 이물질이 없는

지훈이와 소주 세 병을 마셨다.

I drank three bottles of soju with Jihoon.

 기타 주류

매실주를 소다와 섞어서 마셨다.

I had plum wine with soda.

위스키를 록으로 마셨다.

I had whiskey on the rocks.

 이자카야 · 바

다 같이 이자카야에 갔다.

We all went to an izakaya.

오래된 전통 스타일의 바에 갔다.

We went to a bar that looked like an old Korean-style house.

호텔 바는 처음으로 갔다.

It was my first time to drink at a hotel bar.

오리지널 칵테일이 많이 있었다.

They had a lot of original cocktails.

야경이 멋진 바였다.

The bar had a beautiful night view.

바텐더의 솜씨가 멋졌다.

The bartender's tricks were amazing.

* trick = 기술

음료수가 전부 50% 할인이었다.

All drinks were half price.

안주를 몇 개 주문했다.

I ordered a couple of snacks.

15,000원 음료 무한대 코스로 했다.

We got the all-you-can-drink course for 15,000 won.

* all-you-can-drink = 무한대로 마실 수 있는

먹기·마시기에 대해
영어일기를 써 보자

 이대로 가다간 뚱뚱해질 거야...

> I've been eating too many snacks
> lately. I'd better stop it, or I'm
> going to get fat for sure...

해석

요즘 스낵을 너무 많이 먹었어. 그만두지 않으면 분명 뚱뚱해질 거야.

포인트 '과자를 먹다'는 eat snacks 또는 eat snack foods. 요즘 계속되고 있는 상태라면 I've been eating 처럼 현재완료진행형으로 표현합니다. 두 번째 문장의 or ~ 은 '하지 않으면 ~, 그렇지 않으면 ~'이라는 의미. '확실히'는 for sure 로 표현합니다.

 금방 구운 빵이 제일 맛있다!

> I got a bread-making machine today
> and tried baking bread right away.
> It tasted so good! I'll bake bread
> for breakfast from now on.

해석

오늘 가정용 제빵기를 얻었다. 당장 빵을 구워 봤다. 너무 맛있다! 앞으로 아침밥은 금방 구운 빵으로 해야지.

포인트 제빵기는 bread-making machine, '당장'은 right away(바로) 로 뉘앙스를 표현해 봤습니다. '앞으로'가 '향후 계속'을 의미한다면 from now on. '지금부터 공부한다'라면 now 만으로도 괜찮습니다.

익숙하지 않은 고급 레스토랑

Yongshik took me to an upscale! restaurant. Everything was delicious, but I guess I feel more comfortable in casual restaurants.

 해석

용식 씨가 고급 레스토랑에 데려갔다. 다 맛있었지만 캐주얼한 레스토랑이 편해서 더 좋다.

포인트 upscaled 은 '상류층을 위한, 고급 지향적인'. '맛있다'는 delicious 로 표현하고 더 강조하고 싶을 때는 really 나 so를 추가합니다. very delicious라고 하지 않는 점에 주의합니다. I guess 뒤에는 casual restaurants are just fine with me 라고 해도 됩니다.

욕심을 부리고 마는 뷔페

We went to an all-you-can-eat restaurant. We were already full, but we went back to get some more just to get our money's worth. We're so greedy.

 해석

가족과 함께 뷔페에 갔다. 배가 불렀지만 돈 생각이 나서 더 먹었다. 우리 가족들은 걸신이 들렸나 보다.

포인트 '뷔페'는 all-you-can-eat, '음료수를 맘대로 먹을 수 있는 코스'라면 all-you-can-drink 라고 표현합니다. '돈 생각이 나다'는 get one's money's worth ~ (~가 지불한 만큼의 가치를 얻다). '걸신이 들리다'는 greedy가 딱 어울립니다. '탐욕스러운'이라는 뜻.

18 보다·읽다·듣다

영화

외국영화	foreign movie	픽션	fiction
한국영화	Korean movie	논픽션	nonfiction
액션영화	action movie	다큐멘터리	documentary
로맨틱 영화	love story	뮤지컬	musical
서스펜스	suspense	애니메이션	cartoon / anime
호러	horror	괴수영화	monster movie
SF	science fiction	서부극	Western movie
코미디	comedy	더빙	dubbed
전쟁영화	war movie	자막	subtitled

 영화관에 가다

영화관에서 '베테랑'을 봤다.	I saw "Veteran" at the movie theater.
혼자서 영화 보러 갔다.	I went to the movies by myself. * go to the movies = 영화를 보러 가다
여자친구와 영화를 보러 갔다.	My girlfriend and I went to see a movie.
티켓숍에서 사전 판매 티켓을 싸게 살 수 있었다.	I bought a cheap advance ticket at a ticket shop. * advance ticket = 사전 판매 티켓
미리 좌석을 예약하고 갔다.	I reserved my seat in advance. * in advance = 사전에, 미리
오늘은 레이디스 데이라서 7천원이었다. 앗싸!	It was ladies' day, so it was just 7,000 won. Lucky me!
뒤쪽에 앉았다.	I sat in the back.

영화관은 엄청 복잡했다.

The movie theater was packed.
* packed = 꽉 찬, 만원의

영화관에 사람이 별로 없었다.

The movie theater wasn't crowded.

서서 보는 사람도 있었다.

Some people had to stand.

역시 영화관에서는 팝콘과 콜라를 먹어야지.

You can't watch a movie at a theater without popcorn and a cola.
* cola = 콜라

그 영화관은 음향이 좋다.

That theater has great acoustics.
* acoustics = 음향 효과

역시 큰 화면이 임팩트가 있어서 좋다.

Watching it on a big screen gives it more of an impact. * impact = 충격, 영향, 효과

처음으로 3D 영화를 봤다.

I saw a movie in 3D for the first time.

화면이 튀어나와서 짜릿했다!

It was really impressive the way the images jump out at you!
* impressive = 멋진

안경이 불편했다.

The glasses were a little uncomfortable.

DVD 감상

"블랙 스완"을 DVD로 봤다.

I saw "Black Swan" on DVD.

보너스 영상이 많았다.

There were a lot of bonus features.

영화 메이킹 영상이 재밌었다.

The "making of" was really fascinating.
* making of는 making of ~(~의 메이킹)의 약어로 메이킹 영상 전반을 가리킨다. fascinating = 흥미를 유발시키다

감독 인터뷰를 볼 수 있어서 좋았다.

I'm glad I was able to see the interview with the director.

DVD 렌탈

다모아에서 DVD를 세 개 빌렸다.

I rented three DVDs at Damoa.

다섯 개에 만원이었다.

It was 10,000 won for five movies.

신작은 싸지면 빌려야겠다.

I'll rent the new ones when they get cheaper.

18
보다·읽다·듣다

'베테랑'을 보고 싶었지만 없었다.	I wanted to see "veteran" but they didn't have it in stock. * have ~ in stock = ~의 재고가 있다
'위기의 주부들' DVD 는 벌써 누가 전부 빌려갔다.	All the copies of "Desperate Housewives" had already been rented.
토요일까지 돌려줘야 한다.	I need to return them by Saturday.
큰일이네! DVD 오늘까지 반환해야 하는데!	Oh no! The DVD is due back today! * be due back = 되돌리게 되어 있다
DVD 를 연체해 버렸다. 어째~.	The DVD is overdue. Oh, shoot. * overdue = 기일이 지난

🎬 영화 감상

재밌어서 시간 가는 줄 몰랐다.	It was really good, so it didn't feel so long.
지루해서 길게 느껴졌다.	It was so boring that it felt really long. * boring = 지루한
중간에 졸았다.	I nodded off during the movie. * nod off = 졸다
줄리아 로버츠의 연기가 좋았다.	Julia Roberts's performance was great.
더빙 목소리가 캐릭터랑 잘 맞았다.	The dubbed-in voices suited the characters. * dubbed-in voice = 더빙 목소리 suit = ~에 맞다
더빙 목소리가 캐릭터랑 맞지 않았다.	The dubbed-in voices didn't suit the characters.
좀 의외의 전개라도 좋았을 걸.	I think it needed a little more of a twist. * twist = (이야기의)의외의 전개
리뷰대로 좋은 영화였다.	It was as good as the review. * review = 리뷰, 비평
손에 땀을 쥐게 하는 영화였다.	It was such an exciting movie.
눈물을 흘리게 하는 영화였다.	It was a tearjerker. * tearjerker = 눈물을 흘리게 하는 감상적인 영화
영화보다 소설이 더 좋다.	I liked the novel better than the movie.

Tv

TV 프로그램 관련 단어

뉴스	news		
드라마	drama		
퀴즈 프로그램	quiz show	음악 프로그램	music program
아침 드라마	soap opera	어학 프로그램	language program
다큐멘터리	documentary	교육 프로그램	educational program
버라이어티 쇼	variety show		
코미디 프로그램	comedy show	요리 프로그램	cooking show
스포츠 프로그램	sports program	먹거리 프로그램	gourmet program
인터뷰 프로그램	interview program	영화	movie
토크쇼	talk show	애니메이션	cartoon / anime

 TV 를 보다

두 시간 정도 TV 를 봤다.	I watched TV for about two hours.
옷을 입으면서 ' 굿모닝 코리아' 를 봤다.	I watched "Good morning Korea" while getting dressed.
드라마가 재미있을 것 같아서 보게 되었다.	The drama looked interesting, so I watched it.
'나인'의 마지막화였다.	It was the final episode of "Nine."
마지막화를 못 봤다.	I missed the final episode.
8시부터 퀴즈 프로그램을 봤다.	I watched a quiz show from 8:00.
녹화해 둔 EBS 다큐멘터리를 봤다.	I watched an EBS documentary I had recorded.
'EBS 공감 콘서트' 를 녹화해 뒀다.	I recorded "EBS Gongam Consert."
오늘 게스트는 제이슨 므라즈였다.	Today's guest was Jason Mraz.
우연히 본 TV 에 원빈이 나왔다.	I saw Won Bin on a TV show I just happened to be watching.

* happen to ~ = 우연히 ~하다

보고 싶은 프로그램이 동시간에 방영된다.	The shows I wanted to watch were on at the same time.
오늘은 보고 싶은 프로그램이 없다.	There were no shows I wanted to watch today.
프로그램마다 개그맨만 나오는 군.	There's nothing but comedians on TV. * nothing but ～ = ～만, 뿐
남편은 TV만 본다.	All my husband does is watch TV.

TV 프로그램의 감상

다음 이야기가 무척 궁금하다.	I can't wait to see what happens next!
마지막회를 못 봤다, 망했다!	I missed the final episode. This sucks! * suck = 심하다, 최악이다
지금 하고 있는 드라마 중에서 시청률이 제일 높다고 한다.	This show has the highest viewer rating of all current dramas. * viewer rating = 시청률 current = 현재의
시청률이 25%를 넘었다고 한다.	I heard it got a viewer rating of over 25%!
대본이 좋다고 생각한다.	I think it has a good script. * script = 대본
배우들이 연기를 너무 잘 한다.	They're amazing actors.
호화 캐스팅인 드라마다.	The drama has a star-studded cast. * star-studded = 인기 배우들이 많이 출연하는 cast = 배역
미나는 정말 천재 아역 배우다.	Mina is such a talented child actor. * talented = 재능있는
그 배우는 진짜 연기를 못한다.	She really is a ham actor. * ham actor = 미숙한 배우
이 드라마는 기대만큼 재미있지 않군.	This series isn't as good as I thought it would be. * series = 시리즈물

TV 프로그램의 녹화

집에 와서 녹화해 둔 프로그램을 봤다.	When I got home, I watched the TV show I had recorded.
바빠서 녹화해 둔 프로그램을 볼 시간이 없다.	I'm so busy that I don't have time to watch the TV shows I've recorded.

녹화해 둔 프로그램이 꽤 쌓였다.	All the TV shows I've recorded are starting to pile up.
	* pile up = 모이다, 산적하다
녹화에 실패했다. 아~ 짜증나!	I didn't record it right. Darn it!

라디오와 팟캐스트

 라디오

라디오에서 하는 영어강좌를 들었다.	I listened to an English language program on the radio.
영어회화 프로그램을 놓쳤다.	I missed the English conversation program.
컬투쇼를 들었다.	I listened to the Cultwo radio show.
라디오에서 나오는 곡이 좋아서 검색해 보았다.	I liked a song I heard on the radio, so I looked it up.
	* look ~ up = ~을 조사하다
라디오에서 추억의 노래가 흘러나와 고등학교 시절이 떠올랐다.	An oldie came on the radio and it took me back to my high school days.
	* oldie = 추억의 노래 take ~back to ... = ~에게 …를 떠올리게 한다

 팟캐스트

영어학습 팟캐스트 중에 좋은 게 없을까?	I wonder if there are any good English learning podcasts.
윤선 씨가 추천해 준 팟캐스트 방송을 들었다.	I listened to a podcast that Yunsun recommended.
그것은 아이튠 스토어의 '어학'장르에서 가장 인기 있었다.	It was the most popular podcast in the language section on iTunes.
전철 속에서 손미나의 팟캐스트를 들었다.	I listened to Son Mina's podcast on the train.
팟캐스트는 늘 원하는 시간에 들을 수 있어서 좋다.	The good thing about podcasts is you can listen to them whenever you want.

책·잡지

책 관련 단어

픽션	fiction	비즈니스	business book
논픽션	nonfiction	전기	**biography**
문고본	**pocket edition / paperback**	그림책	picture book
		영어 학습서	**English textbook**
하드커버	hardcover	~에 대한 책	~ book / book about ~
페이퍼백	**paperback**		
소설	**novel**	~(대비) 문제집	**workbook for ~**
단편소설	**short story**	사진집	photo collection
역사소설	historical novel	가이드북	**guidebook for ~ / ~ guidebook**
애정물	**love story**		
미스터리	mystery	여행책	travel book
에세이, 수필	**essay**		

책

김영하의 신간을 샀다.	I bought Kim Youngha's new book.
〈1Q84〉 를 읽기 시작했다.	I started reading "1Q84."
스티브 잡스의 전기를 읽고 있다.	I'm reading Steve Jobs's biography.

* biography = 전기

공지영의 신간이 빨리 나왔으면 좋겠다.	I hope Kong Jiyoung's new book comes out soon.
언젠가 아가사 크리스티의 책을 원서로 읽을 수 있게 되면 좋겠다.	Someday, I want to be able to read Agatha Christie in the original English.
이번 달은 여섯 권 읽었다.	I read six books this month.

e 북

아이폰으로 e 북을 다운로드했다.	I downloaded an e-book on my iPhone.

* e-book = 전자서적

e북은 한 번에 많은 책을 들고 다닐 수 있어서 편리하다.	E-books are convenient because you can carry a lot of books at once.
	* at once = 한번에
킨들은 사용하기 편할까?	I wonder if the Kindle is easy to use.
e 북도 좋지만 역시 종이책을 읽고 싶다.	E-books are okay, but I would rather read actual books.
	* would rather ~ = 어쩌면 ~ 하고 싶다

📖 만화

내일은 〈스피릿〉 발매일이다.	The new "Spirits" goes on sale tomorrow.
	* go on sale = 판매되다
〈원피스〉 최신호를 샀다.	I bought the latest issue of "One Piece."
	* latest issue = 최신호
〈테르마이 로마이〉가 엄청 재밌다.	"Thermae Romae" is really good.
옛날 명작 만화를 읽고 싶다.	I'm in the mood to read old manga masterpieces.
	* in the mood to ~ = ~하는 기분으로
오늘 신문 연재만화가 재밌다.	Today's newspaper comic strip was funny.
	* comic strip = 연재만화

👓 독서와 감상

막 읽기 시작했다.	I just started reading it.
지금 절반 정도 읽고 있다.	I'm halfway through it now.
	* halfway through = ~의 절반의
드디어 클라이막스다.	I'm finally at the climax of the book.
이제 조금 더 읽으면 끝이다.	I'm almost done reading it.
	* be done -ing = ~하는 것을 끝내다
책을 손에서 내려놓을 수가 없었다.	I couldn't put it down.
	* put ~ down = ~을 아래에 두다, 내리다
올해 읽은 책 중에 최고의 소설이다.	It's the best novel I've read so far this year.
	* so far = 지금까지
울었다.	It had me in tears.
	* have ~ in tears = ~을 울리다
너무 어려워서 읽는 걸 포기했다.	It was way too hard, so I gave up.
	* way = 계속, 멀리
재미가 없어서 도중에 그만뒀다.	It was boring, so I put it down.

경화에게 빌려 줘야겠다. | I should lend it to Gyunghwa.

점점 재미없어진다. | It has gotten less and less interesting.

 잡지

잡지 관련 단어

월간지	monthly magazine	연예 잡지	show-biz magazine
주간지	weekly magazine	문예지	literary magazine
패션 잡지	fashion magazine	만화 잡지	comic magazine
스포츠 잡지	sports magazine	과학 잡지	science magazine
비즈니스 잡지	business magazine	낚시 잡지	fishing magazine
정보 잡지	entertainment magazine	골프 잡지	golf magazine
영화 잡지	movie magazine		

〈우먼센스〉의 최신호는 온천 특집이다. | The latest "Woman sense" is a special issue on hot springs.
*latest＝최신의 hot spring＝온천

이번 달 〈레이디경향〉의 특집은 엄청 재밌을 것 같다. | This month's "Lady Kyeonghyang" feature looks really interesting.
*feature＝특집

이번 달 〈하이맘〉은 평소보다 두꺼운 것 같다. | I feel this month's "Himom" is a little thicker than usual.
*thick＝두꺼운

이번 달 특집은 그저 그렇다. | This month's feature didn't really impress me.
*impress＝～을 감동시키다, ～에게 좋은 인상을 주다

이 잡지를 정기구독할까? | Maybe I should subscribe to this magazine.
*subscribe to ～＝～을 구독하다

부록으로 온 파우치가 너무 귀여웠다. | The pouch that came with it was really cute.

요즘 여성 잡지들은 부록이 짱짱하다. | Women's magazines these days sure do come with a lot of amazing extras.
*extra＝덤

 서점

G 서점에 갔다. | I went to B Bookstore.

헌책방에 갔다.	I went to a used bookstore.
헌책방 순례는 즐겁다.	Walking around used bookstores is fun.
10분 정도 서서 읽었다.	I thumbed through books in the bookstore for about 10 minutes.

* thumb[썸] through ~ = ~을 대충 훑어보다

소설 2 권, 잡지 1 권을 샀다.	I bought two novels and a magazine.
5,500원짜리 문고판을 두 권 샀다.	I bought two 5,500-won paperbacks.
외국 서적이 반액 할인이었다.	All foreign books were at half price.

* foreign = 외국의

저자가 사인한 책을 샀다.	I bought a book signed by the author.
김훈 작가의 사인회에 갔다.	I went to Kim Hoon's signing.
존경하는 저자를 만나다니 감격스럽다!	I was so excited to meet the author I admire!

* admire = ~을 숭배하다, 훌륭하다고 생각하다

황석영 작가의 토크 쇼에 갔다.	I went to Hwang Seokyoung's talk show.

도서관

김소진의 신간을 예약했다.	I reserved a copy of Kim Sojin's new book.

* reserve = ~을 예약하다

예약한 사람이 80명이나 됐다.	There's a waiting list of 80 people.
언제 읽을 수 있을까?	I wonder how long I'll have to wait to read it.
스페인 가이드 북을 빌렸다.	I borrowed a guidebook for Spain.
잡지 최신호를 몇 권 읽었다.	I read a few of the latest magazines.

* latest = 최신의

책을 다섯 권 빌렸다.	I borrowed five books.
빌린 책을 반납했다.	I returned the book I had borrowed.
반환 기간이 지났다.	My book was overdue.

* overdue = 기일이 지난

오늘이 휴관일인 걸 까맣게 잊고 있었다.	I totally forgot it was closed today.
빨리 책을 반환하러 가야지.	I have to return the books soon.

🕐 만화방

만화방에 갔다.	I went to a manga café.
네 시간이나 있었다.	I was there for four hours.
세 시간 팩으로 했다.	I got the three-hour special.
금연석에 앉았다.	I sat in the non-smoking section.
소파에 앉았다.	I sat on a sofa.
〈원피스〉를 15권까지 단번에 읽었다.	I read up to Volume 15 of "One Piece" in one sitting.

* up to ~ = ~에 이르기까지
  in one sitting = 단번에. at one sitting이라고도 한다.

소프트 아이스크림이 무료였다.	The ice cream cones were free.
요즘 만화방에는 콘서트장도 있다니 대단해.	I'm amazed that manga café s have concert hall these days.

음악

음악 관련 단어

클래식	classical music	레게	reggae
록	rock	힙합	hip-hop
팝	pop music	랩	rap
K 팝	K-pop	테크노	techno
재즈	jazz	포크	folk music
서울	soul music	컨트리	country music
가스펠	gospel	리듬앤블루스	rhythm and blues / R&B
블루스	blues		

☕ 음악 전반

샤데이의 CD를 들었다.	I listened to a Sade CD.

아이팟으로 음악을 들었다.	I listened to music on my iPod.
재즈 카페에 갔다.	I went to a jazz café.
빅뱅의 새 앨범을 샀다.	I bought Bigbang's new album.
김동률의 새 노래를 아이튠으로 다운로드 했다.	I downloaded Kim Dongryul's new release from iTunes.
엑소의 새 싱글이 100만장 이상 팔렸다고 한다.	EXO's new single has sold over a million copies.
뮤직 비디오가 엄청 괜찮았다.	The music video was really good.
이 곡은 정말 울게 만든다.	This song really makes me cry.
이 곡을 들으면 대학시절이 생각난다.	This song reminds me of my college days.

* remind ~ of … = ~에게 …을 생각나게 하다

이 곡의 안무를 완벽하게 추고 싶다.	I want to be able to dance the choreography for this song perfectly!

* choreography = 안무

역시 가을밤에는 클래식이야.	Classical music is just right for long autumn nights.

라이브 · 콘서트

YB의 라이브 티켓을 살 수 없었다.	I couldn't get a ticket for the YB concert.
이번 주말에 기다리고 기다리던 엑소의 콘서트다.	This weekend is the EXO concert I've been waiting for.
엄청 잘 보이는 좌석이었다. 엄청 운이 좋았어!	I got seats with a great view. I was so lucky!
스테이지 앞 자리다.	I got a spot in front of the stage.

* spot = 장소, 지점

오늘 콘서트 역시 굉장했다.	Today's concert was also awesome.

* awesome[오-썸] = 굉장한, 멋진

떼창으로 분위기가 최고조에 달했다.	We all sang together. It was really exciting.
클래식 콘서트에 갔다.	I went to a classical concert.

멋진 연주였다.	It was an amazing performance.
마지막에 기립박수를 쳤다.	There was a standing ovation at the end.
재즈 클럽에 갔다.	I went to a jazz club.
언젠가 뉴욕의 블루노트에 가보고 싶다.	Someday, I want to go to the Blue Note in New York.
정경화의 바이올린 콘서트에 갔다.	I went to Jeong Gyunghwa's violin concert.
강태환의 색소폰 연주는 파워풀하고 환상적이었다.	Kang Taehwan's sax performance was powerful and fantastic.
이번 주말에는 지산 록 페스티벌에 간다.	I'm going to the Jisan Rock Festival this weekend.
레드 핫 칠리 페퍼스와 라디오 헤드의 시간이 겹쳐 있어!	The Red Hot Chili Peppers and Radiohead are playing at the same time!
어느 쪽을 봐야 하지?!	Which should I see?
밖에서 맥주를 마시면서 듣는 음악은 최고다.	Nothing beats listening to music while drinking beer outdoors.

* beat = 이기다

미술관 · 박물관

 미술관 · 박물관에 가다

국립현대미술관에서 밀레의 그림을 보고 왔다.	I saw Millet's paintings at the National Museum of Contemporary Art, Korea. * painting = 그림
지금 부산 미술관에서 르누아르전을 하고 있다.	There's a Renoir exhibit at the Busan Museum of Fine Arts. * exhibit = 전시회
공룡 전시를 보러 아이들을 데리고 과학관에 갔다.	I took my kids to the dinosaur exhibit at the science museum. * dinosaur = 공룡

김중현 사진전을 갔다.	I went to see Kim Jooghyun's photo exhibit.

입장료는 15,000원이었다.	The admission was 15,000 won. * admission = 입장료
한 시간이나 기다려서 입장했다.	I had to wait for an hour to get in.
작품집도 샀다.	I bought an art book.
사진 촬영도 할 수 있었다.	We were allowed to take pictures. * allow ~ to ... = ~에게 …하는 것을 허락하다
플래시를 터뜨리지 않으면 사진 촬영도 가능했다.	We were allowed to take pictures as long as we didn't use a flash. * as long as ~부정 = ~하지 않는 한

✏️ 미술관 · 박물관의 감상

아주 좋았다.	It was really good.
역시 실물로 보는 것이 좋다.	There's nothing like the real thing. * there's nothing like ~ = ~정도로 좋은 것은 없다
숨막히도록 훌륭했다.	It was breathtaking. * breathtaking = 숨이 멎을 정도로
작품의 좋은 점을 잘 모르겠더라.	I didn't really understand what was so good about it.
현대 예술은 이해하기 어렵다.	Contemporary art is hard to appreciate. * contemporary = 현대의 appreciate = ~의 가치를 알다
수국을 그린 그림이 제일 인상적이었다.	A painting of hydrangeas left the biggest impression on me. * hydrangea = 수국 impression = 인상
박수근 전시를 보러 갔다.	I went to see the Park Sugeun exhibition.
컬러링이 이렇게 재밌을 줄은 몰랐다.	I never thought coloring art was this fascinating. * this = 이 정도로
어떻게 그렇게 깊은 색채가 나올까?	I wonder how they get such deep hues. * hue[휴―] = 색, 색채
전쟁의 비참함이 사진에 잘 표현되어 있었다.	Those photos really conveyed the tragedy of war. * convey = ~을 전달하다 tragedy = 비극

519

조각이 살아 있었다.　　　　　The sculptures looked real.

* sculpture = 조각

무대과 코미디

📖 연극

손영국의 새 연극을 보러 갔다.
I went to see Son Yunggook's new play.

* went to see는 saw로 해도 된다.

극단 사계의 〈라이온 킹〉을 보러 갔다.
I went and saw the Sagye Theater Company's "Lion King."

주인공의 노래가 너무 좋았다.
The main actor's singing was fascinating.

* fascinating = 상당히 아름답다

목소리가 좋았다.
He had a great voice.

여주인공의 연기는 상당히 인상깊었다.
The female lead's performance was really impressive.

* lead = 주연, 주인공　impressive = 훌륭한

차이무 극단의 작품을 한 번 보러 가고 싶다.
Someday, I want to see the Chimu Theater Company.

이 극단은 요즘 주목 받고 있는 극단이다.
This theater company is currently in the limelight.

* in the limelight = 각광을 받고

그들의 다음 연극도 보고 싶다.
I would love to see their next performance.

* would love to ~ = 꼭 ~하고 싶다

👓 발레

볼쇼이 발레단 공연을 보러 갔다.
I went to see a public performance of the Bolshoi Ballet.

'백조의 호수'였다.
They performed "Swan Lake."

그녀의 춤은 참 기품이 있었다.
Her dancing was really elegant.

* elegant = 기품이 있는, 우아한

우아한 몸짓에 반했다.
I was enchanted by their graceful dancing.

* enchanted = 매료당하여　graceful = 우아한

후반의 군무는 압권이었다.
The group dance in the second half was the highlight of the performance.

* highlight = 하이라이트, 압권

스피드감이 있었다.

They seemed really fast.

높은 리프트가 참 아름다웠다.

The high lifts were really beautiful.

* lift = (발레의)리프트

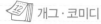 개그 · 코미디

대학로에서 하는 버라이어티쇼를 보러 갔다.

I saw a vaudeville show in Daehak-ro.

* vaudeville[보도빌] = 버라이어티쇼

컬투쇼를 보러 갔다.

I went to see a Cultoo show.

개그콘서트를 방청하러 갔다.

I went to see the Gag concert.

오늘의 이야기는 '추석'이었다.

Today's story was "Chuseok."

그는 여러 캐릭터들을 훌륭하게 소화해냈다.

He played a lot of characters skillfully.

* skillfully = 교묘하게, 훌륭하게

마음이 따뜻해지는 이야기였다.

It was a heartwarming story.

너무 많이 웃었다.

I laughed so hard.

배가 아플 정도로 웃었다.

I laughed so hard that my stomach hurt.

솔직히 별로 재미가 없었다.

Honestly, they were kind of lame.

* lame = 변변찮은

새로운 개그를 했다.

They performed some new jokes.

전에 본 적이 있는 개그였다.

I've seen it before.

보고 읽고 듣는 것에 대해
영어일기를 써 보자

인기 신간

I went to the library to borrow Kong Jiyoung's latest book. I was surprised that there was a waiting list of 11 people! I've decided to buy one instead.

해석

공지영의 신간을 빌리러 도서관에 갔다. 예약 대기자가 11명이나 있어서 놀랐다. 나는 그냥 사기로 했다.

포인트 '빌리다'는 무료로 빌릴 경우에는 borrow, 돈을 내고 빌릴 때는 rent 를 사용합니다. '예약 대기자가 47명이나 있다'는 I was surprised 의 시제(과거)에 맞춰서 there was 〜라고 합니다. instead 는 '그 대신에'라는 의미.

아들이 쓴 작문

I read a composition Hyohoon wrote in class for Parents's Day. He wrote that he was thankful for me and loved me. It brought tears to my eyes.

해석

효훈이가 학교 수업시간에 어버이의 날을 위해 쓴 작문을 읽었다. 내게 감사하고 있다고, 날 사랑한다고 적혀 있었다. 눈물이 났다.

포인트 '학교 수업에서'는 in class. 두 번째 문장은 He wrote 〜라고 과거형으로 되어 있으므로 he <u>was</u> thankful 과 (he) <u>loved</u> me 의 밑줄 부분은 시제를 일치시켜서 과거형으로 했습니다. '〜으로 눈물이 나다'는 〜 bring tears to my eyes로 표현한다.

522

 ## 요즘 영화관

Ayoung asked me out to the movies, so we went. I didn't know that theaters nowadays have wide, comfortable reclining seats and great acoustics.

 해석

아영이가 영화 보러 가자고 해서 같이 갔다. 요즘 영화관은 넓고 안락한 리크라이닝 의자인데다가 음향도 좋았다.

포인트 '아영이가 영화 보러 가자고 해서'는 Ayoung asked me (out) 이라고 표현합니다. '영화 보러'는 to the movies, '밥 먹으러'라면 to dinner 나 for dinner 로 표현합니다. nowadays 는 '(옛날과 비교해서) 최근'이라는 의미. '음향'은 acoustics 라고 합니다.

 ## 라디오에서 내 신청곡이 나오다!

I e-mailed a request for a Tony Braxton song, and it was read on the radio today! I was so excited that I couldn't help telling Nayoung about it.

 해석

오늘 라디오에서 내가 신청했던 토니 브랙스턴의 노래가 나왔다! 너무 흥분해서 나영에게 말하지 않을 수 없었다.

포인트 '~의 신청'은 request for ~. e-mailed(~ 을 메일로 보냈다) 대신 sent(~을 보냈다. 현재형은 send) 라고 해도 됩니다. so ~ that ... 은 '아주 ~ 하므로 …한다, …할 정도로 ~다'. can't help ~ing 는 '~하지 않고서는 있을 수 없다'는 의미입니다.

19 취미·배우기

배우기와 취미 전반

배우기 관련 단어

어학	language study		
악기	musical instrument		
노래방	noraebang		
댄스	dance		
플라멩코	flamenco	사진	photography
재즈댄스	jazz dance	바둑	go
힙합댄스	hip-hop dance	다도	tea ceremony
사교댄스	social dance	꽃꽂이	flower arranging
그림	drawing / painting	서예	calligraphy
유화	oil painting	요리	cooking
수채화	watercolor painting	검도	kendo
풍경화	landscape painting	유도	judo
수묵화	ink-wash painting	주산	abacus

뭔가 새로운 걸 배우고 싶다.	I feel like learning something new.
다음 주부터 중국어 교실에 다니기로 했다.	I've decided to start taking Chinese lessons next week.
교습비는 월 7만원이다.	The tuition is 70,000 won per month.
	* tuition = 교습비, 수업료
장소는 시에서 운영하는 커뮤니티 센터다.	It's at the city's community center.
오늘은 왕 선생님이었다.	Ms. Wang taught us today.
선생님 수업은 즐겁다.	Her classes are fun.
학생은 여섯 명이었다.	There were six students.

같이 배우는 사람들과 차를 마셨다.	I had tea with my classmates.
미영 씨는 취미가 많구나.	Miyoung has a lot of hobbies.
지민씨의 톨 페인팅은 수준급이다.	Jimin's tole paintings are just like a pro's. * pro = professional
나미 씨의 영향을 받아 나도 채소 재배를 시작했다.	Nami influenced me to start growing vegetables. * influence = ~에 영향을 주다
노래는 잘 못하지만 신경 안 쓴다.	I'm not good at song, but I don't care.

어학

어학 관련 단어

영어	English	러시아어	Russian
중국어	Chinese	태국어	Thai
일본어	Japanese	베트남어	Vietnamese
프랑스어	French	회화	conversation
독일어	German	작문	composition
스페인어	Spanish	리스닝	listening comprehension
이탈리아어	Italian		
포르투갈어	Portuguese		

 영어

영어 회화 수업에 갔다.	I attended an English conversation class. * attend = 출석하다
캐시 선생님과 프리토킹을 했다.	I had a free-conversation session with Cathy.
카페에서 브라운 선생님과 수업을 했다.	I had a lesson with Mr. Brown at a café.
사람들 앞에서 영어 작문을 발표했다.	I presented my English composition in front of the class. * present = ~을 발표하다 composition = 작문
"We had a ball." 이라는 표현을 배웠다.	I learned the expression, "We had a ball." * We had a ball. = 즐거운 시간을 보냈다.

관사는 어렵다.	The articles are difficult.
	* article = 관사
오늘은 두 시간 동안 토익 공부를 했다.	I studied for TOEIC for two hours today.
영어 그림책을 읽어 봤다.	I tried reading an English picture book.
끝까지 읽었다!	I was able to read the whole book!
	* whole = 전체의, 전부의
오늘부터 영어로 일기를 쓰기로 했다.	I've decided to write in my diary in English starting today.
영어로 블로그를 쓰기로 했다.	I've decided to write my blog in English.
영어로 트위터를 하기로 했다.	I've decided to tweet in English.
	* tweet = 트위터를 하다
지섭이는 영어를 원어민처럼 말한다.	Jisub speaks English like a native speaker.

📖 영어 학습 목표

영어를 잘 하고 싶다.	I want to be fluent in English.
	* fluent[플루언트] = 유창한
해외여행을 가서도 곤란하지 않을 정도로 영어를 말하고 싶다.	I want to speak enough English to get by when I travel abroad.
	* abroad = 해외로 get by = 어떻게든 하다
외국인과 말할 수 있을 정도가 되고 싶다.	I want to be able to enjoy talking with people from other countries.
자막 없이 영화를 볼 정도가 되고 싶다.	I hope to be able to enjoy movies without relying on subtitles.
	* rely on ～ = ～을 의지하다 subtitles = 자막
영어 자료를 어려움 없이 술술 읽을 정도로 되고 싶다.	I want to be able to read English materials without difficulty.
	* material = 자료
수진이처럼 좋은 영어를 할 수 있을 정도로 되고 싶다.	I want to be able to speak beautiful English like Sujin.
언젠가 유학 가고 싶다.	I want to study abroad someday.
우선 1년간 영어일기를 계속 쓸 거다!	I will keep a diary in English at least for a year!
	* at least = 적어도, 하다못해

텝스에서 좋은 점수를 얻기 위해 열심히 할 거다!	I will do my best to get a good score on the TEPS!
토익을 200 점 올리고 싶다.	I want to increase my TOEIC score by 200 points. * increase = ~을 올리다
반년 안에 토익 700 점을 넘을 거다	I will get over 700 on the TOEIC test within six months!
730 점을 목표로!	Go for 730! * go for ~ = ~을 따기 위해 노력하다

👓 영어가 늘지 않는다

영어회화를 배운 지 3년 되었다.	It has been three years since I started taking English conversation lessons.
영어로 일기를 쓰기 시작한 지 오늘로 3 개월째다.	It has been three months today since I started keeping a diary in English.
영어가 늘었을까?	I wonder if my English is getting better.
조금씩 늘고 있는 것 같다.	I feel that I'm improving little by little. * improve = 발전하다
전에 비해 말하기가 늘었다.	I've become better at speaking English than I was before. * become better at ~ = ~가 더욱 잘 하게 되다
오늘은 말을 많이 했다. 만족스럽다.	I was able to speak a lot today. I'm satisfied.
좀처럼 늘지를 않는다.	My progress is slow. * progress = 진척
늘지 않아도 즐거우면 되지 뭐.	I don't care if my English isn't improving as long as I enjoy myself. * as long as ~ = ~인 한
슬럼프다.	I'm in a slump. * slump = 슬럼프
슬럼프에서 벗어나고 싶다.	I want to pull myself out of my slump.
발음이 잘 안 된다.	I have a hard time pronouncing English words. * pronounce = 발음하다

여전히 듣기에 약하다.	I'm still not good at listening.
말하고 싶은 것을 할 수 없어서 답답하다.	I was frustrated because I couldn't express my thoughts well.
	* frustrated = 답답하다 thought = 생각
단어가 바로 튀어나오지 않는다.	When I speak English, words don't come easily to me.
단어가 잘 안 외워진다.	I have a hard time memorizing English words.

 그밖의 외국어

일본어 공부를 시작했다.	I started studying Japanese.
중국어를 공부해 볼까?	Maybe I'll study Chinese.
오늘부터 라디오로 중국어 공부를 시작했다.	I started studying Chinese on the radio today.
배운 중국어를 사용해 보고 싶다.	I want to use the Chinese I've learned.
프랑스어를 할 수 있으면 얼마나 멋질까.	I would look so good if I could speak French.
언어를 배우는 건 재밌다.	It's fun to study languages.

악기

 악기를 배우다

뭔가 악기를 다룰 수 있으면 좋겠다.	I want to be able to play a musical instrument.
	* musical instrument = 악기
전자 오르간을 배우고 싶다.	I want to learn to play the electronic organ.
테레민을 배우고 싶다.	I want to try the theremin.
	* theremin 전자악기의 하나
기타를 배우기 시작했다.	I took up guitar lessons.
	* take up ~ = (취미로)~을 시작하다
거문고를 배우러 갔다.	I took a Geomungo lesson.
	* took을 had로 해도 된다.

아름다운 소리를 냈다.	I was able to play well.
드디어 요령을 알았다.	I'm finally getting it.

* get it = 요령을 알다

19
취미·배우기

다 같이 즉흥 연주를 했다.	We had a session.
좋은 소리를 낼 수 없다.	I'm having a hard time making a nice sound.
악보를 읽는 게 어렵다.	It's difficult to read music.

* read music = 악보를 읽다

현을 제대로 누를 수 없다.	I can't hold the strings down well.

* hold = ~을 누르다   string = 현

악기 관련 단어

피아노	piano		
기타	guitar		
우쿨렐레	ukulele		
전자기타	electric guitar	첼로	cello
통기타	acoustic guitar	플루트	flute
클래식기타	classical guitar	트럼펫	trumpet
포크기타	folk guitar	트럼본	trombone
드럼	drum	색소폰	saxophone / sax
바이올린	violin	아코디언	accordion
비올라	viola	클라리넷	clarinet

발표회 · 대회

다음 달에 우쿨렐레 발표회가 있다.	I have a ukulele recital next month.

* recital = 리사이틀, 발표회

첫 발표회다. 긴장된다.	I'm nervous about my first recital.
피아노 콩쿠르에 나갔다.	I played in a piano contest.
콩쿠르에서 최우수상을 받았다.	I won the highest award in the contest.

* win = ~을 획득하다. 과거형은 won[원]

사람들 앞에서 연주하는 건 기분이 좋다.	It feels great to perform before an audience.

* audience = 관객, 청중

같이 연주하는 것은 즐겁다.	It's fun to play with other people.

노래방

아영이와 같이 노래방에 갔다.	Ayoung and I went to noraebang.
세 시간 동안 쉬지 않고 노래를 불렀다.	We sang for three hours non-stop.
혼자서 노래방에 갔다.	I went for noraebang alone.
거의 이승철 노래만 계속 불렀다.	I sang mostly Lee Seungchul songs.
옛날 노래를 많이 불렀다.	I sang a lot of old songs.

* 최근 노래는 new songs

최신곡은 잘 모른다.	I don't really know many new songs.
그녀와 노래 취향이 맞다.	I like her taste in music.

* taste = 취향

유진은 보아 노래를 정말 잘 불렀다.	Yujin did a good job singing BoA songs.
역시 90 년대 노래가 최고다!	Songs from the 90's are the best!
임재범 노래는 너무 어렵다.	Yim Jaebeom songs are so hard.
노래하고 춤추면서 스트레스 발산!	I got rid of stress by singing and dancing!

* get rid of ~ = ~을 제거하다

댄스

재즈댄스를 배우고 싶다.	I want to learn jazz dance.
훌라댄스는 보기보다 힘들다!	The hula is harder than it looks!
선생님의 몸놀림을 좀처럼 따라할 수 없다.	I have a hard time following the teacher.
우선 몸을 유연하게 해야지.	I need to limber up first.

* limber up = (몸을) 유연하게 하다

오늘은 손가락 끝에 신경쓰면서 춤췄다.	I focused on my finger tips when dancing today.

* focus on ~ = ~에 집중하다   tip = 끝

1시간 춤을 췄더니 기분이 상쾌하다!	I danced for an hour, and it felt great!
플라멩코 발표회가 있었다.	I had a flamenco dance recital.
의상을 입고 춤을 추면 프로 댄서가 된 기분이다.	When I'm in a dance dress, I feel like a professional dancer.

그 림

그림 교실에 갔다.	I went to a painting class.
수채화를 시작했다.	I took up water painting. * take up ～=(취미로) ~을 시작하다
유화에 도전하고 싶다.	I want to try oil painting.
수묵화를 배우기 시작했다.	I started studying ink-wash painting. * ink-wash painting＝수묵화
인물 데생을 했다.	I drew a portrait. * draw[드로]=～을 선으로 그리다. 과거형은 drew[드루] portrait＝초상화
공원에서 스케치를 했다.	I did some sketching in the park.
풍경화를 몇 장 그렸다.	I painted a few landscapes. * landscape＝풍경화
딸의 초상화를 그리고 있다.	I'm painting a portrait of my daughter.
생각처럼 잘 안 그려진다.	I'm having a hard time painting what I want.
약간 실력이 늘었나?	Maybe I'm getting better.
몇 번이나 다시 그렸다.	I drew it over and over again.
그림은 거의 완성했다.	My painting is nearly done. * done＝다 했다, 종료했다
미술학원 전시회에 그림을 출품할 예정이다.	I'm going to show my painting at the painting class exhibition.
도 그림 대회에서 선외 가작으로 뽑혔다.	I received an honorable mention in a prefectural painting contest. * honorable mention＝선외 가작 prefectural＝도

사진

 사진을 찍다

사진교실을 다니기 시작했다.	I started taking a photography class.
풍경사진 찍는 것을 배우고 싶다.	I want to learn how to take landscape photos. * landscape = 풍경
설악산에 봄 야생화를 찍으러 갔다.	I went to Mt. Seorak to photograph wild spring flowers. * photograph = ～을 촬영하다
사진부 친구들과 촬영하러 갔다.	I went out to take photos with some friends from the photo club.
시내를 걸으며 사진을 찍었다.	I took some pictures as I walked around town.
모델 촬영회에 갔다.	I went to a photo shoot with some models. * photo shoot = 사진 촬영회
한라산을 찍었다.	I took pictures of Mt. Halla.
서울 야경을 찍었다.	I took pictures of the night skyline in Seoul.
열차에 맞춰서 카메라를 이동시키며 촬영했다.	I took panning shots of trains. * pan = 카메라를 돌리며 찍다

 사진 인화

좋은 사진을 몇 장 찍었다.	I was able to take a few great pictures.
좋은 표정을 찍었다.	I was able to capture some great expressions. * capture = ～을 포착하다 expression = 표정
명희 씨는 사진이 잘 받아.	Myeonghee is quite photogenic. * photogenic = 사진을 잘 받는다
만족스러운 사진을 찍을 수 없었다.	I wasn't happy with the pictures I took.
아무래도 평범한 사진이 되어 버린다.	My pictures always look so ordinary. * ordinary = 보통의, 흔한

역광이라서 어려웠다.	It was hard to take photos against the sun.
사진이 흔들렸다.	The picture came out blurred.
	* blurred = 흔들린
초점이 안 맞았다.	It was out of focus.
	* out of focus = 초점이 안 맞는
사진 콘테스트에 응모해봐야겠다.	I'm going to enter a photo contest.

한복 입기

한복 입기 수업을 들었다.	I took a hanbok dressing lesson.
한복을 혼자 입을 수 있다.	I can wear a hanbok on my own.
거울을 보면서 입는 연습을 했다.	I practiced putting on a hanbok in front of a mirror.
생활한복 복장으로 외출했다.	I went out in a semi-formal hanbok.
주영의 유치원 졸업식에 한복을 입고 갔다.	I wore a hanbok for Jooyoung's preschool graduation.
스테파니가 한복을 입는 것을 도와줬다.	I helped Stephanie get dressed in a hanbok.
한복을 새로 샀다.	I bought a new hanbok.
슬슬 예복을 준비하는 게 좋지 않을까?	Maybe it's about time to get a formal hanbok.

차·커피 교실

오늘은 커피 교실이 있었다.	I had a coffee class today.
라떼를 만들어서 마셨다.	I made latte and drank it.
아주 맛있었다.	It was great.
마른 과자와 과일을 먹었다.	I had dry confectionery and fruit.
	* confectionery = 과자
오늘의 과자는 벚꽃 모양이었다.	Today's tea sweets looked like cherry blossoms.
	* cherry blossom = 벚꽃

다리가 저렸다.	My feet went numb.

* go numb[넘] = 저리다 go to sleep이라고도 한다.

서예

서예교실에 갔다.	I went to a calligraphy class.
잘 썼다.	I made some great brush strokes.

* brush stroke = 필치

오늘은 잘 안 써졌다.	My brush strokes weren't very good today.
좋은 붓을 사용하면 필체가 좋아진다.	Good brushes sure help me write nice characters.

* character = 글자

선생님이 글씨에 생기가 넘친다고 칭찬을 해주셨다.	The teacher complimented me on my vibrant characters.

* compliment = ~을 칭찬하다   vibrant = 활기찬

가드닝

식물 관련 단어

나팔꽃	morning glory	허브	herb
도라지	balloon flower	바질	basil
국화	chrysanthemum	장미	rose
크레송	watercress	팬지	pansy
시클라멘	cyclamen	해바라기	sunflower
스위트피	sweet pea	백일홍	zinnia
수선화	narcissus	히야신스	hyacinth
은방울꽃	lily of the valley	마리골드	marigold
제비꽃	violet	민트	mint
타임	thyme	백합	lily
민들레	dandelion	라벤더	lavender
튤립	tulip		
패랭이꽃	dianthus		

씨와 구근을 심다

튤립 구근을 심었다.	I planted tulip bulbs. * bulb＝구근
여주 묘목을 심었다.	I planted bitter gourd seedlings. * seedling＝묘목 bitter gourd＝여주
허브를 몇 종류 심었다.	I planted several herbs.
화분에 모아서 심었다.	I planted various plants together in a pot.
클레머티스를 옮겨 심었다.	I transplanted the clematis. * transplant＝～(식물)을 옮겨 심다
싹이 나오길 고대하고 있다.	I'm looking forward to the budding. * budding＝발아
아름다운 꽃이 피면 좋겠다.	I hope that there will be beautiful flowers.
올해는 토마토 재배에 도전하자.	I'm going to try growing tomatoes this year.

식물 돌보기

비올라를 화분에 옮겼다.	I transplanted the violas into a planter. * transplant＝～(식물)을 옮겨 심다
라벤더를 손질했다.	I trimmed the lavender. * trim＝～을 다듬다
잔디에 물을 줬다.	I watered the lawn. * water＝～에 물을 주다 lawn[론]＝잔디
채소밭을 갈았다.	I plowed the vegetable patch. * plow＝갈다 patch＝밭
흙을 바꿨다.	I changed the soil. * soil＝흙
정원에 비료를 줬다.	I put fertilizer in the garden. * fertilizer[퍼틸라이저]＝비료
살충제를 뿌렸다.	I sprayed pesticide. * pesticide[페스티사이드]＝살충제, 농약
정원에서 잡초를 뽑았다.	I weeded the garden. * weed＝～의 잡초를 뽑다
정원 나무가 꽤 무성해졌다.	The garden was really overgrown. * overgrown＝(잎 등이)무성하다
가지치기를 했다.	I pruned the tree. * prune[프룬]＝～(가지 등)을 자르다

| 정원사를 불렀다. | I had the gardener come. |
| 정원 나무를 가지치기했다. | I had the trees in the garden pruned. |

*prune[프룬]=~(가지 등)을 자르다

🖊 식물의 성장

| 작약 싹이 나왔다! | The peonies are budding! |

*peony[피어니]=작약   bud=싹이 나다

| 장미의 꽃망울이 커졌다. | The rose buds are getting bigger. |

*bud=꽃방울

| 조금만 더 있으면 꽃이 필 것 같다. | The flowers are nearly out. |
| 루핀의 싹이 커졌다. | The lupine seedlings are growing. |

*lupine[루핀]=루핀   seedling=묘목

| 가재발 선인장이 예쁘게 폈다. | The Christmas cactuses are blooming beautifully. |

*Christmas cactus=가재발 선인장   bloom=꽃이 피다

요 리 (→p. 497 「요리하기」참조)

자 동 차 · 오 토 바 이 (→p. 565 「드라이브」도 참조)

슬슬 차를 바꿀 때가 된 것 같다.	I guess it's time to change cars.
다음에는 아우디로 할까?	I'm thinking about getting a Audi next.
72년식 알파 로메오를 샀다.	I bought a 1972 Alfa Romeo.
BMW를 타는 게 꿈이다.	My dream is to own a BMW.

*own=~을 소유하다

| 캠핑카를 갖고 싶다. | I want a camper. |

*camper=캠핑카

휠캡을 바꾸고 싶다.	I want to get new wheel covers.
다음 휴일에 크세논 라이트로 바꿔야겠다.	I'm going to change to Xenon Light on my next day off.
서스펜션이 딱딱하다.	The suspension feels stiff.

*stiff=딱딱한

| 세차를 했다. | I washed my car.
I had my car washed. |

*윗문장은 직접 세차한 경우, 아래 문장은 세차를 맡긴 경우.

다음 달에 차량 검사를 받아야 한다!	**The car inspection is coming up next month!** * inspection = 검사
경태와 오토바이를 타고 라이딩을 했다.	**Kyeongtae and I went on a motorcycle ride.** * go on a motorcycle ride = 오토바이를 타고 라이딩을 하다
그의 오토바이에 같이 탔다.	**We rode his motorcycle together.** * ride(~를 타다)의 과거형은 rode

낚시

제주도로 낚시하러 갔다.	**We went fishing off Jejudo.** * off ~ = ~ 앞바다에
소양강에 망둥어를 잡으러 갔다.	**We went goby fishing on the Soyang River.** * goby = 망둥어
우리는 계곡 낚시를 즐겼다.	**We enjoyed mountain stream fishing.** * stream = 작은 강
8 시 30 분경에 낚시터에 도착했다.	**We arrived at the fishing spot at around 8:30.**
수심은 5m 정도다.	**The water was about five meters deep.**
볼락을 노렸다.	**I went mostly for black rockfish.** * go for ~ = ~을 잡으려고 하다 mostly = 주로
작은 물고기를 살려줬다.	**I released the small fish back into the water.**
안타깝지만 큰 물고기는 못 잡았다.	**Unfortunately, I couldn't get a big fish.**
45 센티나 되는 대어를 낚았다!	**I caught a big one measuring 45cm!** * measure = ~의 크기가 되는
집에 와서 회를 떠서 먹었다.	**I made it into sashimi after I got home.**
바다가 거칠어서 낚시는 포기했다.	**We gave up fishing because the sea was rough.** * rough[러프] = 거친

여행 (→p 567 「여행」을 참조)

취미·배우기에 대해
영어일기를 써 보자

✏️ 직접 만든 케이크

Mijeong and Semi came over, so I served them my homemade earl grey chiffon cake. They both said it was delicious. I was so happy.

해석

미정이와 세미가 놀러 왔다. 나는 직접 얼 그레이 시폰 케이크를 만들어서 대접했다. 둘에게 맛있다고 칭찬을 받아서 참 기뻤다.

포인트 '놀러 왔다'는 came over(to my house) 나 came to see me로 표현합니다. 'A 를 ~해서 대접하다'는 serve ~(사람) …(사물) 이나 entertain ~(사람) with …(사물)로 표현합니다. '직접 만든' 은 homemade.

- -

✏️ 뜨개질 실력이 늘었다

I used to be able to knit only scarves, but now I can knit caps and socks. I want to be able to knit sweaters soon.

해석

전에는 목도리 밖에 못 떴는데 지금은 니트 모자, 양말도 뜰 수 있게 되었다. 빨리 스웨터를 뜰 수 있게 되면 좋겠다.

포인트 '전에는 목도리 밖에 못 떴다'는 '전에는 목도리만 뜰 수 있었다'라고 표현하는 것이 자연스럽습니다. used to ~(동사원형)는 '이전에는 ~했다', be able to ~(동사원형)는 '~할 수 있다'라는 의미. '목도리'는 scarf 인데, 복수형은 scarves 입니다.

새 영어 회화 선생님

We had a lesson with our new teacher, David, today. His English was very clear and his way of teaching was easy to understand. We had a great lesson.

해석

오늘부터 데이비드 선생님으로 바뀌었다. 아주 듣기 쉬운 영어였고 알기 쉽게 가르쳐 줬다. 참 즐거운 수업이었다.

포인트 '오늘부터 데이비드 선생님으로 바뀌었다'는 '오늘은 새 선생님, 데이비드의 수업이었다'라고 표현하면 자연스러운 영어가 됩니다. '~선생님'은 Mr./Ms.+ 성이지만 David처럼 이름을 사용하는 경우에는 Mr./Ms.가 필요없습니다. '알기 쉬운'은 easy to understand로 표현합니다.

서예 체험 수업

I had a one-time calligraphy lesson at the culture hall today. I wrote pretty well. I'm thinking of taking lessons regularly.

해석

오늘 문화회관에서 서예 1일 체험 레슨을 받았다. 꽤 잘 썼다. 본격적으로 배워볼까 생각 중이다.

포인트 '1일 체험 레슨'은 one-time lesson(1회 레슨)이라고 하지만 trial lesson이라고 해도 됩니다. '생각 중, 검토 중'은 I'm thinking of -ing(~하려고 생각하고 있다), '본격적으로 배우다'는 take lessons regularly(정기적으로 레슨을 받다)라고 표현합니다.

20 스포츠

운동 전반

요즘 몸이 둔해졌다.	I've been feeling sluggish lately. * sluggish[슬러기쉬]= (행동 등이) 둔하다, 굼뜨다
운동 부족이다. 이대로라면 큰일이다.	I don't get enough exercise. I really have to do something.
좋은 자세를 취하고 싶다.	I want to have a nice posture. * posture = 자세
인너 머슬(내부 근육)을 단련시키고 싶다.	I want to train my inner muscles.
몸의 주요 근육을 단련해야 한다.	I need to train my body core muscles. * core = 중심부, 핵
땀을 흘려서 기분이 상쾌했다.	It felt refreshing to work up a sweat. * work up a sweat = 땀을 흘리다
땀으로 푹 젖었다.	I was covered in sweat. * covered in ~ = ~로 뒤덮힌
100kcal는 소비한 것 같다.	I guess I burned at least 100kcal. * burn = ~을 태우다, 연소하다
내일도 열심히 운동해야겠다.	I'm going to work out again tomorrow. * work out = 트레이닝을 하다
내일은 근육통이 생길 것 같다.	I'm going to have sore muscles tomorrow. * sore[소어]= 아프다
약간이라도 군살이 빠지면 좋겠는데.	Hopefully I've lost a little flab. * flab = 지방, 군살
이렇게 운동을 하는데 왜 체중이 안 줄어들까?	I'm doing a lot of exercise, but I don't know why I can't lose weight. * lose weight = 체중을 줄이다
근육량이 많아졌다. 앗싸!	My muscle mass has increased. Great! * muscle mass = 근육량

역시 개인 트레이너가 있으니까 다르다.

It seems having a personal trainer really makes a difference.

가벼운 운동

역이나 회사에서는 계단을 이용하려고 한다.

I try to use the stairs at the train station and at work.   * stairs = 계단

오늘 아침에는 역 한 구간만큼 걸었다.

I walked from one station to another this morning.

공덕에서 여의도까지 걸었다.

I walked from Gongdeok to Yeouido.

전철을 기다릴 때는 발끝으로 서 있는다.

I stand on tiptoe while waiting for the train.   * tiptoe[팁토] = 발끝

자전거로 통근을 하기 시작했다.

I've started to commute by bike.
    * commute = 통근하다 bike = 자전거

자전거로 통근한 지 오늘로 1 주일째다.

It has been a week since I started to bike to work.   * bike = 자전거를 타다

강아지 산책은 나에게도 좋은 운동이 된다.

Walking the dog is good exercise for me, too.   * walk = ~을 산책시키다

걷기운동

오늘 아침에는 30분 정도 걸었다.

I walked for 30 minutes this morning.

아침 일찍 걸으면 기분이 상쾌하다.

It feels good to go for a walk early in the morning.
    * go for a walk = 산책을 하다

매일 1만보 이상 걸으려고 한다.

I try to walk more than 10,000 steps a day.   * step = 1보, 걷기

5천보 이상 걷는 것도 꽤 힘들다.

It's not easy to walk 5,000 steps.

만보기를 살까?

Maybe I should buy a pedometer.
    * pedometer[피도미터] = 보수계(만보기)

아이팟으로 음악을 들으면서 걸었다.

I listened to music on my iPod as I walked.

비가 와서 걷기를 하지 않았다.

It was raining, so I didn't go walking.

조깅·마라톤

 조깅

공원에서 스트레칭을 했다.	I stretched in the park.
5 시에 일어나서 약 10km를 달렸다.	I woke up at 5:00 and ran for about 10km.
경복궁 둘레를 달렸다.	I ran around the Gyeongbokgung.
1km 에 7 분 속도로 달렸다.	I ran at a pace of about seven minutes per kilometer. * per = ~당
한강까지 왕복으로 달렸다.	I ran to and from the Han River.
여의도공원에서 열린 달리기 대회에 참가했다.	I joined a running group at the Yeouido Park.
미나와 공원에서 만나서 1 시간 정도 조깅했다.	I met Mina in the park and then we jogged for an hour.
용식 씨와 함께 동네에서 조깅을 했다.	I went jogging around the neighborhood with Yongsik.
오랜만에 조깅을 했더니 숨이 찼다.	I went jogging for the first time in a while and I got out of breath. * get out of breath = 숨이 차다
조깅 후에 하는 목욕은 정말 좋다!	The public bath after jogging feels great!
5km 를 30 분에 달렸다. 괜찮군.	I ran 5km in 30 minutes. Not bad. * Not bad. = 꽤 좋다
요즘 속도가 느려졌다.	My running speed has been dropping recently. * drop = 저하하다
더 빨리 달리고 싶다.	I want to increase my running speed. * increase = ~을 늘리다
달리기 자세를 고치는 편이 좋을 것 같다.	I need to reconsider my running form. * reconsider = ~을 다시 생각하다
조깅하다가 무릎을 다쳤다.	I hurt my knees from jogging. * hurt = ~을 다치다. 과거형도 hurt knee[니-] = 무릎

542

조깅을 시작하고 나서 체지방률이 5% 줄었다.	**Since I started jogging, my body fat has dropped by five percent.** * fat = 지방

마라톤

내년에는 동아 마라톤에 도전해 보고 싶다.	**I want to be in the Donga Marathon next year.**
동아 마라톤의 추첨에서 떨어졌다.	**I lost in the lottery to be in the Donga Marathon.**
서울 국제 마라톤에 응원하러 갔다.	**I went to cheer for the runners at the Seoul International Marathon.**
마라톤 선수는 역시 빠르다!	**Marathon runners are so fast!**
시민 마라톤에 참가했다.	**I ran in a local marathon.**
언젠가 호놀룰루 마라톤에 참가하고 싶다.	**I want to run the Honolulu Marathon someday.**
내가 마라톤을 완주한다는 것은 당연히 불가능하다.	**A full marathon is absolutely impossible for me.**
하프 마라톤이라면 가능할지도.	**Maybe I can manage to complete a half marathon.** * manage to ~ = 겨우 ~하다
대회까지 앞으로 4 일 남았다!	**Four more days before the race!**
5시간 안에 완주하는 것이 목표다.	**My goal is to finish within five hours.** * goal = 목표
4시간 26분 만에 완주했다! 목표 달성!	**I finished in 4 hours and 26 minutes! I achieved my goal!**
5시간 안에 완주하겠다는 목표는 달성하지 못했다.	**I couldn't achieve my goal of finishing within five hours.** * achieve = ~을 달성하다
제한시간 초과로 실격되었다.	**I was disqualified because I didn't finish within the time limit.** * disqualify = ~의 자격을 박탈하다
겨우 완주했다.	**I somehow managed to finish.** * somehow = 겨우, 어떻게든

완주한 후에는 말로 표현할 수 없는 성취감을 느꼈다.	After finishing, I had a great feeling of accomplishment.
	* accomplishment＝달성
발목이 아파서 30km 지점에서 기권했다.	Because of the pain in my ankle, I had to give up at 30km.
	* pain＝통증 ankle＝발목
너무 아팠다.	It was so painful.
도중에 포기하고 걸었다.	I gave up partway through and just walked.
	* partway through＝도중에

👓 경주 대회

이번 리그에서는 어느 대학이 우승할까?	I wonder which university will win the next league.
연도에서 응원했다.	I cheered for the runners from the side of the road.
열심히 응원했다.	I really got into the cheering.
	* got into ～＝～에 빠지다
꽤 접전이었다.	It was a really close race.
	* close[클로우스]＝접전의
한국대학교가 신기록으로 우승했다.	Hankuk University won and set a new record.
	* win＝이기다 과거형은 won[원] set＝～(신기록)을 내다
5 구간에서 구간 신기록이 나왔다.	A new record was set in the fifth section.
4 구간에서 경기대학교가 바싹 뒤쫓았다.	Kyonggi University caught up in the fourth section of the race.
	* catch up＝바싹 뒤쫓다. catch의 과거형은 caught
동해대학교가 1 위로 치고 나왔다.	Donghae University moved into the lead.
	* lead＝선두
경수의 달리기는 압권이었다.	Kyeongsoo's running was just incredible.
	* incredible＝훌륭한
충청대학교가 역전 우승을 했다.	Chungcheong University had a come-from-behind victory.
	* come-from-behind＝역전의

 운동복 · 신발

새 운동복이 갖고 싶다.	I want some new running clothes.
	* clothes＝의류

새 운동복을 입고 기분 좋게 달렸다.	I enjoyed running in my new running clothes.
신발이 안 맞아서 발이 아프다.	My shoes didn't fit, so my feet hurt. * feet = foot(발)의 복수형.　hurt = 아프다. 과거형도 hurt
새 신발을 신고 달려보니 상당히 가볍다.	My new shoes feel really light to run in.
새 러닝 타이즈를 마련했다.	I got new running tights.
귀여운 러닝 스커트를 발견했다!	I found a cute running skirt!
거리 계측 기능이 있는 러닝 워치를 샀다.	I bought a running watch with a distance meter.　　* distance = 거리

휘트니스 · 트레이닝

휘트니스 · 트레이닝 관련 단어

트레이너	instructor		~을 단련하다	strengthen ~
개인 트레이너	personal trainer		상완이두근	biceps [바이셉쓰]
운동을 하다	work out		큰 근육	thigh [싸이] muscle
준비운동을 하다	do a warm-up		견갑골	shoulder blade
러닝머신에서 달리다	run on a treadmill		근육통이 생기다	have sore muscles
복근운동을 하다	do sit-ups			
푸시업을 하다	do push-ups			
턱걸이를 하다	do chin-ups			
스쿼트를 하다	do squats			
~의 스트레칭을 하다	stretch ~			

🔒 휘트니스 클럽과 트레이닝

헬스클럽에 다니기 시작했다.	I started going to the gym.
집에 가는 길에 헬스클럽에 들렀다.	I went to the gym after work.
러닝머신에서 1시간 달렸다.	I ran for an hour on a treadmill.
윗몸일으키기 20회를 3세트 했다.	I did three sets of 20 sit-ups.
푸시업을 20번 했다.	I did 20 push-ups.

레그컬 65 킬로 ×10 회 × 3 세트 했다.	I did three sets of 10 leg curls with 65kg weights.
덤벨로 팔 운동을 했다.	I gave my arms a workout using dumbbells.

🛋 운동

운동 DVD 를 샀다.	I bought an exercise DVD.
DVD 를 보면서 30 분 동안 운동했다.	I exercised for 30 minutes to a DVD.
꽤 힘들었다.	It was pretty tough!
TV 에서 힙업 효과가 있는 운동을 하고 있었다.	A TV program showed an exercise for building firm buttocks.

*firm = 단단한   buttock = 엉덩이

짐볼을 샀다.	I bought a stability ball.

*stability = 안정

새로운 운동 기구를 또 사버렸다. 에효~.	I bought new fitness equipment again. Oh well.

*equipment = 기구

전에 샀던 운동 기구를 전혀 안 쓰고 있다.	I never use the fitness equipment I bought a while ago.
가압 트레이닝을 하러 갔다.	I went for KAATSU training.
오전 중에 에어로빅 수업에 갔다.	I joined an aerobics class in the morning.
아쿠아빅스의 레슨을 받았다.	I took an aqua-aerobics lesson.
안티에이징 효과가 크다고 들었다.	I hear it's very effective for anti-aging.

*effective for ～ = ～에 효과적인

이 운동을 하면 몸이 가벼워진다.	This exercise makes my body feel light.
확실히 몸이 단단해졌다.	It definitely helped tone my body.

*definitely = 확실히
tone = ～(몸, 근육 등)을 단련하다

이 트레이닝 덕분에 신체 나이가 10살이나 젊어졌다.	Thanks to this training, my body is ten years younger.

혈액순환이 좋아졌다.	It has improved my blood circulation.
	*improve＝〜을 개선하다 circulation＝순환, 흐름
오늘 트레이너와 잘 맞았다.	I got along great with my trainer today.
	*got along with 〜＝〜와 잘 맞다
다음번에도 저 사람을 지명해야겠다.	I'm going to choose him again the next time.
50분에 5만원이었다.	It was 50,000 won for 50 minutes.

댄스 (→ p. 530 「댄스」를 참조)

요가·필라테스

최근에 요가를 시작했다.	I've started doing yoga recently.
	*do yoga(요가를 하다)는 practice yoga라고도 한다.
역 앞의 요가 스튜디오에서 체험 레슨을 받았다.	I took a trial lesson at the yoga studio in front of the train station.
최근에 필라테스에 빠져 있다.	I've been hooked on Pilates recently.
	*be hooked on 〜＝〜에 빠지다
필라테스 DVD 를 샀다.	I bought a Pilates DVD.
DVD 를 보면서 집에서 필라테스를 했다.	I did Pilates at home to a DVD.
요가를 하고 있으면 마음이 안정된다.	While doing yoga, my mind is calm.
	*calm[캄]＝안정된
요가에서는 여유 있는 호흡이 중요하다.	In yoga, breathing slowly is important.
	*breathe＝호흡하다
요가 호흡법이 조금씩 몸에 익숙해졌다.	I'm slowly starting to learn how to do yoga breathing.
요가 포즈가 잘 안 된다.	I have a hard time doing yoga poses.
필라테스로 비틀어진 골격을 고쳤다.	Doing Pilates helped straighten my frame.
	*straighten[스트레이튼]＝〜을 바로(곧게) 잡다

수영·수영장

| 수영장에서 400m를 헤엄쳤다. | I swam 400m in the pool. |

자유형으로 500m를 헤엄쳤다.	I swam the crawl for 500m.
	* crawl = 크롤, 자유형
배영으로 200m를 헤엄쳤다.	I swam the backstroke for 200m.
	* backstroke = 배영
접영 폼이 잘 안 된다.	I can't make good butterfly form.
킥판을 사용해서 발차기 연습을 했다.	I practiced doing flutter kicks on the kickboard.
	* flutter kick = 발차기
겨우 25m 헤엄칠 정도다.	I can swim 25m at the most.
	* at the most = 기껏, 고작
100m를 헤엄칠 수 있게 되면 좋겠다.	I want to be able to swim 100m.
평영은 좀처럼 앞으로 안 간다.	When swimming the breaststroke, I don't go forward.
	* breaststroke = 평영
300m 를 수중 워킹했다.	I walked in the swimming pool for 300m.
수영 후에 사우나에 들어갔다.	I took a sauna after swimming.

야구

 프로야구

삼성 대 롯데 경기를 TV 에서 봤다.	I watched the Samsung and Lotte game on TV.
잠실에서 LG 대 한화의 시합을 봤다.	I went to Jamsil Stadium and saw a game between LG and Hanhwa.
3:2로 한화가 졌다.	Hanhwa lost 3-2.
	* 3대 2는 three to two로 읽는다.
5-2로 롯데가 이겼다.	Lotte won 5-2.
완봉승이다!	Shutout victory!
	* shutout = 완봉
연장 11회에서 겨우 승부가 났다.	The game went into the 11th inning before being decided.
	* inning = (야구)회
연장 12회로 무승부가 났다.	The game went into the 12th inning and ended in a draw.
	* draw[드로] = 무승부

삼성이 오늘 점수를 못 냈다.	Samsung didn't get a point today, either.
추신수가 굿바이 홈런을 쳤다.	Chu Sinsoo got a game-winning homerun. * 굿바이홈런은 game-ending homerun이라고도 한다.
김정호가 이번 시즌에는 별로다.	Kim Jeongho isn't having a good season.
오늘은 이진수가 호투했다.	Lee Jinsoo pitched really well today. * pitch = 던지다
김 감독의 작전에 납득이 안 간다.	I can't agree with Coach Kim's strategy. * strategy = 전략, 작전
윤 코치의 작전은 훌륭하다.	Coach Yun's strategy is great.
류현진도 메이저 리그로 가는 군.	Ryu Hyunjin moved to the Majors, too.

☕ 고교야구

봄의 고교야구 경기가 시작되었다.	The spring high school baseball tournament has started.
대구의 성광고교와 경기도의 대진고등학교의 시합이 있었다.	Daegu's Seongkwang High played against Gyeonggi's Daejin High. * high = high school(고등학교)
2 대 0 으로 성광고교가 이겼다. 축하해!	Seongkwang High won 2-0. Congratulations! * 2대 0은 two to zero.
서울고등학교, 파이팅!	Go for it, Seoul High School!
부산고의 에이스가 잘 던졌다.	Busan High School's ace pitched really well.
엄청 멋진 시합이었다.	It was a great game.
부산고의 선수들은 시합 후에 울었다.	The players of Busan all broke down in tears after the game. * break down in tears = 감정을 억제하지 못하고 울다
부산고 선수들은 서로 부둥켜안고 기뻐했다.	The players of Busan High School all embraced in joy. * embrace = 서로 안다 joy = 기쁨, 환희
나도 모르게 따라 울었다.	Just watching them made me cry, too.

선수 선서에 가슴이 뭉클했다.	The reading of the player's oath gave me a warm feeling inside.
	*oath = 선서
고교야구가 뜨겁다!	High school baseball is full of passion!
고교야구는 예측 불가능하다.	You never know what will happen with high school baseball.
선수들의 열중하는 모습에 감동했다.	The dedication of the players is inspiring.
	*dedication = 전념 inspiring = 감격시키다

아마추어 야구

시립운동장에서 아마추어 야구 시합을 했다.	I played in an amateur baseball game on the city field.
	*amateur = 아마추어
난 회사의 아마추어 야구팀에서 연습했다.	I practiced with my company's amateur baseball team.
T 인쇄 팀과 시합을 했다.	We played against T Printing.
내일은 아마추어 야구의 리그전이다!	We have an amateur league championship tomorrow!
멋지게 우승했다. 좋았어!	We won the league championship. Yes!
A 그룹 2 위였다.	We were second in the A Group.
최하위였다. 후~.	We were at the bottom. Too bad.
	*Too bad. = 유감이다.
내일은 승기의 야구 시합이다.	Seunggi has a baseball game tomorrow.

축구

 축구 전반

| 그램퍼스와 알비렉스의 경기를 보러 갔다. | I went to see a game between Grampus and Albirex. |
| 수원 삼성의 연습을 견학했다. | I went and saw Suwon Samsung's practice. |

2 대 1 로 서울 FC 가 이겼다.	Seoul FC won 2-1.
수원 FC 가 K 리그 클래식으로 처음으로 승격. 해냈다!	Suwon FC got promoted to K League classic. Excellent! * get promoted to ~ = ~로 승격되다
강원 FC 는 K 리그 챌린지로 내려갔다. 어쩌나.	Kangwon FC got demoted to K League challenge. Too bad... * get demoted to ~ = ~로 격이 내려가다
내일은 우즈베키스탄과의 경기다.	There's a game against Uzbekistan tomorrow.
야호! 한국이 아시아 예선을 통과했다!	Great! Korea passed the Asian Cup preliminaries! * preliminary = 예선
월드컵 아시아 3차 예선에서 한국은 C 조 다.	Korea is in Group C of the World Cup Asian third round qualifier. * qualifier = 예선
다음 상대는 강호 브라질이다.	Our next opponent is Brazil, the powerhouse. * opponent = 시합상대, 적 powerhouse = 최강팀
오만도 만만치 않다.	Oman is formidable. * formidable = (적 등이)강하다, 만만치 않다
골!!	Goal!
골키퍼가 잘 막았다!	The goalie did a good job! * goalie = 골키퍼
그는 한국팀의 수호신이다!	He's the savior of the Korean team. * savior = 구세주
2 대 0 에서 역전을 하다니!	They came back from being behind 2-0! * 2대 0은 two to zero
2 대 1 로 한국이 이겼다.	Korea won 2-1.
PK 로 넘어갔다.	It came down to a penalty shoot-out. * come down to ~ = ~에 이르다
이동국의 어시스트는 훌륭했다.	Lee Dongguk's assist was incredible. * incredible = 훌륭한
김재성이 퇴장당했다.	Kim Jae-Sung got ejected. * get ejected = 퇴장당하다
이길 수 있었는데.	We could have won that game.
마지막에 방심을 했다.	They let down their guard at the last moment. * let down ~ = ~을 낮추다 guard = 방위, 가드

상대팀의 반칙이 많다.	The other team made a lot of fouls.

 소년 축구

수현이의 소년 축구 시합을 보러 갔다.	I went and saw Suhyeon's boys' soccer game.
수현이가 골을 넣었다.	Soohyun's shoot went in! * go in = 들어가다
광주 FC 가 지역 대회에서 우승했다!	Gwangju FC won the district tournament! * district = 지구, 지역

골프

회사 끝나고 골프 연습장에 들렀다.	I stopped at a driving range on my way home from work. * driving range = 골프 연습장
골프 시합이 있었다.	I was in a golf competition.
클라이언트 접대 골프가 있었다.	I played golf with some clients.
7 시 경에 골프장에 도착했다.	I got to the golf course at around 7:00.
나이스 샷!	Nice shot!
홀인원!	Hole in one!
벙커에 빠졌다.	I got caught in a bunker. * get caught in ~ = ~에 빠지다, 걸리다
연못에 들어가 버렸다.	I hit it into the pond. * pond = 연못
2 번 홀은 보기였다.	The second hole was a bogey. * bogey = 보기
세상에 버디를 3 개나!	Oh wow, I got three birdies! * birdie = 버디
중간 성적은 53 이다.	At the halfway point, my score was 53.
스코어는 53+50=103.	My score was 53 + 50 = 103.
내 최고 기록이다!	It was my personal best!
잘 늘지 않는다.	I'm not improving much. * improve = 향상하다

자세가 나쁜 것 같다.	Maybe there's something wrong with my form.
처남이 골프 클럽을 줬다.	I got some golf clubs from my brother-in-law.

* brother-in-law = 처형, 처남

미국 오픈을 TV로 봤다.	I watched the U.S. Open on TV.
파이팅!	Good luck!
3 언더파로 예선 통과했다.	He qualified with a 3-under-par.

* qualify = 자격을 얻다

올해 상금왕은 김효주다.	This year's top earner was Kim Hyojoo.

* earner = 돈 버는 사람

20 스포츠

스 키 · 스 노 보 드

5시간 정도 스키를 탔다.	I skied for about five hours.
초보자 코스에서 연습했다.	I practiced on the beginners' course.
몇 번이나 넘어졌다.	I fell a lot of times.

* fall = 넘어지다. 과거형은 fell

미나에게 타는 법을 가르쳐 줬다.	I taught Mina how to ski.
스노플라우를 배웠다.	I learned how to do a snowplow turn.

* snowplow = 스노플라우 turn = 턴, 방향 전환

턴 하는 법을 배웠다.	I learned how to turn.
리프트를 탈 때 무서웠다.	It was scary to ride the lift.

* scary = 무섭다, 두렵다

리프트에서 본 경치가 멋져.	The view from the lift was fantastic.
꽤 급한 경사였다.	The slope was really steep.

* steep = 급한

파우더 스노는 최고다!	Powder snow is the best!

* powder snow는 단순하게 powder라고도 한다.

아이스반이 꽤 있었다.	There were a lot of icy spots.

* icy = 얼어서 미끄러지기 쉬운

밤에 타는 스키도 꽤 재밌었다.	Night skiing was also great fun.

* 스노보드는 skiing을 snow bording으로

스노보드를 탄 후의 온천은 최고다♪	Nothing beats taking a hot-spring bath after snowboarding♪

* nothing beats ~ = ~에 이기는 것은 없다, ~는 최고다

553

등산

| 오늘 설악산을 등반했다. | I climbed Mt. Seorak today. |
| | * climb[클라임] |

| 다음 주에는 한라산에 간다. | I'm going to climb Mt. Halla next week. |

| 언젠가 백두산에 가고 싶다. | I want to climb Mt. Baekdoo someday. |

| 올해 들어 10 번째 등산이다. | I've climbed ten mountains so far this year. |
| | * so far = 지금까지 |

| 등산하기에 딱 좋은 날이었다. | It was a perfect day for mountain climbing. |

| 공기가 좋았다. | The air was great. |

| 정상을 향해 올라갔다. | We climbed towards the summit. |
| | * summit = 정상 |

| 스틱을 사용하면서 조심스럽게 올라갔다. | We took our time climbing while using climbing sticks. |
| | * take one's time~ = (서두르지 않고) 천천히 ~을 하다 |

| 80% 정도 올라갔을 때 머리가 조금 아팠다. | My head started to hurt at about 80 percent up the mountain. |
| | * hurt = 아프다 과거형도 hurt |

| 고산병에 걸린 것 같다. | I think I got altitude sickness. |
| | * altitude sickness = 고산병 |

| 산장에서 좀 쉬었다. | We took a little break in a mountain hut. |
| | * hut = 산장 |

| 겨우 정상에 도착했다! | We finally reached the top! |

| 조망이 최고였다! | The view was spectacular! |
| | * spectacular = 멋진, 장관인 |

| 올라가는 것보다 내려가는 것이 더 힘들었다. | Coming down was harder than going up. |

| 발에 물집이 생겼다. | I got some blisters on my feet. |
| | * blister = (발)물집 |

| 고산 식물을 많이 볼 수 있었다. | I enjoyed seeing various kinds of alpine plants. |
| | * various = 다양한 |

| 새 등산복을 샀다. | I bought new mountain climbing clothes. |
| | * clothes = 옷 |

멋진 가방을 갖고 싶다.	I want a cool backpack.

복싱·격투기

잠실에서 하는 격투기를 보러 갔다.	I went to see a martial arts contest at Jamsil.

* martial art = 무술, 격투기   contest = 경기, 대회

카메다 대 김동현의 시합을 관전했다.	I saw the match between Kameda and Kim Donghyeon.
네 번째 방어전이다.	It was his fourth defense of his title.

* defense = 방어

오른쪽 스트레이트로 끝냈다.	He got in a right-straight punch.

* get in ~ = ~(일격 등)을 가하다

펀치가 약했다.	His punches were a little weak.

* weak = (힘 등이)약하다

시합 종료 공이 울렸다.	The bell rang and the game ended.
3 라운드 TKO 승!	It was a three-round TKO!
2 라운드 KO 패였다.	He lost in a two-round KO.
노사명의 판정승이었다.	Noh Samyoung got a decision win.

* decision win = 판정승

3-0 으로 송대환의 판정패였다.	Song Daehwan lost by a 3-0 decision.

* 3대 0은 three to zero로 읽는다.

그 판정은 납득할 수 없다.	I can't agree with that decision.
다섯 번째 방어에 성공했다.	It was his fifth successful defense of his title.
새 챔피언이 탄생했다.	A new champion was born.

그 외 스포츠

배드민턴을 했다.	I played badminton.
강산 씨와 탁구를 쳤다.	I played table tennis with Gangsan.
동료와 풋살을 했다.	I played futsal with some co-workers.

* futsal은 five-a-side football이라고도 한다.

시 개최 스포츠 대회에 참가했다.	I participated in a city sports event.

* participate in ~ = ~에 참가하다

스포츠에 대해
영어일기를 써 보자

걷기 운동 시작

> I bought a pedometer and an iPod.
> Now, I'm ready to take up walking
> tomorrow. I will stick to it!

 해석

만보기와 아이팟을 샀다. 이걸로 내일부터 시작할 걷기 운동 준비가 다 됐다. 작심삼일이 되지 말자!

포인트 now 는 '이걸로' '자~'라는 뉘앙스입니다. take up ~ 은 '~(취미 등) 을 시작하다', '작심삼일이 되지 말자'는 I will stick to it (그것을 계속할 거다) 로 표현했습니다. stick to ~는 '~(좌절하지 않고 결심한 것 등) 을 계속하다'는 의미.

호놀룰루 마라톤

> Namsoo completed the Honolulu
> Marathon and came back to Korea
> today. He said his legs were killing
> him, but he wanted to try a
> triathlon next. He's amazing!

해석

남수가 호놀룰루 마라톤을 완주하고 오늘 한국으로 돌아왔다. 다리가 죽을 정도로 아프다고 하면서도 다음에는 트라이애슬론에 도전하고 싶다고. 대단해!

포인트 '마라톤을 완주하다'는 complete a marathon, '마라톤에 나가다'는 run a marathon으로 표현합니다. kill 은 '(통증이나 놀람 등이) ~을 참을 수 없게 하다'라는 의미로 보통 his legs were killing him 처럼 진행형으로 표현합니다. '~ 에 도전하다'는 try.

오랜만에 배드민턴

I found the badminton set in the storeroom while cleaning. So, my sister and I played badminton for the first time in about 15 years. We both worked up a sweat.

해석

창고를 청소하다가 배드민턴 세트를 발견했다. 약 15년 만에 언니와 배드민턴을 쳤다. 둘 다 땀을 흘렸다.

 '창고'는 storeroom, '약 15년 만에'는 for the first time in about 15 years, '땀을 흘리다'는 work up a sweat 로 표현했는데, work up a good sweat(좋은 땀을 흘리다), work up a sweat all over one's body(몸 전체에서 땀이 나다) 와 같이 표현해도 좋습니다.

고교야구에 감동!

Daewon and Sangmoon played a close game. They went into extra innings and Sangmoon won 5-4. The players' tears made me cry, too. I love high school baseball!

 해석

대원고와 상문고의 경기는 접전이었다. 연장전에 들어가서 상문이 5대 4로 이겼다. 선수들이 우는 바람에, 따라 울고 말았다. 고교야구, 사랑한다!

 시합의 '대'는 and 외에도 vs. 로 표현해도 됩니다. '접전'은 close game, '(야구에서) 연장전에 들어가다'는 go into extra inning(s), '따라 울었다'는 ~made me cry, too(~가 나까지 울렸다) 로 표현합니다.

21 레저 · 여행

오락시설

 유원지

에버랜드에 갔다.	I went to Everland.
이번으로 다섯 번째다.	It was my 5th visit.
처음으로 캐리비안에 갔다.	I went to Caribean for the first time.
입장료가 만원이고 종일권이 3만원이었다.	It cost 10,000 won to get in, and a one-day pass was 30,000 won.
하루종일 놀았다.	We enjoyed the whole day there.
롤러코스터를 탔다.	I got on a roller coaster.

* roller coaster = 롤러코스터

엄청 빨랐다.	It was really fast.
엄청 무서워서 소리를 질렀다.	I was so scared that I screamed.

* scared = (사람이) 무서웠다

T-Express 는 강렬했다.	T-Express was really scary.

* scary = 무섭다

나미와 미영은 커피컵을 타며 즐거워했다.	Nami and Miyoung enjoyed riding the coffee cups.
아이들은 회전목마를 탔다.	The kids got on the Merry-Go-Round.
관람차가 꽤 높았다.	The Ferris wheel was quite high.

* Ferris wheel = 관람차

바람이 불어서 꽤 흔들렸다.	It was swaying a lot because of the wind.

* sway = 흔들리다

귀신의 집에 들어갔다.	We entered the haunted house.

* haunted house = 귀신의 집

진짜 같아서 무서웠다.	It was quite realistic and scary.
롤러코스터는 2 시간이나 기다려서 탔다.	We had to wait for two hours to get on the roller coaster.
의외로 사람이 없어서 별로 안 기다렸다.	It wasn't so crowded, so we didn't have to wait long.
미키 마우스와 사진을 찍었다.	We took a picture with Mickey Mouse.
사진을 많이 찍었다.	I took lots of pictures.

* lots of = a lot of(많은)

| 하나는 미키 마우스를 만나서 엄청 기뻐하는 것 같았다. | Hana looked really happy to meet Mickey Mouse. |
| 선물가게가 꽤 붐볐다. | The gift shops were packed like sardines. |

* packed like sardines = 꽉꽉 채워진

| 퍼레이드는 최고였다. | The night parade was stunning. |

* stunnin 멋진, 놀라운

| 저녁 무렵에 자리 잡으러 갔다. | We saved a place to sit in the late afternoon. |

* save = ~(자리 등)을 맡아 두다

| 꽤 좋은 곳에서 볼 수 있었다. | We had a pretty good spot and a nice view. |
| 꿈 같은 광경이었다. | It was a dreamlike scene. |

동물원

동물 관련 단어

판다	panda
곰	bear
북극곰	white bear / polar bear
기린	giraffe
코끼리	elephant
코뿔소	rhinoceros [라이노서라스] / rhino [라이노]
하마	hippopotamus [히파파터머스] / hippo
얼룩말	zebra [지브라]

사자	lion
호랑이	tiger
원숭이	monkey
침팬지	chimpanzee
오랑우탄	orangutan
코알라	koala
캥거루	kangaroo
악어	alligator / crocodile

559

서울대공원 동물원에 갔다.	We went to Seoul Grand Park Zoo.
아기곰을 봤다.	We saw a bear cub.
	* cub[커브] = (곰 등의) 새끼
엄청 귀여웠다.	It was really cute.
	* 동물의 성별을 모를 때는 it이라도 OK
자고 있었다.	It was sleeping.
대나무잎을 먹고 있었다.	It was eating bamboo leaves.
	* leaf = 잎. 복수형은 leaves
멀리 있어서 잘 안 보였다.	It was too far to see clearly.
새끼 얼룩말이 귀여웠다.	The baby zebra was cute.
아들은 코끼리를 보고 좋아했다.	My son was excited to see an elephant.
토끼를 안았다.	I held a rabbit.
	* hold = ~을 안다 과거형은 held
산책하는 펭귄을 봤다.	We watched the penguins walking.
북극곰을 볼 수 있어서 운이 좋았다.	We were lucky to see polar bears.
사자가 우리 안에서 자고 있었다.	The lions were sleeping in the cage.
	* cage = 우리
눈이 귀여웠다.	They had cute eyes.

 수족관

수중 동물 관련 단어

돌고래	dolphin		
바다표범	seal		
바다사자	sea lion		
해달	sea otter	해마	sea horse
범고래	killer whale	클리오네	clione / sea angel
펭귄	penguin	해파리	jellyfish
가오리	ray	거북이	turtle / tortoise [토터스]
상어	shark		
고래상어	whale shark	열대어	tropical fish
샐러맨더	salamander	심해어	deep-sea fish

560

코엑스 아쿠아리움에 갔다.	We went to COEX Aquarium.
아쿠아리움의 환한 불빛이 정말 멋졌다.	The illuminated Aquarium was really nice.
	* illuminated = 일루미네이션으로 장식된
열대어가 예뻤다.	The tropical fish were beautiful.
	* fish는 복수형도 fish
고래상어는 힘이 있었다.	The whale shark was powerful.
	* whale shark = 고래상어
심해어는 신기한 모양을 하고 있다.	Deep-sea fish have strange shapes.
클리오네가 귀여웠다.	The cliones were cute.
	* 클리오네는 sea angel이라고도 한다.
수달이 너무 빨리 헤엄쳐서 놀랐다.	I was surprised how fast the otters swam.
	* otter = 수달
수조 터널을 걸었다.	We walked through a water tunnel.
물고기들이 헤엄치는 모습을 올려다봤다.	We watched the swimming fish from below.
돌고래 쇼는 재미있었다.	The dolphin show was fun.
물을 뒤집어썼다.	We were caught in the spray.
	* caught in ~ = ~에 휩쓸리다
상희가 깜짝 놀랐다.	Sanghee was startled.
	* startled = 놀라서
돌고래는 엄청 머리가 좋다.	Dolphins are really smart.
어떻게 저렇게 높이 뛰어오를 수 있을까?	How do they jump so high?

21
레저·여행

수영장·바다

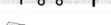 수영장·바다에 가다

한강 수영장에 갔다.	We went to the swimming pool at Han river.
구청 수영장에 갔다.	I went swimming in the public swimming pool.
수영장에서 헤엄쳤다.	We swam in the pool.
워터 슬라이더로 놀았다.	We got on the water slide.

수영장은 너무 혼잡했다.	The swimming pool was really crowded.
대천해수욕장에 수영하러 갔다.	I went to Daecheon Beach for a swim.
바다에서 수영하는 것은 오랜만이었다.	I haven't swum in the sea in a long time. * swim(헤엄치다)의 과거분사는 swum
튜브를 타고 둥둥 떠 있었다.	I floated in the water on my float. * float = 뜨다, 튜브
큰 하늘 아래에서 바다에 떠 있는 것은 최고였다.	It felt great to float in the sea under the big sky.
오랜만에 헤엄쳐서 즐거웠다.	I had a good time swimming for the first time in ages.
수영하느라 피곤해서 오늘 밤에는 푹 잘 수 있을 것 같다.	I got exhausted from swimming. I'm sure I can sleep like a log tonight. * sleep like a log = 푹 자다

 해변에서

해변에 누워 있었다.	I lay down on the beach. * lie down = 눕다. lie의 과거형은 lay
해변에서 마시는 맥주는 최고다!	Nothing beats a beer on the beach! * nothing beats ~ = ~을 이기는 것은 없다, ~은 최고다
비치발리볼을 했다.	We played beach volleyball.
수박 깨기 게임을 했다.	We played a game of split-the-watermelon. * split = ~을 깨다 watermelon = 수박
파라솔 아래서 책을 읽었다.	I read a book under a parasol.
해변의 식당에서 라면을 먹고 맥주를 마셨다.	We had ramyun and some beers at a beach shop.
모래놀이를 했다.	We played on the beach.

 태닝

선크림을 발랐다.	I put on sunscreen. * sunscreen = 선크림
선크림 바르는 것을 잊었다.	I forgot to put on sunscreen.

선탠 로션을 발랐다.	I put on suntan lotion.
	* suntan = 태닝
(적당하게) 태닝을 했다.	I got suntanned.
	* get suntanned = 피부를 태우다
(과도하게) 태닝을 했다.	I got sunburned.
몸 전체가 따끔거린다.	My body is stinging all over.
	* sting = (신체 부분이) 찌르듯 아프다
얼굴이 태닝으로 빨갛다.	My face was sunburned red.
적당하게 태닝했다.	I got a nice suntan.
내 피부는 내가 바라던 황금빛 ♪	My skin has a golden color, just the way I like it ♪

🕐 갯벌 체험

갯벌 체험을 하러 갔다.	We went clamming.
	* clam = 갯벌 체험하다
바지락을 많이 캤다.	We got a lot of littleneck clams.
	* littleneck clam = 바지락
제일 먼저 판 곳에서는 많이 안 나왔다.	There weren't many in the first place we dug.
	* dig = ~을 파다. 과거형은 dug
장소를 몇 번씩 바꿨더니 대합을 많이 캘 수 있었다.	We got a lot of clams when we tried different places.
	* clam = 대합
6kg이나 캤다!	We gathered 6kg in total!
	* gather = ~을 모으다
조개를 20개 캤다.	We gathered 20 clams.
집에서 쪘다.	I steamed the clams in sake at home.
	* steam = ~을 찌다

아웃도어·드라이브

☕ 강·호수

대학 친구와 강변에서 바비큐를 해먹었다.	I had a BBQ at the riverside with friends from college.
	* BBQ = 바베큐
소양강에 낚시하러 갔다.	We went fishing in the Soyang River.

보트를 타고 동강을 따라 내려갔다.	We went on a boat ride down the Dong River.
동강에서 래프팅에 도전했다.	I tried rafting on the Dong River.
카누를 타고 강을 내려갔다.	I canoed down the river. * canoe＝카누를 타다
유람선을 타고 호수를 돌았다.	We went around the lake on a sightseeing boat.

피크닉

수리산으로 피크닉을 갔다.	We went for a picnic at Mt. Suri.
도시락을 가지고 갔다.	We brought packed lunch.
김양호 씨 가족과 정경수 씨 가족과 같이 갔다.	We went with the Kims and the Hans. * the＋성s＝~집 사람들
각자 먹거리와 음료수를 조금씩 가져왔다.	We had a potluck lunch. * potluck＝각자 음식을 조금씩 가져 와서 나눠 먹는 식사
돗자리 위에서 밥을 먹었다.	We sat and ate on a picnic blanket. * picnic blanket＝피크닉용 자리
밖에서 먹는 밥은 왜 이렇게 맛있지?	Why does food taste so good outside?
아이들은 잔디 위를 뛰어다녔다.	The children ran around on the grass.
꽃이 많이 피어 있었다.	There were a lot of flowers.

캠핑

주말 3일동안 가족과 함께 캠핑을 갔다.	On the three-day weekend, I went camping with my family. * three-day weekend＝금요일 또는 월요일 휴일이 낀 주말
텐트를 쳤다.	We set up a tent.
침낭에서 잤다.	We slept in sleeping bags.
바비큐를 했다.	We had a barbecue. * 바비큐는 BBQ라고도 쓴다
밤에는 꽤 추웠다.	It got pretty cold at night.

하늘의 별이 아름다웠다. | The stars were beautiful.

✏️ 드라이브

가족과 함께 드라이브를 갔다. | I went for a drive with my family.

드라이브하기에 딱 좋은 날이었다. | It was a perfect day for a drive.

포치도 데리고 갔다. | We took Pochi with us.

강화대교를 건넜다. | We crossed the Ganghwa Bridge.

돌아오는 차 안에서 아이들이 깊이 잠들었다. | The kids were fast asleep on the drive back.   * fast asleep = 깊이 잠들다

길이 막혀서 고생했다. | We got caught in a traffic jam. It was terrible.   * traffic jam = 교통정체

수정이가 화장실에 가고 싶다고 해서 난감했다. | We didn't know what to do when Soojeong said she wanted to go to the restroom.

겨우 휴게소까지 참게 했다. | I had her wait until we got to a rest area.

아슬아슬했다! | We made it just in time!

📖 그 외 레저

식물원에 갔다. | I went to the botanical garden.   * botanical garden = 식물원

공원을 산책했다. | I strolled in the park.   * stroll = 산책하다

아들과 공원에서 캐치볼을 했다. | I played catch with my son in the park.   * play catch = 캐치볼을 하다

대관령으로 하이킹을 갔다. | We went hiking in Daegwallyeong.

동굴을 보러 갔다. | We went to see some caves.   * cave = 동굴

동굴 안은 시원했다. | It was nice and cool inside the cave.

진해에서 벚꽃구경을 했다. | I enjoyed looking at beautiful cherry blossoms at Jinhae.

* cherry blossom = 벚꽃

가족과 함께 창경궁에 단풍을 보러 갔다.

I went to see autumn colored leaves at Changgyeonggung with my family.

*leaf＝잎, 복수형은leaves

온천

👓 온천에 가다

2박3일로 백암 온천에 갔다.

We went to Baekam Hot Spring for two nights and three days.

*hot spring＝온천

잠시 온천에 들렀다.

We went to a "stop-by-hot-spring."

*stop by＝들르다

각각 다른 탕이 몇 개나 됐다.

There were several different baths.

가족이 함께 온천탕에 들어갔다.

We had a bath all to ourselves.

*have ～ all to oneself＝～을 전세내다

눈을 보면서 온천에 들어갔다.

We looked at the snow as we soaked in the bath.

*soak in ～＝～에 담그다

온천을 몇 군데 돌았다.

We went around to several hot spring resorts.

그 날은 세 번 온천에 들어갔다.

We took three hot spring baths that day.

노천탕은 정말 좋다!

Open-air baths really feel great!

몸이 속부터 따뜻해졌다.

My body was warmed to the core.

*core＝심, 핵

피부가 매끌매끌해졌다!

My skin became so smooth!

너무 오래 들어가 있어서 현기증이 났다.

I got dizzy from staying in the water too long.

*get dizzy＝현기증이 나다

너무 오래 들어가 있어서 기운이 떨어졌다.

I got tired from staying too long in the water.

*get tired＝지치다

 온천에 대해

온천 온도가 딱 좋았다.

The water temperature was just right.

온천 온도가 너무 뜨거웠다.

The water temperature was too hot.

*'미지근했다'는 wasn't hot enough로

계속 흘러넘치는 온천이었다. It was a flow-through hot spring.

탄산 온천이었다. It was a carbonated spring.

* carbonated = 탄산 가스를 함유한

온천수가 약간 피부에 자극적이었다. The water was a little irritating to the skin.

* irritating = 자극이 있는

온천수가 정말 부드러웠다. The water felt really soft.

그 온천은 신경통에 효과가 있다고 한다. They say the hot spring is good for neuralgia.

* neuralgia[뉴럴자] = 신경통

온천 마을에서

온천 마을을 산책했다. We walked around the town.

가는 곳마다 족탕이 있었다. There were footbaths everywhere on the street.

유황 냄새가 났다. It smelled of sulfur.

* sulfur[설퍼] = 유황

온천 달걀을 먹었다. We ate hot spring eggs.

온천 만쥬를 먹었다. We ate hot spring manju.

여행

여행 계획 (→ p. 278 「나라 이름」, p. 279 「도시명」도 참조)

해외 여행을 가고 싶다. I want to travel abroad.

캄보디아에 가고 싶다. I want to visit Cambodia.

블루 트레인을 타고 싶다. I feel like riding the Blue Train.

* feel like -ing = ~하고 싶은 기분이다

내일 경희와 춘천으로 여행간다. Kyeonghee and I are going on a trip to Chuncheon tomorrow.

첫 영국 여행이다. It's my first trip to England.

다음 주 이 시간에는 런던을 만끽하고 있을 거야! I'll be enjoying myself in London this time next week ☆

올 여름 휴가는 해외로 가고 싶다.	I want to travel abroad during this summer vacation.
부모님을 모시고 여행을 가야겠다.	Maybe I should take my parents on a trip somewhere.
직접 나이아가라 폭포를 보고 싶다.	I want to see Niagara Falls with my own eyes.
내 영어가 통하는지 시험해 보고 싶다.	I want to see if I can make myself understood in English.

 여행 준비

여행사에서 안내책자를 받아 왔다.	I got some brochures at a travel agency.

* brochure[브로우셔] = 안내책자
travel agency = 여행사

여행사에 여행을 예약했다.	I booked a trip at a travel agency.

* book = ~을 예약하다

인터넷에서 비행기 티켓을 샀다.	I bought plane tickets online.
드디어 비행기 티켓을 샀다!	I've finally gotten plane tickets!
여행 일정표가 왔다.	I received my itinerary.

* itinerary[아이티너리] = 여행 일정표

짐을 쌌다.	I did the packing.
짐이 트렁크에 가득찼다.	My suitcase is full.
백팩만 가져가기로 했다.	I decided to take just my backpack.
부족한 건 현지에서 조달하자.	If there's something I need, I'll get it when I'm there.

 여권과 비자

여권을 신청했다.	I applied for a passport.

* apply for ~ = ~을 신청하다

여권을 갱신해야 한다.	I have to renew my passport.

* renew = ~을 갱신하다

여권이 드디어 나왔다.	I've finally gotten my passport.

대사관에 가서 비자를 받아 왔다.	I went to the embassy and got a visa. * embassy = 대사관
여행사에 비자 대행을 맡겼다.	I had the travel agent get my visa.

공항에서

공항 관련 단어

공항	airport
체크인 카운터	check-in counter
수하물 검사	baggage inspection
보안체크	security checks
출입국 심사	immigration
입국 카드	immigration card
중앙홀	concourse
탑승구	boarding gate
탑승권	boarding card
탑승시간	boarding time
면세점	duty-free shop
세관	customs
전망 데크	viewing deck
환전소	currency exchange counter
기념품점	souvenir shop / gift shop
식당가/ 푸드코트	food court

공항에 너무 일찍 도착했다.	I got to the airport too early.
늦을 것 같아서 초조했다.	I was worried because I was almost late.
공항이 참 좋았다.	The airport was really nice.
공항에서 라면을 먹었다.	We ate ramyun noodles at the airport.
체크인 카운터에는 사람들이 많이 서있었다.	There were a lot of people in line at the check-in counter.
창쪽 좌석으로 했다.	I got a window seat.
통로쪽 좌석밖에 없었다.	Only aisle seats were available. * aisle[아일] = 통로쪽의 available = 비어 있는
짐이 중량 초과였다! 못살아!	My baggage was over the weight limit! What a shock! * baggage = 짐
환전했다.	I exchanged my money.
출국 심사에 시간이 걸렸다.	It took a long time at Immigration. * immigration = 출입국 관리

면세점에서 어머니 화장품을 샀다.	I bought some cosmetics for my mother at a duty-free shop.
입국 심사 때 긴장했다.	I got nervous at the immigration check.
환승 때문에 4 시간 기다렸다.	I had a four-hour layover.

*layover = 환승 시간

| 환승편을 놓쳤다고 생각하니 초조했다. | I panicked because I thought I would miss my connecting flight. |

*connecting = 환승의

 비행기

비행기 관련 단어

국제선	international flight		
국내선	domestic flight		
직항편	direct flight	통로쪽 좌석	aisle [아일] seat
환승편	connecting flight	창가쪽 좌석	window seat
이륙하다	take off	기내 판매	in-flight shopping
착륙하다	land	난기류	turbulence
현지 시각	local time	기장	captain
이코노미 클래스	economy class	객실 승무원	flight attendant
비즈니스 클래스	business class	비상구	escape hatch
퍼스트 클래스	first class	기내식	in-flight meal

비행기가 1 시간이나 지연되었다.	The plane was an hour late.
비행기가 만석이었다.	My flight was full.
비행기에 사람이 거의 없었다.	My flight was almost empty.
난기류로 많이 흔들렸다.	The plane shook a lot due to turbulence.

*turbulence[터뷸런스] = 난기류

| 토할 것 같다. | I got airsick. |

*get airsick = 비행기 멀미를 하다

| 서울에서 런던까지 약 13 시간이다. | It took about 13 hours from Seoul to London. |
| 엄청 길게 느껴졌다. | The flight felt really long. |

눈 깜짝할 새였다.	The flight was over before I knew it.
좌석이 불편했다.	The seat was cramped.
	*cramped=비좁은
한 번이라도 좋으니까 퍼스트 클래스에 타 보고 싶다.	I want to travel in first class even just once.
기내식은 맛있었다.	The in-flight meal was good.
	*in-flight meal=기내식
기내식은 정말 별로였다.	The in-flight meal wasn't really good.
와인을 마셨다.	I had wine.
승무원이 친절했다.	The flight attendants were nice.
기내에서 자료를 봤다.	I looked over the material in the airplane.
기내에서 간단한 미팅을 했다.	We had a brief meeting on the plane.
	*brief=단시간의
기내에서 향수를 샀다.	I bought some perfume on the plane.
비즈니스 클래스는 정말 편했다.	Business class was really comfortable.
영화를 두 편 봤다.	I watched two movies.
게임을 하며 놀았다.	I played computer games.
푹 잤다.	I fell fast asleep.
	*fall fast asleep=푹 자다
거의 잘 수 없었다.	I could hardly sleep.
현지 시간으로 저녁 8 시에 도착했다.	We arrived at 8:00 at night, local time.
비행기는 1 시간 늦게 도착했다.	The flight arrived an hour late.
현지 기온은 23 도였다.	The local temperature was 23℃.

🖉 호텔

호텔이 깨끗해서 좋았다.	I'm glad the hotel was nice and clean.

호텔 방이 좁았다.	My hotel room was too small.
넓지는 않았지만 괜찮았다.	It wasn't very big, but it wasn't a problem.
넓고 쾌적했다.	It was really big and comfortable.
스위트룸에서 묵었다.	We stayed in a suite.
고풍스러운 곳이었다.	It was a nice and quaint inn.

quaint=고풍스러운   inn=숙박시설

노천탕이 있는 방이었다.	It was a room with an open-air bath.
또 가고 싶은 마음이 드는 곳이었다.	It's the kind of inn I want to stay at again.
너무 멋진 방이라서 들어가자마자 환성을 질렀다.	It was such a nice room that I let out a shout of joy as I walked in.

let out ～=～(소리)를 내다

창문에서 보이는 풍경이 멋졌다.	The view from the window was great.
강물 흐르는 소리가 좋았다.	The sound of the river was really relaxing.
웰컴 드링크가 샴페인이었다!	The welcome drink was champagne!
저녁 10시에 호텔을 체크인했다.	I checked in at the hotel at 10 p.m.
9시 경에 체크아웃했다.	We checked out at around 9:00.
저녁까지 짐을 맡겨 두기로 했다.	I asked them to keep my bags until evening.
또 그곳에 묵고 싶다.	I want to stay there again.

📖 호텔에서 생긴 문제

샤워기 물이 안 나왔다.	The shower didn't work.

work=정상적으로 움직이다

목욕탕에 뜨거운 물이 안 나왔다.	There was no hot water in the bathroom.

화장실이 막혔다.	The toilet got clogged.
	*clog = ~을 막히게 하다
옆방이 시끄러웠다.	The people in the next room were noisy.

👓 관광하다

관광안내소에서 시내 지도를 받았다.	I got a map of the city at the tourist information center.
추천할만한 레스토랑을 물었다.	I asked them to recommend a restaurant.
추천할만한 뮤지컬을 물었다.	I asked them to recommend a musical.
뉴욕은 정말 흥미로운 도시다.	New York is a really exciting city.
앙코르와트를 보고 감동했다.	I was moved when I saw Angkor Wat.
	*move = ~을 감동시키다
경치가 장관이었다.	It was a magnificent sight.
	*magnificent = 웅대한
지하철 노선도를 받았다.	I got a subway map.
택시를 타고 미술관으로 갔다.	I took a taxi to the art museum.

📖 호텔에서의 식사

아침식사로 호텔에서 팬케이크와 과일을 먹었다.	I had pancakes and fruit at the hotel for breakfast.
아침식사는 홀에서 먹었다.	We ate breakfast in the hall.
방에서 저녁을 먹었다.	We had a dinner in our room.
숙소 식사가 굉장했다.	The meal at the inn was incredible.
숙소에서 주는 아침밥 너무 좋아!	I love the breakfast at the inn!
평판이 좋은 레스토랑에서 식사를 했다.	We ate at a popular restaurant.
그 지방 사람들이 가는 식당에서 밥을 먹었다.	We ate at the kind of restaurant that locals go to.
	*local = 지역 사람

지역의 식재료를 살린 요리였다.	The meal was made using local ingredients. * ingredient = 식재료
부산 하면 역시 복어다!	You can't leave Busan without eating blowfish! * blowfish = 복어
시장에서 게를 먹었다.	I had crab at the market.

 기념품을 사다

가는 도중에 몇 가지 기념품을 봤다.	I checked out some souvenirs on the way. * souvenir[소비니어] = 기념품
면세점에서 쇼핑을 했다.	I shopped at a duty-free shop. * shop = 쇼핑을 하다
프라다 핸드백이 한국보다 쌌다.	Prada purses were less expensive there than they were in Korea. * purse = 핸드백
영아에게 귀여운 키 홀더를 사 줬다.	I got Younga a cute key ring.
어머니께 드릴 목걸이를 샀다.	I bought a beautiful necklace for my mother.
현지의 전통 공예품이라고 한다.	I was told that it's a traditional handicraft. * handicraft = 수공예품
슈퍼마켓에서 현지 과자를 많이 샀다.	I bought a lot of local snacks at the supermarket.
회사 사람들에게 줄 기념품을 샀다.	I bought some things for all my co-workers. * co-worker = 동료

기념사진을 찍다

근처에 있던 사람들에게 사진을 찍어달라고 했다.	I asked someone near me to take our picture.
커플 사진을 찍어 줬다.	I took a photo for a couple.
사진을 엄청 많이 찍었다.	I took a lot of pictures.
좋은 사진을 많이 찍었다.	I took a lot of nice photos.

여행지에서의 교류

한국에서 온 여행자와 친구가 되었다.	I made friends with a Korean tourist.
	* make friends with ~ = ~와 친구가 되다
숙소의 오너와 친구가 되었다.	I made friends with the inn owner.
옆 좌석 사람이 한국어로 말을 걸었다.	The person sitting next to me spoke to me in Korean.
한국어를 잘 했다.	Her Korean was really good.
같이 저녁밥을 먹었다.	We had dinner together.
같이 사진을 찍었다.	We took some pictures together.
메일 주소를 교환했다.	We exchanged e-mail addresses.
한국에 올 기회가 있으면 만나자고 약속했다.	We agreed to meet if she ever visits Korea.
	* ever = 언젠가

 여행에서 돌아오다

1 주일이 금방 지나갔다.	The week was over before I knew it.
멋진 여행이 순식간에 끝났다.	The fun trip was over in an instant.
	* in an instant = 순식간에
엄청 재밌었다.	I had a great time.
이동이 많아서 피곤했다.	We had to move around a lot, and that was tiring.
	* tiring = 피곤하게 하는
성수와 여행지에서 크게 싸웠는데, 큰일이다.	I had a big fight with Seongsoo during the trip. It was terrible.
사진을 정리해야겠다.	I'll sort out the pictures.
	* sort out ~ = ~을 분류하다
좋은 추억이 되었다.	It's a nice memory.
평생 잊을 수 없다.	I'll never forget it.
또 가고 싶다.	I want to go there again.
다음에는 어디로 갈까?	Where should I go next?

레저 · 여행에 대해
영어일기를 써 보자

 ## 여행 계획

I'm making plans for a trip to Gyeongju. There are many places I want to visit, like Bulguksa, Seokguram, Cheonmachong, etc. I'm getting excited.

해석

경주 여행을 계획 중이다. 불국사, 석굴암, 천마총 등 가고 싶은 곳이 엄청 많다. 설렌다.

포인트 '~을 계획중이다'는 be making plans for ~ (명사), '~하는 것을 계획중이다'는 be making plans to ~(동사원형)으로 표현합니다. '가고 싶은 곳'은 places (that) I want to visit. I'm, getting excited.는 점점 설레고 있다는 상태를 나타냅니다.

 ## 아이의 눈

We went to the zoo. When Kyeonghoon looked at a giraffe, he said, "Wow, long legs!" We adults would say "a long neck." Kids have a pretty interesting point of view.

해석

가족과 함께 동물원에 갔다. 기린을 보고 경훈이 '우와~! 다리가 길다'라고 말했다. 우리 어른이라면 '목이 길다'고 했을 텐데. 아이들이 보는 눈은 재밌다.

포인트 '우리 어른이라면 ~할 것이다'는 We adults would ~(동사원형) 으로 표현합니다. 이 would 는 '만약 … 라면 ~ 할 것이다'라는 가정의 뉘앙스를 포함하고 있습니다. '시점'은 point of view 로 표현합니다. 여기에서의 pretty 는 '꽤, 좀처럼'의 의미.

576

일본에서 온 친구들의 한국 여행

Yukiko, Ikumi and Sooji came to Korea. They indulged in authentic Korean food, facials, body scrubs, etc. and bought loads of Korean cosmetics.

 해석

유키코와 이쿠미와 수지, 이렇게 셋이서 한국에 왔다. 원조 한국요리에 마사지, 때밀이, 화장품 대량 구매 삼매경이었다.

포인트 '~삼매경'에 딱 떨어지는 영어표현이 없으므로 indulge in ~ (호화롭게 ~을 즐기다, ~을 탐닉하다) 로 표현했습니다. '원조'는 authentic, (Korean) body scrub은 '한국식 때밀이'. loads of ~ 는 '많은~'으로, a load of ~도 동일한 의미입니다.

 오토바이 라이딩

My girlfriend and I went for a motorcycle ride to Sanjeong Lake Skyline. We rode my motorcycle together for the first time in ages. It was refreshing!

해석

여자친구와 산정호수의 스카이라인 라이딩을 하러 갔다. 오랜만에 둘이서 탔다. 완전 기분전환!

포인트 '오토바이 라이딩을 하러 외출하다'는 go for a motorcycle ride 나 go on a motorcycle trip ⟨tour⟩. '오토바이에 둘이 타다'는 ride one's motorcycle together 로 표현합니다. for the first time in ages 는 '오랜만에'라는 뜻입니다.

577

22 패션

패션 전반

 옷

봄 카디건을 갖고 싶다.	I want a spring cardigan.
슬슬 정장을 새로 마련해야 한다.	Maybe it's about time I got a new suit.
잡지에서 본 셔츠를 갖고 싶다.	I want the shirt I saw in the magazine.
원피스를 입고 외출했다.	I went out in a dress. * dress = 원피스
늘 비슷한 옷을 산다.	I always end up buying clothes similar to what I already have. * end up -ing = 결국 ~하다 similar to ~ = ~를 닮은
신상 재킷을 입었다.	I wore my brand-new jacket. * brand-new = 신상의
스트라이프 셔츠에 베이지 바지를 맞춰 입었다.	I chose a striped shirt and beige pants.
회색 커트 앤드 소운에 핑크색 스카프를 둘렀다.	I chose a gray cut-and-sewn top and a pink scarf.
옷장 안에는 회색과 검정색 옷이 많다.	I have a lot of gray and black clothes in my closet.
밝은 색의 옷도 입어보고 싶은데.	Maybe I'll try wearing clothes with brighter colors. * bright = (색이) 선명한
지금까지 옷값으로 얼마나 쓴거지?	How much money have I spent on clothes so far? * so far = 지금까지
오늘 산 옷을 입고 외출하고 싶다.	I can't wait to go out in the outfit I bought today. * outfit은 「코디네이트된 의상 세트」를 나타낸다.

셔츠	shirt		청바지	jeans
와이셔츠	business shirt		반바지	shorts
티셔츠	T-shirt		스커트	skirt
탱크톱	tank top		큐롯(치마바지)	culottes
폴로셔츠	polo shirt		원피스	dress
블라우스	blouse		칵테일 드레스	cocktail dress
커트 앤드 소운	cut-and-sewn top		파자마	pajamas
스웨터	sweater		잠옷	nightie
니트	knitted sweater		속옷	underwear
카디건	cardigan		브래지어	brassiere / bra
추리닝 상의	sweatshirt		브리프	briefs
파카	parka		트렁크	boxer shorts
정장	suit		반팔의	short-sleeved
턱시도	tuxedo / tux		긴팔의	long-sleeved
재킷	jacket		민소매의	sleeveless
윈드브레이커(점퍼)	windbreaker		터틀넥의	turtleneck
바지	pants			

22
패션

무늬·소재 관련 단어

무지의	plain			
체크의	checkered		마	linen
바둑판 무늬의	tartan / tartan-checkered		울, 모	wool
킹덤체크의	gingham / gingham-checkered		실크	silk
			나일론	nylon
스트라이프의	striped		아크릴	acrylic
가로줄무늬의	horizontal-striped		폴리에스테르	polyester
물방울 모양의	polka-dot		폴리우레탄	polyurethane
꽃모양의	floral-print		레이온	rayon
호피무늬의	leopard-print		코듀로이	corduroy
기하학적 모양의	geometric-pattern		양모	fleece
레이스의	lacy		벨벳	velvet
면	cotton		데님	denim

 입어보다

거울 앞에서 확인해 봤다.　　　　　**I checked myself out in the mirror.**

* check ~ out = ~을 확인하다, 잘 보다

그 옷을 입어 봤다.	I tried it on.
	*try ~ on = ~을 입어 보다 try의 과거형은 tried
셔츠와 바지를 입어 봤다.	I tried on a shirt and a pair of pants.
세 벌 입어 봤다.	I tried on three pieces of clothes.
탈의실이 빌 때까지 조금 기다렸다.	I had to wait a little to use the fitting room.
	*fitting room = 시착실
아내에게 봐 달라고 했다.	I asked my wife how I looked.
치마가 안 들어가서 실망했다.	I was disappointed that the skirt was too tight for me. ☹
	*tight = 꽉 끼다
옷 입어 보는 것은 귀찮아.	It's a bother to try clothes on.
	*bother = 귀찮은 일
입어 보지 않고 샀다.	I bought it without trying it on.

👓 어울린다 · 어울리지 않는다

에르메스의 스카프가 내게 어울릴까?	I wonder if a Hermès scarf would look good on me.
의외로 어울려서 기뻤다.	I was happy because it looked surprisingly good on me.
그다지 어울리지 않았다.	It didn't look so good on me.
남편이 안 어울린다고 했다.	My husband told me that it wasn't for me.
나는 어울린다고 생각했는데.	I thought I looked good in it.
나는 빨간색 옷이 별로 어울리지 않는다.	I don't look good in red.
유행하는 옷보다도 내게 어울리는 옷을 사고 싶다.	Rather than buy what's in fashion, I want to buy clothes that suit me.
	*in fashion = 유행하는 suit = ~에게 어울리다

 사이즈

약간 작았다.	It was a bit too tight.
생각보다 헐렁했다.	It was bigger than I thought.

팔뚝이 꽉 꼈다.	It was tight around my upper arms.
	* upper arm = 팔뚝
더 큰 사이즈를 부탁했다.	I asked for a larger size.
더 작은 사이즈를 부탁했다.	I asked for a smaller size.
더 큰 사이즈는 재고가 없었다.	The larger size was out of stock.
	* out of stock = 재고가 없다
9호로 할 걸 그랬나?	Maybe I should've gotten a size 9.

디자인

너무 귀여웠다.	It was really cute.
엄청 멋졌다.	It was really cool.
너무 화려할지도.	Maybe it's too flashy.
	* flashy = 화려한
촌스러운가?	I wonder if it's too plain.
	* plain = 촌스러운
뚱뚱해 보이나?	I wonder if it makes me look fat.
심플한 디자인이 제일 좋다.	A basic design would be best.
	* basic을 simple로 해도 된다.
바둑판 무늬는 겨울의 스탠더드 아이템이다.	Tartan is standard in winter.
어떤 옷에도 매치가 잘 되는 디자인이다.	It's a design that's easy to mix-and-match.
	* mix-and-match = ~을 두루 맞춰서 입다
최근에 저런 디자인이 유행하고 있구나.	It seems such designs are popular these days.
바디 라인이 드러나는 원피스였다.	It's the kind of dress that shows my body shape.
아무나 입을 수 없는 옷이었다.	Whether it looks great or not depends on who's wearing it.
	* whether~or not = ~인지 아닌지
이 원피스를 입으면 이미지가 확 변한다.	This dress could give me a whole new look.
그 정장은 날씬해 보여서 좋았다.	I liked the figure-flattering suit.
	* figure-flattering = 스타일을 실제보다 멋지게 보여주다

소재

역시 면이 좋다.	Cotton is really comfortable.
마의 감촉을 좋아한다.	I like the feel of linen. * linen = 마
섬세한 소재로 만들어져 있다.	It's made from delicate material.
고급스러운 소재다.	* material = (옷 등의)천 It seems like high-quality material.
매끄럽고 부드러운 소재였다.	The material was silky and smooth.
	* silky = 매끄러운 smooth = 부드러운
멋지지만 빨래가 힘들 것 같다.	It's beautiful, but it looks like it would be a pain to wash.
	* pain = 고생
신축성 있는 소재의 바지가 제일 편하다.	Pants made from a stretchy material are the most comfortable.
스웨터가 약간 따끔거렸다.	The sweater was a little scratchy.
	* scratchy = 따끔거리는

 색

색상 관련 단어

화이트	white			
블랙	black			
레드	red	오렌지	orange	
블루	blue	카키	khaki	
옐로우	yellow	옐로우그린	yellow green	
그린	green	다크브라운	dark brown	
브라운	brown	퍼플	purple	
베이지	beige	라일락	lilac	
그레이	gray	네이비	navy	
라이트블루	light blue	골드	gold	
핑크	pink	실버	silver	

좋은 색이었다.	It was a nice color.
화이트는 얼룩이 눈에 띈다.	I think spots will stand out more on white. * spot = 더러움, 얼룩 stand out = 눈에 띄다

라이트 블루와 오렌지 사이에서 고민했다.	I couldn't choose between light blue and orange.
내게 어울리는 색이 아니었다.	It wasn't my color.
그린은 내게 어울리지 않는다.	Green isn't my color.
핑크는 품절이었다.	Pink was sold out.
그 외에 핑크, 베이지, 그레이도 있었다.	There were other colors too — pink, beige and gray.
파스텔톤 컬러 니트를 갖고 싶다.	I want a pastel-colored knitted sweater.
같은 디자인의 다른 색상을 샀다.	I bought one in a different color.
언니와 색만 다른 옷을 샀다.	I bought a different color from my sister's.

☕ 유행

올해는 시폰 스커트가 유행이라고 한다.	Chiffon skirts seem to be in fashion this year. * in fashion = 유행하는
올 봄에는 파스텔 컬러가 유행이다.	Pastel colors are in fashion this spring.
이 바지는 유행이 지났나?	I wonder if these pants are already out of fashion. * out of fashion = 유행이 지난
사브리나 팬츠가 유행인 것 같다.	It looks like Sabrina pants are in fashion. * Sabrina pants는 6~7부 길이의 바지.
이 디자인이 내년에도 유행할지 어떨지 알 수 없어.	I don't know if this design will still be popular next year.
유행하는 옷보다 스탠더드한 옷을 사고 싶어.	I would rather buy standard clothes than fashionable clothes. * would rather ~ than ... = …하는 것보다 오히려 ~하고 싶다
젊은 애들은 유행에 민감하다 .	Young people are sensitive to trends. * sensitive to ~ = ~에 민감한
나이에 어울리는 옷차림을 하자.	I'll dress in clothes suitable for my age. * dress in ~ = ~을 입다 suitable for ~ = ~에 맞는

22
패
션

코디네이트와 패셔니스트

무엇을 입고 갈지 고민했다.	It took a long time for me to decide what to wear.
거울 앞에서 1시간 정도 뭘 입을지 고민했다.	I spent an hour trying out clothes in front of the mirror.
	* try out ~ = ~을 시험하다
이 시기에는 뭘 입을지 모르겠다.	I don't know what I should wear during this season.
내 차림은 아무래도 촌스러운 것 같다.	I don't think my fashion is chic enough.
	* chic[시-크] = 멋진, 세련된
혜수는 늘 멋지다.	Hyesoo really has style.
	* have style = 세련되다, 멋지다
멋쟁이의 요령을 알고 싶다.	I want to know how to be stylish.
오늘 옷은 여러 친구들에게 칭찬받았다.	Quite a few friends complimented me on my outfit today.
	* compliment = ~을 칭찬하다
지난번에 산 니트가 명희 거랑 똑같다!	The knitwear I bought the other day was the same as Myounghee's!
수희에게 신발이 멋지다는 말을 들었다.	Mr. Soohee liked my shoes.

 의류 관리

스웨터에 구멍이 나 있었다.	There was a hole in my sweater.
가디건의 구멍을 꿰맸다.	I fixed the hole in my cardigan.
	* fix = ~을 수선하다
청바지가 닳았다.	My jeans are getting worn out.
	* worn out = 닳다
안쪽에서 천을 대고 박았다.	I sewed on a patch from the inside.
	* sew[소우] on ~ = ~을 꿰매서 붙이다
청바지 길이를 줄였다.	I shortened my jeans.
	* shorten = ~을 줄이다
치마 길이를 5cm 정도 줄였다.	I had the hem of the skirt taken up 5cm.
	* hem = (치마나 바지)단
가게에서 바지 길이를 줄였다.	I got my pants shortened at the store.
30분 만에 완성되었다.	It took about 30 minutes.

셔츠 단추가 떨어질 것 같았다.	A button on my shirt was loose.		

* loose = 단단하게 고정되어 있지 않다

카디건 단추가 떨어졌다.	A button on my cardigan came off.

* come off = 떨어지다

단추를 붙였다.	I put a button on it.
원피스를 세탁소에 맡겼다.	I took my dress to the cleaners.

* cleaners = 세탁소

부츠에 방수 스프레이를 뿌렸다.	I sprayed my boots with water repellent.

* water repellent = 방수제

스웨터의 보풀을 뗐다.	I removed the fuzz balls from my sweater.

* remove = ~을 제거하다   fuzz ball = 보풀

가방 · 지갑

가방 · 지갑 관련 단어

핸드백	purse	포셰트	pochette
토트백	tote bag	수트케이스	suitcase
클러치	clutch bag	여행용 가방	roller bag
보스톤백	Boston bag	브리프 케이스	briefcase
숄더백	shoulder bag	지갑	wallet
백팩	backpack	가죽 지갑	leather purse
패니백	fanny pack	동전 지갑	coin purse

멋진 가방이었다.	It was a nice bag.
사용하기 편했다.	It looked easy to use.
커서 많이 들어간다.	It's big, so I can carry a lot of things in it.
주머니가 많이 있어서 편리할 것 같다.	It looked handy because it had a lot of pockets.

* handy = 편리한, 취급하기 쉬운

귀여웠지만 물건은 많이 안 들어갈 지도.	It was cute, but I don't think it can carry very many things in it.
출퇴근용 가방으로 좋을 것 같다.	It would make a good commuting bag.

* commuting = 출퇴근

장지갑을 갖고 싶다.	I want a long wallet.
저 브랜드의 지갑을 가져 봤으면.	It would be nice to own a wallet from that brand.
	* own = ~을 소유하다
이 지갑, 카드가 많이 들어간다.	I can fit a lot of cards in this wallet.
	* fit = ~에 넣다
가죽 색이 좋았다.	The leather had a nice color.
사용할수록 좋은 느낌이 난다.	The more you use it, the better it feels.
코도반 가죽을 사용했다고 한다.	They say it's cordovan.

신발

스니커즈	sneakers		
펌프스	pumps		
로퍼	loafers	통굽구두	platform shoes
하이힐	high heels	뮬	mules
키튼힐	kitten heels	운동화	sports shoes
부츠	boots	워킹슈즈	walking shoes
가죽신발	leather shoes	러닝슈즈	running shoes
샌들	sandals	등산화	hiking boots
비치샌들	flip flops	장화	rain boots

 신발의 종류

러닝슈즈를 갖고 싶다.	I want running shoes.
이 스니커즈를 정말 갖고 싶었다.	I really wanted these sneakers.
저 신발 정말 귀엽다.	Those shoes were really cute.
최신 모델이다.	It's the latest design.
	* latest = 최신의
겨울에는 부츠를 신는 것을 좋아한다.	I like wearing boots in the winter.
더워져서 샌들을 갖고 싶다.	Now that it's getting hot, I want sandals.

올해는 저런 샌들이 유행하나 보다.	**Those sandals are in fashion this year.** * in fashion = 유행하는
이탈리아제 신발은 멋지다.	**Italian shoes are really stylish.**
브라운색이 여러 옷에 잘 어울릴 것 같다.	**Brown is probably easier to match with various clothes.** * match with ~ = ~와 어울리다, 잘 맞다
힐이 좀 너무 높나?	**These heels might be a bit too high.** * a bit = 약간
키튼힐이 갖고 싶다.	**I want kitten heels.** * kitten heels = 키튼힐
덤으로 구두약도 샀다.	**I bought shoe polish, too.** * shoe polish = 구두약

22
패션

📖 신발 관리

신발을 닦았다.	**I shined my shoes.** * shine = ~을 닦다
하이힐 수리를 부탁했다.	**I had the heel fixed.** * fix = ~을 수리하다
구멍이 난 부츠의 수리를 부탁했다.	**I went to get the hole in my boot fixed.**
하이힐의 가죽을 갈았다.	**I had the leather on my heels replaced.** * replace = ~을 바꾸다

👓 신발 신어 보기

신어 봤다.	**I tried them on.** * try ~ on = ~을 시작하다
약간 컸다.	**They were a bit loose.** * loose = 헐렁한
약간 꼈다.	**They were a bit tight.** * tight = 꽉 조이는
딱 맞다.	**They fit my feet just right.**
발끝에 여유가 있다.	**There was space at the toes.** * toe = 발끝
발끝이 꽉 끼였다.	**They were tight around the toes.**
발끝이 약간 아팠다.	**My toes hurt a little.** * hurt = 아프다. 과거형도 hurt
뒤꿈치 주변이 아팠다.	**They hurt around my heels.** * heel = 뒤꿈치

587

약간 걷기 불편했다.	The shoes were a bit difficult to walk in.
뒤꿈치에 물집이 잡힌 것 같다.	They might give me blisters.
	* blister = 물집
신발이 편했다.	They were really comfortable to wear.
한 사이즈 큰 걸 달라고 했다.	I asked for one size smaller.
집에 돌아와서 깔창을 깔았다.	I added an insole when I got home.

장식·잡화

잡화 관련 단어

우산	umbrella	양말	socks
양산	parasol	스타킹	pantyhose
접이식 우산	folding umbrella	레깅스	leggings
손목시계	watch	머플러	muffler
모자	hat	스카프	scarf
밀짚모자	straw hat	스톨	stole
야구모자	baseball cap	손수건	handkerchief / hankie
니트모자	knit cap	벨트	belt
선글라스	sunglasses	넥타이	necktie / tie
장갑	gloves	넥타이 핀	tiepin

여름 모자를 갖고 싶다.	I want a summer hat.
리넨 스톨을 갖고 싶다.	I want a linen stole.
	* linen = 마
나 자신에 대한 선물로 샤넬 스카프를 살까?	Maybe I should just treat myself and buy a Chanel scarf.
	* treat = 대하다
이 스카프는 내 옷과 코디했을 때 악센트가 된다.	This scarf will be a nice accent when coordinating my clothes.
저 손목시계 멋진데.	That was a cool-looking watch.
올 겨울에는 장갑을 새로 장만해야지.	I should get new gloves this winter.

588

이 선글라스를 쓰면 영화 배우 같다.	I feel like a movie star when I put these sunglasses on.
세 켤레에 만원 짜리 양말을 샀다.	I bought three pairs of socks for 10,000 won.

액세서리

액세서리 관련 단어

반지	ring	발찌	anklet
목걸이	necklace	브로치	brooch / pin
펜던트	pendant	코사지	corsage
귀걸이	earrings	헤어밴드, 고무줄	scrunchie
피어스	pierced earrings	헤어핀	barrette / hair clip
팔찌	bracelet	커프스	cuffs

펜던트를 샀다.	I bought a pendant.
작은 귀걸이가 귀여웠다.	The little earrings were cute.
목걸이와 세트로 반지를 샀다.	I bought a necklace and a matching ring. * matching = 세트로
그 반지는 디자인이 꽤 정교했다.	The ring had a really elaborate design. * elaborate = 정교한
천연 진주라고 한다.	The clerk said they're natural pearls. * clerk = 점원
저 다이아몬드는 몇 캐럿일까?	I wonder how many carats that diamond is.
1.38 캐럿이나 된단다!	The clerk said that it's 1.38 carats!
반지를 닦았다.	I had my ring cleaned.
반지 사이즈를 쟀다.	I had my ring size measured. * measure = ~을 재다
반지 사이즈를 고쳤다.	I had the ring size adjusted. * adjust = ~을 조절하다
5일 후에 완성될 예정이다.	It should be done in five days. * done = 종료한

패션에 대해 영어일기를 써 보자

 히트텍을 사 볼까?

I'm interested in "Heattech."
Younga and Kyeongsoon said it's
thin but really warm. Maybe I
should buy one.

 해석

히트텍에 관심이 있다. 영아도 경순도 얇은데 엄청 따뜻하다고 하고. 한 장 사 볼까?

포인트 여기에서의 '관심이 있다'는 interested in ~(~에 흥미가 있다)으로 표현합니다. '히트텍'과 같은 상품명은 그대로 표현하고, '~해 볼까'는 Maybe I should ~을 사용해서 표현합니다. buy one 의 one은 Heattech(shirt)를 가리킵니다.

 복장에 더 신경을 쓰자

I bumped into Mijin at
Cheongdamdong. She looked really
sophisticated. I mean, she always
dresses nicely. I should pay more
attention to what I wear.

 해석

청담동에서 우연히 미진이를 만났다. 무척 세련된 모습이었다. 아니, 미진이는 늘 멋지게 옷을 입는다. 나도 복장에 더 신경 써야겠다.

포인트 bump into ~ 는 '~를 우연히 만나다', look sophisticated 는 '세련되어 보인다 = 세련된 모습을 하고 있다'라는 의미입니다. I mean 은 직전의 발언을 보충하거나 정정할 때 사용하는 표현으로 '즉' '~ 가 아니라'는 뉘앙스입니다.

 세일에서의 득템

> I went shopping in Myungdong. They were having a summer sale, so it was really crowded. I got the dress that I had always wanted at half price. Lucky me ♪

해석

명동에 쇼핑을 갔다. 여름 세일을 하고 있어서인지 사람들이 너무 많았다. 전부터 사고 싶었던 원피스를 50% 할인 가격에 샀다. 난 운이 너무 좋아♪

 포인트 '~로 쇼핑을 갔다'는 went shopping in ~(지명) 또는 went shopping at ~ (가게 이름) 으로 표현합니다. at half price 는 '반액으로'라는 뜻이고, '30% 할인으로'라면 at a 30% discount 로 표현합니다. Lucky me.(나는 운이 좋아) 는 회화에서 자주 사용하는 표현입니다.

 쿨비즈

> We've started the "Cool Biz" at work. It feels comfortable without a jacket. Seeing Kim Daesoo in a Hawaiian shirt took everyone in the office by surprise.

해석

우리 회사에서도 쿨비즈가 시작되었다. 재킷을 입지 않으니까 역시 쾌적하다. 하와이안 셔츠를 입은 김대수 씨를 보고 다들 당혹스러워했다.

포인트 '쿨비즈'에 딱 맞는 영어 표현이 없으므로 그대로 Cool Biz 라고 합니다. Kim Daesoo in a Hawaiian shirt 는 '하와이안 셔츠를 입은 김대수 씨', take ~ by surprise 는 '~을 당혹하게 만들다'라는 의미입니다.

23 미용·바디케어

다이어트

 다이어트 결심

다이어트를 해야 해.	I have to go on a diet.
이번에야말로 열심히 해야지!	I will do it this time!
허리 둘레에 군살이 붙었다.	I'm putting on some flab around the waist.

*put on ～=～(지방 등)을 늘리다　flab=군살

팔뚝과 배의 지방을 어떻게든 처리해야 해.	I have to do something about the fat on my upper arms and belly.

*fat=지방　belly=배

체중을 5kg 빼고 싶다.	I want to lose 5kg.
마이너스 3kg을 목표로!	I will try to lose 3kg!
3 개월에 4kg를 빼고 싶다.	I want to lose 4kg in three months.
허리 둘레를 5cm 이상 빼고 싶다.	I want to lose five more centimeters off my waist.
체지방을 20% 아래로 하고 싶다.	I want to have less than 20% body fat.
9 호 치마를 입을 수 있으면 좋겠다.	I want to be able to fit into a size 9 skirt.

*fit into ～=～에 맞다, 들어가다

비키니를 입을 수 있는 몸매가 될 거다!	I'm going to have a bikini body!
그 바지를 입을 수 있을 때까지 파이팅!	I'm going to keep at it until I can fit into those pants.

*keep at ～=～을 끈질기게 계속하다

매일 3km 걷자.	I'm going to walk 3km every day.

매일 30 분 조깅을 해야지.	I'll jog for 30 minutes every day.
자전거로 출퇴근해야지.	I'll bike to work. * bike = 자전거를 타다
도보로 출퇴근해야지.	I'll walk to work.

📖 다이어트 방법

그 다이어트 식품은 효과가 있을까?	I wonder if that weight-loss food really works. * weight-loss food = 다이어트 식품 work = 효과가 있다
해볼까? / 해보는 것도 나쁘지 않겠지?	I may as well try it. * may as well ~ = ~하는 것도 나쁘지 않다
일기 다이어트를 시작했다.	I started keeping a diet journal. * journal = 일기
아침 저녁으로 체중을 재어 기록하는 것만으로 충분하다.	All you need to do is just weigh yourself and record your weight in the morning and at night. * weigh = ~을 측정하다 weight = 체중
TV 에서 토마토 다이어트를 소개했다.	I learned about a tomato diet on TV.
정말 효과가 있을까?	Does it really work?
이 방법으로 살을 뺀 사람이 많이 있다고 한다.	This method has apparently worked for a lot of people. * apparently = 듣자하니
보충제에 너무 의지하는 것은 좋지 않다.	It's not good to rely on supplements too much. * rely on ~ = ~에 의지하다
역시 적절한 식사와 적당한 운동이 제일이야!	The best way is definitely moderate meals and moderate exercise! * definitely = 확실하게 moderate = 적절한, 적당한

 식이요법

적당하게 먹자.	I'll try to eat moderately. * moderately = 적절하게
30 번 씹자.	I'll try to chew 30 times. * chew = 씹다
기름진 음식은 절대 금지!	No oily foods for me!
스낵은 절대 금지!	No snacks for me!

23
미
용
·
바
디
케
어

이제부터 단 음식 끊기!	No more sweets from now on!
균형잡힌 식사를 하자.	I'll try eating a balanced diet.
	*diet＝일상적인 식사, 식생활
저녁에는 너무 많이 먹지 말자.	I'll try not to eat too much at night.
자기 2시간 전에는 먹지 말자.	I won't eat anything two hours before bed.
저녁밥은 8시 전에 먹자.	I'll try to finish my dinner before 8:00.
저녁에는 다이어트 식품만 먹기로 했다.	I only had diet food for dinner.
그것만으로는 부족하다.	That wasn't enough.
배가 고파서 죽을 것 같다.	I'm starved.
배가 고프지만 참고, 또 참자.	I'm hungry, but I have to control myself.
자기 전에 과자를 먹어 버렸다. 그러면 안 되는데…	I ate some snacks before bed, but I shouldn't have...
단 음식이 너무 먹고 싶다.	I can't resist sweets.
	*resist＝～에 저항하다

운동 (→ p. 540 「스포츠」 참조)

다이어트에 성공하다

다이어트는 순조롭게 진행 중이다.	My diet is going well.
	*go well＝순조롭게 가다
와~, 2kg 줄었다!	Yes! I've lost 2kg!
2개월 전에 비해 3kg 빠졌다.	I weigh 3kg less than I did two months ago.
	*weigh＝～의 무게가 있다
허리는 4cm 줄었다.	My waist is smaller by 4cm.
위가 작아진 것 같다.	I think my stomach has shrunk.
	*shrink＝작아지다 과거분사는 shrunk
몸이 단단해진 것 같다.	My body feels firmer.
	*firm＝단단해진
바지가 헐렁해졌다.	My pants have gotten loose.
	*loose＝헐렁한

옛날 옷을 다시 입을 수 있게 되었다.	I can now wear my old clothes again.
얼굴이 작아진 것 같다.	I think my face has gotten smaller.
친구들이 내가 살빠진 것에 놀랐다.	My friends were surprised that I had lost weight.
인수가 "예뻐졌다"고 칭찬해주었다.	Insoo told me that I looked more beautiful.

 다이어트에 실패하다

다이어트에 실패했다.	The diet didn't work! * work = 순조롭게 가다
작심삼일이군.	I can't stick to anything. * stick to ～ = ～(결심한 것 등)을 계속하다
요요가 왔다.	I've gained weight again. * gain = ～을 증가하다
어렵게 뺐는데…	I tried so hard to lose weight, but ...
1kg 쪘다. 왜지?	I gained 1kg. Why?!
뭘 해도 살이 안 빠진다.	No matter what I do, I can't lose weight. * no matter ～ = 가령 ～라고 해도
다이어트법이 잘못되었을 지도.	Maybe I'm using the wrong weight-loss method. * method = 방법, 수단
예전보다 살 빼기가 더 어렵다.	It's harder to lose weight now than it was before.
신진대사가 떨어져서 그런 것 같다.	I suppose my metabolism is slower. * metabolism = 신진대사

피부

피부 상태

요즘 피부가 좋다.	My skin is healthy these days. * healthy = 건전한, 정상적인
요즘 피부 상태가 좋아졌다.	My skin is in better condition these days.

피부 나이를 측정했다.	I had a skin age test.
우와! 피부 나이가 25 살이래!	Yes! I have the skin of a 25-year-old!
내 피부 나이는 42 세였다.	My skin age was 42 years old.
실제 나이보다 다섯 살이나 위라니!	That's five years older than my actual age! * actual = 실제
실제 나이보다 다섯 살 젊었다.	That's five years younger than my actual age♪
실제 나이와 거의 같았다.	It's about the same as my actual age.
피부가 좋다는 칭찬을 들었다.	I was told that I have beautiful skin.
미진이 피부는 탄력이 있다.	Mijin has youthful skin. * youthful = 젊은
애리의 좋은 피부가 부럽다.	I envy Aeri's beautiful skin. * envy = ~을 부러워하다
수지처럼 피부가 깨끗하면 좋겠다.	I wish I had beautiful skin like Suji.

☕ 피부 관리

목욕 후에 팩을 했다.	I put on a facial mask after my bath. * put on ~ = ~을 붙이다, 바르다
자기 전에 미백 팩을 하자.	I'll wear a skin lightening facial mask before going to bed. * lightening = 밝게 하다 facial = 얼굴의
화제의 얼굴 마사지를 해 봤다.	I tried the face massage everyone's raving about. * rave about ~ = ~을 절찬하다
매일 밤 계속해 보자.	I'll try to do it every night.
작은 얼굴이 되면 좋겠다.	I hope my face gets smaller.
혈행이 좋아진 기분이 들었다.	I feel like my blood circulation has improved. * circulation = 순환, 흐름 improve = ~을 개선하다
얼굴 마사지기계로 마사지를 했다.	I used a facial massager to give myself a facial. * give oneself a facial = ~에 마사지를 하다

피부가 매끄러워졌다.	My skin is smoother now.
	* smooth = 매끄러운
이 롤러는 정말 얼굴을 작게 하는 효과가 있을까?	Will this roller really make my face smaller?
솜털을 깎았다.	I shaved my facial hair.
	* shave = ~을 깎다

자외선 대책

탄 것 같다.	I think I got tanned.
	* get tanned = 타다 get suntanned 라고도 한다
탔다.	I got tanned.
자외선 대책을 확실하게 해야지.	I have to protect myself from UV rays.
	* protect = ~을 지키다 UV ray = 자외선
자외선 대책은 확실하다.	I've done all I need to do for protection from the sun.
	* protection = 보호
SPF50 선크림을 샀다.	I bought some SPF 50 sunblock.
	* sunblock = 자외선 차단 크림
자외선 차단 크림 바르는 걸 잊었다.	I forgot to put on the sunscreen.
	* put on ~ = ~을 바르다 sunscreen = 자외선 차단 크림
자외선 차단 크림을 발랐어야 했다.	I should've put on some sunscreen.
자외선 차단 크림을 발랐는데 탔다.	I put on sunscreen, but I still got tanned.

피부 트러블

요즘 피부 상태가 안 좋다.	My skin isn't doing so well these days.
오늘은 화장이 잘 안 먹었다.	I had a bad makeup day today.
	* makeup = 화장
요즘 피부 트러블이 생겼다.	My skin is rough these days.
	* rough = 거친
요즘 피부가 건조하다.	My skin is dry these days.
티존은 지성이다.	My T-zone is oily.
피부를 밝게 하고 싶다.	I want to lighten my skin.
	* lighten = ~을 밝게 하다
피부결을 정리하고 싶다.	I want to improve my skin texture.
	* texture = 촉감

더 젊은 피부가 되었으면 좋겠다.	I want to make my skin younger.
눈꼬리의 주름이 자꾸 신경 쓰인다.	I don't like my crow's feet. * crow's feet = 눈꼬리의 주름
팔자 주름을 없애고 싶다.	I want to get rid of the wrinkles next to my mouth. * get rid of ～ = ～을 제거하다
기미 안 없어지나?	I hope I can get rid of these spots. * spot = 기미
페이스 라인이 쳐지는 것 같다.	I'm worried about my sagging face lines. * sagging = 쳐지다
여드름이 생겼다.	My skin broke out. * break out = (여드름 등이) 생기다
여드름이 나았다.	The pimples cleared. * pimple = 여드름 clear = 깨끗해지다, 사라지다
여드름을 짰다.	I popped the pimple. * pop = ～을 파열시키다, 터뜨리다
얼굴에 뾰루지가 생겼다.	A rash broke out on my face. * rash = 뾰루지
피부 관리를 더 꼼꼼하게 하자.	I should take better care of my skin.
기초화장품을 바꾸는 게 좋을까?	I wonder if I should change the skin care products I use.

몸단장

✏️ 몸단장 전반

귀청소를 했다.	I cleaned my ears.
코털을 뽑았다.	I pulled out my nose hairs.
코털을 잘랐다.	I cut my nose hairs.

제모

겨드랑이를 영구제모했다.	I got laser hair removal on my underarms. * removal = 제거
쓸데없는 털을 제모했다.	I removed my unwanted hair. * remove = ～을 제거하다 unwanted = 쓸데없는
다리 털을 밀었다.	I shaved my legs. * shave = ～을 밀다, 면도하다

화장

화장품 관련 단어

파운데이션	foundation	기초화장품	skin care products
컨실러	concealer	화장수	skin lotion
블러셔	blush / blusher	유액	milky lotion
마스카라	mascara	에센스	beauty essence
뷰러	eyelash curler	매니큐어	nail polish
인공 속눈썹	false eyelashes	페디큐어	pedicure
아이라이너	eyeliner	자외선차단크림	sunscreen / sunblock
펜슬 아이라이너	pencil eyeliner	기름종이	face oil blotting paper
리퀴드 아이라이너	liquid eyeliner		
아이섀도	eye shadow		
립스틱	lipstick		
립밤	lip balm		

화장을 하다

완벽하게 화장을 했다.	I did my makeup perfectly.
	* makeup = 화장
데이트 전에 화장을 고쳤다.	I fixed my makeup before my date.
	* fix = ~을 고치다
화장이 약간 진했다.	My makeup was a bit heavy.
	* a bit = 약간 heavy = 진한
파운데이션이 잘 안 먹었다.	My foundation didn't stay on.
	* stay on = 붙은 채로 두다
내추럴 메이크업의 요령을 알고 싶다.	I want to know how to put on makeup for a natural look.
민낯으로 외출했다.	I went out without makeup.
눈썹파마를 하자.	I'll get my eyelashes permed.
	* eyelash = 눈썹 perm[펌] = ~를 파마하다
속눈썹 연장을 해볼까?	Maybe I should try those eyelash extensions.

화장품

잡지에 랑콤의 새 마스카라가 소개되었다.	I saw the new Lancôme mascara in a magazine.

이 아이섀도는 잘 펴진다.	**This eye shadow spreads well.**
	* spread = ~을 펼치다, 얇게 바르다
올봄의 신상 립스틱은 다 예쁘다!	**All the new lipstick colors this spring are so cute!**
기미를 커버할 수 있는 좋은 컨실러는 없나?	**I wonder if there's a good concealer that can hide my spots.**
	* concealer = 컨실러 spot = 기미
무첨가 화장품을 사용하고 싶다.	**I want to use makeup that doesn't have additives.** * additive = 첨가물
또 새로운 화장품을 사 버렸다.	**I bought new makeup again.**
코엔자임 Q10 이 배합된 에센스를 샀다.	**I bought beauty essence with coenzyme Q10.**

네일

 손톱 관리

손톱을 깎았다.	**I clipped my nails.**
	* clip = ~(손톱 등)을 깎다
파일로 손톱을 정리했다.	**I filed my nails.**
	* file = ~파일로 갈다
너무 짧게 잘랐다.	**I cut my nails too short.**
큐티클을 제거했다.	**I removed my cuticles.** * cuticle = 큐티클
매니큐어를 발랐다.	**I painted my nails.**
페티큐어를 발랐다.	**I painted my toenails.**
직접 발랐는데 네일이 예쁘게 완성됐다.	**I did my nails myself and they turned out well.**
	* turn out ~ = 결과적으로 ~가 되다
이 매니큐어는 색이 예쁘다.	**This nail polish has a beautiful color.** * nail polish = 매니큐어

 네일숍

오늘은 네일손질을 받았다.	**I had my nails done today.**
양손에 5만원이었다.	**It cost 50,000 won for both hands.**

아주 예뻐서 무척 만족스러웠다.	I'm totally satisfied with how pretty they are.
꽃무늬 네일 아트를 했다.	I asked the nail artist to put flower designs on my nails.
핑크 베이스에 프렌치를 받았다.	I got a French manicure with a pink base coat.
원피스에 맞춰서 동백꽃 네일 아트를 받았다.	I got camellia nail art to go with my dress.

*camellia＝동백꽃　go with ～＝～에 어울리다

라인스톤을 붙였다.	I got rhinestones on my nails.
젤이 벗겨졌다.	The gel is peeling off.

*peel off＝벗겨지다

젤을 제거했다.	I had the gel removed.

미용실

헤어스타일 관련 단어

쇼트헤어	short hair			
세미롱	shoulder-length hair	컬리 헤어	curly hair
롱헤어	long hair	땋기	braids
보브	bob	포니테일	ponytail
크루커트	crew cut	업스타일	updo
	shaven head	스트레이트	straight
아프로	Afro	퍼머한	permed
모히칸	Mohawk	염색한	colored / dyed [다이드]

미용실 예약

머리가 너무 길다.	My hair has grown too long.

*grow＝(머리나 손톱이) 길어지다, 자라다. 과거분사는 grown

내일은 꼭 미용실 예약을 해야겠다.	I have to make an appointment at the beauty salon tomorrow.

*beauty salon＝미용실

8월 12일 10시로 예약했다.	I made an appointment at the beauty salon for 10:00 on August 12.

4개월이나 미용실에 안 갔다!	I haven't been to the beauty salon for four months!
파마를 할까 말까 고민 중이다.	I don't know if I should get a perm.
	* perm[펌] = 파마

☕ 미용실에서

미용실에 갔다.	I went to the hair salon.
	* hair salon = 미용실
잡지를 잘라 가지고 갔다.	I took some magazine clippings with me.
	* clipping = 잘라낸 조각
커트와 염색을 했다.	I got a haircut and had my hair dyed.
	* dye[다이] = ~을 염색하다
크루커트를 했다.	I got a crew cut.
	* crew cut = 크루커트
길이를 다듬었다.	I had my hair trimmed.
	* trim = ~을 잘라서 정리하다
다듬기만 했다.	I just got a trim.
	* trim = 다듬기
머리숱을 쳐서 가볍게 했다.	I had my hair thinned and lightened.
	* thin = 숱이 적은 lighten = 밝게 하다
확 잘라달라고 했다.	I told them to just cut off my hair.
파마를 했다.	I got a perm.
스트레이트 파마를 했다.	I got a straight perm.
곱슬머리를 폈다.	I had my hair straightened.
	* straighten = ~을 똑바로 펴다
헤드 스파를 하니 좋았다.	It felt nice when my hair was being shampooed.
헤드 마사지도 받았다.	I got a head massage, too.
엄청 기분이 상쾌했다!	It felt awesome!
	* awesome = 대단한
커트와 파마를 해서 11만원이었다.	It was 110,000 won for a haircut and a perm.
강 선생은 진짜 커트를 잘 한다.	Mr. Kang is really good at giving haircuts.
지금 미용실은 별로다.	The hair salon I go to isn't very good.

| 미용실을 바꿔 볼까? | Maybe I should find another hair salon. |

| 미용실에 갔다왔는데 아무도 못 알아보다니. | No one noticed that I had been to the hairdresser.   * hairdresser = 미용실 |

헤어스타일

| 이미지 체인지를 하고 싶다. | I want a makeover.   * makeover = 변신하다 |

| 봄에 어울리는 헤어스타일로 하고 싶다. | I want a hairstyle that's good for spring. |

| 수지 같은 스타일로 하고 싶다. | I want a hairstyle like Suji's. |

| 관리가 편한 헤어스타일이 좋다. | I want a hairstyle that's easy to maintain.   * maintain = ~을 유지하다 |

| 머리를 기르고 싶다. | I want to grow my hair.   * grow = ~(머리 등)을 기르다 |

| 역시 긴 생머리가 좋다. | I like my hair long and straight. |

| 크루커트가 손질하기 제일 편하다. | A crew cut is the easiest to take care of.   * take care of ~ = ~을 손질하다 |

| 새 헤어스타일이 맘에 든다. | I like my new hairstyle. |

| 새 헤어스타일이 맘에 들지 않는다. | I don't like my new hairstyle. |

| 혼자서 앞머리를 잘랐다. | I trimmed my bangs.   * trim = ~을 다듬다   bang = 앞머리 |

| 새 헤어스타일에 아직 익숙하지 않다. | I'm not used to my new hairstyle.   * used to ~ = ~에 익숙한 |

| 너무 많이 잘랐나? | I feel my hair was cut a bit too short. |

| 이번 파마는 완전 망했다! | This permed hair doesn't look good on me at all! |

염색과 흰머리

| 올 가을은 밤색 헤어컬러가 유행이라고 한다. | Chestnut brown seems to be a popular color this fall. |

| 헤어 컬러를 더 밝게 하고 싶다. | I want to dye my hair a lighter color.   * dye[다이] = ~을 염색하다 |

헤어 컬러가 너무 밝은가?	I think I dyed my hair too light.
다크 브라운으로 했다.	I had my hair dyed dark brown.
보라색 하이라이트를 넣었다.	I got purple highlights.
흑발로 되돌렸다.	I went back to having black hair.
흰머리가 늘었다.	My hair is going gray.

* go gray = 백발이 되다

흰머리를 염색해야겠다.	I have to dye my gray hair.

* gray hair = 흰머리

흰머리를 염색했다.	I dyed my gray hair.
아버지 머리카락이 새하얗게 되었다.	Dad's hair has turned white.

🖊 헤어스타일

머리카락을 뒤로 묶었다.	I tied my hair back.

* tie = ~을 묶다

오늘은 머리를 내렸다.	I let my hair down today.

* let one's hair down = 머리를 내리다

머리를 올렸다.	I put my hair up.
헤어핀을 했다.	I put a hairpin in my hair.
헤어 아이롱으로 컬을 말았다.	I used a curling iron.
머리를 땋았다.	I braided my hair.

* braid[브레이드] = ~(머리카락 등)을 땋다

퐁파두르 스타일로 했다.	I made a pompadour.
파티 스타일로 했다.	I wore my hair in an evening party roll.

📖 모발 트러블

요즘 머리가 푸석하다.	My hair is dry these days.
머리가 정리가 안 된다.	My hair won't stay put.

* stay put = 하나로 정리하다

비가 오는 날은 머리가 폭탄 맞은 것 같다.	My hair gets frizzy on rainy days.

* frizzy = (머리카락이)가늘게 곱슬거리는

매일 아침 자고 일어나면 머리가 엉망진창이다.	I get terrible bed hair in the morning.

* bed hair = 자고 일어난 머리

오늘 헤어스타일은 최악이다.	**I had a bad hair day.**
머리끝이 너무 갈라져 있다.	**I have a lot of split ends.**
	* split end = 끝이 갈라진 머리카락
머리숱이 적어졌다.	**My hair is thinning.**
	* thin = 숱이 적어지다
머리카락을 심어야 하나?	**Maybe I need to get hair implants.**
	* implant = 이식
가발은 쓰고 싶지 않다.	**I'm reluctant about wearing a wig.**
	* reluctant = 내키지 않는 wig = 가발

피 부 관 리 와 마 사 지

 피부 관리를 받으러 가다

마사지 받으러 가고 싶다.	**I want to go to a beauty treatment salon.**
마사지 숍에 갔다.	**I went to the beauty treatment salon.**
페이셜 60 분 코스를 받았다.	**I got a 60-minute facial.**
	* facial = 얼굴 마사지
슬리밍 트리트먼트를 받았다.	**I got a slimming treatment.**
슬리밍 90 분 코스를 받았다.	**I got a 90-minute full-body treatment.**
다이어트 6 회 코스를 계약했다.	**I signed on for a six-session weight loss course.**
	* sign on = 계약하다

마사지를 받으러 가다

집에 가는 길에 마사지를 받으러 갔다.	**I saw a massage therapist after work.**
	* see a massage therapist = 마사지를 받다
요통이 심해서 마사지를 받으러 갔다.	**I had a terrible backache, so I saw a massage therapist.**
	* backache = 등, 허리의 통증
전신 마사지를 받았다.	**I got a full-body massage.**
발 지압 마사지를 받았다.	**I got the pressure points on my legs massaged.**
	* pressure point = 지압점
전통 태국식 마사지를 받았다.	**I got a traditional Thai massage.**

골반 마사지를 받았다.	I got a pelvic massage. * pelvic = 골반의
아로마 오일을 사용한 마사지였다.	They used aroma oil for the massage.
60분 5만원 코스였다.	The course was 50,000 won for 60 minutes.
전신 마사지를 받았다.	They massaged my entire body.
어깨 결림이 심하다는 말을 들었다.	They said I had a really stiff lower neck. * stiff = 뻣뻣한 lower neck은 neck이라 해도 OK
15 분 연장했다.	I extended the massage for 15 minutes. * extend = 연장하다

🔒 피부 관리와 마사지에 대한 감상

너무 기분이 좋았다.	It felt really good.
기분 좋게 잤다.	It felt so good that I fell asleep.
약간 아팠다.	It hurt a little.
도리어 몸이 아픈 것 같다.	It seems like my body actually hurts more now.
휴식을 푹 취했다.	It was very relaxing.
몸이 한결 가벼워졌다.	My body feels lighter.
호강한 기분이었다.	It felt really luxurious. * luxurious = 호사스러운
가끔은 마사지도 좋네.	It's nice to go to a beauty treatment salon once in a while. * once in a while = 가끔은
종아리가 단단해졌다.	My calves have gotten firmer. * calf = 종아리. 복수형은 calves firm = 단단해진
얼굴이 작아진 것 같다.	I feel my face has gotten a bit smaller. * a bit = 조금
피부가 부드러워졌다.	My skin has got softner.
허리 사이즈가 줄어서 깜짝 놀랐다.	I was surprised that my waist got smaller.

테라피스트 솜씨가 좋았다.	The therapist was really good.

* 마사지사에도 사용할 수 있는 표현.

테라피스트 솜씨가 별로였다.	The therapist wasn't very good.

사우나와 목욕탕 등

근처 대중목욕탕에 갔다.	I went to a public bath near my house.

* public bath = 대중목욕탕

근처 스파에 갔다.	I went to a health spa nearby.

탕이 10 종류나 있었다.	There were 10 different types of baths.

물이 너무 뜨거웠다.	The water was a bit too hot.

목욕탕에는 사람들이 많았다.	The bath house was crowded.

접수에서 입욕 세트를 샀다.	I bought a bath set at the attendant's booth.

* attendant = 종업원

우유탕을 좋아한다.	I like milk baths.

냉탕에 들어갔다.	I took a cold-water bath.

노천탕이 좋았다.	The open-air bath felt so good.

창포탕이 있었다.	There were sweet flag blades in the bath.

* sweet flag blade = 창포 잎

역시 넓은 목욕탕이 좋네.	For sure, big baths feel really good.

* for sure = 확실히

사우나에 들어갔다.	I took a sauna.

암반욕을 했다.	I took a bedrock bath.

* bedrock = 암반

땀을 많이 빼서 상쾌하다.	I felt refreshed after all that sweating.

* all that ~ = 그 정도의 ~ sweat = 땀을 흘리다

목욕을 한 후에는 커피 우유가 최고다!	Coffee with milk after a bath is the best!

23

미용·바디케어

미용·바디케어에 대해
영어일기를 써 보자

✏️ 체중이 줄지 않는다

I've been eating less, avoiding sweets and fatty foods, but I'm not losing weight at all. How come?

해석

양도 줄이고 달고 기름진 음식을 조심했는데 왜 살이 전혀 안 빠지지? 왜?

포인트 eat less 는 '먹는 양을 줄이다', avoid 는 '~을 피하다'. I've been eating less 나 (I've been) avoiding 과 같은 현재진행형으로 '계속 ~한다'라는 동작의 계속을 나타냅니다. How come? 은 Why?(왜?) 의 회화식 말투입니다.

✏️ 얼굴이 칙칙해졌어

I've been worried about the dullness of my skin, so I splurged on a bottle of expensive beauty essence. I feel my skin tone is getting lighter. Is it my imagination?

해석

요즘 얼굴이 칙칙해진 것 같아 신경이 쓰여 비싼 에센스를 샀다. 피부톤이 밝아진 것 같다. 기분탓인가?

포인트 '신경이 쓰이다'는 worried about ~ (~가 걱정이다) 로 표현합니다. '요즘 신경이 쓰였다'라고 계속되는 상황이라면 현재완료형으로 표현합니다. '칙칙함'은 dullness. ' ~에 돈을 지르다'는 splurge on ~, '기분 탓'은 imagination(상상)으로 표현합니다.

 마사지를 받으며 푹 쉬다

I went and got a massage. I was told my neck and lower back were really stiff. The therapist was really good and now my neck and lower back feel looser!

해석

마사지를 받으러 갔다. 어깨와 허리가 꽤 딱딱하다는 말을 들었다. 마사지사가 실력이 좋아서 어깨가 한결 나아졌다!

포인트 '~라는 말을 들었다'는 I was told (that) ~(문장) 으로 표현하며, 들은 내용을 ~에 넣습니다. '어깨가 딱딱하다'라고 말하고 싶을 때의 '어깨'는 목 근처라면 neck 이라고 합니다. shoulder 는 '(견 갑골을 포함한 어깨 상부의) 어깨'라는 이미지입니다.

 새 헤어스타일

I went to the beauty salon today. I asked my hairdresser for advice and decided on a lightly permed short bob. I'm happy that it looks pretty good! ☺

해석

오늘 미용실에 갔다. 헤어디자이너와 서로 얘기해서 굵직한 파마를 한 쇼트 보브로 했다. 꽤 잘 어울려서 기뻤다. ☺

포인트 asked my hair dresser for advice 는 '헤어디자이너에게 조언을 구하다'가 직역으로 이것으로 '상담했다'는 뉘앙스가 됩니다. decided on ~ 은 '(다양한 선택지 중에서) ~으로 정했다'라는 의 미입니다. permed 는 '파마를 했다'.

24 연애

만남

 만남 전반

성수가 영아를 소개해 줬다.	Seongsoo introduced me to Younga. * introduce ~ to ... = ~을 …에게 소개하다
타 업종 단합회에서 용태 씨를 알게 되었다.	I met Yountae at the cross-industry get-together. * cross-industry = 타업종간의 get-together = 모임
오늘 모임에서 멋진 사람을 만났다.	I met some nice people at the get-together today.
세미나에서 우연히 그의 옆자리에 앉았다.	I happened to sit next to him at the seminar. * happen to ~ = 우연히 ~하다
내일은 블라인드 데이트다.	I have a blind date tomorrow. * blind date = (지인의 소개 등에 의한)면식이 없는 사람과의 데이트. 소개팅.
만난 순간 그가 운명의 사람이라고 느꼈다.	As soon as I met him, I felt that he was the man for me.

📖 헌팅하다

다 같이 헌팅하러 갔다.	We went out looking for girls.
바에서 옆 자리의 여자들에게 말을 걸었다.	We spoke to a couple of girls sitting next to us at the bar.
용기를 내 말을 걸었다.	I got up my courage and talked to her. * get up one's courage[커리지] = 큰 맘 먹다
수확 없음.	I didn't have any luck.

한 명이 전화번호를 알려 줬다. 앗싸!	One girl gave me her number. Lucky me! * (phone) number = 전화번호
말붙일 용기가 없었다.	I didn't have the courage to talk to anyone. * courage = 용기

👓 헌팅당하다

역 앞에서 헌팅 당했다.	Someone tried to pick me up in front of the train station. * pick ~ up = ~을 헌팅하다
무시하고 지나쳤다.	I ignored him and moved on. * ignore = ~을 무시하다
연락처를 가르쳐 줬다.	I gave him my number.
요즘 헌팅도 안 당하는 신세가 되었군.	No one tries to pick me up these days.
가끔은 헌팅당하고 싶다.	I wish someone would try to pick me up sometimes.

24
연애

📒 미팅

미팅에 나갔다.	I went to a mixer. * mixer = 미팅
남자 넷, 여자 넷이었다.	There were four men and four women.
귀여운 여자애들이 많았다.	Most of the girls were cute.
다들 멋졌다.	They were all cute guys.
오른쪽에서 두 번째 남자가 잘생겼다.	The second guy from the right was good-looking.
맨 왼쪽에 있는 사람이 내 스타일이었다.	The one on the far left was my type. * far left = 제일 왼쪽
오늘 미팅은 그저 그랬다.	Today's mixer was not so good.
잘 맞지 않았다.	We didn't hit it off. * hit it off = 서로 잘 맞다
내 스타일인 사람이 없었다.	No one there was my type.
2차는 노래방이었다.	We went to noraebang for the after-party.

물론 1차만 하고 흩어졌다.	Of course, we parted after the first party.
	* part = 헤어지다
진호가 역까지 데려다 줬다.	Jinho walked me to the station.
	* walk ~ to the station = ~을 역까지 걸어서 배웅하다

 좋아하는 스타일

그는 내 스타일이야.	Yeah, he's my type.
내 스타일이 아니야.	He's not my type.
얼굴은 내 취향이 아니야.	His face is not my type.
내 스타일이 뭔지 모르겠어.	I don't know what my type is.
좋아하는 사람이 내 스타일이지.	The person I fall in love with is my type.
이영애 같은 여자, 어디 없을까?	I wonder where I can find a woman like Lee Young-Ae.
수지랑 사귀면 좋을 텐데.	I wish I could go out with Suji
	* go out with ~ = ~와 사귀다
내가 눈이 너무 높은가?	Is my ideal too high?
	* ideal[아이디얼] = 이상

 상대방의 인상

그녀는 정말 여성스러웠다.	She was really feminine.
	* feminine = 여성스러운
그는 남자다웠다.	He was masculine.
	* masculine[마스컬린] = 남자다운
얌전해 보이고 귀여웠다.	She was shy and sweet.
경제력이 있어 보인다.	He seems well off.
	* well off = 유복한
차도남처럼 보였는데 꽤 덜렁거렸다.	He seemed cool, but he was pretty careless.
	* pretty = 꽤
보기와 다르게 매력적이야.	I like the gap between how he looks and how he really is.

그녀의 첫인상은 웃는 얼굴이 예쁘다는 거.	My first impression was that she had a beautiful smile.
수애를 닮았다.	She looks like Soo-Ae.
공유와 정우성을 더해서 2로 나눈 느낌이 랄까?	He looks like GongYoo and Jeong-Woosung combined and divided in half.
	* combine =～을 조합하다 divide =～을 나누다
그는 내게 관심이 있는 것 같다.	He seemed interested in me.
생각이 달랐다.	We spoke a different language.
	* speak a different language =생각이 다르다
그녀와의 대화가 재미없었다.	The conversation with her was kind of boring.
	* boring =지루한
그녀는 예쁘지만 성격이 별로인 것 같다.	She's good-looking, but her personality doesn't impress me.
	* good-looking =(여성이) 예쁘다, (남성이) 멋지다
	impress =～에 감동을 받다
그는 날나리 느낌이다.	He looks like he's a player.
	* player =잘 노는 사람(남자)
그는 자기 얘기만 했다.	He only talked about himself.
더럽게 먹는 사람은 별로다.	I can't stand people with piggish table manners.
	* stand =～을 참다
	piggish table manners =식탁 매너가 없는
그는 한 번 이혼했다고 한다.	I heard he has been divorced once.
	* divorced =이혼한
딱히 신경 안 쓰지만.	It doesn't matter to me, though.
	* matter =중요하다

24
연
애

 연락처 교환

송경희 씨가 전화번호를 가르쳐 줬다.	I asked Ms. Song for her number.
	* (phone) number =전화번호
지성 씨가 연락처를 물었다.	Jisung asked me for my number.
연락처를 교환했다.	We exchanged numbers.
메일 주소를 교환했다.	We exchanged e-mail addresses.

그녀에게 전화번호와 메일 주소를 줬다.	I gave her my phone number and e-mail address.
다음에 상희 씨에게 건희 씨 전화번호를 물어 봐야겠다.	I'm going to ask Sanghee for Keonhee's number the next time we meet.

 다시 만나고 싶다

그녀를 다시 만나고 싶다.	I want to see her again.
다음에는 둘이서 만나자고 약속했다.	We agreed to meet just the two of us next time.
그가 또 만나자고 했다.	He told me he wanted to see me again.
너무 기쁘다!	I'm so happy! ☺
좀 전에 그로부터 메일이 왔다.	I got his e-mail a few minutes ago.
"또 만날 수 있어?"라고 적혀 있었다.	It said, "Can I see you again?"
그의 메일에 바로 답장했다.	I replied to his e-mail right away.
	* right away＝바로
좋다고 메일을 보냈다.	I e-mailed him my okay.
	* e-mail＝～에게 메일을 보내다
문자 보내 볼까?	Maybe I'll text him.
	* text＝～에게 문자를 보내다
전화가 오면 좋겠다.	I hope he'll call me.

 더 이상 만나고 싶지 않다

그녀를 더 이상 만나고 싶지 않다.	I don't feel like seeing her again.
다음은 없다.	I don't think there will be a next time.
그에게 전화가 오면 최악이다.	If he called, it would be the worst thing.
	* worst thing＝최악의 사태
헉! 메일이 왔다.	Ugh! He e-mailed me.
	* ugh[우아]＝헉
메일은 무시 해 버릴 거야.	I'll ignore his e-mail.
	* ignore＝～을 무시하다

식사 초대를 받았다.	He asked me out for dinner.
	* ask ～ out = ～을 초대하다
솔직히 입장 곤란하군.	I don't know what to say.
거절 메일을 보냈다.	I e-mailed him and turned down the invitation.
	* turn down ～ = ～을 거절하다 invitation = 권유

고백하다

 좋아해

그녀에게 관심이 간다.	She's on my mind.
	* be on one's mind = ～가 신경쓰이다
그를 좋아하나?	Do I like him?
그가 좋아지려고 한다.	I'm beginning to love him.
그녀가 좋아졌을지도.	Maybe I'm falling for her.
	* fall for ～ = ～가 좋아지다
그녀를 좋아한다.	I like her.
그가 너무너무 좋다.	I really like him.
그의 모든 것을 좋아한다.	I like everything about him.
첫눈에 반했다.	It was love at first sight.
	* love at first sight = 첫눈에 반하다
처음 만났을 때부터 계속 좋아했다.	I've always liked her since I first met her.
학창시절부터 계속 그를 좋아했다.	I've been in love with him since we were students.
그를 생각하면 가슴이 아프다.	My heart aches when I think of him.
	* ache[에익] = 아프다
매일 그녀를 볼 수 있다면.	I could see her every day.
그를 너무 좋아해서 다른 일을 할 수 없다…	I like him so much that I can't think of anything else...
이렇게 사람을 사랑한 적이 없다.	I've never loved anyone as much as I love her.

24
연애

그와 같이 있으면 편하다.	I feel so comfortable when I'm with him. * feel comfortable = 안심이 되는, 편안한
그녀와 같이 있으면 원래의 나로 있을 수 있다.	I can be myself when I'm with her. * be oneself = 원래의 자신이다
그녀도 나를 좋아하면 좋겠다.	I hope she likes me, too.
내 마음이 그에게 닿기를.	I hope my thoughts reach him. * thought[소—트] = 마음

 이루어질 수 없는 사랑

나 혼자만의 짝사랑.	My love is one-sided. * one-sided = 일방적인
짝사랑은 괴롭다.	One-way love is painful. * one-way = 일방통행의
짝사랑으로 끝났다.	My love was never returned.
지혜의 남자친구를 좋아하게 되었다. 어떡하지?	I have a crush on Jihye's boyfriend. What should I do? * have a crush on ~ = ~를 좋아하게 되다
안 돼. 그는 사랑해서는 안 되는 사람이야.	No, I mustn't fall in love with him. * mustn't[머슨트]

고백 전의 설레임

그녀와 사귀고 싶다.	I want to go out with her. * go out with ~ = ~와 사귀다
날 어떻게 생각하고 있을까?	I wonder what she thinks about me.
좋아하는 사람이 있나?	I wonder if she likes someone else.
사귀는 사람이 있나?	I wonder if she's seeing someone. * see = ~와 사귀다
거절당하는 건 싫은데.	I don't want her to reject me. * reject = ~을 거절하다
고백할 용기가 없다.	I don't have the courage to confess my love. * courage[커리지] = 용기 confess = ~을 고백하다
용기내서 그녀에게 고백을 해 볼까?	I should get up my courage and tell her that I like her. * get up one's courage[커리지] = 큰 맘 먹다
좋았어, 고백하자!	Okay, I'm going to tell her that I like her! * 좋아하는 마음이 강할 때는 like를 love로

좌우간 부딪쳐보자!	Just go for broke!

*go for broke = ~에 전부를 걸다

 고백하다

경태에게 고백을 받았다.	Kyeongtae told me that he was in love with me.
집에 가는 길에 그녀에게 고백을 했다.	I told her on our way back that I loved her.

*on one's way back = ~(사람)의 돌아가는 길에

계속 좋아했다고 고백했다.	I told him that I had always been in love with him.
메일로 고백을 받았다.	She e-mailed me to confess her love to me.
사귀고 싶다는 말을 들었다.	He told me that he wanted to date me.

*date = ~와 사귀다

결혼을 전제로 진지하게 사귀자는 말을 들었다.	He said he wanted to go out with me and that he was serious.

*go out with ~ = ~와 사귀다
serious(진지한)에는 「결혼을 전제로」가 포함되어 있다.

24
연애

 고백에 대한 답 :OK

물론 좋다고 했다!	Of course I said okay!
나도 좋아한다고 말했다.	I told him that I liked him, too.
그녀가 좋다고 했다. 야호!	She said yes. Hooray!
절대로 안 될 거라고 생각했었다.	I didn't think he would say yes.
드디어 그녀의 마음을 얻었다.	I finally managed to win her heart.

고백에 대한 답 :NO

거절당했다.	She turned me down. I was turned down.

*turn down ~ = ~을 거절하다

단호하게 거절당했다.	He rejected me. I was rejected.

*reject = ~을 거절하다

예상은 했지만 역시 충격이다.	I expected it, but it was still a shock.

*expect = ~을 예상하다

좋아하는 사람이 따로 있다는 말을 들었다.	She told me she liked someone else.
사귀는 사람이 있다고 한다.	She says she's seeing someone.
지금은 연애할 기분이 아니라고 했다.	He says he doesn't feel like seeing anyone now. *see=~와 사귀다
지금은 자격시험 공부에 집중하고 싶다고 했다.	She says she wants to focus on studying for her certification exam now. *focus on ~=~에 집중하다 certification exam=자격시험
그와는 친구로 남고 싶다.	I just want to stay friends with him.
그녀가 이성으로 느껴지지 않는다.	I can't imagine being in a relationship with her. *be in a relationship with~=~와 사귀다
뭐야, 유부남이었어?! 충격이다!	Oh, I didn't know he was married. What a shock!

사귀다

 사귀다

어제부터 그와 사귀기 시작했다.	I started dating him yesterday. *date=~와 사귀다
오늘로 사귄 지 한 달.	It has been a month since we started going out. *go out=사귀다
매일 메일로 연락하고 있다.	We e-mail each other every day.
저녁에 그에게 전화했다.	I called him at night.

🕐 데이트 계획

주말에 어디에 갈까?	Where should we go this weekend?
그녀는 어디에 가고 싶어 할까?	I wonder where she wants to go.
그와 함께라면 어디를 가도 즐거울 거야.	I'm happy wherever I go as long as I'm with him. *as long as ~=~인 한은
영화표가 두 장 있어서 그에게 같이 가자고 했다.	Since I had two movie tickets, I asked him to go with me.

놀이공원이나 미술관에 가야지. | Maybe we'll go to an amusement park or an art museum.

* amusement park = 유원지

집에서 데이트 하는 것도 좋을 것 같다. | Just hanging out at home would also be nice.

* hang out = 시간을 보내다

저녁은 어디서 먹지? | Where should we go for dinner?

내일은 데이트다. 룰루랄라~. | I have a date tomorrow. What a great feeling♪

뭘 입고 갈까? | What should I wear?

멋지게 하고 가야지. | I'm going to dress up for my date.

그녀와 1 박 2 일로 여행 가고 싶다. | I want to go on an overnight trip with her.

 데이트

드라이브를 갔다. | We went for a drive.

손을 잡고 걸었다. | We walked holding hands.

* hold hands = 손을 잡다

근처를 산책했다. | We walked around the neighborhood.

* neighborhood = 근처

야경이 아름다웠다. | The night view was beautiful.

그의 집에 갔다. | I went to his house.

그를 초대했다. | I invited him in.

* invite ~ in = ~을 초대하다

집에서 시간을 보내는 것도 좋군. | It was nice to hang out at home.

집에 가고 싶지 않았다. | I didn't want to go home.

집에 보내고 싶지 않았다. | I didn't want her to leave.

전철이 끊겼다. | I missed the last train. *miss = ~을 놓치다

일부러 마지막 전철을 놓쳤다(후후). | I missed the last train on purpose. (hehe)

* on purpose = 일부러

또 데이트 하고 싶다. | I want to go out with him again.

* go out with ~ = ~와 데이트하다

서로 사랑하다

그녀와 호텔에 갔다.	I went to a hotel with her.
그녀와 처음으로 잤다.	I made love to her for the first time.
엄청 설레었다.	I was nervous.
오랜만이라서 흥분했다.	It had been a while, so we were really excited.
그의 차 안에서 뜨겁게 키스했다.	We were necking in his car.

* neck＝서로 목을 안고서 강렬하게 키스하다

만날 때마다 잔다.	We do it every time we see each other ♡
우리는 궁합이 잘 맞는 것 같다.	We seem to be compatible in bed.

* compatible＝궁합이 잘 맞다

그는 별로다.	He's not so great in bed.
그는 내 몸에만 관심이 있나 봐.	Maybe he's only interested in my body.
그녀는 나랑 자는 걸 별로 좋아하지 않는 것 같다.	Maybe she doesn't like making love.
오늘은 하고 싶지 않았다.	I didn't feel like making love today.
콘돔 없이 해 버렸다. 걱정이네.	We made love without a rubber. I'm a little worried.

* rubber(콘돔)은 condom으로도 OK

생리라서 할 수 없었다.	I was on my period today, so we didn't make love.

* period＝생리

 사랑해

그녀를 사랑하고 있다.	I love her.
그녀와 늘 함께 있고 싶다.	I want to be with her for the rest of my life.

* the rest of ～＝남은 ～

그 없이는 살 수 없다.	I can't live without him.
이런 기분은 처음이다.	I've never felt like this before.

| 그녀가 운명처럼 느껴졌다. | I felt like she was my destiny. |

*destiny = 운명

| 그와 있는 시간이 무척 행복하다. | I'm really happy when I'm with him. |

| 그와 함께 있는 것만으로 매일 매일 너무 행복하다. | Just being with him makes every day seem rose-colored. |

| 그녀가 기뻐하는 일이라면 뭐든지 해 주고 싶다. | I would do anything to make her happy. |

| 그를 슬프게 하고 싶지 않다. | I wouldn't do anything to make him sad. |

| 같이 나이를 먹고 싶다. | I want to grow old with her. |

| 나이를 먹어도 손잡고 외출하고 싶다. | I want to walk with him hand-in-hand even when we're old. |

*hand-in-hand = 손을 잡고

24
연애

✏️ **잘 사귀다**

| 우리는 깨가 쏟아진다. | We're lovey-dovey with each other ♡ |

*lovey-dovey[러비더비] = 깨가 쏟아지는

| 매일 너무 즐거워 죽겠다. | Every day is so much fun. |

| 매일 그를 만나고 싶다. | I want to see him every day. |

| 믿을 수 없을 정도로 행복하다. | I can't believe how happy I am. |

| 우리는 서로에게 바보 커플이다. | We're fools in love. |

*fool = 바보

| 우리는 서로 잘 어울린다. | We make a great couple. |

| 우리는 전혀 싸우지 않는다. | We never fight. |

| 궁합이 잘 맞다. | We have great chemistry with each other. |

*have great chemistry[케미스트리] = 궁합이 맞다

| 그야말로 꿈꿔오던 사람. | He's the man of my dreams. |

📖 **잘 안 된다**

| 요즘 그와 잘 지내지 못한다. | He and I haven't been getting along very well lately. |

*get along well = 잘 지내다

그녀와 삐걱거리고 있다.	Things haven't been going so smoothly with her.
	*smoothly = 순조롭게
그의 마음이 식고 있다는 것을 느낀다.	I sense that he's growing colder toward me.
	*grow ~ = 점점 ~의 상태가 되다
이제 내게 싫증이 났나 보다.	I wonder if he's tired of me.
	*tired of ~ = ~에 질리다
그는 정말 날 좋아하는 걸까?	Does he really love me?
그녀의 태도가 차가워졌다.	She has been kind of cold.
그녀를 잘 모르겠다.	I don't understand her.
그는 마음대로 한다. 미치겠다.	He's so selfish. It drives me crazy.
	*drive ~ crazy = ~미치게 하다
그녀는 너무 질투가 심하다.	She's really jealous.
	*jealous[젤러스] = 질투가 심하다
우리는 안 맞는 것 같아.	Maybe we're not made for each other.
	*be made for each other = 어울리는 커플이다
그에 대한 마음이 식은 걸까.	Maybe I don't love him so much anymore.
그녀의 존재가 부담스러워졌다.	She's too much for me.
점점 그녀가 질린다.	I'm getting bored with her.
	*bored with ~ = ~에 질리다

👓 싸움

그녀와 싸웠다.	I had a fight with her.
그와 말싸움을 했다.	We had an argument.
	*argument = 말다툼, 언쟁
정말 그에게 화가 난다.	I'm really upset with him!
	*be upset with ~ = ~에게 화가 나다
당분간 떨어져 있고 싶다.	I don't want to see him for a while.
그의 얼굴 따위 보고 싶지 않아.	I don't even want to see his face.
메일은 무시하고 있다.	I'm ignoring e-mails from him.
	*ignore = ~을 무시하다
전화도 안 받는다.	I'm ignoring his calls.

싸움 같은 건 하고 싶지 않은데.	I really don't want to fight with him.
최근에 사소한 일로 자주 싸운다.	We've been fighting over little things lately.
만날 때마다 싸운다.	We have a fight every time we see each other.
남의 휴대전화를 멋대로 보다니, 믿을 수 없다.	I can't believe that he actually looked at my cellphone. * actually = 실제로
그녀는 완전히 오해하고 있다.	She's got it all wrong. * get ~ wrong = ~을 오해하다
날 왜 못 믿는 거지?	Why doesn't she believe me?
거짓말은 싫어.	I hate lies. * lie[라이] = 거짓말
변명하지 마.	I don't want to hear any excuses. * excuse = 변명
나가 줬으면 좋겠다.	I want him to leave.
"더 이상 여기 오지 마."라고 말했다.	I told him not to come back.

24
연애

화해

내가 먼저 사과했다.	I apologized first. * apologize = 사과하다
그가 사과했다.	He apologized to me.
정신 차리고 보니 화해하고 있었다.	We found ourselves getting back together. * find oneself ~ = (내 의사와 상관없이) ~하고 있는 자신을 깨닫다 gett back together = 화해하다
흐지부지되었다.	We never dealt with the issue. * deal with ~ = ~에 대처하다 과거형은 dealt issue = 논점, 쟁점
화해해서 정말 다행이다	I'm so glad we got back together.
이제 절대로 거짓말 안 하겠다고 약속했다.	I promised him that I would never lie again. * lie[라이] = 거짓말을 하다
싸우고 나서 사이가 더 가까워졌다.	After the fight, we became closer than ever.
더 이상 싸우고 싶지 않다.	I don't want to fight anymore.

장거리 연애

그는 미국에 1년 동안 유학하게 되었다.

He's going to be away for a year while he studies in America.

그녀가 부산으로 전근을 가게 되었다.

She's going to be transferred to Busan. * be transferred to ~ = ~로 전근을 가다

4월부터 원거리 연애가 시작된다.

We'll be starting a long-distance relationship in April. * long-distance relationship = 장거리 연애

원거리 연애는 쉽지 않다.

I feel uneasy about this long-distance relationship. * uneasy = 불안한

잘 할 자신이 없다.

I'm not all that confident. * confident = 자신 있는

우리는 분명 극복할 수 있을 거야.

I know we can overcome the challenge. * overcome = ~을 극복하다

자주 만날 수 없는 것은 역시 괴롭다.

It's hard not to be able to see each other that often.

더 자주 만날 수 있다면 좋을 텐데.

I wish we could see each other more often.

더 가까이 있을 수 있으면 좋으련만

I wish we were a little closer.

2주 후에 그를 만날 수 있다!

I can see him in two weeks!

가끔 만나서 그런지 볼 때마다 신선하다.

We don't see each other that often, so our relationship always seems fresh.

동거

슬슬 같이 지낼까 싶다.

Maybe we should move in together. * move in = (사람과) 살게 되다

결혼을 전제로 같이 살고 싶다.

I want to move in with him with marriage in mind. * with ~ in mind = ~을 염두에 두고

같이 살 집을 찾기로 했다.

We've decided to look for a place to live together.

그녀의 부모님이 동거를 반대했다.

Her parents are against us moving in together.

동거해서 처음으로 알게 되는 부분도 있다.	There are things that I've learned about him since we started living together.

 바람을 피우다

그녀에게 바람 피우다가 들켰다.	She knows I'm cheating. She found out I was cheating on her. * cheat (on ~) = (~을 배신하고) 바람을 피우다
수현과 태호가 딱 마주쳤다.	Soohyun and Taeho ran into each other. * run into ~ = ~와 딱 마주치다. run의 과거형은 ran
그녀에게 다른 여자와 메일 주고 받는 걸 들켰다.	She saw some e-mails I exchanged with someone else.
별 뜻 없었다.	It didn't mean anything.
둘 중 하나를 선택하라는 말을 들었다.	She told me I had to make a choice.
아수라장이었다.	It was a mess.　* mess = 혼란, 아수라장
더 이상 바람 안 필 거다.	I will never cheat again.
나는 타고난 바람둥이인가?	Am I a flirt by nature? * flirt[플러트] = 바람둥이　by nature = 천성적으로

 상대방이 바람을 피우다

다른 여자가 있는 것 같다.	I have a feeling he's seeing someone else.　* see = ~와 사귀다, 만나다
여자의 직감이다.	It's a woman's intuition.　* intuition = 직감
그녀가 바람을 피웠다는 걸 이제 알았다.	I know now that she hasn't been faithful to me. * faithful = 바람을 피우지 않는, 성실한
그가 다른 여자와 걷고 있었다는 소문을 들었다.	I heard that he was walking with another woman.
그녀가 바람을 피다니!	I can't believe she's having an affair. * have an affair = 바람을 피다
양다리라니 믿을 수 없어!	I can't believe he was two-timing me! * two-time = 숨어서 바람을 피다
저질!	That jerk! * jerk[저-크] = 바보, 저질

| 요즘 뭔가 이상한 것 같아. | I felt like something wasn't right recently. |
| 바람 피는 사람은 내가 싫어. | I have no business with someone unfaithful. |

* have no business with ～ = ～와는 상관없다
unfaithful = 부정한, 바람을 피우는

 불륜

| 불륜은 안 좋다고 알고 있지만 어쩔 수 없다. | I know having an affair is wrong, but I can't help it. |

* have an affair = 바람을 피다, 불륜을 저지르다

빨리 끝내야 해.	I had better end this right away.
더블 불륜은 훨씬 위험하다.	Having a double affair is too much of a risk.
아내와 그녀는 비교할 수 없다.	I can't compare my wife with her.

* compare ～ with … = ～을 …와 비교하다

남편은 편안하고 그와 함께 있으면 두근거린다.	I feel comfortable with my husband, but being with him is so exciting.
결혼해도 평생 연애하며 지내고 싶다.	I want to be in love, even after I get married.
뭐니 뭐니 해도 가정이 제일 중요해.	No matter what happens, my family is the most important thing to me.

* no matter what happens = 무슨 일이 있어도

 헤어지다

| 그와는 더 이상 무리다. | I can't be with him any longer. |
| 우리는 헤어지는 편이 더 좋다. | It's better that we go separate ways. |

* separate = 따로따로

| 그와 헤어지고 싶지 않다. | I don't want to break up with him. |

* break up with ～ = ～와 헤어지다

다시 한 번 노력해 보고 싶다.	I want to try one more time.
헤어지고 싶다.	I want to break up.
헤어졌다.	We broke up.

그가 헤어지자고 했다.	**He suggested that we break up.** * suggest (that) ~ = ~라고 제안하다
그녀에게 차였다.	**She left me.** * leave = ~을 버리다. 과거형은 left
내가 찼다.	**I dumped him.** * dump[덤프] = ~을 차다
그와 헤어지고 싶은데, 헤어질 수 없다.	**I want to end it, but he won't let me.**
우리가 좋은 친구가 될 수 있을까?	**I wonder if we can remain good friends.** * remain = ~인 채로 있다
시간이 해결해 준다.	**Time will solve this.** * solve = ~을 해결하다
시간이 약이다.	**Time is a great healer.** * healer = 고치는 것, 약
그녀를 잊을 수 없다.	**I can't forget her.**
언제까지라도 그를 기다릴 생각이다.	**I'm going to wait for him no matter how long it will take.**
그와 만날 수 없다니 너무 힘들다.	**Not being able to see him is too hard.**
다음에는 더 좋은 사람을 만나고 싶다.	**I hope to meet someone kinder next time.**
그녀에게서 다시 시작하고 싶다는 말을 들었다.	**She told me that she wanted to start over.** * start over = 처음부터 다시 시작하다
연애는 당분간 하고 싶지 않다.	**I don't want to be in love again for a while.** * for a while = 잠시동안
즐거운 시간을 준 그에게 감사한다.	**I'm grateful to him for the good times.** * grateful = 감사하는
혼자는 외롭다.	**Being single is lonely.**
역시 혼자가 편하다.	**It's so much easier being on my own.** * on one's own = 혼자서
미련 같은 거 없다.	**I have no regrets.** * regret = 후회
널린 게 남자(여자)야!	**There are plenty more fish in the sea!** * plenty = 많은
다음으로 넘어가자, 다음으로!	**On to the next one!**

24
연애

연애에 대해
영어일기를 써보자

 올해야 말로 초콜릿을 주자!

> This year, I'm going to give chocolate to Taesoo in person no matter what. Oh, just thinking about it makes me so nervous.

 해석

올해야말로 꼭 태수 선배에게 초콜릿을 줄 거야. 아~, 생각만 해도 두근거린다.

포인트 no matter what 은 '무엇이 ~일지라도'의 뜻인데, I'm going to ~ no matter what 으로 '절대로 ~하다'라는 뉘앙스를 표현합니다. give ~ in person 은 '~을 건네다'는 뜻이고, '두근거리다'는 make me so nervous(나를 엄청 긴장시킨다) 라고 표현합니다.

 가전제품 매장 데이트도 좋지만 。。。

> Yuseok always takes me to electrical appliance shops when we go out. To tell the truth, it's no fun. I want to go to an outlet mall or an amusement park.

 해석

유석 씨는 데이트 할 때 늘 가전매장으로 데려가는데, 솔직히 말해서 재미없다. 아울렛이나 놀이공원에 가고 싶다.

포인트 '가전제품 판매점'은 electrical appliance shop〈store〉. when we go out 은 '우리가 데이트를 할 때면', to tell the truth는 '진심을 말하면, 솔직히 말해서'라는 뜻입니다.

헤어지는 게 좋을 지도

Rina and I have been fighting over little things lately. She gets angry easily and always argues just for the sake of arguing. Maybe it's better we just end it.

요즘 별 것도 아닌 걸로 리나와 싸운다. 리나는 화를 잘 내고 억지만 부린다. 헤어질까?

포인트 '별 것도 아닌 걸로'는 '사소한 일로'라고 생각해서 over little things 라고 표현하고, '억지를 부리다'는 argue just for the sake of arguing(논의를 위한 논의를 하다) 라고 표현했습니다. arguing 대신 it 을 써도 좋습니다. for the sake of ~는 '(단지) ~를 위해서만'.

사귄 지 오늘로 3 년

It's been three years today since Tim and I started seeing each other. He's really sweet and fun to be with. I'm really happy he's my boyfriend.

딤과 사귄 지 오늘로 3 년째가 된다. 다정하고 같이 있으면 즐겁고 팀이 남자친구라서 정말 좋다.

포인트 '~한 지 ~년이 된다'는 It's been …(숫자) years since ~(과거형 문장) 으로 표현하고, '~와 사귀다'는 see ~ 나 go out with ~로 표현합니다. sweet 는 '다정하고 배려심이 있다'는 뉘앙스입니다. fun to be with 는 '같이 있으면 즐겁다'라는 뜻.

25 결혼 · 이혼

결혼 준비

 결혼 전반

경화 씨는 연애결혼을 했다고 한다.	Gyungwha has a love-based marriage.
그들은 선을 보고 결혼했다고 한다.	Theirs is an arranged marriage.
인성은 속도위반이었다고 한다.	I hear that Insung had a shotgun wedding.

* shotgun wedding=속도위반 결혼

유나는 결혼한다고 회사를 그만 둔다네.	I hear Yuna is quitting her job to get married.

* quit[큇]=~을 그만두다

결혼 자금을 모아야 한다.	I have to save money for my wedding.
급하게 결혼하고 싶지 않아.	I don't want to rush into marriage.
결혼 안 하는 인생도 괜찮지 뭐.	Remaining single is also a choice.

* remain ~=~대로 있다

국제결혼이 좋은데.	An international marriage would be nice.
결혼 얘기가 깨졌다.	We broke off our engagement.

* break off ~=~(약혼)을 깨다. break의 과거형은 broke

📖 결혼

배우자를 찾고 있다.	I'm looking for a spouse.

* spouse[스파우즈]=배우자

결혼 상대자를 찾아볼까?	Maybe I should start my spouse hunting.

* spouse hunting=배우자 찾기

미팅 서비스에 등록해야지.	**I'll register with a dating service.**
	* register with ~ = ~에 등록하다
미팅 파티에 참가했다.	**I attended a match-making party.**
	* match-making=맞선, 결혼 중개
35세 전에 결혼하고 싶다.	**I want to get married by the time I'm 35.**
괜찮은 남자는 다 유부남이야.	**The men I'm interested in are all married.**
	* 여자라면 men을 women으로.
어머니가 결혼하라고 성화시다.	**Mom keeps bugging me to get married.**
	* bug ~ to ... = ...하도록 ~에게 시끄럽게 말하다
누가 우리 딸을 안데려가나.	**I wish someone would marry my daughter.**
우리 아들은 언제쯤 결혼할까?	**I wonder when my son is going to get married.**

결혼하고 싶다

그녀와 결혼하고 싶다.	**I want to marry her.**
그와 늘 함께 있고 싶다.	**I want to be with him forever.**
우리는 행복한 가정을 만들 수 있을 거야.	**I think we can make a happy home together.**
	* home은 family로 해도 OK
그야말로 운명의 사람이다.	**He's my destiny.** **He's my Mr. Right.**
	* destiny = 운명. Mr. Right은 상대가 여성인 경우에 Ms. Right로.
그녀를 행복하게 해 줄 거다.	**I'm going to make her happy no matter what.**
	* no matter what = 무슨 일이 있어도
둘이 함께 행복한 가정을 만들자.	**We're going to work together to build a happy home.**

프로포즈

그는 좀처럼 프로포즈를 안 한다.	**I've been waiting a long time for him to propose.**
기다리고 있는데.	**I'm still waiting.**

631

내가 프로포즈 해 버릴까?	Maybe I should propose instead. * instead = 그 대신에
내일 프로포즈 할 거다.	I'm going to propose tomorrow.
그녀에게 프로포즈를 했다.	I proposed to her.
그가 프로포즈했다.	He proposed.
드디어 그가 프로포즈했다.	He finally proposed.
프로포즈를 받아 들였다.	I said yes. I accepted his proposal.
프로포즈를 거절했다.	I said no. I turned down his proposal. * turn down ~ = ~을 거절하다
프로포즈의 말은 '결혼하자'였다.	His proposal was, "Let's get married."
영원히 함께 있고 싶다라는 말을 들었다.	He said that he wants to spend the rest of his life with me. * spend = ~을 보내다 the rest of ~ = 남은 ~
"나랑 결혼할래?"라는 말은 심플하지만 제일 멋져.	"Will you marry me?" is simple but the best, I think.

결혼 · 약혼 반지

반지를 받아서 정말 기쁘다.	I got an engagement ring and I couldn't be happier. * engagement ring = 약혼반지
둘이서 결혼 반지를 보러 갔다.	We went to check out wedding rings together.
반지를 껴봤다.	We tried on a couple of rings.
내게 어울리는 반지가 있었다.	There was a ring that suited me. * suit = ~한테 어울리다
둘 다 백금 반지를 했다.	We decided to get platinum rings.
작은 다이아몬드가 촘촘히 박혀 있는 반지가 마음에 들었다.	I liked the pave diamond ring. * pave[파베이] ring = 작은 알의 다이아몬드가 촘촘히 박혀 있는 반지
이름을 넣어 달라고 했다.	We decided to have our names engraved. * engrave = ~을 새기다

안쪽에 사파이어를 박았다.	We had them embed sapphire on the inside. * embed = ~을 박아넣다
약혼 반지와 결혼 반지를 합치면 돈이 꽤 된다.	The engagement ring and wedding ring together cost quite a lot.
분명히 그녀는 호화로운 반지를 원한다.	She apparently wants a lavish ring. * apparently = 명백히, 분명히 lavish = 호화로운
그렇게 비싼 반지는 필요 없다.	We don't need such expensive rings.
약혼 반지를 안 하고 커플 시계를 하기로 했다.	We decided to get matching watches instead of engagement rings. * matching = 커플로

 ## 부모님께 인사

그녀의 부모님께 인사하러 갔다.	I went to her home to meet her parents.
그를 부모님에게 인사시켰다.	I introduced him to my parents. * introduce ~ to ... = ~을 …에게 소개하다
안미와 결혼하고 싶은 마음을 전했다.	I told them I want to marry Anmi.
딸을 잘 부탁한다고 말씀하셨다.	They told me to take good care of her.
너무 긴장됐다.	I had butterflies in my stomach. * have butterflies in one's stomach = 심하게 긴장하다
너무 긴장해서 무슨 말을 했는지 기억나지 않는다.	I was so nervous that I don't remember what I said.
그는 상당히 긴장해 있는 듯했다.	He looked really nervous.
편안한 분위기였다.	The atmosphere was relaxing. * atmosphere[앳모스피어] = 분위기
부모님이 엄격해 보였다.	Her parents looked stern. * stern = 엄격한
부모님과 잘 맞을 것 같았다.	I think her parents and I can get along. * get along = 사이좋게 해 나가다
남편은 안절부절 못했다.	My husband looked restless. * 딸, 아들이 약혼자를 데리고 왔을 경우
그의 부모님이 마음이 드시길 바라며.	I hope his parents liked me. * 만난 직후의 표현. 만나기 전이라면 will like 라고 한다.

25 결혼· 이혼

그의 가족은 모두 좋은 사람들 같았다.　His family all seemed nice.

부모님이 그와의 결혼을 반대하고 있다.　My parents are against me marrying him.

*be against ... -ing = …가 ~하는 것을 반대하다

부모님에게 축복받고 싶다.　I want my parents to be happy for us.

아버지는 그와 한 마디도 안 했다.　My father didn't say a word to him.

🕐 양가 부모님의 인사와 혼수

양가 부모님이 인사를 하는 식사 자리였다.　We went out to dinner so the parents on both sides could get to know each other.

호텔의 레스토랑을 예약했다.　We made a reservation at a hotel restaurant.

일식집의 룸을 예약했다.　We booked a private room at a Japanese-style restaurant.

*book = ~을 예약하다

편한 분위기에서 진행되었다.　Everything went on in a relaxed atmosphere.

식사는 무사히 잘 끝났다.　The dinner went smoothly.

*smoothly는 well로 해도 OK

양가 부모님은 즐겁게 말씀을 나누셨다.　Our parents all enjoyed the conversation.

혼수를 교환했다.　We exchanged marriage gifts.

드레스를 입은 시영은 아름다웠다.　Siyoung looked beautiful in a dress.

☕ 혼인신고

내일 혼인신고 하러 간다.　We are registering our marriage tomorrow.

*register = ~을 신고하다

시청에 혼인신고서를 냈다.　We registered our marriage at the city hall.

혼인신고서에 사인했다.　We signed our marriage registration form.

서류가 갖춰지지 않아 수리되지 않았다.	They didn't accept our documents because they weren't complete.
마포구청에 다시 가야 한다.	We need to make another trip to the Mapo-gu office. * trip = (볼일로)가는 것

결혼식 준비

결혼식은 내년 4월에 하기로 했다.	We've decided to have our wedding in April next year.
식은 어디서 올릴까?	Where should we hold our ceremony? * hold = ~(식)을 올리다
전통 혼례로 하고 싶어.	I want a traditional wedding.
교회에서 하는 걸 동경했어.	I have a longing for a church wedding. * longing = 동경
종교에 상관없이 자유롭게 하고 싶어.	I want a civil wedding.
해외에서 결혼식을 올리면 너무 멋질 거 같아!	It would be nice to get married abroad!
하와이에서 결혼식을 올리고 싶어.	I want to get married in Hawaii.
식은 올리지 않고 기념사진만 찍고 싶어.	I don't want a ceremony. I just want to take pictures.
누구를 초대할까?	Who should I invite? * '자신의 손님'이 아니라 '둘의 손님'이라면 I를 we로.
부장님을 초대하는 게 좋을까?	Maybe I ought to invite my manager. * ought to~ = ~해야 한다
몇 명 정도 초대하면 좋을까?	How many people should we invite?
200명 정도 초대해서 성대하게 하고 싶다.	I want to invite about 200 people and have a big wedding.
친척과 친한 친구만 초대해서 아담하게 하고 싶다.	I want a small wedding with family and close friends. * close = 친한, 가까운
A 호텔의 식장을 보러 갔다.	We went to check out the venue at A Hotel. * venue = 회장, 개최 장소
B 호텔에 자료 청구를 했다.	I asked B Hotel for some brochures. * brochure = 안내책자

25
결혼·이혼

교회 분위기가 너무 멋있었다.	The atmosphere at the church was wonderful.
나는 A호텔이 좋은데 그는 B호텔을 마음에 들어하는 것 같다.	I like A Hotel, but it seems he prefers B Hotel. * prefer = ~쪽을 좋아하다
드디어 식장을 결정했다.	We finally decided on the venue. * venue = 개최장소
결혼식 준비가 꽤 힘들다.	It's really hard to plan a wedding.
초대장을 준비해야 한다.	We have to prepare the invitations.

결혼

 자신의 결혼식

드디어 오늘 결혼식이다.	We're finally having our wedding today. * 하루가 끝난 후에 쓴다면 We finally had ~로
화장과 드레스 입는데 시간이 많이 걸렸다.	It took a long time to do makeup and get dressed.
옷이 타이트해서 몹시 불편했다.	My clothes were tight, so it was really uncomfortable.
넘어지지 않을까 걱정됐다.	I was worried about tripping. * trip = 발이 걸려서 넘어지다
웨딩 드레스를 입을 수 있어서 기뻤다.	I was so happy that I got to wear a wedding dress.
턱시도를 입은 그는 멋졌다.	He looked fabulous in his tux. * tux = tuxedo(턱시도)의 약어
드레스를 입은 모습은 너무 예뻤다.	She looked pretty nice in her dress.
그가 아름답다고 말해 줬다.	He told me I looked beautiful.
반지를 교환했을 때 부부가 되는구나 하고 실감했다.	When we exchanged rings, it hit me that we had become husband and wife. * hit = (생각 등이) ~떠오르다
결혼식에서 울고 말았다.	I cried at the wedding.
그는 결혼식에서 울었다.	He cried at the wedding.

많은 사람들에게 축복을 받아 너무 기뻤다.	We were really happy to receive best wishes from so many people.
다들 축복해 줬다.	Everybody congratulated us.
다 같이 기념사진을 많이 찍었다.	We took a lot of pictures with everyone.
피로연은 무사히 끝났다.	The reception went smoothly. * reception = 리셉션, 피로연
주례 선생님의 주례사에 울고 말았다.	A speech by the officiant made me cry.
어머니에게 보내는 편지를 읽다가 울고 말았다.	I cried as I read the letter to my mother.
2차도 너무 즐거웠다.	The after-party was also really fun. * after-party = 2차
빙고 게임도 너무 즐거웠다.	Everybody got excited playing the bingo game.
멋진 결혼식이어서 기쁘다.	I'm glad the wedding turned out great. * turn out ~ = 결과적으로 ~가 되다

🖊 가족과 친구의 결혼식

아영의 결혼식이었다.	Today was Ayoung's wedding.
멋진 결혼식이었다.	It was a nice ceremony.
감동적인 결혼식이었다.	It was a moving ceremony. * moving = 사람을 감동시키는
그녀가 웨딩드레스 입은 모습에 그만 울고 말았다.	I found myself crying when I saw her in her beautiful wedding dress. * find oneself = ~하고 있는 자신을 발견하다
한복을 입은 영애는 아름다웠다.	Youngae was beautiful in her hanbok.
웨딩드레스를 입은 모습도 멋졌다.	She looked great in her wedding dress, too.
나도 결혼하고 싶어졌다.	She made me want to get married, too.
주례사 할 때 엄청 긴장했다.	I was really nervous when giving my speech.

부케를 받았다.	I caught the bouquet.
	* bouquet = 부케
다음은 내 차례인가?	Maybe I'll be next to marry.
호화로운 피로연이었다.	It was a lavish reception.
	* lavish = 호화로운, 화려한
요리가 참 맛있었다.	The food was really good.
축의금으로 30만원을 넣었다.	I gave them 300,000 won as a gift.
하객을 위한 선물은 접시였다.	We got a plate as a wedding souvenir.
	* souvenir = 기념품
2차에도 참석했다.	I went to the after-party, too.
	* after-party = 2차
2차부터 참석했다.	I only went to the after-party.
빙고게임을 해서 Wii 를 받았다!	I won a Wii from the bingo game!

📖 신혼여행

신혼여행은 어디로 갈까?	Where should we go for our honeymoon?
	* for는 on으로 해도 OK
파리에 가고 싶다.	I want to go to Paris.
그녀는 푸켓을 가고 싶어 한다.	She says she wants to go to Phuket.
신혼여행은 스페인과 이탈리아를 돌기로 했다.	We decided to tour Spain and Italy on our honeymoon.
신혼여행으로 몰디브를 갔다.	We went to the Maldives for our honeymoon.
	* for는 on으로 해도 OK
신혼여행에서 돈을 너무 많이 쓴 것 같다.	I think we spent too much on our honeymoon.
신혼여행은 당분간 못 갈 거 같다.	I don't think we can go for our honeymoon anytime soon.
신혼여행을 국내로 가도 괜찮다.	We don't mind going somewhere in Korea for our honeymoon.
	* mind -ing = ~하는 것을 싫어하다

결혼 생활

그와 결혼해서 행복하다.	I'm so happy I married him.
결혼생활은 즐겁다.	Married life is fun.
내일은 3번째 결혼기념일이다.	Tomorrow is our third wedding anniversary.
함께 요리했다.	We cooked together.
함께 목욕했다.	We took a bath together.
가사 분담을 하자고 부탁해야지.	I'll ask him to share the housework.
설거지는 그가, 세탁은 내가 담당한다.	He does the dishes and I do the laundry.
그가 집안일을 더 해 줬으면 한다.	I want him to do more housework.
집안일은 가능한 분담하고 있다.	We're trying to share the housework.
그래, 서로 도와야 해.	Yeah, we have to cooperate.
그는 가부장적인 사람이다.	He's domineering.

* domineering = 고압적인

우리 집은 아내가 대장이다.	My wife wears the pants in our house.

* wear the pants = (아내가)주도권을 잡다

그녀에게 꼼짝도 못한다.	She bosses me around.

* boss ~ around = ~을 혹사하다

그 둘은 잉꼬부부다.	They're lovebirds. They're a happily-married, loving couple.

* lovebird = 잉꼬부부

이혼과 재혼

결혼생활의 불만

결혼 전에는 이런 사람이라고 생각도 못했다.	Before I married him, I didn't know he was like this.
결혼 전에는 상냥했는데.	She used to be kind before we got married.

* used to ~ = 옛날에는 ~였다

육아에 대해 의견이 맞지 않다.	We have different ideas about raising kids. * raise = ~키우다
남편의 폭력을 견딜 수 없다.	I can't take my husband's abuse anymore. * abuse[어뷰스] = 학대, 폭행
아내의 고함 소리를 참을 수 없다.	I can't stand my wife's shouting. * stand = ~을 참다 shout = 고함치다
서로 성격이 안 맞다.	Our personalities don't match.
그를 믿을 수 없게 되었다.	I don't trust him anymore.
매일 싸움만 한다.	We fight all the time.
그는 언제나 일이 우선이다.	He always puts his work first.
집안일은 전혀 안 해 준다.	He doesn't do anything to help around the house.
시어머니의 수발도 내가 한다.	He doesn't help me take care of his own mother.
그녀는 친정에만 간다.	She's always going to her parents' home.
시부모님과 같이 사는 건 절대 싫다.	I absolutely do not want to live with my in-laws. * in-law = 혼인에 의해 친척이 된

불륜 (→ p. 626 「불륜」을 참조)

가정 내 별거

가정 내 별거 상태가 이어지고 있다.	We have separate lives under the same roof.
우리는 쇼윈도우 부부다.	We're only together for appearances. * appearance = 외관
1 주일 동안 말을 하지 않고 있다.	We haven't spoken in a week. * in은 for로 해도 OK
집 분위기가 험악하다.	The atmosphere in the house is awkward. * awkward[오크워드] = 불편한
친정에 갈 거야!	I'm going to my parents' home!

맘대로 하라고 했다.	He told me to suit myself.
	* suit oneself = 자기 맘대로 하다
"지금 당장 나가!" 라고 했다.	I was told to leave immediately.

 이혼을 생각하다

이혼하고 싶다.	I want a divorce. * divorce = 이혼
이혼해 줬으면 좋겠다.	I want him to divorce me.
	* 여기서는 divorce가 '~와 이혼하다'라는 뜻의 동사
이혼할까 생각중이다.	I'm thinking about getting a divorce.
더 이상 같이 사는 건 힘들다.	We can't live together anymore.
헤어지는 게 서로에게 최선이다.	I think a divorce would be best for both of us.
나는 이혼하고 싶지만 그가 거부한다.	I want a divorce, but he doesn't.
좀처럼 그녀와 이혼할 수 없다.	I'm having a hard time getting a divorce from her.

화해하다

다시 한 번 이야기를 나누고 싶다.	I want us to talk about it one more time.
다시 한 번 새로 시작하고 싶다.	I want us to start all over.
	* start over = 처음부터 다시 하다
충분히 이야기를 나눌 필요가 있다.	I think we really need to sit down and talk.
	* sit down and talk = 이야기를 충분히 나누다
서로 냉정해지는 게 좋겠다.	I think we should both cool off.
내가 나빴다.	I was wrong.
다시 시작할 수 있다면 그렇게 하고 싶다.	I want to try again if there's a chance.

 이혼하다

아내가 갑자기 이혼하자고 했다.	My wife suddenly asked for a divorce.
	* ask for ~ = ~을 요구하다

가정을 돌보지 않았던 내가 나쁘다.	It was my fault for not taking good care of my family. * fault[폴트] = 책임
내 이기심이 원인이다.	It's because of my selfishness.
둘이서 정한 일이다.	It was a mutual decision. * mutual = 상호
남편과 헤어졌다.	I divorced my husband. * 아내로 하려면 husband을 wife로
오늘 이혼서류를 제출했다.	I filed divorce papers today. * file = ~(서류 등)을 제출하다
드디어 이혼이 성립되었다.	We finally got a divorce.
결혼 15 년 만에 이혼했다.	We split after 15 years of marriage. * split = 헤어지다 과거형도 split
이른바 ' 황혼이혼 ' 이다.	It's a so-called late-life divorce. * so-called = 이른바 late-life divorce = 황혼이혼
이걸로 드디어 혼자가 되었다.	I can finally be alone.
결혼은 이제 싫다.	I've had enough of marriage. * have enough of ~ = ~충분하다
이제야 가족의 고마움을 알았다.	Now I know how good it is to have a family.
이혼소송을 할까 생각 중이다.	I'm thinking about filing for divorce. * file for ~ = ~을 제기하다
위자료를 받을 생각이다.	I'm going to make him pay alimony. * alimony = 이혼 위자료
위자료로 2 억원을 줘야 한다.	I was ordered to pay two hundred million won in alimony.

 자녀에 대해

아이들은 어떻게 하지?	What do we do about the kids?
아이들도 어렴풋이 눈치를 채고 있는 듯하다.	I think the kids have an idea of what's happening.
부모가 서로 으르렁거리는 모습을 보이고 싶지 않다.	I don't want them to see their parents fighting.
나 혼자서 아이를 키우자.	I'll raise the kids myself. * raise[레이즈] = ~을 키우다
다행스럽게도 모아둔 돈이 있다.	Luckily, I have some savings.

혼자서 아이를 키울 자신이 없다.
I'm not confident that I can raise the children alone.

아이를 생각하면 이혼할 수 없다.
When I think of the kids, I can't decide on a divorce.

헤어져도 그녀는 애들 엄마다.
Even if we split, she's still their mother. * split = 헤어지다

아이들을 보고 싶을 때 만날 수 있도록 확실히 해둬야겠다.
I want to make sure I can see the kids whenever I want.

매월 양육비를 받게 되었다.
He's going to pay child support every month.
* child support = 아이 양육비

이달 양육비가 아직 안 들어왔다.
He hasn't paid this month's child support yet.

재혼

재혼하고 싶다.
I want to get married again.

괜찮은 재혼 상대를 찾고 싶다.
I want to meet a good person to remarry. * remarry = ~와 재혼하다

한동안은 재혼 생각이 없을 것이다.
It'll be a while before I start thinking of remarrying.

영태에게서 여자를 소개 받았다.
Youngtae introduced me to a lady.
* introduce ~ to ... = ~을 ...에게 소개하다

그녀도 재혼이라고 한다.
She's also divorced.

아내와 사별했다고 한다.
I heard that his wife passed away.
* pass away = 죽다

아이는 없다고 한다.
He doesn't have any kids.

애들이 재혼에 찬성해 줄까?
I wonder if my kids will mind me getting remarried.
* mind ~ –ing = ~가 ...하는 것을 싫어하다

재혼하기로 했다.
I'm getting married again.

이번에야말로 행복한 결혼생활을 하고 싶다.
This time for sure, I want to have a happy marriage. * for sure = 확실하게

25 결혼·이혼

결혼·이혼에 대해 영어일기를 써 보자

 결혼을 계기로 퇴사

> Mari told me that she's quitting her job at the end of April to get married. I'm happy for her, but I'll miss her.

해석

마리가 4월 말에 결혼을 계기로 퇴사한다고 한다. 좋은 일이긴 하지만 쓸쓸해지겠구나.

포인트 결혼을 계기로 퇴사한다는 한마디로 표현할 수가 없어서 quit one's job to get married 라고 표현했습니다. '~라고 말했다'는 ~ told me …(~가 …라고 가르쳐 줬다) 나, I heard ~(…라고 들었다) 라고 표현하면 됩니다. '4월말'은 at the end of April 입니다.

 결혼 준비

> I bought two wedding magazines today. Just imagining our wedding makes me smile from ear to ear. I couldn't be happier!

해석

오늘 웨딩 잡지를 두 권 사 왔다. 결혼식을 상상하는 것만으로 웃음이 나온다. 나, 너무 행복해!

포인트 Just -ing 는 '그저 ~하는 것'. 여기에서는 imagine(~을 상상하다) 와 합쳐서 '단지 ~을 상상하는 것만으로'라고 표현합니다. smile from ear to ear 은 '만면에 웃음을 띠다'.

 결혼에 대한 압박

Dad and Mom keep bugging me to get married. It's like, I KNOW! I don't want them to put pressure on me.

 해석

아버지, 어머니께서 결혼하라고 잔소리를 하신다. 나도 알고 있다구요! 스트레스를 안 줬으면 좋겠다.

 '결혼하라고 잔소리를 하다'를 keep bugging me to get married(결혼하라며 날 계속 고민하게 만들다) 로 표현했습니다. "나도 알고 있다구요!"는 I KNOW! 로 표현하는데, 이와 같이 전체를 대문자로 쓰면 느낌을 강조할 수 있습니다.

 이혼해야 할까?

My husband and I keep arguing. I want to get a divorce, but when I think about the kids, I shouldn't make the decision easily. What should I do?

해석

남편과 언쟁이 계속되고 있다. 이혼하고 싶지만 아이들을 생각하면 쉽게 결단을 내릴 수 없다. 어떻게 하면 좋을까?

 keep arguing은 '말싸움 상태가 계속되고 있다'는 뜻입니다. '～할 수는 없는 법이다'는 shouldn't ～라고 표현하거나 can't ～로 표현해도 됩니다.

26 출산·육아

임신과 출산

 임신

슬슬 아이를 갖고 싶다.	I want to start a family.
	* start a family = 아기(첫째)를 만들다
아이는 둘 갖고 싶다.	I want two kids.
기초체온을 메모하는 게 좋을까?	Maybe I should take my basal body temperature.
	* basal = 기초의
임신일지도 몰라.	Maybe I'm pregnant.
	* pregnant = 임신한
생리가 늦어지고 있다.	My period is late.
	* period = 생리
임신테스트기로 확인해 볼까.	Should I do a home pregnancy test?
	* pregnancy = 임신
병원에서 검사했다.	I went to the hospital for a pregnancy test.
아기가 생겼다.	I'm pregnant.
	I'm expecting. * be expecting = 임신중
너무 기쁘다.	I couldn't be happier.
부모님이 굉장히 기뻐했다.	My parents were really happy.
속도위반이다.	Now we're having a shotgun marriage.
	* shotgun marriage = 속도위반
지금 임신 10 주째다.	I'm ten weeks pregnant.
	* 임신 4개월이라면 four months pregnant
안정기에 접어들었다.	I'm in my stable period.
	* stable period = 안정기
배가 나오기 시작했다.	My bump is starting to show.
	* bump = 튀어나온 부분

646

곧 출산이다.	My baby is due soon.
	* due = (아이가) 태어날 예정으로
산달이다.	I'm in my last month of pregnancy.
예정일은 내년 1월 5일이다.	I'm due January 5 next year. My baby is due January 5 next year.
12월부터 출산휴가를 내기로 했다.	I've decided to take maternity leave from December.
	* maternity leave = 출산휴가
아들일까 딸일까?	Is it a boy or a girl?
딸이면 좋겠다.	I want a girl.
성별은 상관없어.	It doesn't matter whether it's a boy or a girl.
	* matter = 중요함

📖 임신 중 건강 관리

입덧이 심하다.	I have awful morning sickness.
	* awful = 심하다 morning sickness = 입덧
입덧이 거의 없다	I don't really have morning sickness.
내일은 정기 검진이다.	I'm having a routine checkup tomorrow.
	* routine = 결정된, 정기적인
엄마와 아기 모두 건강하다.	Both the baby and I are doing fine.
초음파 사진을 봤다.	I saw the ultrasound photo.
	* ultrasound = 초음파
팔이 또렷이 보였다.	I could clearly see an arm.
움직이고 있었다.	The baby was moving.
배를 찼다.	The baby was kicking.
유산하지 잃도록 건강에 주의하자.	I'm going to take care of my health so that I won't miscarry.
	* miscarry = 유산하다

👓 출산

무사히 출산하기를.	I'm hoping for an easy delivery.
	* delivery = 출산
무통분만을 하고 싶다.	I want to have a painless delivery.
	* painless = 무통의

출산 예정일이 다가오고 있다.	The delivery date is getting closer.
	* delivery＝출산
5시 경에 진통이 시작되었다.	I went into labor at around 5:00.
	* go into labor＝진통이 시작되다
분만실에 들어간 지 10시간 만에 태어났다.	The baby was born ten hours after I went into the delivery room.
순산이었다.	It was an easy delivery.
	* It was는 I had라고 해도 된다
난산이었다.	I had a difficult delivery.
	* I had를 It was로 써도 된다
제왕절개로 낳았다.	I had a C-section.
	* C-section＝Caesarean section(제왕절개)의 약어
예정일보다 3 주 빨랐다.	The baby was three weeks early.
	* '3주 늦었다'는 three weeks late
죽을 만큼 아팠다.	I thought I would die of pain.
	* die of ～＝～때문에 죽다
3.2 킬로였다.	He weighed 3,200g.
	* weigh[웨이]＝～의 무게가 있다
건강한 남자아이다.	He's a healthy boy.
나도 분만실에 들어갔다.	I was there for the birth.
제시간에 못 와서 출산을 놓쳤다.	I couldn't make it for the delivery.
	* make it for ～＝～제시간에 맞추다
같이 분만실에 들어가서 출산이 얼마나 힘든 일인지 알았다.	Staying with my wife during delivery made me realize how tough it is.
유나가 무사히 출산해서 다행이다.	I'm glad Yuna gave birth without any problems.
미나, 고생 많았지? 고마워.	I thank for doing your best, Mina.
드디어 나도 아빠가 되었다.	I'm finally a father.
첫 손자는 정말 사랑스럽다.	The first grandchild is so adorable.
	* adorable＝사랑스러운
태어나는 순간은 감동적이었다.	The moment my baby was born, I was moved.
	* moved＝감동한
처음으로 안았을 때 눈물이 났다.	I cried the first time I held him.
	* hold＝안다 과거형은 held
태어나 줘서 고마워.	Thank you for being our child.

이름은 아직 정하지 않았다.	We haven't decided on a name yet.
이름은 나연으로 정했다.	We decided to name her Nayeon.

육아

 어르기

미호를 안아서 얼러주었다.	I cradled Miho in my arms.

* cradled = ~을 흔들어서 어르다

안아 주는 게 습관이 되어 버렸나?	He might be addicted to being held.

* addicted to ~ = ~에 습관이 붙다

딸의 등을 토닥여줬다.	I patted her on the back.

* pat = ~을 가볍게 톡톡 두드리다

아들의 머리를 쓰다듬어 주었다.	I stroked his hair.

* stroke = ~을 쓰다듬다

딸에게 '까꿍'을 해 줬더니 엄청 웃었다.	She really laughed when I played peekaboo with her.

* play peekaboo = 까꿍놀이를 하다

하루는 높이 들어 올려주는 걸 참 좋아한다.	Haru loves it when I hold her up in the air.
하루가 울어서 달랬다.	I hushed Haru when he cried.

* hush = ~을 달래다

딸을 업었다.	I gave my daughter a piggyback ride.

* piggyback ride = 업기 ride는 생략해도 된다.

아빠가 아들을 무등을 태웠다.	Daddy carried him on his shoulders.

 젖 먹이기

딸에게 젖을 먹였다.	I breast-fed her.

* breast-feed = ~에게 모유를 주다. 과거형은 breast-fed

아들에게 분유를 먹였다.	I gave him milk.
아빠가 딸에게 분유를 만들어 줬다.	Daddy prepared some milk for her.

* prepare = ~을 만들다, 준비하다

오늘은 우유를 잘 안 마셨다.	She didn't drink much milk today.
딸은 젖을 먹으며 잤다.	She fell asleep while being breast-fed.

* fall asleep = 잠들다

요즘, 딸아이는 젖을 물어야 잠이 든다.	Lately, she doesn't sleep unless she's breast-fed.

26
출산·육아

649

분유를 먹인 후에 트림을 하게 했다.	I burped her after she had milk.
	*burp = ~에게 트림을 시키다
아들은 좀처럼 트림이 안 나왔다.	He wouldn't burp.
	*burp = 트림을 하다
아들도 이제 슬슬 젖을 뗄 시기겠지?	I think it's time I stopped breast-feeding him.
아들이 젖을 뗀 지 3일째다.	It has been three days since I started weaning him.
	*wean = 젖을 떼다

💡 이유식과 식사

슬슬 이유식을 시작해야 한다.	I have to start weaning her soon.
	*wean[원] = 이유를 시작하다
오늘부터 이유식 시작이다!	I started with baby food today!
이유식을 만들었다.	I made her baby food.
이유식을 여분으로 만들어 뒀다.	I prepared extra baby food.
	*prepare = ~을 만들다 extra = 여분의
이유식 6일째.	It has been six days since I started giving her baby food.
처음으로 치즈를 먹였다.	I fed her cheese for the first time.
	*feed = ~에게 먹이를 주다. 과거형은 fed
단호박 페이스트를 만들었다.	I made pumpkin paste.
당근 케이크를 만들었다.	I made carrot cake.
아들은 편식이 심해서 골치 아프다.	His fussy eating is a problem.
	*fussy = 까다롭다
딸은 편식을 거의하지 않는다.	She's not a picky eater.
	*picky eater = 식성이 까다로운 사람
아들에게 고기를 더 먹였으면 좋겠는데.	I wish he would eat more meat.
판다 모양 주먹밥을 만들어줬더니 아이들이 너무 좋아했다.	The kids loved the panda-shaped rice balls I made.
딸은 배가 고픈 것 같다.	It looks like she was hungry.
아들은 먹는 양이 적다.	He doesn't eat much.
딸은 몸이 작지만 잘 먹는다!	She's small, but she eats a lot!

아들에게 가능한 과자나 단 것을 안 주려고 한다.	I'm trying not to give him snacks or sweets.

 기저귀와 화장실

딸의 기저귀를 갈았다.	I changed her diaper.

*diaper[다이어퍼] = 기저귀

아빠가 딸의 기저귀를 갈아줬다.	Daddy changed her diaper.
딸이 쉬를 많이 했다.	She had peed a lot.

*pee = 쉬를 하다

생각대로, 아들이 응가를 했다.	Just as I thought, he had pooped.

*poop = 응가하다

딸의 응가가 전보다 딱딱하다.	Her poop is getting more solid than it was before.

*solid = 딱딱한

기저귀를 벗기자마자 아들이 쉬를 했다. (ㅠㅠ)	He peed the moment I opened his diaper. (Oh no)
배변 훈련은 참 힘들다.	Toilet training is quite a challenge.
아들은 혼자서 쉬를 할 수 있게 되었다.	Now he can pee on his own.

*on one's own = 혼자 힘으로, 스스로

딸이 기저귀를 뗐다.	She's out of diapers.
세 살이 되기 전에 딸아이가 기저귀를 뗄 수 있으면 좋겠다.	I hope she can be out of diapers before she's three years old.

 목욕시키기와 양치질

은아를 목욕시켰다.	I gave Euna a bath.
아빠가 유이를 목욕시켰다.	Daddy gave Yui a bath.
바깥 놀이를 한 후 목욕시켰다.	I gave him a bath after he played outside.
가끔 혼자서 여유 있게 목욕하고 싶다.	It would be nice to have a leisurely bath by myself once in a while.

*leisurely = 여유있게

아들에게 칫솔질을 해줬다.	I brushed his teeth.
아들이 혼자서 이를 닦을 수 있게 되었다!	He can brush his teeth on his own now!

*on one's own = 혼자 힘으로, 스스로

26
출산·육아

재우기

9시 경에 아이들을 재웠다.	I put the kids to bed at around 9:00. * put ~ to bed = ~을 재우다
민호가 잘 때까지 2 시간 걸렸다.	Getting Minho to sleep was a two-hour battle. * get ~ to sleep = ~을 재우다
아이들을 재우다가 나도 그만 잠들어 버렸다.	I fell asleep after putting the kids to bed. * fall asleep = 잠들다 fall의 과거형은 fell
아들은 밤중에 세 번 깼다.	He woke up three times in the night.
딸은 11 시경에 자서 새벽에 한 번도 깨지 나지 않고 8 시까지 잤다.	She went to sleep at around 11:00 and didn't wake up till 8:00 in the morning.
오늘은 딸아이가 좀처럼 잠을 이루지 못했다.	She had a hard time falling asleep.
꼬마가 겨우 낮잠을 자 주었다!	The little one finally took an afternoon nap! * nap = 낮잠
태수가 웬일로 낮잠을 잤다.	Taesoo slept during the day, which is unusual for him. * unusual = 드문
많이 놀아서 피곤한가?	Maybe he was tired out from playing. * tired out = 너무 지쳐서
딸이 하품을 했다.	She was yawning. * yawn[얀] = 하품을 하다
딸이 아빠에게 굿나잇 키스를 했다.	She kissed her dad good night.

아이의 건강과 상처

오늘은 1 개월 검진이었다.	I took him for his one-month checkup today. * checkup = 건강검진
독감 예방 접종을 했다.	He got a flu shot. * flu[플루] = 독감 shot = 주사
저녁에 갑자기 열이 났다.	At night, he suddenly came down with a fever. * come down with ~ = ~(병 등)에 걸리다
열이 있는 것 같아서 병원으로 뛰어갔다.	It seemed like he had a fever, so I took him to the hospital in a rush. * in a rush = 서둘러서

바로 진찰을 받았다.	I was able to get a doctor to see him right away.
	* get ~to ... = (교섭해서)~에게…해서 받다
홍역에 걸린 것 같다.	It seems he caught the measles.
	* measles[미절즈] = 홍역
상준이가 바닥에서 미끄러져 넘어졌다.	Sangjun slipped and fell on the floor.
머리를 찧어서 당황했다.	He hit his head, so I was a little panicked.
괜찮은 것 같지만 그래도 걱정이다.	He seems OK, but I'm still worried.
걱정이 돼서 가슴이 찢어질 것 같았다.	I was so worried that I thought my heart was going to break.
아들은 약간 설사인 것 같은데 열도 없고 식욕도 있다.	My son seems to have diarrhea, but he has no fever and he still has an appetite.
	* diarrhea[다이어리어] = 설사 appetite = 식욕
좀 더 상태를 지켜 보자.	I'll wait and see.

아이에 대해

 아이의 성격

26
출산·육아

기용이는 정말 어리광이 심하다.	Kiyong is really spoiled.
	* spoiled = 응석받이로 키우다
최근에 꽤 언니 같아졌다.	She's quite well behaved these days.
	* well behaved = 예의 바르다
딸은 야무져서 손이 안 간다.	She's a bright child. I don't have any trouble with her.
	* bright = 머리가 좋다
유리는 정말 착해.	Yuri is such a good girl.
배려할 줄 아는 다정한 아이.	She's a thoughtful, kind child.
	* thoughtful = 배려할 줄 아는
경수는 늘 활발하다.	Kyungsoo is always full of energy.
제멋대로야.	He's selfish.
낯을 가리기 시작한 것 같다.	She has started being afraid of strangers.
	* stranger = 모르는 사람, 타인
오늘은 제멋대로였다.	He behaved badly today.
	* behave = 행동하다

653

📖 닮았다 · 닮지 않았다

눈은 엄마를 닮고, 입은 날 닮았다.	Her eyes are her mother's, and her mouth looks like mine.
아빠의 어릴 적 사진을 봤더니 현진이랑 똑같이 생겼다!	I saw a picture of Daddy when he was a baby — he looked just like Hyunjin!
점점 엄마를 닮아간다.	She's looking more and more like her mom.
곱슬머리는 아빠를 닮았다.	She has naturally curly hair like her dad.
현진이는 근시인 것은 유전이라서 어쩔 수 없다.	Hyunjin's short-sightedness is genetic, so it can't be helped.

* short-sightedness = 근시   genetic = 유전의

👓 자식에 대한 애정

현진아, 사랑해.	I love Hyunjin.
우리 집 애가 진짜 귀여워!	Our kids are so cute!
역시 우리 집 애가 제일 귀여워!	Our kids are definitely the cutest!

* definitely = 틀림없이

깨물어주고 싶을 만큼 귀엽다.	He's the apple of my eye.

* apple of one's eye = 소중한 것, 눈에 넣어도 안 아픈

너무 아이를 애지중지하나?	Am I too much of a doting parent?

* doting parent = 아이를 애지중지하는 부모

아들의 볼은 부드럽고 매끈매끈하다.	His cheeks are so soft and smooth.

* smooth = 매끈매끈한

자는 얼굴이 천사 같다.	He has an angelic sleeping face.

* angelic = 천사같은

우리 애가 어쩌면 천재일지도?	My child just might be a genius.
딸아이는 그림에 재능이 있는것 같다.	My daughter might have a gift for drawing.

* gift = 재능

형제

아들은 태어난 지 얼마 되지 않는 여동생에게 관심이 많다.	He seems to be really curious about his newborn little sister.

* curious = 호기심이 강한

| 남동생의 머리를 다정하게 쓰다듬어 주었다. | She gently stroked her little brother on the head. |

* stroke = ～을 쓰다듬다

| 마리가 태어나고 나서 준희가 좀 외로워한다. | Ever since Mari was born, Junhee seems a little lonely. |

| 준에게 더 많이 관심을 가져 주자. | I should show Jun a little more affection. |

* affection = 애정

| 미나가 현수를 봐 줘서 정말 도움이 된다. | Mina has been a big help taking care of Hyunsoo. |

| 또 싸웠다. | The kids fought again. |

* fight = 싸우다. 과거형은 fought

| 우리 애들은 늘 사이좋게 놀고 있다. | Our kids always play nicely together. |

| 수민이는 오빠를 존경하고 있는 것 같다. | It looks like Sumin looks up to his big brother. |

* look up to～ = ～을 존경하다

성장 기록

 신체의 성장

| 오늘로 생후 1개월. | He's one month old today. |

| 체중 7.4kg. | He weighs 7.4kg. |

* weigh = ～의 무게가 있다.

| 키는 80.3cm. | She's 80.3cm tall. |

| 컸다. | He has gotten so big. |

| 한 손으로 안을 수 없어! | I can't hold her in one arm anymore. |

* hold = ～을 안다

| 목을 가눈다. | He can now hold his head up. |

* hold = ～지탱하다

| 드디어 목을 확실히 가눈다. | He can finally hold his head up steadily. |

* steadily = 확실하게

| 이가 났다. | His teeth are starting to grow. |

* grow = 발달하다 tooth = 이. 복수형은 teeth

| 유치가 다 났다. | He has all his milk teeth now. |

* milk tooth = 유치

가능한 일

처음으로 뒤집었다.

She rolled over in her sleep for the first time.
*rolled over = 뒤집다

혼자서 앉을 수 있게 되었다.

She can sit on her own now.
*on one's own = 혼자 힘으로

열심히 기어 다니려고 하고 있다.

He tried his best to crawl.
*crawl = 기다

유이도 이제 잘 기어다닌다.

Yui is now able to crawl with no problem.

미호가 잡고 섰다!

Miho grabbed onto something and stood up!

오늘 미호가 걸었다! 대단해!

Miho walked today! It was amazing!

혼자서 놀 수 있게 되었다.

She can play on her own now.

'아~'나 '우~'라고 소리를 냈다.

He can say "aah" and "ooh."

오늘 처음으로 '엄마'라고 했다.

He said "umma" for the first time today.

"이름이 뭐야?" 라고 물으면 "유이!"라고 대답할 수 있게 되었다.

When people ask her, "What's your name?" she can now answer, "Yui!"

간단한 대화가 가능해졌다.

He can have a simple conversation.

스스로 단추를 끼울 수 있게 되었다.

She can do up her buttons on her own.
*do up ~ = ~(옷의 단추)를 끼우다

스스로 단추를 풀 수 있게 되었다.

He can undo his buttons on his own.
*undo = ~(옷의 단추)를 풀다

나미가 곧 자전거를 탈 수 있을 것 같다.

I think Nami will be able to ride her bike soon.
*bike = 자전거

아이들은 매일 조금씩 성장하고 있다.

Children grow a little every day.
*grow = 성장하다

하루가 다르게 자라서 놀란다.

I'm surprised by how fast children grow.

| 눈 깜짝 할 새에 다 커 버릴 것 같다. | I feel like they'll be grown before we know it. |

*grow(성장하다)의 과거분사형은 grown
befor we know it = 눈 깜짝 할 사이에

 생일

오늘은 나미의 첫번째 생일이다.	Today is Nami's first birthday.
모두 다 같이 축하했다.	We all got together to celebrate.
친구들을 불러서 생일 파티를 했다.	We invited friends over for his birthday party.

*invite ~ over = ~을 이쪽으로 초대하다

| 생일 케이크를 구웠다. | I baked a birthday cake for him. |
| 근처 케이크 가게에 생일 케이크를 주문했다. | I ordered a birthday cake at the nearby pastry shop. |

*nearby = 근처의   pastry shop = 케이크 가게

| 동준이는 촛불을 끄느라 고생했다. | Dongjun was having trouble blowing out the candles. |

*blow out ~ = ~을 불어서 끄다

다 같이 '해피버스데이투유' 노래를 불렀다.	We sang "Happy Birthday to You" together.
생일 선물로 프리큐어 장난감을 줬다.	We gave her a Precure toy as a birthday gift.
어린이집에서 생일 파티를 했다.	They threw her a birthday party at the preschool.

*throw a party = 파티를 열다

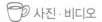 사진 · 비디오

| 공원에서 준희 사진을 많이 찍었다. | I took many pictures of Junhee at the park. |
| 사진을 현상했다. | I had the pictures developed. |

*have ~ developed = ~을 현상해서 받다

| 민호는 자신의 사진을 보는 것을 좋아한다. | Minho likes looking at pictures of herself. |
| 카메라를 들이대면 심각한 표정을 짓는다. | She puts on a straight face when she faces the camera. |

*straight face = 심각한 표정   face = ~쪽을 보다

26
출산·육아

첫째라서 사진을 많이 찍게 된다.	We end up taking a lot of pictures because she's our first child.
	* end up -ing = 결국 ~하게 되다
사진 스튜디오에서 사진을 찍었다.	We had pictures taken at the photo studio.
딸은 백설공주 의상을 입었다.	She dressed up as Snow White.
엄청 귀여웠다.	She looked adorable.
	* adorable[어도러블] = 귀여운, 사랑스러운
비디오를 찍었다.	I took a video.
졸업식 DVD를 만들자.	I'll make a DVD of her graduation.
	* graduation = 졸업, 졸원

아기용품과 옷

아기 용품 관련 단어

젖병	feeding bottle		
분유	powdered milk		
고무 젖꼭지	pacifier	물티슈	baby wipe
턱받이	bib	유모차	stroller
딸랑이	rattle	포대기	baby sling
아기 침대	crib	아기 옷	baby ware / baby clothes
기저귀	diaper [다이어퍼]		
종이 기저귀	disposable diaper	아기 용품	baby goods
천 기저귀	cloth diaper	이유식	baby food

 아기 옷

그 브랜드의 옷은 너무 비싸서 살 수 없다.	We can't afford children's clothes from that brand.
	* can afford ~ = ~(고가인 물건 등)을 가질 여유가 있다
아이 옷은 싼 걸로 충분하다.	As for children, cheap clothes do just fine.
	* as for ~ = ~에 관해서는 do = 용무를 끝내다
어차피 금방 자라니까.	They'll grow out of them soon anyway.

옷 사이즈가 금방 안 맞게 된다.

The clothes will be too small before you know it.

* before we know it = 금방

마리가 아이 옷을 물려 줬다.

Mari gave me some hand-me-down children's clothes.

* hand-me-down = (옷을) 물려주다

경애 씨에게 준혁이 옷을 물려 줬다.

I gave Gyungae Junhyuk's old clothes.

미키하우스 추리닝 상의를 인터넷 옥션에서 낙찰 받았다.

I won a bid in an online auction and got a Mikihouse sweatshirt.

* bid = 입찰

재활용 숍에서 아들 옷을 샀다.

I bought some clothes for my son at the thrift shop.

* thrift[쓰리프트] shop = 재활용숍

요즘 낮에 더워서 뭘 입혀야 할지 고민된다.

It gets really warm during the day these days, so it's hard to decide what to put on him.

아영이는 할머니께서 주신 장화를 너무 좋아하는 것 같다.

Ayoung's favorite seems to be the rain boots Grandma gave her.

 유모차

처남에게 유모차를 물려 받았다.

My brother-in-law gave us their stroller.

* stroller = 유모차

A 와 B 유모차 중 어느쪽이 좋을까?

Which stroller should we choose, A or B?

유모차에 타고 있는 중에는 얌전해서 도움이 된다.

I'm glad the baby stays quiet when she's in the stroller.

유모차를 가지고 전철을 타는 것은 조심하자.

I don't feel comfortable taking a train with the stroller.

 그림책

자기 전에 그림책을 읽어 주었다.

I read him a picture book at bedtime.

* read ~ ... = ~에게 …을 읽어 주다

그림책을 읽어 주면 아주 기분좋게 잘 듣는다.

She was happy to listen to me read the picture book.

좋아하는 그림책을 두 권 고르게 했다.

I let him choose two of his favorite picture books.

시현이는 "고릴라"와 "돼지 책"을 골랐다.	Sihyeon chose "Gorilla" and "Piggy Book."
그림책을 몇 번이나 읽어달라고 졸랐다.	He pesters me to read him the same picture book over and over again. * pester ~ to ... = ~에게 …해 달라고 조르다
언니에게 옛날 그림책을 열 권 물려 받았다.	My sister gave me ten old picture books.

아이랑 외출하기

📖 외출

시에서 하는 육아교실에 참가했다.	I participated in the parenting class held by the city. * hold = ~(모임 등)을 개최하다
아기 요가 교실에 참가했다.	We took a class on baby yoga.
미나를 엄마에게 맡기고 외출했다.	I left Mina with my mother and went out.
아기 엄마들하고 뷔페 런치!	I had a buffet lunch with my "mommy friends" ♪ * '아기 엄마'는 친구라는 의미도 있으므로 설명을 할 때는 a friend I met through my son/daughter(아들/딸을 통해서 만난 친구)처럼 말한다
하영이를 남선 아줌마 집에 데리고 갔다.	I took Hayoung to Auntie Namsun's house. * Auntie는 aunt(아줌마)에 친한 감정을 담아서 하는 말
한성문 씨 가족과 캠핑갔다.	We went camping with the Hans. * the + 이름's = ~집 사람들
언니네 가족과 함께 도시락을 가지고 근처 공원에 갔다.	We brought our lunch to the nearby park with my older sister's family.
타임스퀘어에 아이들 옷을 사러 갔다.	I went shopping for kids' wear at the Timesquare.
점원들이 아이를 귀여워 해줬다.	The shop staff played with him.
아기 의자를 준비해줘서 고마웠다.	I appreciated that they had a high chair. * appreciate = ~에 감사하다
전철에서 자리를 양보해 줘서 기뻤다.	I was glad that someone offered me a seat on the train. * offer~ ... = ~에게 …을 추천하다

놀이터에서 놀기

유이와 처음으로 공원에 갔다.	I went to the park with Yui for the first time.
동네 엄마들과 친해졌다.	I became friends with the mothers in the neighborhood.
엄마들과 친해지기가 쉽지 않다.	It wasn't easy getting into the mothers group.
유모차를 밀고 가는 아기 엄마가 가까이 지나가서 말을 걸었다.	A mother with a stroller passed by, so I spoke to her.

* stroller＝유모차　pass by＝집 옆으로 통과하다

유이에게 친구가 생겼다.	Yui made a friend.
아들이 초등학생 애들에게 귀여움을 받았다.	The elementary school kids adored my son.

* adore＝~을 아주 좋아하다

놀이

놀이기구와 놀이 관련 표현

공	ball	캐치볼을 하다	play catch
그네	swing	줄넘기를 하다	skip rope / jump rope
미끄럼틀	slide	엄마 놀이를 하다	play house
시소	teeter-totter	역할 놀이를 하다	play make-believe
클라이밍 바	climbing bar	모래 놀이를 하다	play in the sand
철봉	horizontal bar	그네를 타다	play on the swing
수평사다리	monkey bars	종이비행기를 날리다	fly a paper plane
모래밭	sandbox	연을 날리다	fly a kite
정글짐	jungle gym		
숨바꼭질	play hide-and-seek		
도둑잡기	play tag		
달리기	run around		

 바깥놀이

공원에 놀러 갔다.	We went to the park to play.

26
출산·육아

오후에 아빠와 같이 공원에서 놀았다.	She spent the afternoon playing with Daddy in the park.
초등학교가 운동장을 개방해서 놀러 갔다.	The elementary school's playground was open to the public today, so we went to play. * public = 일반인들
딸아이가 미끄럼틀을 재밌어 했다.	Our daughter seemed to enjoy the slide.
정글짐에서 놀았다.	We played on the jungle gym.
운동 기구로 놀았다.	We played on the obstacle course. * obstacle course = 운동 코스
미나와 우현이가 둘이서 자전거를 서로 번갈아 탔다.	Mina and Woohyun were riding around on their bicycles together.
옷이 또 흙투성이가 되었다.	Their clothes got all muddy again. * muddy = 흙투성이
어쩔 수 없군. 아이들은 노는 게 일이니까.	Oh well. A child's job is to have fun.

🔒 집에서 놀기

그림 그리는 것은 좋지만, 옷은 안 더럽혔으면 좋겠다.	Drawing is fine, but I wish she wouldn't mess her clothes. * mess = ~을 더럽히다
내 립스틱으로 그림을 그리고 있었다!	He was drawing with my lipstick!
요즘 아이들은 게임만 한다.	The kids are always playing video games these days.
밖에서 더 놀았으면 좋겠다.	I want them to play outside more often.
딸아이가 내 핸드폰으로 놀고 싶어 해서 골치 아프다.	My daughter keeps playing with my phone. It's a little annoying. * annoying = 골치 아픈
아들이 요즘 내 아이폰으로 사진 찍는 걸 좋아한다.	My son enjoys taking pictures with my iPhone these days.
아들에게 아이패드를 줬더니 바로 조작할 줄 알게 되어서 놀랐다!	I let him use my iPad and was amazed by how fast he got used to it! * get used to ~ = ~에 익숙해지다

장난감

새 장난감을 샀다.	I bought new toys.
나무 장난감을 사 주고 싶다.	I want to get him wooden toys.
장난감이 너무 많아서 집 정리가 안 된다!	I can't clean the house because he has so many toys! * clean = ~을 정리하다
더 이상 안 가지고 노는 장난감은 누구에게 줘야겠다.	I'll give away his old toys. * give away ~ = ~을 사람에게 주다
아들은 비싼 장난감을 사 줘도 가지고 놀지 않는다.	He won't even play with the expensive toys we buy.
딸은 직접 만든 장난감을 재밌어 한다.	Handmade toys seem to amuse her the most. * amuse = ~을 재밌어 한다
할머니에게 받은 토마스 장난감을 제일 좋아한다.	He likes the Thomas toy he got from his grandmother the best.

육아의 어려움

 밤 울음

요즘 밤에 너무 운다.	She has been crying a lot in the night lately.
애기가 밤마다 울어서 잠을 잘 수가 없다.	He cries every night, so I haven't been getting enough sleep.
어제는 현수가 밤에 울지 않아 푹 잘 수 있었다.	I slept well last night because Hyunsoo didn't cry.

 칭얼대기

오늘은 기분이 별로였다.	He wasn't in a good mood today. * good mood = 기분이 좋은 상태
아무리 달래도 기분이 좋아지지 않았다.	No matter how hard I tried to make him happy, he was stuck in a bad mood. * stuck in ~ = ~에 빠지다 bad mood = 기분이 안 좋다
"걷기 싫다"며 칭얼댔다.	He got cranky and kept saying, "I don't want to walk." * cranky = 까다로운

전철에서 칭얼대서 힘들었다.	It was tough that he made a terrible fuss on the train. * make a fuss = 칭얼대다
유치원에서 집에 오는 길에 도로에 누워서 떼를 쓰기 시작했다.	On the way home from preschool, he got very crabby and lay on the ground. * crabby = 떼를 쓰는 lie[라이] = 눕다 과거형은 lay[레이]
떼를 쓰는 우현이를 안고 집까지 돌아왔다.	Woohyun tried to wriggle out of my arms while I carried him home. * wriggle = 꼼지락거리다
너무 많이 울어서 힘들었다.	He cried a lot. It was terrible.
좀처럼 울음을 안 그쳤다.	It took a long time for him to stop crying.
안아 줬더니 울음을 그쳤다.	I held him in my arms and he stopped crying. * hold = ~안다. 과거형은 held

 반항기

현수는 한창 미운 세 살이다.	Hyunsoo is right in the middle of his terrible twos. * in the middle of ~ = 한창 ~중인 terrible twos = 미운 세 살
요즘 현수는 뭐든지 싫다고 한다.	Hyunsoo always says "no" these days.
뭘 해도 "싫어"라고 한다.	He says "no" to everything.
요즘 제멋대로다.	He's so selfish lately.
반항기인가?	I wonder if this is his rebellious phase. * rebellious[리벨리어스] phase = 반항기
빨리 반항기가 끝났으면 좋겠다.	I hope this rebellious phase will end soon.

 육아 고민

아이를 키우면 자신의 시간이 거의 없다.	When you are raising a child, you don't get much time for yourself. * raise = ~를 키우다
육아 스트레스가 좀 쌓였을 지도 모르겠다.	I might be getting a bit tired from parenting. * parenting = 육아

일하면서 아이 키우기가 쉽지 않다.	It's not easy to raise a child and have a job at the same time.
또 첫째에게 소리를 질렀다. 반성하자.	I yelled at my older son again. I shouldn't have done that.
	*yell at ~ = ~을 향해 소리를 지르다
짜증내지 말자!	I should quit being frustrated!
	*quit = ~그만두다
못하는 것보다 잘하는 것에 주목해야지.	Instead of focusing on what he can't do, I'll focus on what he can do.
	*focus on ~ = ~에 집중하다, 주목하다
육아 때문에 신경쇠약에 걸릴 것 같다.	I'm going to have a nervous breakdown over child-raising.
	*nervous breakdown = 노이로제, 신경쇠약
어머니께 육아에 관한 고민을 상담했다.	I talked to my mother about my parenting problems.

유치원과 취학 준비

 유치원에 들어가기 전

3월부터 무사히 유치원에 들어갈 수 있으면 좋겠다.	I hope my son can get into preschool in March.
	*preschool = 유치원
지금 동네 유치원에 자리가 없다고 한다.	It doesn't look like the neighborhood preschool has any openings.
	*opening = 공석
유치원의 대기 아동 문제를 해결했으면 좋겠다.	I hope something is done about the waiting-list problem for preschools.
A 유치원은 대기 아동이 48 명.	There are 48 children on the waiting list for A Preschool.
B 유치원은 걸어서 가기에는 좀 멀다.	It's a little too far to walk to B Preschool.
C 유치원에는 들어가기를.	I hope we get the OK to get into C Preschool.
유치원 선생님이 믿을만 해서 다행이다.	I'm glad that the preschool teachers are reliable.
	*reliable = 신뢰할 수 있는
휴일에도 맡아 줘서 정말 도움이 많이 된다.	They look after children even on holidays, so it's a big help.
	*look after ~ = ~을 돌보다

26
출산·육아

원하던 유치원에 들어갔다!

He got a place at the preschool we wanted!

* preschool = 유치원

다섯 시 경에 유치원에 데리러 갔다.

I picked her up from preschool at around 5:00.

* pick up = 마중 가다

할머니가 상희를 유치원에 데려다 줬다.

Granny took Sanghee to preschool.

* granny = 할머니

늦게 데리러 가서 아이가 슬퍼하는 것 같다.

I was late picking up my daughter, so I think it made her sad.

유치원이 즐거운 것 같다.

I think she had a good time at preschool.

연락수첩을 보니 오늘 착한 아이였던 것 같다.

According to the daily report, he was a good boy today.

우현이가 민정이를 좋아하는 것 같다.

It seems that Woohyun likes Minjeong.

미호에게 심술을 부렸다.

He was mean to Miho again.

* mean to ~ = ~에게 심술을 부리다

오늘은 유치원의 발표회 날이다.

The preschool children put on a performance today.

* put on ~ = ~(연극 등)을 상연하다

아이들은 타요 노래를 부르며 춤 췄다.

The kids sang and danced to an Tayo song.

다들 춤을 너무 잘 춰서 놀랐다.

I was surprised by how well they danced.

미영이는 가수가 되고 싶다고 한다.

Miyoung said she wants to be a singer.

👓 여러 가지 배우기

피아노를 가르쳐 볼까?

I wonder if I should make him take piano lessons.

뭔가 악기를 가르치고 싶다.

I want her to learn a musical instrument.

* musical instrument = 악기

아들이 태권도를 배우고 싶어한다.	My son says he wants to learn Taekwondo.
영어를 어릴 때부터 가르치고 싶다.	I want him to start learning English early on. * early on = 어릴 때부터
미술 학원에 보내기로 했다.	I've decided to let her take a drawing class. * let ~ ... = (~가 희망하므로)~에게…을 시키다
수영 교실에 보내기로 했다.	I've decided to make him take swimming lessons. * make ~ ... = ~에게(억지로)…시키다
수영대회에서 아들이 1등했다! 대단하다!	He came in first place in the swimming competition! Amazing!
수영교실을 재밌어 해서 다행이다.	I'm glad he's enjoying swimming class.
서예교실에는 가기 싫다고 한다.	He said that he doesn't want to go to calligraphy class anymore. * calligraphy = 서예
피아노 연습을 전혀 안 한다.	She doesn't practice playing piano at all.
조금도 늘지 않았다.	She's not getting any better. * get better = 실력이 늘다
요즘 실력이 부쩍 늘었다.	He suddenly started getting better recently.
다음 주에는 피아노 발표회가 있다.	He has a piano recital tomorrow!

취학 준비

입학시험을 보게 해야 할까?	I wonder if we should have her take entrance exams.
우현이는 명문 사립 초등학교 입시를 준비하는 것 같다.	Woohyun is going to try to get into a prestigious elementary school. * prestigious[프리스티이저스] = 이름 있는, 일류의
A 초등학교는 자유로운 교육 방침이다.	A Elementary School has a liberal education policy. * liberal = 자유로운
초등학교는 동네에 있는 곳으로 충분하다.	In my opinion, a local elementary school is good enough.

26
출산·육아

출산·육아에 대해 영어일기를 써 보자

 기다리던 임신이다!

> I just found out that I'm pregnant!
> I've been waiting for this moment
> for a long time. I'm sooooo happy!
> I can't wait to tell my husband
> about it.

 해석

임신이라고 판명! 오랫동안 이 순간을 기다려왔기 때문에 정말 기쁘다! 지금 당장 남편에게 보고해야지.

포인트 found out ~은 find out ~(라는 것을 알다)의 과거형. I've been waiting 라고 현재완료진행형으로 하면 '계속 ~해 왔다'는 상태의 계속을 표현하는 문장이 됩니다. I can't wait to ~(동사 원형)은 '빨리 ~하고 싶다, ~하는 것을 기다릴 수 없다'라는 의미입니다.

 밤에 울어서 피곤하다

> Nayeon cries and wakes up every
> couple of hours almost every night.
> I'm exhausted☹ Just sleep all night,
> for Pete's sake!

 해석

나연이가 매일 밤 2~3시간마다 저녁울음을 울어서 몸이 피곤하다. 부탁이니까 아침까지 자 주라~! ☹

포인트 '몇 시간 마다'는 every couple of hours 또는 every few hours 라고 표현합니다. exhausted 는 '너무 피곤하다'는 의미. 짜증이 날 때의 '부탁이니까'는 for Pete's sake 나 for Heaven's sake 라고 표현합니다.

 ## 쑥쑥 자라다

> I took Mina to her three-month
> checkup. Her doctor said she was
> perfectly healthy. What a relief!

 해석

민아의 3 개월 검진을 받으러
갔다. 선생님께서 건강하다고
했다. 안심이다! 다행이다!

포인트 '3 개월 검진'은 three-month checkup. 보통 '3 개월'은 three months 이라고 month 를 복수형
으로 하지만 '3 개월의 (검진)'처럼 형용사로 할 때는 단수형 그대로 three-month 로 하이픈으로
연결합니다. What a relief! 는 '다행이다! 안심했다!'.

 ## 당근 팬케이크

> I tried making pancakes with
> grated carrots mixed in. Minji said
> it was yummy, and she wanted
> another one. YEEEES!

해석

당근을 갈아 넣은 팬케이크를
만들어 봤다. 민지가 "맛있어
요, 더 줘요."라고 했다. 대성
공!

포인트 '시험 삼아 ~해 보다'는 try -ing로 표현합니다. '만들어 봤다'는 tried baking이라고 해도 됩니다.
grated carrots의 grated는 '갈았다', yummy는 '아주 맛있다'라는 뜻입니다.

27 애완동물

애완동물 전반

애완동물 관련 단어

개	dog	도마뱀	lizard
강아지	puppy	뱀	snake
고양이	cat	이구아나	iguana
새끼 고양이	kitten	카멜레온	chameleon
햄스터	hamster	도롱뇽	axolotl [액설라틀]
기니피그	guinea [기니] pig	금붕어	goldfish
담비	hedgehog	송사리	killifish
페럿	ferret	구피	guppy
토끼	rabbit	열대어	tropical fish
잉꼬	parakeet	해파리	jellyfish
문조	Java sparrow	불가사리	star fish
구관조	mynah [마이나]	가재	crayfish
카나리아	canary	하늘가재	stag beetle
십자매	Bengalese finch	장수풍뎅이	beetle
병아리	chick	사마귀	mantis
닭	chicken	방울벌레	bell cricket
거북이	tortoise [토터스]	귀뚜라미	cricket
개구리	frog	달팽이	snail

✏️ 애완동물을 키우다

애완동물을 키우고 싶다.	I want to have a pet.
주말에 애완동물 숍에 가야지.	I'll go to a pet shop this weekend.
개를 키우고 싶다.	I want a dog.
공원에서 길고양이를 발견했다.	I saw a stray cat in the park.

* stray cat = 길고양이

키우고 싶다.	I want to get it.
남편을 설득해야지.	I need to convince my husband.

*convince = 설득하다

우리 아파트는 애완동물 사육이 금지되어 있다.	We can't keep pets in our apartment building.
애완동물을 키울 수 있는 아파트로 이사하고 싶다.	I want to move to an apartment where I can keep pets.
동물병원에서 강아지 입양할 사람을 모집하고 있었다.	The vet was looking for a home for a puppy.

*vet[벳] = veterinarian(수의사)의 약어

경진 씨네 고양이가 새끼를 낳았다.	Kyongjin's cat had kittens.

*kitten = 새끼 고양이

입양할 사람을 찾고 있다고 한다.	They're looking for people to adopt the kittens.

*adopt = ~을 입양하다

한 마리 받고 싶다.	I want to get one.
아기 고양이를 보러 갔다.	I went to see the kittens.

애완동물을 돌보다

제대로 돌볼 수 있을까?	I wonder if I can take care of it.
확실하게 돌봐 줘야지.	I'll take good care of it.
귀엽긴 한데, 돌보는 건 꽤 힘들 것 같다.	It's cute, but it's also a lot of work.
조니를 목욕시켰다.	I gave Johnny a bath.
타마의 손톱을 잘랐다.	I clipped Tama's nails.

*clip one's nails = ~의 손톱을 자르다

조니를 애견샵에 데리고 갔다.	I took Johnny to the grooming salon.

*grooming = 그루밍, 털 손질

포치의 털 손질을 했다.	I did Pochi's grooming.
여섯 시에 저녁밥을 줬다.	I gave him his dinner at 6:00.
조니는 기뻐하며 먹었다.	Johnny was happy with his food.
새 사료는 그다지 좋아하지 않는 것 같다.	He doesn't seem to like the new food.

*고양이 먹이라면 cat food, 새 먹이라면 bird food로

27
애완동물

🐾 애완동물 길들이기

확실히 길을 들여야 해.	I have to train him well. * train = 버릇들이다, 훈련하다
어떻게 하면 잘 길들일 수 있을까?	How should I train him?
조니는 아직 화장실을 잘 못 가린다.	Johnny still has a lot of toilet accidents. * toilet accident = 화장실을 못가림
조금만 더 하면 배변 훈련에 성공할 것 같다.	He's almost fully toilet trained. * toilet train = 화장실 훈련을 시키다
화장실은 확실하게 가린다.	He's fully toilet trained.

애완동물과의 생활

타마는 오늘로 세 살이 되었다.	Tama turned three today. * turn = ~가 되다
조니도 올해로 열 살인가.	Johnny is turning ten this year.
타마도 가족의 일원이다.	Tama is a member of our family.
나는 무조건 고양이파.	I'm definitely a cat person.
타마는 숙면을 취하고 있었다.	Tama was deep asleep. * deep asleep = 숙면
타마가 잠꼬대를 했다.	Tama was talking in her sleep.
고양이도 잠꼬대를 하는 구나.	Cats talk in their sleep, too.
조니는 드라이브를 좋아한다.	Johnny likes riding in the car.

애완동물의 출산

오늘 아침에 리코가 새끼를 다섯 마리나 낳았다.	Riko had five puppies this morning.
출산은 감동적이었다.	The birth was really moving. * moving = 감동적인
출산은 힘들었다.	The birth was really difficult.
리코, 잘 했어!	Good job, Riko!
아기 고양이는 정말 귀엽다.	Kittens are so cute.
아직 눈이 안 보이는 것 같다.	They still can't see.

아장아장 걸었다.	They toddled as they walked.
	* toddle = 아장아장 걷다
강아지를 입양받을 사람을 찾아야 한다.	We have to look for people to adopt the puppies.
	* adopt = 입양하다
김 여사가 한 마리 받겠다고 했다.	Ms. Kim told me that she wants one.

애완동물의 질병 · 트러블

요즘 힘이 없다.	He seems weaker these days.
	* weak = 약한
병인가?	I wonder if he's sick.
최근에 식욕이 없는 것 같다.	He doesn't have an appetite these days.
	* appetite[에피타이트] = 식욕
요즘 다리가 약해진 것 같다.	His legs seem weaker these days.
요즘 계속 누워 있기만 한다.	She sleeps all day these days.
시력이 떨어진 것 같다.	His eyesight has declined.
	* eyesight = 시력 decline = 쇠약하다, 저하하다
건강해졌다.	She's getting better.
이제 잘 먹는다.	She's eating well now.
빨리 좋아지면 좋겠다.	I hope he gets better soon.
타마가 암이다.	Tama got cancer. * cancer = 암
아파하는 게 보인다.	I can tell she's in pain.
	* can tell ~ = ~을 알다 in pain = 아프다
보고 있으려니까 괴롭다.	I can't bear seeing it.
	* bear = 견디다, 참다
교통사고를 당했다.	He was involved in a car accident.
	* involved in ~ = ~에 휘말리다
왼쪽 뒷다리가 부러졌다.	His left hind leg got broken.
	* hind leg = 뒷다리
어디에 있는지 모르겠다.	We don't know where she is.
무사히 돌아왔구나! 다행이다!	She's back safe and sound! Thank goodness!
	* safe and sound = 무사히
	Thank goodness! = 감사하다, 목숨을 구했다

27
애완동물

673

동물병원

| 동물병원에 데리고 가는 편이 좋을까? | Maybe I should take him to the vet's. |

* vet[벳]＝veterinarian(수의사)의 약어. vet's는 vet's office 를 나타낸다.

| 거세를 시킬 시기다. | It's time we had him neutered. |

* have ~ neutered＝~에게 거세를 시키다

| 슬슬 피임수술을 시켜야지. | It's time we had her spayed. |

* have ~ spayed＝~에게 피임을 시키다

| 예방 접종을 해야 한다. | We have to take her for her shot. |

* shot＝주사

| 오후에 타마를 동물 병원에 데리고 갔다. | I took Tama to the vet's in the afternoon. |

| 조니는 얌전히 있었다. | Johnny was a good boy. |

| 꽤 난리를 쳐서 힘들었다. | He was restless and hard to handle. |

* restless＝참지 않고 움직이다   handle＝~을 다루다

| 세 명이 타마를 누르고 있었다. | Three people had to hold Tama down. |

| 혈액 검사를 했다. | They did a blood test. |

| 주사를 맞았다. | He got an injection. |

* injection＝주사

| 약을 받아 왔다. | He got some medicine. |

| 보험이 안 되므로 꽤 비쌌다. | Our insurance doesn't cover it, so it was quite expensive. |

* cover＝~을 경비를 맡아 처리하다

☕ 애완동물과 헤어지다

| 오늘 타마가 죽었다. | Tama died today. |

* 동물에게는 die(죽다)를, 사람에게는 pass way(죽다, 타계하다)를 사용하는 경우가 많다.

| 애완동물 전문 장례사가 왔다. | We called a pet undertaker. |

* undertaker＝장례사

| 절에서 묻어 줬다. | The temple buried her for us. |

* bury[베리]＝~을 매장하다

| 관에 좋아하는 장난감을 넣어줬다. | We put her favorite toy in her casket. |

* casket＝관

| 타마와 함께한 날은 정말 즐거웠다. | We really enjoyed the time we shared with Tama. |

| 타마, 고마워. | Thank you, Tama. |

타마가 없다니, 믿을 수 없다.　　　I can't believe that Tama is not around anymore.   * around＝존재하는

괴로워서 견딜 수 없다.　　　It's so hard to take it.   * take it＝견디다

기운 차려서 열심히 살자.　　　I have to take heart and be strong.
* take heart＝정신차리다, 기운을 차리다

애완견

애완견의 종류 관련 단어

아키타이누	Akita		
아프간하운드	Afghan hound		
코기	corgi		
골든 리트리버	golden retriever		
콜리	collie	도베르만	Doberman
시쭈	shih tzu	퍼그	pug
셰퍼드	German shepherd	파피용	papillion
시바견	Shiba dog	비글	beagle
시베리언 허스키	Siberian husky	푸들	poodle
스피츠	spitz	불독	bulldog
세인트 버나드	Saint Bernard	포메라니안	Pomeranian
닥스훈트	dachshund	말티스	Maltese
달마시안	dalmatian	요크셔 테리어	Yorkshire terrier
치와와	Chihuahua	라브라도르 리트리버	Labrador retriever
도사견	Tosa dog	잡종	mixed breed

치와와를 키우고 싶다.　　　I want a Chihuahua.

역시 시바켄이 최고다!　　　Shiba dogs are the best!

조니라고 이름을 지어줬다　　　I named him Johnny.

잡종이다.　　　He's a mixed breed.   * mixed breed＝잡종

혈통서가 있다.　　　He's a certified breed.
* certified＝증명서의　breed＝종

개집을 만들었다.　　　I made a dog house for him.

개는 사람을 잘 따라서 좋아한다.　　　I like dogs because they're friendly.

조니는 꼬리를 흔들었다.	Johnny was wagging his tail.
	* wag = ~(꼬리)를 흔들다 tail = 꼬리
조니를 산책에 데리고 갔다.	I walked Johnny.
	* walk = ~(개 등)을 산책시키다
도그런에서 놀게 했다.	We let him play in the dog run.
기쁜 듯 달렸다.	He was running around happily.
공놀이를 했다.	We played with a ball.
조니가 많이 짖어서 곤란했다.	Johnny's barking was a big problem.
	* bark = 짖다
쓸데없이 짖는 버릇을 고치고 싶다.	I want to teach him not to bark so much.
사람을 물면 안 된다고 가르쳐야 한다.	I have to teach him not to bite people.
	* bite = ~을 물다
조니에게 '악수'를 가르쳤다.	I taught Johnny to shake hands.
	* shake hands = 악수하다
조니는 '앉아'를 할 수 있게 되었다.	Johnny has learned to sit.
아직 '엎드려'는 못 한다.	He still can't lie down on command.
	* on command = 명령으로

고양이

고양이의 종류

아메리칸 쇼트헤어	American shorthair
바니시니안	Abyssinian
앙골라	Angora
샴	Siamese
스코티시 폴드	Scottish fold
버미즈	Burmese
바리니즈	Balinese
히말라얀	Himalayan
브리티시 쇼트헤어	British shorthair
페르시안	Persian

벵갈	Bengal
망스	Manx
메인 쿤	Maine coon
러시안 블루	Russian blue
캘리코	calico
블랙캣	black cat
태비	tabby
브라운 태비	brown tabby
잡종	mixed breed

고양이는 정말 변덕스럽다.	Cats are really moody.

* moody = 변덕스러운

고양이는 자유로운 부분을 좋아한다.	I like the way cats are capricious.

* capricious = 변덕스러운

캣 푸드가 다 떨어질 것 같다.	I'm running out of cat food.

* run out of ~ = ~가 떨어지다

참치캔을 조금 주었다.	I gave her some tuna can.

생선 요리를 하고 있는데 타마가 다가왔다.	Tama came into the kitchen when I was cooking fish.

내일은 화장실 모래를 사 와야지.	I'll get sand for her litter box tomorrow.

* litter = (고양이 트레이의)모래

발톱 가는 기구로 발톱을 갈아서 감동했다.	I'm impressed that she uses the claw sharpener.

* claw sharpener = 발톱 가는 기구

커튼을 너덜너덜하게 만들었다.	My cat tore up my curtains. (Boo-hoo)

* tear[테어] up ~ = ~을 찢다 tear의 과거형은 tore

저렇게 높은 곳에 올라갈 수 있다니.	How does she get up so high?

저녁에는 타마가 침대 안으로 들어왔다.	Tama climbed into my bed last night.

* climb into ~ = ~에 들어오다

기타 애완동물

오늘부터 햄스터를 키우기 시작했다.	I got a hamster today.

도르래를 빙글빙글 돌렸다.	It was turning its wheel round and round.

* round and round = 빙글빙글

먹이를 먹는 모습이 귀엽다.	It looks cute when it's eating.

잉꼬는 키우기 쉬울까?	I wonder if parakeets are easy to take care of.

* parakeet[패러킷] = 잉꼬

축제에서 금붕어 잡기를 해서 금붕어를 얻어서 왔다.	I got a goldfish when I tried goldfish scooping at the fair.

* scoop = ~잡다

큰 수조를 갖고 싶다.	I want a big aquarium.

* aquarium[아쿠아리움] = 수조

열대어에 푹 빠졌다.	I'm really into tropical fish.

* be into ~ = ~에 열중하다

가재를 2 마리나 잡았다.	We caught two crayfish.

* crayfish = 가재

27 애완동물

애완동물에 대해
영어일기를 써 보자

 강아지를 받아 왔다.

> Minji's dog, Yebbi, had five puppies.
> I got one of them and named her
> Pondol. She's so cuddly!

해석

민지네 집 예쁘가 새끼를 다섯 마리나 낳아서 한 마리 받아 와서 '퐁돌' 이라고 이름을 지었다. 꼭 안아주고 싶을 정도로 귀엽다!

포인트 puppy 는 '새끼 강아지'. 참고로 '새끼 고양이'는 kitten. '~을 …라고 이름을 붙이다'는 name ~ …라고 표현합니다. cuddly 는 '꽉 껴안고 싶을 정도로 귀엽다'는 뜻으로 She's so cute〈adorable〉. 로 표현해도 됩니다. adorable 은 '사랑스럽다'라는 뜻입니다.

 버려진 고양이

> I found a stray cat on the way
> from school. As soon as I got home,
> I asked Mom if we could keep it.
> As I expected, she said no.

해석

학교에서 돌아오는 길에 버려진 고양이를 봤다. 집에 오자마자 엄마에게 키워도 되냐고 물었더니 역시 안 된다고 했다.

포인트 버려진 고양이는 stray cat, on the way from school 은 '학교에서 돌아오는 길에'. ask ~ (사람) if …(문장) 은 '…해 주도록 ~에게 부탁하다'라는 의미의 표현. As I expected 는 '예상하던 대로'가 직역이지만 '역시'라는 뉘앙스입니다.

구요미 햄토리 ~

Hamtori is getting used to playing with me. He likes turning the wheel round and round. He's really fun to watch.

해석

햄토리는 나와 같이 노는 데 익숙해졌다. 도르래 위에서 빙글빙글 도는 걸 좋아한다. 아무리 봐도 질리지 않는다.

포인트 get used to ~는 '~(하는 것)에 익숙하다'. 이미 익숙한 경우에는 be used to ~(~에 익숙하다) 를 사용합니다. 모두 '~'에는 명사 또는 동사의 -ing 형태가 들어갑니다. '아무리 봐도 질리지 않는다'는 fun to watch (보는 것이 즐겁다) 라고 표현합니다.

리키 안녕 ㅠㅠ

Riki died of old age today. It's too sad. I still can't stop crying. His last weak howl sounded like he was saying thank you. No, thank YOU, Riki.

해석

오늘 리키가 노환으로 죽었다. 너무 슬퍼서 지금도 눈물이 멈추지 않는다. 마지막의 약한 울음소리는 "고마워."라고 하는 것 같았다. 아냐. 내가 고맙지, 리키.

포인트 '노환으로 죽다'는 die of old age. '(개나 늑대의) 울음소리'는 how 라고 합니다. thank you 는 '고마워'지만 thank YOU 라고 하면 '내가 고마워 해야지' '나야말로 고마워'라는 뉘앙스가 됩니다.

28 컴퓨터·인터넷

컴퓨터

컴퓨터와 인터넷 관련 단어

컴퓨터	**computer / PC**
데스크탑 컴퓨터 / PC	desktop computer / desktop PC
노트북	**laptop**
태블릿	tablet computer / tablet PC
프리즈하다	**freeze**
~을 재시동하다	restart ~
~을 설치하다	**install ~**
~을 삭제하다	uninstall ~
로그인하다	**log in**
로그아웃하다	log out
~을 종료하다	**shut down ~**
~을 강제종료하다	force ~to shutdown
모니터	**monitor**
마우스	mouse
키보드	**keyboard**
숫자판	numerical keypad
외장하드	**external hard disk drive**
CD-ROM	CD-ROM

유에스비	**USB**
전원 어댑터	power adapter
~을 압축하다	**compress**
바이러스	**virus**
바이러스 방어 프로그램	antivirus software
소프트웨어를 업그레이드하다	**upgrade the software**
바이러스에 감염되다	have a virus
인터넷	**the Internet / the Net**
인터넷에 접속하다	access the Internet
서버	**server**
LAN 케이블	LAN cable
무선LAN	**wireless LAN**
웹사이트	website
게시판	**bulletin board / BBS**
블로그	blog
SNS	**SNS**

 컴퓨터를 사다

새 컴퓨터를 샀다.
I bought a new computer.

컴퓨터를 새로 사고 싶다.
I want to get a new computer.

* computer는 PC라고 해도 OK

VAIO 나 다이너 북 중 하나를 사려고 한다.	I think I'll buy either a VAIO or a dynabook.
옛날에 비해 컴퓨터가 꽤 싸졌다.	Computers are much cheaper now than they were in the past.
최근의 컴퓨터는 작다.	Computers are really small these days.
데스크 탑과 노트북 중 뭘로 할까?	Which should I get, a desktop or a laptop? * laptop = 노트북
노트북이 있으면 어디에서든지 일을 할 수 있다.	If I have a laptop, I can work anywhere.
가지고 다니지 않을 거라서 데스크탑도 괜찮아.	I think I should get a desktop because I don't need to carry it around.
새 컴퓨터는 너무 사용하기 좋다.	My new PC is really easy to use.
가벼워서 가지고 다니기도 좋다.	It's light, so carrying it won't be a problem.
배터리가 오래가는 것도 좋다.	This long-lasting battery is great! * long-lasting = 오래 가다

설정과 설치

이전 컴퓨터에서 데이터를 옮겼다.	I transferred data from my old computer. * transfer = ~(데이타)를 전송하다
셋업하는 데 시간이 많이 걸렸다.	It took a lot of time to set up my computer.
세팅하느라 고생했다.	I struggled with the computer settings. * struggle with ~ = ~와 격투하다
CD 매뉴얼대로 했더니 간단하게 설정할 수 있었다.	It was easy to set up my computer when I followed the CD manual.
서비스센터직원이 와서 PC 를 셋업해 주었다.	A customer service employee came to set up my computer. * employee = 종업원, 직원

👓 컴퓨터를 사용하다

컴퓨터를 켰다.	I turned it on.
초기화했다.	I initialized it.　　* initialize＝~를 초기화 하다
종료했다.	I turned it off.
강제종료했다.	I forced it to shutdown. * force ~ to shutdown＝~을 강제종료하다
소프트웨어를 설치했다.	I installed software.
바이러스 방지 프로그램을 설치했다.	I installed antivirus software. * antivirus[안티바이러스]＝바이러스 방지
만약을 위해 데이터를 백업해 뒀다.	I backed up my data just in case. * just in case＝만약을 위해
세 시간 정도 컴퓨터로 작업했다.	I worked on my computer for about three hours.
겨우 엑셀을 사용할 수 있게 되었다.	I'm finally getting used to Excel. * get used to~＝~에 익숙해지다
파워포인트는 잘 못하겠다.	I'm not good at using PowerPoint.
파일을 압축했다.	I compressed the file. * compress＝~을 압축하다

인쇄와 스캔

레스토랑까지의 지도를 인쇄했다.	I printed out the map to the restaurant.
조만간 잉크를 사야겠다.	I'll have to buy ink soon.
연하장을 인쇄했다.	I printed out my New Year's greeting cards.
주소를 인쇄했다.	I printed out the addresses.
제주도에서 찍은 사진을 인쇄했다.	I printed out the pictures I took in Jejudo.
우현이 그린 그림을 스캔했다.	I scanned Woohyun's drawing. * drawing＝그림, 드로잉

프린터에 또 종이가 걸렸다.	My printer got jammed again.

*get jammed = 걸리다, 막히다

컴퓨터 문제

요즘 컴퓨터 상태가 안 좋다.	My computer has been acting up lately.

*act up = (기계 등이) 상태가 안 좋다

작동이 늦다.	It's slow.

너무 자주 멈춰 버린다.	It has been freezing a lot.

*freeze = 멈추다

멈춰 버렸다.	It's frozen.

*frozen = 멈춘

요새 컴퓨터 부팅이 느리다.	It takes long to boot these days.

*boot = 기동하다

부팅이 안 된다.	It won't start.

구입한 지 얼마 되지 않았는데 고장이 나다니.	How can it be broken when I've just bought it?

디스크 용량이 꽉 찼다.	My disc space is full.

컴퓨터에 커피를 쏟아 버렸다!	I spilled coffee on my computer!

중요한 데이터가 사라져 버렸다.	I lost important data.

*lose[루즈] = ~을 잃다. 과거형은 lost

데이터가 전부 날라갔다. 최악이다!	I lost all my data! This is terrible!

바이러스에 감염됐을지도.	It might have a virus.

*virus = 바이러스

 수리

수리를 맡기자.	I'll take it to be fixed.

*fix = ~을 수리하다

컴퓨터를 수리에 맡겼다.	I took my computer for repairs.

*repair = 수리

수리에는 2주일 정도 걸린다고 한다.	They said it would take about two weeks to fix it.

수리가 끝난 컴퓨터를 받았다.	My computer is back from repairs.

부품을 교환했다고 한다.	They said they had to replace the parts.

*replace = ~을 교환하다

28
컴퓨터·인터넷

서비스센터 직원이 친절하게 도움을 주었다.	The repair center staff were nice and helpful.
보증기간 중이었기 때문에 수리비는 무료였다.	It was within the warranty period, so it was free. * warranty＝보증 period＝기간
수리는 유상이었다.	I had to pay for repairs.
수리에 20 만원이나 들었다고 한다.	They said that it would cost up to 200,000 won for repairs. * up to ～＝～에 이르기까지
그 정도라면 새 컴퓨터를 사는 게 낫겠다.	If that's the case, I might as well buy a new one. * might as well ～＝～하는 편이 낫다

인터넷

 인터넷 전반

한 시간 정도 인터넷을 했다.	I was online for about an hour.
뉴스 사이트를 대충 체크했다.	I skimmed through the news websites. * skim＝～을 대충 읽다
해외 뉴스 사이트를 읽으며 영어 공부를 했다.	I practiced my English by reading foreign news websites.
인터넷에서 책을 주문했다.	I ordered a book online.
인터넷에서 이승철의 신곡을 다운로드 했다.	I downloaded Lee Seungchul's new song.
남편은 인터넷 중독이다.	My husband is addicted to the Net. * addicted to ～＝～중독으로
주영은 틈만 나면 인터넷 서핑을 한다.	Jooyoung surfs the Internet whenever he has free time. * surf＝～(웹사이트)를 잇달아 보다
와이파이라서 다행이다.	I'm glad I have Wi-Fi now.
인터넷 연결이 끊어졌다.	I lost my Internet connection. * connection＝접속
원인을 모르겠다.	I couldn't figure out why. * figure out～＝～을 알다

인터넷 검색

| 인터넷 검색을 했다. | I did some research on the Net. |

| 영어단어를 구글에서 검색했다. | I googled an English word. |

*google＝구글에서 검색하다

| 인터넷에서 이탈리안 레스토랑을 검색했다. | I looked up Italian restaurants on the Internet. |

* look up ～＝～을 조사하다

| 리뷰를 보고 평판이 좋은 레스토랑을 찾았다. | I looked for restaurants with good reviews. |

| 인터넷으로 그 디지털 카메라의 최저가가 얼마인지 조사했다. | I surfed the Net to find out the lowest price of that digital camera. |

인터넷쇼핑 (→ p. 449 「통신판매 , 인터넷 쇼핑」을 참조)

 인터넷 옥션

| 인터넷 옥션에서 가방을 샀다. | I bought a bag in an online auction. |

| 낙찰금액은 92,000 원이었다. | The highest bid was 92,000 won. |

* bid＝입찰

| 라이벌이 많아서 낙찰을 못 했다. | There were many bidders, so I couldn't bid successfully. |

* bidder＝입찰자

| 2 인용 소파를 인터넷 옥션에 출품했다. | I put up my love seat for auction online. |

* put up～＝～을 팔려고 내놓다   love seat＝2인용 소파

| 고가로 팔리면 좋겠다. | I hope it goes for a high price. |

* go for ～＝～（의 값）으로 팔리다

| 야호! 13 만원에 팔렸다! | Yay! I sold it for 130,000 won! |

| 살 사람이 없었다. 에잇! | I couldn't get a buyer. Darn it! |

* Darn it!＝칫！, 에잇！

28
컴퓨터·인터넷

 블로그

| 그녀의 블로그는 정말 재밌다. | Her blog is really interesting. |

| 유학하고 있는 사람의 블로그를 둘러봤다. | I looked at blogs written by people studying abroad. |

| 블로그를 시작할까? | I'm thinking of starting a blog. |

블로그를 개설했다.	I set up a blog.
영어로 쓰도록 해야겠다.	I'll write it in English.
오래 할 수 있도록 최선을 다하자.	I'll do my best to stick with it for a long time. * stick with ～ = ～을 계속하다
가능한 매일 포스팅하도록 해야겠다.	I'll try to post something new every day. * post = ～을 투고하다
블로그를 업데이트했다.	I updated my blog.
온천에 갔을 때의 일을 블로그에 썼다.	I blogged about my trip to a hot spring. * 여기에서 blog는 '블로그를 쓰다'라는 의미의 동사
사진을 몇 장 올렸다.	I posted several photos.
블로그에 댓글이 달렸다.	There were comments on my blog.
그의 블로그에 댓글을 썼다.	I posted a comment on his blog.
댓글에 답댓글을 썼다.	I responded to the comment.
블로그에 악플이 너무 많이 달려 난리가 났다.	My blog got a lot of negative comments. * negative = 부정적인, 반대의
블로그를 폐쇄했다.	I shut down my blog. * shut down ～ = ～을 폐쇄하다. shut은 과거형도 shut

📖 페이스북 · SNS

오사카 여행 사진을 페이스북에 올렸다.	I uploaded photos from my trip to Osaka on Facebook. * upload = ～을 업로드하다
초등학교 시절의 동급생과 페이스북으로 연결되었다.	I reconnected with an elementary school classmate on Facebook. * reconnect with ～ = ～와 다시 연결하다
페이스북을 통해서 옛 친구들과 점점 연결되었다.	I've gotten in touch with many old friends on Facebook. * get in touch with ～ = ～와 연락하다
오랜만에 연락이 돼서 기쁘다.	I'm happy that I could get in touch with them after so long.
여행에서 알게 된 사람과 페이스북으로 연결되었다.	I became Facebook friends with someone I met on a trip.

친구들의 근황을 아는 것은 즐겁다.	It's fun knowing what your friends are up to. * up to ~ = ~을 해서
페이스북에 등록은 했지만 사용법은 잘 모르겠다.	I got a Facebook account, but I don't know how to use it.
상사가 페이스북 친구 신청을 해 왔다. 어떡하지?	My boss sent me a friend request on Facebook. What should I do?
싸이월드 커뮤니티의 오프라인모임에 출석했다.	I went to a cyworld community offline meeting.

 스카이프와 인터넷전화 (→ p. 354 「스카이프와 인터넷 전화」를 참조)

트위터

트위터 관련 단어

트위터하다	tweet
~에 리플을 달다	reply to ~
~의 발언을 리트윗하다	retweet ~ / RT ~
팔로워	follower
팔로워 수	the number of followers
~을 팔로우하다	follow
~가 나를 팔로우하다	~follow me
~을 언팔로우하다	unfollow

즐겨찾기	favorites
~에 DM 을 보내다	DM ~ / send a DM to ~
~을 차단하다	block ~
~을 리스트에 추가하다	add ~ to the list
트위터 계정을 만들다	open a Twitter account

최근에 트위터에 꽂혔다.	I'm into Twitter these days. * into ~ = ~에 몰두하다
트위터를 하는 사람들이 늘었다.	There are more people on Twitter these days.
트위터에 등록했다	I signed up for Twitter. * sign up for~ = ~에 등록하다
전철 속에서 트위터를 확인했다.	I checked Twitter on the train.
준의 트위터는 늘 재밌다.	Jun's tweets are always interesting.
트위터에서 패리스 힐튼을 팔로우했다.	I'm following Paris Hilton on Twitter.

보아에게 답글을 받아서 흥분!	I was so excited when BoA replied to me!
내 트윗이 100 회 이상 RT 됐다.	One of my tweets has been retweeted over 100 times.
오늘은 답글이 많이 올라와 있었다.	I had many replies today.
이상한 답글이 달려서 기분이 안 좋았다.	I got a weird reply that made me uncomfortable. * weird[위얼드] = 기묘한
loveEng에게 다이렉트 메시지를 보냈다.	I DM-ed loveEng. * DM = DM(다이렉트 메시지)를 보내다
yossie로부터 다이렉트 메시지가 도착했다.	I got a DM from yossie.
그를 언팔로우했다.	I unfollowed him.
그녀를 차단했다.	I blocked her.
하루 한 번은 영어로 트윗하자.	I'll tweet in English at least once a day.
영어 140 자는 정말로 많지 않다.	140 characters in English really aren't much. * character = 글자
외국 사람과 영어로 트윗하는 건 재밌다.	Tweeting in English with people from other countries is fun.
외국 친구가 생겼다!	I made foreign friends!
Craig 씨의 영어 트위터는 알기 쉽다.	Craig's tweets in English are easy to understand.

이메일

김 선생님에게 메일을 했다.	I e-mailed Dr.Kim. * e-mail = ~에게 이메일을 보내다
언니에게도 cc 했다.	I cc'd my sister. * cc = ~에게 cc로 메일을 보내다 과거형은 cc'd
주영 씨에게 답장했다.	I replied to Jooyoung.
경애 씨에게 메일이 왔다.	I got an e-mail from Kyungae.

영어로 메일을 쓸 수 있으면 좋겠다.	I want to be able to write e-mails in English.
생일 파티 사진을 첨부해서 보냈다.	I attached a photo from the birthday party. *attach = ~을 첨부하다
여행사에 문의 메일을 보냈다.	I e-mailed an inquiry to the travel agency. *inquiry = 문의
메일 주소를 변경했다.	I changed my e-mail address.
메일 주소 변경을 모두에게 알렸다.	I let everyone know that I changed my e-mail address.
지도를 PDF로 받았다.	I received a PDF map.
메일이 깨져서 읽을 수 없었다.	The e-mail was garbled, so I couldn't read it. *garbled = 글자가 깨지다
건희의 문자가 깨졌다.	Keonhee's text message was garbled.
용량이 너무 커서 에러가 나 버렸다.	The file was too big, so I got an error message.
미나가 메일 주소를 가르쳐줬다.	Mina gave me her e-mail address.
스팸 메일이 너무 많이 온다. 주소를 바꿀까?	I get so much spam. Maybe I should change my e-mail address. *spam = 스팸 메일

28
컴퓨터·인터넷

이메일 관련 단어

메일을 체크하다	check one's e-mail	스팸메일	spam
메일을 받다	receive an e-mail / get an e-mail	메일주소	e-mail address
~에게 메일을 보내다	e-mail ~	글자가 깨졌다	garbled
~에게 답신하다	reply to ~ / e-mail ~ back	첨부파일	attachment / attached file
~에게 문자를 보내다	text ~	그림 문자	pictogram
~을 첨부하다	attach ~	이모티콘	emoticon / smiley

컴퓨터 · 인터넷에 대해
영어일기를 써 보자

컴퓨터 새로 사기

My PC is acting up. Come to think of it, I've been using it for five years now. Maybe it's about time to get a new one.

컴퓨터 상태가 안 좋다. 생각해 보니 벌써 5 년이나 썼다. 슬슬 바꿀 때가 된 모양이다.

포인트 act up 는 '(기계 등이) 잘 안 움직인다', come to think of it 는 '생각해보면'이라는 의미입니다. '슬슬 ~할 시기인가?'는 Maybe it's about time to ~로 표현합니다. ' ~'에는 동사원형을 넣습니다.

영어로 트위터

Starting today, I've decided to tweet in English at least once a day. 140 letters isn't much, so I think I can do it. I'm going to continue doing it!

오늘부터 하루에 1 번 영어로 트윗을 하기로 했다. 140 자는 의외로 짧긴 하지만 어떻게 되겠지. 계속할 거야!

포인트 '~하기로 했다'는 I've decided to ~또는 I decided to ~로 표현합니다. '~'에는 동사원형을 넣습니다. '어떻게 될지도'는 I think I can do it (자신은 가능하다고 생각한다) 라고 표현하면 됩니다.

복잡한 심경

I found Hyunjin on Facebook. I got mixed feelings when I looked at his picture where he looked a lot older...

해석
페이스북에서 현진이를 발견 했다. 꽤 나이 든 사진을 보고 복잡한 기분이 들었다.

포인트 '페이스북에서'는 on Facebook 라고 합니다. '트위터에서'라면 on Twitter, '인터넷에서'라면 on the Net 나 on the Internet. '복잡한 심경이 되었다'는 got mixed feelings, '나이 든'은 looked older(나이를 먹은 듯 보였다) 로 표현합니다.

호주에서 온 메일

I got an e-mail from Cathie in Australia. She attached a picture of her family. Her son is very cute! I want to visit her during the summer vacation.

해석
호주에 있는 케이시에게 메일 이 왔다. 가족 사진을 보내줬 다. 아들이 너무 귀엽다! 여름 방학에 놀러 가고 싶다.

포인트 got an e-mail from ~은 '~에서 메일이 왔다'라는 의미. got 의 대신 received(받다) 도 사용할 수 있습니다. 여기에서 '사진을 보내 왔다'는 '사진을 첨부해 줬다'라는 의미이므로 attach(~을 첨 부하다) 를 사용하여 표현하는 것이 좋습니다.

28
컴퓨터·인터넷

29 재해 · 사건 · 사고

자연재해

재해 · 경보 관련 단어

지진	earthquake	대설	heavy snow
여진	aftershock	토네이도	tornado
진도	intensity	산사태	landslide
매그니튜드	magnitude	눈사태	avalanche
진원	epicenter	산불	forest fire
번개	lightning	분화	eruption
태풍	typhoon	긴급지진속보	earthquake early warning
홍수	flood		
(강의)범람	overflow	폭풍파랑주의보	severe storm and high surf warning
쓰나미	tsunami		
호우	downpour		

 방재 대책

재해를 대비해서 준비해 둬야 해.	I need to get ready for a disaster. * disaster = 재해
방재 용품을 다시 확인했다.	I checked my emergency supplies. * emergency supplies = 방재용품
비상식과 물을 3 일치 준비했다.	I got three days worth of emergency food and water. * worth = 양, 가치
손전등의 건전지를 교체해야 한다.	The flashlight batteries needed replacing. * flashlight = 손전등 replacing = 교환
건전지를 사 두자.	I'll stock up on batteries. * stock up on ～ = ～을 사 두다
욕조에는 물을 늘 담아 두자.	I'll keep the bathtub filled with water.
가구를 벽에 확실하게 고정했다.	I've secured the furniture to the walls. * secure = ～을 고정하다

692

내진 공사를 하자.	I'll make my house earthquake-proof.
	* earthquake-proof = 내진의
지역의 피난 훈련에 참가했다.	I participated in an emergency drill in our community.
	* participate in~ = ~에 참가하다 emergency drill = 피난훈련
재해 시의 피난 장소를 확인했다.	I checked the evacuation site in our area.
	* evacuation site = 피난장소
긴급 상황 시 연락 방법에 대해 가족들과 얘기했다.	We talked about how to contact other family members in emergency situations.
	* contact = ~에 연락하다

📖 지진

오후 3 시 30 분경에 지진이 있었다.	There was an earthquake at about 3:30 this afternoon.
한밤중에 지진이 있었다고 한다.	I hear that there was an earthquake in the middle of the night.
꽤 큰 규모였다.	It was a pretty big one.
오랫동안 흔들렸다.	It shook for a long time.
	* shake = 흔들리다. 과거형은 shook
밖에 있어서 전혀 몰랐다.	I didn't notice it at all because I was outside.
	* notice = ~을 알아차리다
자고 있어서 몰랐다.	I didn't notice it because I was asleep.
빌딩 25 층에 있어서 꽤 흔들렸다.	It shook a lot on the 25th floor of the building where I was.
진원지는 익산이었다.	The epicenter was Iksan.
	* epicenter = 진원지
진도 3.5의 약한 지진이었다.	There was an earthquake of intensity 3.5 lower.
	* intensity = 강도 '진도3'은 intensity 3,
매그니튜드는 4.5 였다.	The magnitude was 4.5.
최근에 지진 횟수가 많다.	There have been a number of earthquakes lately.
	* a number of~ = 많은~

오늘도 여진이 있었다.	We had an aftershock today, too.
	* aftershock = 여진
너무 무서웠다.	I was really scared.
긴급지진속보가 나오면 무서워진다.	I feel frightened when I hear the earthquake early warning.

👓 쓰나미

쓰나미의 걱정은 없다고 했다.	They said there was no danger of a tsunami.
	* danger = 위험성
20cm 의 쓰나미가 관측되었다고 한다.	A 20cm tsunami was reported.
쓰나미일 때의 피난 루트를 확인했다.	We checked the escape route in case of a tsunami.
쓰나미에 대비해서 새 방조벽을 만들었다.	New seawalls were built to protect us from tsunamis.
	* seawall = 방조벽
작은 쓰나미라고 해서 방심해서는 안 된다.	We shouldn't take tsunamis lightly, even small ones.
쓰나미가 예상 외로 빨리 도달했다.	The tsunami arrived earlier than expected.

📝 태풍과 호우

태풍 15 호가 다가오고 있다.	Typhoon No.15 is approaching.
	* approach = 가까이 오다
태풍 15 호가 내일 동해에 상륙한다고 한다.	It looks like Typhoon No.15 is going to hit the Donghae area tomorrow.
태풍이 이 근처를 직격했다.	This area got hit directly by the typhoon.
	* hit = (태풍 등이) ~을 덮치다
걸을 수 없을 정도였다.	It was hard to walk.
가게 간판이 날아갔다.	I saw a store sign being blown away.
	* blow away ~ = ~을 날려버리다
우산이 부러졌다.	My umbrella broke.
셔터를 잘 닫았다.	I closed the shutters tight.
지붕에서 비가 샜다.	The roof leaked.
	* leak = 새다

게릴라성 호우였다.	We had torrential rainstorms.

<small>* torrential = 맹렬한   rainstorm = 폭풍우</small>

시내에 호우 경보가 내렸다.	There was a storm warning for the city.

 ## 천둥 · 번개

천둥이 쳤다.	I heard thunder.
아까부터 천둥 번개가 엄청나다.	It has been thundering a lot.
어제 저녁에는 천둥 번개가 심했다.	It thundered a lot last night.
엄청난 번개였다.	There was a bright bolt of lightning.

<small>* bright = 번쩍거리다
a bolt of lightning = 번개</small>

우리집 근처에 떨어졌다.	It hit somewhere near my house.
정전에 대비해서 컴퓨터 데이터를 보존해뒀다.	I saved the data in my PC in case the lights went out.

<small>* go out = (불이)꺼지다. go의 과거형은 went</small>

낙뢰로 정전됐다.	Lightning caused a blackout.

<small>* blackout = 정전</small>

 ## 대설

오늘만 40cm 나 쌓였다.	It snowed 40cm just today.
경수 씨가 지붕에서 눈을 치우다가 떨어져서 다쳤다.	Kyungsoo got hurt when he fell from the roof while clearing snow.

<small>* get hurt = 상처입다   clear = ～을 제거하다</small>

뉴스에 따르면 눈사태로 5 명이 사망했다고 한다.	According to the news, five people were killed in an avalanche.

<small>* be killed = (사고 등으로)죽다   avalanche = 눈사태</small>

 ## 홍수와 침수

강이 범람했다.	The river overflowed.

<small>* overflow = 범람하다</small>

홍수로 다리가 떠내려갔다.	The flood washed the bridge away.

<small>* flood = 홍수</small>

집이 침수해서 거의 대부분의 가구를 사용할 수 없게 되었다.	Most of the furniture got ruined by the flood and was totally useless.

<small>* ruin = ～을 못쓰게 되다   useless = 도움이 안 되는</small>

29 재해·사건·사고

한강 수위가 많이 올라갔다.	The water level of the Han River has risen a lot.
	*rise = 상승하다. 과거분사형은 risen
홍수로 대부분의 집이 침수되었다.	A lot of houses got flooded.
	*flood = ~(토지나 가옥 등)이 침수되다
타이어가 절반 이상 침수되었다.	Water came up to the middle of the wheels.
홍수로 강물이 불었다.	The river was flood-swollen.
	*flood-swollen = 홍수로 물이 불다

 이상기후

기록적인 한파가 유럽을 덮쳤다고 한다.	I hear Europe is having a record-breaking cold wave.
	*record-breaking = 기록적인
냉하로 농작물이 큰 피해를 입었다.	The cool summer is having a huge impact on crops.
	*impact = 영향 crops = 작물, 수확물
가뭄으로 작물 가격이 급등했다고 한다.	Crop prices are likely to go up because of the drought.
	*drought[드라웃] = 가뭄
가뭄으로 물 부족이 심각하다.	The water shortage caused by the long dry spell is serious.
	*shortage = 부족 spell = (잠시 계속되는)기간
지구 온난화가 걱정이다.	I'm concerned about global warming.

기타 재해

산사태로 국도가 끊겼다.	The National highway got cut off by landslides.
	*landslide = 산사태
산사태로 마을이 고립되었다.	The village is isolated because of landslides.
	*isolated = 고립된
시내에서 토네이도가 발생했다.	There was a tornado in the city.

 교통에 끼치는 영향

낙뢰로 전철이 세 시간이나 정지했다.	The trains stopped for three hours due to the lightning.
	*due to ~ = ~때문에, ~가 원인으로

세 시간 후에 전철이 움직이기 시작했다.	**The trains started to move again after three hours.**
KTX 안에서 두 시간이나 갇혀 있었다.	**We were stuck in the KTX for two hours.** * stuck = 꼼짝도 못하다
회사에서 집까지 걸어서 세 시간이나 걸렸다.	**It took me three hours to walk home from work.**
걸어서 돌아가는 사람들로 보도가 혼잡했다.	**The pathway was crowded with people walking home.** * pathway = 보도
회사에서 잤다.	**I spent the night at the office.** * spend = ~을 보내다 과거형은 spent
버스 터미널에는 사람들이 길게 줄섰다.	**There were long lines of people at the bus terminal.**
택시는 물론 잡히지 않았다.	**Of course, there were no taxis available.** * available = 이용할 수 있는
눈보라로 고속도로가 폐쇄되었다.	**The expressway was closed due to a blizzard.** * blizzard = 눈보라
대설로 교통이 마비되었다.	**The heavy snow paralyzed traffic.** * paralyze = ~을 마비시키다
비행기는 잇달아 결항했다고 한다.	**All flights seem to have been cancelled.**
전편이 결항이다.	**All flights were cancelled.**

사건과 사고

 뉴스를 보고

잔인한 사고다!	**What a terrible accident!**
말도 안 되는 사고다!	**What a harrowing accident!** * harrowing = 비통한
너무 잔인하다!	**How cruel!** * cruel = 잔인한
잔인한 짓을 하는 사람이 있구나.	**Some people do terrible things.**
범인을 용서할 수 없다.	**That criminal is unforgivable.** * criminal = 범죄자　unforgivable = 용서할 수 없는

용의자가 체포되었다.	They arrested the suspect. * arrest = ~을 체포하다 suspect = 용의자
용의자가 체포되어서 다행이다.	I'm glad they caught the suspect.
시끄러운 세상이다.	It's a rough world out there. * rough[러프] = 소란스러운 out there = 밖은
나 자신도 조심하자.	I should be careful, too.
이 재판이 어떻게 될지 궁금하다.	I want to know how the trial goes. * trial = 재판
판결은 무죄였다.	The verdict was "not guilty." * verdict = 판결 guilty = 유죄
징역 1년, 집행유예 3년의 판결이 내려졌 다.	He was sentenced to one year in prison and three years of probation. * be sentenced to ~ = ~라는 판결을 내리다 probation = 집행유예

📖 신고와 경찰

112에 신고했다.	I called 110.
119에 신고했다.	I called 119.
구급차를 불렀다.	I called for an ambulance. * ambulance = 구급차
일단 경찰에 신고했다.	I reported it to the police just in case. * just in case = 만일을 위해, 혹시 모르니까
근처 파출소에 가서 상담했다.	I went to the local police box.
바로 경찰관이 왔다.	A police officer came right away.
순찰을 강화해 준다고 한다.	They said they're going to increase patrols. * increase = ~증가하다
도난 피해 신고를 했다.	I turned in a theft report. * turn in ~ = ~을 제출하다 theft[세프트] = 도난

👓 강도와 도난

상준 씨 집에 도둑이 들었다고 한다.	It seems Sangjun's house was broken into. * break into ~ = ~에 들어오다
집에 있던 돈이 없어졌다고 한다.	I hear the money he kept in his house was stolen. * steal = ~을 훔치다 과거분사형은 stolen

없어진 물건은 없다고 한다.	It seems nothing was actually stolen.
두 번째 블럭의 편의점에 강도가 들었다고 한다.	I hear there was a robbery at the convenience store in the second block. * robbery = 강도
요즘 이 주변에 자동차 도둑이 잇달아 일 출몰하고 있다.	Lately, car break-ins have been happening one after another in this area. * car break-in = 자동차 도둑
날치기에 조심하자.	I need to watch out for purse snatchers. * purse = 핸드백 snatcher = 날치기
소매치기를 만났을 지도 모른다.	I may have been pickpocketed. * pickpocket = ~(다른 사람의 돈 등)을 훔치다

화재

세 번째 블럭에서 화재가 있었다.	There was a fire in the third block.
옆동네에서 방화가 3 건이나 있었다고 한다.	I heard there were three cases of arson in a nearby town. * arson = 방화
검은 연기가 피어올랐다.	There was black smoke rising.
구경꾼들이 많았다.	There were a lot of onlookers. * onlooker = 구경꾼
소방차가 몇 대나 왔다.	There were several fire trucks there.
집이 다 탔다.	A house completely burned down. * burn down = 전소하다
불은 좀처럼 꺼지지 않았다.	The fire wouldn't die down easily. * die down = (불길이)약해지다
전원 무사했다.	Everyone was all right.
불조심해야 한다.	We have to be careful to prevent fires. * prevent = ~을 막다
작은 불로 끝나서 다행이다.	I'm relieved it ended in a small fire.

 사기

할머니께서 보이스피싱 피해를 입었다고 한다.	I hear granma fell for a money transfer scam. * fall for ~ = ~에 속다 fall의 과거형은 fell transfer = 송금 scam = 사기

500만원을 송금했다고 한다.	**She said she had transferred five million won.** *transfer = 송금하다
처남의 친구가 결혼사기를 당했다.	**My brother-in-law's friend fell for a marriage fraud.** *fall for ~ = ~에 사기당하다　fraud[프로드] = 사기
송지호 씨는 인감을 50만원에 샀다고 한다.	**Mr. Song was forced to buy a name seal for 500,000 won.** *force ~ to ... = ~에게 강제로 …하게 하다 name seal = 인감
그는 아무래도 투자 얘기에 걸려든 것 같다.	**It looks like he has been conned in an investment fraud.** *con = ~을 속이다　investment = 투자
다들 왜 사기를 당하는 걸까?	**I wonder how people get tricked by these scams.** *scam = 사기
그렇게 쉽게 돈 버는 방법이 있을 리 없잖아.	**There's no such thing as a free lunch.** *「공짜만큼 비싼 건 없다」는 뜻의 속담
원 클릭 사기를 당했다.	**I got tricked by an Internet scam.** *get tricked = 사기당하다
나는 안 당할 거라고 생각했다.	**I never thought I would fall for something like this.**

🛋 교통사고

안개 때문에 9중 충돌 사고가 발생했다.	**Due to the fog, there was a nine-car collision.** *due to ~ = ~때문에, ~가 원인으로 collision[칼리젼] = 충돌
자동차와 오토바이 충돌사고였다고 한다.	**It seems there was a collision at a crossing between a car and a motorcycle.**
자동차가 자전거와 충돌하는 걸 목격했다.	**I saw a bike run into a car.** *run into ~ = ~에 충돌하다
교통사고를 내고 말았다.	**I had a car accident.**
뺑소니를 당했다.	**I was in a hit-and-run accident!** *hit-and-run = 뺑소니
뒤에서 박았다.	**My car got rear-ended.** *get rear-ended = (차에)추돌당하다
상대방 차가 비 때문에 미끄러졌다고 한다.	**The other person's car seems to have slid because of the rain.** *slide = 미끄러지다　과거분사형은 slid

운전기사 말에 따르면, 졸았다고 한다.	The driver said he dozed off at the wheel. * doze off = 졸다 at the wheel = 운전해서
신호 무시를 했다고 한다.	It seems the driver ran a red light. * run = ~을 돌파하다
운전기사 전방 부주의가 원인이다.	It was caused by the driver not paying attention to where he was going. * pay attention to~ = ~에 주의하다
범퍼가 푹 들어갔다.	My bumper was dented. * dent = ~을 움푹 패게 하다
수리비가 80만원이나 든다. 타격이 크다.	It'll cost 800,000 won for repairs. This is terrible. * repair = 수리
아이고, 큰 사고가 될 뻔 했다.	That was a close call. * close call = 위기일발
가까스로 사고를 면했다.	I just barely avoided an accident. * barely = 거의 avoid = ~을 회피하다
사고로 고속도로가 통행금지 되었다.	The expressway was closed due to a car accident.
다친 사람이 없어서 다행이다.	Good thing no one was hurt. * hurt = ~다치다. 과거분사형도 hurt

🕐 기타 사건과 사고

통근 전철에서 치한을 만났다.	I was groped on the commuter train. * grope = ~(여성)의 몸을 만지다 commuter = 통근
이 주변에서 바바리맨이 출몰한다고 한다.	I hear there's a flasher around here. * flasher = 노출증환자
이 근처에서 여성이 묻지마 살인을 당했다.	A woman was attacked by a random killer in the neighborhood. * random killer = 묻지마 살인자
전화가 도청당하고 있었다.	My phone was being tapped. * tap = ~을 도청하다
스토커에게 미행당하는 기분이 든다.	I feel like I'm being stalked. * stalk = ~을 몰래 추적하다
학대받는 아이들을 생각하면 가슴이 아프다.	My heart aches for those abused children. * ache[에익] = 아프다 abused = 학대를 받은
일가족이 자살을 했다는 뉴스에 가슴이 아프다.	The family suicide news crushed me. * suicide = 자살 crush = ~을 찌그러뜨리다

재해·사건·사고에 대해
영어일기를 써 보자

태풍이 왔다

Typhoon No. 7 will close in tomorrow
afternoon. I hope it doesn't cause
a lot of damage...

해석

태풍 7 호가 내일 오후에 접근
한다고 한다. 큰 피해 안 나면
좋으련만.

포인트 포인트 close in 은 '다가오다, 덮치다'라는 의미의 표현입니다. '~하면 좋을 텐데'는 I hope ~(문장)으로 표현합니다. 뒤에 '이제부터 일어날 일'을 계속할 경우, 현재 시제(it doesn't ~) 라고 미래 표현 문장(it won't ~) 중 하나를 사용하면 됩니다.

여진이 계속되다

There have been aftershocks almost
every day. With so many
earthquakes, I got so used to them
that intensity three doesn't scare
me anymore.

요즘 거의 매일 여진이 오고
있다. 이렇게 여진이 많으면
몸이 익숙해져서 지진 3 정도
로는 놀라지도 않는다.

포인트 지진은 earthquake 로 회화에서는 shake 나 quake 라고도 합니다. '여진'은 aftershock. get used to ~ 은 '~에 익숙해지다'라는 의미로 '~'에는 명사 또는 동사의 ing 형태가 들어갑니다. scare 은 '~을 놀래키다 무섭게 하다'는 의미입니다.

차가 긁혔다

I scraped my car on a telephone
pole. I feel terrible.

해석
전봇대에 차를 갈아 버렸다.
최악이다.

포인트 '차를 긁히다'는 scrape a car. '전봇대'는 (telephone) pole 이라고 합니다. '전봇대에 차를 박았
다'는 I crashed my car into a pole. 나 I hit a pole with my car. 로 표현합니다. terrible 은 '엄
청 불쾌하다, 싫다'는 의미입니다.

 소매치기를 당했다

I went shopping, and when I chose
something and was ready to pay, I
realized that my wallet was gone. I
must've been pickpocketed. I
should've been more careful.

해석
쇼핑을 갔다가 돈을 내려고
하는데 지갑이 없어진 걸 알
았다. 소매치기를 당한 게 틀
림없다. 더 조심해야 했었다.

포인트 gone 는 '없어져 있었다', be pickpocketed 는 '소매치기를 당하다'. must've ~ (동사의 과거분
사) 는 과거의 일에 대해서 '~했음에 틀림없다', should've ~ (동사의 과거 분사) 는 '~했어야 했
다'라고 쓸 때의 문장입니다. ~'ve 는 have 의 단축형입니다.

30 자원봉사

자원봉사

 자원봉사에 참가하다

자원봉사를 하고 싶다.	I want to volunteer. * volunteer = 자원봉사를 하다
자원봉사자 모집을 하고 있었다.	They're asking for volunteers. * volunteer = 자원봉사자
자원봉사자에 신청했다.	I applied to be a volunteer. * apply = 신청하다
자원봉사자 보험에 가입했다.	I bought volunteer insurance.
자원봉사자 설명회가 있었다.	There was a volunteer meeting.
2박 3일로 자원봉사자 투어에 참가했다.	I joined a three-day volunteer tour.
마을의 자원봉사자 활동에 참가했다.	I joined in the volunteer activities in the town.
많은 사람들이 자원봉사자로 왔다.	Many people came to volunteer.

📖 환경미화

마을 내 쓰레기 줍기에 참가했다.	I participated in the city cleanup. * participate in ~ = ~에 참가하다
공원을 청소했다.	We cleaned up the park.
한강변에서 빈 캔 줍기를 했다.	We picked up cans along the Han River.
공원의 화단에 꽃을 심었다.	I planted flowers in the park's flower bed. * plant = ~을 심다 flower bed = 화단
너도밤나무 자원봉사자에 참가했다.	I helped plant a beech tree. * beech tree = 너도밤나무

근처 보도의 잡초를 뽑았다.	I did some weeding at the neighborhood pedestrian path.
	* weeding = 잡초 뽑기 pedestrian path = 보도
상가 셔터의 낙서 지우기를 도왔다.	I helped clean up the graffiti-covered shutters on the shopping street.
	* graffiti = 낙서

👓 복지

요양시설을 방문했다.	I visited an assisted-living center.
	* assisted-living center = 요양시설
다 같이 노래를 불렀다.	We all sang together.
우쿨렐레를 연주했다.	I played the ukulele.
	* ukulele = 우쿨렐레
좋아해 줘서 기뻤다.	I was happy that they were happy.
노인분들과 얘기하는 게 즐거웠다.	It was fun to talk with the elderly people.
	* elderly = 연배의
여러분들의 웃는 얼굴에 힐링이 된다.	Their smiles made me feel comforted.
	* comforted = 편안한, 힐링이 된
자신의 손자 손녀처럼 귀여워 해줬다.	They treated me like their own grandchild.
	* treat = ~을 다루다
마블게임을 가르쳐 주셨다.	They taught me a game of marbles.
다 같이 색칠하기를 했다.	We did coloring together.
	* do coloring = 색칠하기를 하다
다들 동요 부르기를 좋아하는 것 같았다.	It seems they all like to sing children's songs.
장윤정의 노래를 신청 받았다.	They asked me to sing a Jang Yunjeong.

 헌혈

밖에 이동 헌혈차가 서 있다.	There was a bloodmobile outside.
	* bloodmobile = 헌혈차
헌혈하러 갔다.	I went to donate blood.
	* donate = ~을 기부하다
태어나서 처음으로 헌혈을 했다.	I gave blood for the first time in my life.

400ml 를 헌혈했다.	I gave 400ml of blood.
혈압이 낮아서 헌혈을 할 수 없었다.	I couldn't donate blood because I had low blood pressure. * donate = ~을 기부하다 blood pressure = 혈압
헌혈 카드가 다 차서 상품권을 받았다.	My blood donor's card was filled up, so they gave me gift certificates. * gift certificate = 상품권
골수 은행에 기증자 등록을 했다.	I registered as a bone marrow donor. * bone marrow donor = 골수 기증자

모금과 기부

역 앞에서 모금 활동을 했다.	They had a fund-raising campaign in front of the train station. * fund-raising = 모금 활동
모금 활동에 참가했다.	I helped with fund-raising.
연말에 이웃 돕기 모금 활동에 협력했다.	I worked on a year-end charity drive. * charity drive = 자선 활동 drive는 「(자선 등의)운동」
만원을 기부했다.	I donated 10,000 won. * donate = ~기부하다
NPO 에 5만원을 기부했다.	I donated 50,000 won to an NPO.
다 쓴 우표를 기부했다.	I donated used stamps.
장난감을 기부했다.	I donated some toys.
동네 아동복지시설에 책가방을 두 개 기증했다.	I donated two school backpacks to the children's institution in town. * school backpack = 책가방 institution = 시설
모교에 100만원 상당의 스포츠 용품을 기증했다.	I donated sporting goods worth one million won yen to my alma mater. * worth~ = ~의 가치가 있다 alma mater = 모교, 출신교
책을 50권정도 도서관에 기부했다.	I donated about 50 books to the library.
회사에서 기부금을 모았다.	We raised money at work. * raise = ~(기부 등)을 모으다
현재 923,000원 모였다.	We've collected 923,000 won so far.

국제교류

국제교류 이벤트를 도왔다.	I helped with an international event.

국제교류클럽에 들어갈까?	Maybe I should join the international club.
외국인을 위한 다도 체험 이벤트를 도왔다.	I helped at a tea ceremony event for non-Korean.
외국인에게 한국어를 가르쳤다.	I taught Korean to people from abroad.
외국인과 한국어로 얘기했다.	I talked with people from abroad in Korean.
한국 음식을 만드는 방법을 가르쳐 줬다.	I taught them how to make some Korean dishes.
종이 접기를 가르쳐 줬다.	I taught origami.
영어로 서울을 안내했다.	I gave a guided tour of Seoul in English.

기타 자원봉사

| 재해지역에서 자원봉사를 했다. | I went to volunteer in the disaster-affected area. |

* disaster-affected＝재해를 입은

| 재해지역의 주민들을 위해 밥 짓기 자원봉사를 했다. | I helped cook food for disaster victims. |

* disaster＝재해　victim＝재해 피해자

| 진흙 치우기를 했다. | I shoveled mud. |

* shovel＝～을 삽질하다　mud＝진흙

눈 치우기를 했다.	I shoveled snow.
데이터 입력을 했다.	I entered data.	* enter＝～을 입력하다
홍보지를 만들었다.	I made a company brochure.

* brochure＝브로슈어

| 이벤트의 접수를 도왔다. | I helped at the reception desk of the event. |

* reception＝접수

| 초등학교 3 학년 아이들의 학습을 도왔다. | I helped in a third grade classroom. |
| 수화 통역을 했다. | I interpreted sign language. |

* interpret＝～통역하다　sign language＝수화

30
자원봉사

자원봉사에 대해
영어일기를 써 보자

지역 여름 축제를 돕다

> We had a local summer festival today. I was in charge of bingo. Some kids looked excited, and some looked disappointed. It was a lot of fun.

해석

오늘은 지역 여름 축제였다. 나는 빙고 게임을 담당했다. 좋아하는 애들도 있고 실망하는 애들도 있었다. 참 즐거웠다.

포인트 local 은 '지역의', be in charge of ~는 '~을 담당하다', excited 는 '신나다', disappointed는 '실망했다', be a lot of fun 은 '너무 즐겁다'라는 뜻입니다. fun 은 형용사가 아니라 명사이므로 very fun 이라고 하지 않는 점에 주의합시다.

강 청소

> We cleaned up the river a week ago, but it was already littered with some plastic bags and cans. Whoever did it must not be very nice!

해석

1주일 전에 다 같이 강을 깨끗이 청소했는데 벌써 비닐봉지, 빈 캔이 버려져 있었다. 누가 그랬는지 모르지만 그런 것을 하는 사람은 분명 마음도 지저분할 것이다.

포인트 litter 는 '(쓰레기를) 버리다'라는 의미로, 여기에서는 it was littered with ~ (강이 ~로 지저분해져 있었다) 라고 수동태로 표현했습니다. whoever did it 를 직역하면 '그것을 한 사람이 누군든 간에'가 직역으로 '누가 했는지는 모르지만 그 사람은'이라는 뉘앙스를 가지고 있습니다.

요리로 국제교류

At the International Center, we invited some people from overseas and taught them how to make "gimbap." We were happy they enjoyed it.

해석

국제 센터에 외국인을 초대해서 김밥 만들기를 알려줬다. 즐거워 하는 것 같아서 기뻤다.

포인트 '외국인 = foreigne'이라고 외우고 있는 사람들이 많지만 이것은 '외부인'이라는 뉘앙스가 있기 때문에 people from overseas 나 people from abroad 라고 표현하는 게 좋습니다. enjoyed it(즐거웠다) 의 it 을 잊지 않도록 주의합니다.

연말연시의 이웃돕기성금 모금

There were people working on a year-end charity drive in front of the train station. I donated 5,000 won and I was thankful I had a healthy and happy year.

해석

역 앞에서 연말연시 이웃돕기 성금 모금을 하고 있었다. 5,000원을 기부했다. 올 1년도 건강하고 행복하게 보내서 감사하다.

포인트 there were people -ing 는 '~ 하고 있는 사람들이 있었다'는 의미. '연말연시 이웃돕기 성금 모금'은 year-end charity drive 라고 합니다. 이 drive 는 '(어떤 목적을 위한) 운동, 캠페인'을 뜻합니다. '~을 기부하다, 기증하다'는 donate 로 표현합니다.

31 메모해 두고 싶은 말

꿈과 목표

 꿈

언젠가 미국에 유학가고 싶다.	I hope to study in the U.S. someday.
영어를 잘 하고 싶다.	I want to be able to speak English well.
큰 집에 살고 싶다.	I want to live in a big house.
3억 원 로또에 당첨되고 싶다.	I want to win 300 million won in the lottery.　* win = ~을 얻다, 따다　lottery = 로또, 복권
제주도에 별장을 갖고 싶다.	It would be nice to have a vacation house in Jejudo.　* vacation house = 별장
헤어 디자이너가 되고 싶다.	I want to be a hairdresser.
레스토랑을 경영하고 싶다.	I hope to run a restaurant.　* run = ~을 경영하다
건강하고 오래 살고 싶다.	I hope to live a long healthy life.
세계유산을 방문하고 싶다.	I want to go around visiting world heritage sites.　* world heritage = 세계유산　site = 장소
퇴직하면 말레이시아에 살고 싶다.	I want to live in Malaysia after I retire.
한번이라도 좋으니까 브래드 피트를 만나고 싶다.	I really want to meet Brad Pitt just once.

📖 목표

영어 일기를 1년 동안 계속 쓸 것이다.	I will keep a diary in English for one year.

710

토익 620점을 딸 것이다!	I will score 620 points on the TOEIC test! * score = ～점수를 따다
일본어능력시험 3 급에 합격할 것이다!	I will pass the N3 JLPT exam!
일주일에 3 번 헬스클럽에 갈 것이다!	I will go to the gym three times a week.
플라멩코를 시작할 것이다!	I will take up flamenco! * take up ～ = ～(취미 등)을 시작하다
적어도 일주일에 3 번은 직접 밥을 만들어 먹을 것이다!	I will cook for myself at least three times a week.
이번에야말로 담배를 끊겠다!	I will quit smoking this time for sure! * quit[큇] = ～을 그만두다 for sure = 확실히
더 좋은 직장에 취직할 것이다!	I'm going to get a better job!
차를 살 것이다!	I'm going to buy a car!
1000 만원 저금할 것이다!	I'm going to save ten million won!
아이들과의 시간을 늘리려고 노력할 것이다.	I will try to spend more time with the kids.
매주 책을 1 권 읽자.	I will read one book a week.
1 일 1 선행!	I will do a good deed every day. * good deed = 선행

마음에 남는 한마디

👓 자신을 격려하는 말

괜찮아, 난 할 수 있어.	Don't worry. I can do it.
쉽게 포기하면 안 돼.	Don't give up too easily.
기운을 내!	Cheer up!
다음에는 잘 될 거야.	Better luck next time.
가능성은 있어.	There's a chance.
안 돼도 괜찮아.	It won't hurt to try. * hurt = 곤란한 일이 되다

기적이 일어날 거라고 믿자.	**Believe in miracles.**
행복을 꼭 찾아 올 거야.	**Happiness will surely come your way.**
기다리기만 해서는 안 돼. 자신의 행복은 스스로 찾자.	**Don't just wait; search for your own happiness.**
최고가 아니라도 온니 원이 되면 되는 거야.	**You don't need to be No.1; just be the only one.**
자신감을 가지자.	**Be confident in yourself.**

* be confident in ~ = ~에 자신감을 갖다

긍지를 가지자.	**Be proud of yourself.**
감정에 솔직해지자.	**Follow your heart.** * follow = ~에 따르다
직감을 따르자.	**Follow your instincts.**

* instinct = 직감, 본능

신념을 믿자.	**Trust your own point of view.**

* own = 자기 자신의   point of view = 생각, 신념

실패 따위 웃어 넘겨 버리자.	**Laugh off your failure.**

* laugh off ~ = ~을 웃어넘기다   failure = 실패

실패가 있으니까 성공이 있다.	**Success comes after much failure.**
실패해도 괜찮아. 몇 번이고 도전하자.	**It's OK to fail. Just keep on trying.**

* fail = 실패하다

인생에 쓸데없는 경험은 없다.	**No experience is useless in life.**

* useless = 쓸데없는

어떤 경험이라도 성장의 밑거름이 된다.	**Every single experience helps us grow.** * grow = 성장하다

 ## 자신에게 용기를 주다

지금 안 하면 언제 해?	**If you don't do it now, when will you do it?**
오늘 할 수 있는 일은 오늘 안에.	**Don't put off what you can do today.**

* put off ~ = ~을 연기하다

'하지만'이라고 하기 전에 먼저 도전하자.	**No "buts." Just try it.**
고난에서 도망치는 것은 간단하지만 그러면 성장할 수 없어.	**Running away from my troubles is easy, but I know it won't help me mature.**

* mature = 성장하다

인생을 잘 사는 것도 힘들게 사는 것도 자기 자신에게 달렸다.
Whether life is better or bitter, it's totally up to you.　* up to~ = ~에 달린

자신을 행복하게 만들 수 있는 건 자기 자신 뿐.
No one can make you happy except you.　* except ~ = ~이외는

다시 시작하는데 늦은 시기는 없다.
It's never too late to start over.　* start over = 처음부터 다시 시작하다

 ## 꿈을 이루다

꿈은 분명 이루어진다.
Dreams will come true.

꿈은 계속 추구하는 것.
Keep pursuing your dreams.　* pursue = ~을 추구하다

성공에 지름길은 없다.
There is no shortcut to success.

성공의 열쇠는 결코 포기하지 않는 것.
The key to success is to never quit.　* quit = 그만두다

꿈을 실현할 수 있는지 없는지는 자기자신의 노력에 달렸다.
Whether or not your dream comes true depends on your efforts.　* depend on ~ = ~하기 나름이다

중요한 것은 '성공할 수 있다' 그렇게 믿는 것.
The most important step toward success is to believe that you can succeed.　* succeed = 성공하다

성공한 자의 노력에 끝은 없다.
Successful people never cease to strive.　* cease to ~ = ~하는 것을 그만두다　strive = 노력하다

성공하기 위해서는 먼저 자신의 일을 사랑할 것.
To be successful, the first thing to do is love your work.

 ## 힘들 때

너무 무리하지 말 것.
Don't push yourself too hard.　* push oneself = 무리하다

너무 자기 자신에게 엄격한 거 아냐?
Aren't you a bit too tough on yourself?　* tough[터프] = 엄격한

겨울이 끝나면 반드시 봄이 온다.
Spring always follows winter.　* follow = ~에 계속되다

아침이 안 오는 저녁이 없듯, 힘든 상황도 언젠가는 끝난다.
There are no dawnless nights; your darkness will end, too.　* dawnless = 아침이 없는　darkness = 어두움

뭐, 인생 이럴 때도 있는 거지.
Well, life isn't always easy.

713

좋을 때도 있고 나쁠 때도 있다. 그것이 인생.	We all have our ups and downs. That's life. *ups and downs = 좋을 때와 나쁠 때
남과 비교해서 자신의 인생을 평가하는 것은 그만 두자.	Don't measure your success in life by comparing with others'. *measure = ~을 판단하다
불운도 인생에 도움이 될 때가 있다.	Misfortune can sometimes be useful in life. *misfortune = 불운
그렇게 슬퍼하지 마라. 세상의 끝이 아니니까.	Don't be so sad. It's not the end of the world.
괜찮아. 출구 없는 터널은 없으니까.	Don't worry. Every tunnel has an exit.
괜찮아. 시간이 걸릴 때도 있는 법이지.	Don't worry. It just takes time sometimes.

🕐 긍정적으로

인생을 긍정적으로 생각하자.	Be positive about your life. *positive = 긍정적인
'불가능하다'가 아니라 '가능하다'고 말하자.	Learn to say "I can," instead of "I can't." *learn to ~ = 가능하게 되다
과거는 뒤돌아보지 말고 앞만 보자.	Don't look back on the past; look toward the future. *past = 과거
나쁜 것보다도 좋은 것을 보자.	Focus on the good things in life, not on the bad. *focus on ~ = ~에 집중하다
인생은 짧다. 매일 긍정적으로 살자.	Life is short. Why not spend every day positively?
과거는 바꿀 수 없지만 미래는 얼마든지 바꿀 수 있다.	The past is over and it can't be changed, but the future can be altered. *alter = ~을 바꾸다
문을 열어 봐. 새로운 자신을 발견할 수 있을거야.	Open the door. You may find a new you.
한숨 쉬는 사람에게 행복은 찾아오지 않아.	Sighing just keeps happiness away. *sigh[사이] = 한숨을 쉬다

 우정과 친구에 관한 말

늘 든든하게 옆을 지켜줘서 고마워.	**Thank you for your continuous support.** * continuous = 끊임없는
우리가 친구라는 게 진짜 좋다.	**I'm so glad we are friends.**
너 같은 친구가 바로 자랑이지.	**I'm proud of having a friend like you.**
네 행복은 내 행복이기도 해.	**Your happiness is my happiness.**
행복을 나눠줘서 고마워.	**Thank you for sharing your happiness with me.**
너에 대한 감사의 마음을 나타낼 말이 없다.	**It's hard to find words to express my gratitude to you.** * gratitude = 감사
자기 자신을 자극해 주는 친구가 있다는 것은 고마운 일이다.	**I'm grateful for having friends who inspire me.** * grateful for ~ = ~에 감사해서 inspire = ~을 자극하다
그 때 널 만난 것이 무엇보다 소중해.	**Meeting you is the best thing that ever happened to me.**
진짜 우정만큼 소중한 것도 없어.	**Nothing is more priceless than true friendship.** * priceless = 상당히 귀중한
겉으로만 친구가 100 명인 것보다 진짜 친구 1 명이 낫다.	**I would rather have one true friend than 100 superficial friends.** * would rather~ = 어쩌면 ~하고 싶다 superficial = 외견

 사랑의 말

당신은 내 모든 것.	**You're my one and only.**
사랑해. 앞으로도 영원히.	**I love you and I always will.**
당신과 함께 있을 때는 뭐든지 특별해.	**With you around, everything is special.**
당신 옆에 있을 수 있는 것만으로 행복해.	**I'm happy just to be near you.**
당신이 있기에 내 인생은 의미가 있는 거야.	**Because you're here, my life has meaning.**

우리는 떨어져 있어도 마음은 하나야.	**We're physically apart but emotionally together.** * physically＝육체적으로　emotionally＝감정적으로
우리는 함께 있을 운명이야.	**We're meant to be together.** * meant to ～＝～할 운명인
함께 나이를 먹어 가자.	**I want to grow old with you.**
사랑보다 강한 건 없어.	**Love is more powerful than anything.**

속담과 신조

평범한 일상에 감사하자.	**Be thankful for the ordinary life that you have.** * ordinary＝보통의
행복이란 있는 그대로 받아들이고 감사하는 것.	**Happiness is accepting and appreciating what is.** * accept＝～을 받아들이다　appreciate＝～에 감사하다
노력은 배신하지 않는다.	**Your efforts won't betray you.** * betray＝～을 배신하다
웃는 얼굴은 최고의 화장.	**A smile is the best makeup.**
늦어도 안 하는 것보다 낫다.	**Better late than never.**
학문에는 왕도가 없다.	**There's no royal road to learning.** * royal road＝왕도, 편한 길
뒤에서 서포트 해 주는 사람들에 대한 감사의 마음을 잊지 말자.	**Do not forget to thank those who've supported you behind the scenes.** * behind the scenes＝그늘에서
과거의 일은 물에 흘려보내라.	**Forgive and forget.** * forgive＝용서하다
감정을 선택하는 것은 불가능하지만 대처 방법은 선택할 수 있다.	**I can't choose how I feel, but I can choose what I do about it.**
고생 없이 얻는 것도 없다.	**No pain, no gain.** * pain＝고통
경험은 최고의 스승.	**Experience is the best teacher.**
인내는 힘이 된다.	**Perseverance pays off.** * perseverance＝인내　pay off＝성과를 올리다
말보다 행동이 중요하다.	**Actions speak louder than words.**
세월은 사람을 기다려 주지 않는다.	**Time and tide wait for no man.** * tide＝조수
행복을 나눠주면 자신에게 돌아온다.	**If you spread happiness, you will receive it back.**

실패는 성공의 어머니.	Every failure is a stepping-stone to success. * failure = 실패 stepping-stone = 디딤돌
정직함이 최선의 방책이다.	Honesty is the best policy. * policy = 수단, 방책
초심을 잊지 말자.	Always maintain a beginner's first-time enthusiasm and humility. * maintain = ~을 유지하다 enthusiasm = 열중, 열광 humility = 겸손, 겸허
신용을 얻기 위해서는 많은 시간이 걸리지만 잃어버리는 것은 한 순간이다.	It takes time to earn trust, but it can be lost in an instant. * in an instant = 한 순간에
만남을 소중하게.	Treasure each encounter. * encounter = 만남
가능하다고 생각하면 가능하고, 불가능하다고 생각하면 불가능하다. 그런 거다.	If you think you can, you can. If you think you can't, you can't.
계속 노력하는 것도 재능이다.	Continuous effort is a talent, too. * continuous = 계속적인
어떤 달인이라도 처음에는 다 초보자다.	All experts were beginners at one time. * at one time = 예전에는
고민을 말하면 반으로 줄고 행복을 말하면 2배가 된다.	A trouble shared is halved, and a joy shared is doubled. * halve = ~을 반으로 나누다 double = 두 배로 하다
반이 차 있는 잔과 반이 비어 있는 잔, 생긴 건 똑같다. 그것을 어떻게 보느냐에 따라 다를 뿐.	A half-full glass and a half-empty glass are basically the same. It just depends on how you look at it.
남의 행동을 보고 내 행동을 고쳐라.	Gain wisdom from the follies of others. * wisdom = 지혜 folly = 어리석은 행동
엎질러진 물은 주워 담을 수 없다.	It is no use crying over spilt milk. * no use -ing = ~해도 소용이 없다다 spilt = 쏟아진
매일 최선을 다해.	Live every day to the fullest. * to the fullest = 충분히
필요할 때 친구가 진짜 친구.	A friend in need is a friend indeed.
용감해 질 때까지 용감한 척해라.	Act bravely until you really feel brave. * bravely = 용감하게 brave = 용감한
의지가 있다면 길이 열릴 것이다.	Where there's a will, there's a way. * will = 의지

메모해 두고 싶은 말에 대해
영어일기를 써 보자

나 자신을 믿자

I'm not confident in myself these
days. Running away from my
troubles is easy, but I know it
won't help me mature. I need to
believe in myself.

 해석

요즘 자신감이 없다. 문제에서 도망치는 것은 간단하지만 그러면 성장할 수 없다는 것도 알고 있다. 내 자신을 믿어야 해.

포인트 confident는 '자신감이 있다'라는 의미의 형용사로 '내 자신에게 자신감이 있다'는 confident in myself라고 표현합니다. running away from ~은 '~에서 도망가는 것' mature은 '성장하다' believe in myself 는 '자신을 믿다'는 뜻입니다.

성공한 사람들의 공통점

I read an article about successful
people. Successful people never cease
to strive.

해석

성공한 사람들의 기사를 읽었다. 성공한 사람들의 노력에는 끝이 없는 것 같다.

포인트 successful은 '성공했다, 결과를 냈다'라는 의미의 형용사입니다. 참고로 명사는 success(성공, 성공한 사람), 동사는 succeed(성공하다). cease to ~ (동사원형)은 '~하는 것을 그만두다', strive는 '노력하다'는 의미입니다.

말뿐인 사람

> That guy is all talk, but no action.
> I wanna teach him the saying,
> "Actions speak louder than words."

해석

그 사람은 입으로는 잘난 척하면서 실제로는 아무 것도 안 한다. '말보다 행동이 중요하다'라는 속담을 알려주고 싶다.

포인트 That guy is all talk, but no action. 은 '저 사람은 말 뿐인 남자로 실행을 하지 않는다'는 뉘앙스. wanna 는 want to 의 캐주얼한 형태입니다. '속담'은 saying 또는 proverb라고 합니다.

친구의 고마움

> Something unpleasant happened to
> me. Minji came to comfort me even
> though it was late at night and she
> was tired. I realized nothing is
> more priceless than true friendship.

해석

안 좋은 일이 있었다. 저녁 늦게 피곤했지만 민지가 위로해 주러 와 줬다. 진정한 우정만큼 소중한 것은 없다는 걸 느꼈다.

31 메모해두고 싶은 말

포인트 something unpleasant 는 '안 좋은 일'. 이처럼 something ~(형용사) 로 '~한 일'이라는 뜻을 나타냅니다. '~에도 불구하고'는 even though ~ 또는 although ~로. comfort 는 '~을 위로하다' priceless 는 '(가격을 붙일 수 없을 정도로) 귀중한'이라는 의미.

• 저자 _ Ishihara Mayumi(石原真弓)

고등학교 졸업 후 미국에 유학. 커뮤니티 컬리지 졸업 후에 통역사로 활동. 귀국 후에 영어 회화를 가르치면서 집필활동과 미디어 출연, 스피치 콘테스트 심사원, 강연 활동 등 폭넓게 활약. 영어 일기와 영어 수첩, 영어 트위터 등 일상생활을 영어로 표현하는 학습법을 제안하고 있다.
주요 저서로는 《영어로 일기를 써 보자》 《영어로 수첩을 기록해 보자》 《영어 일기 드릴 [Complete] 》 《Twitter를 영어로》 《디즈니의 영어》시리즈, 《첫 영어 수첩 드릴》 《다이어리 증정, 쉬운 영어일기》 등. 중국어와 한국어 등으로 번역된 저서도 다수 있다. 영어학습 스타일리스트.

• 역자 _ 이은정

이화여자대학교를 졸업했으며 일본어교사 양성과정(문부성 승인) 을 수료했다. 현재 번역 에이전시 엔터스코리아 출판기획 및 일본어 전문 번역가로 활동하고 있다.
역서『세상에서 가장 쉬운 일상영어회화사전』,『68 가지 패턴으로 말하는 비즈니스 영어회화』,『남자는 그냥 아는데 여자는 배워야 하는 회사대화법』외 다수.

퍼펙트 영어 표현사전

개정판	2024년 2월 20일
저자	Ishihara Mayumi
발행인	이기선
발행처	제이플러스
주소	서울시 마포구 월드컵로 31길 62
전화	(02) 332-8320
팩스	(02) 332-8321
등록번호	제10-1680호
등록일자	1998년 12월 9일
홈페이지	www.jplus114.com
ISBN	979-11-5601-247-4(13740)

Eigonikki Perfect Hyougen Jiten
© Mayumi Ishihara 2012
First published in Japan 2012 by Gakken Education Publishing Co., Ltd., Tokyo
Korean translation rights arranged with Gakken Plus Co., Ltd. through EntersKorea Co., Ltd.
이 책의 한국어판 저작권은 (주) 엔터스코리아를 통해 저작권자와 독점 계약한 제이플러스에 있습니다.
저작권법에 의하여 한국 내에서 보호를 받는 저작물이므로 무단전재와 무단복제를 금합니다.

Memo

Memo

Memo

Memo

Memo